高等院校工商管理专业精品教材系列

U0593466

电子商务概论

ELECTRONIC COMMERCE

张丽华 ◎ 主 编 　　吴珈逸 ◎ 副主编

经济管理出版社
ECONOMY & MANAGEMENT PUBLISHING HOUSE

图书在版编目（CIP）数据

电子商务概论/张丽华主编．—北京：经济管理出版社，2019.8
ISBN 978 - 7 - 5096 - 6859 - 7

Ⅰ.①电…　Ⅱ.①张…　Ⅲ.①电子商务—高等学校—教材　Ⅳ.①F713.36

中国版本图书馆 CIP 数据核字（2019）第 171700 号

组稿编辑：申桂萍
责任编辑：刘　宏
责任印制：黄章平
责任校对：陈　颖

出版发行：经济管理出版社
　　　　　（北京市海淀区北蜂窝 8 号中雅大厦 A 座 11 层　100038）
网　　址：www. E - mp. com. cn
电　　话：（010）51915602
印　　刷：北京晨旭印刷厂
经　　销：新华书店
开　　本：787mm×1092mm/16
印　　张：21.5
字　　数：524 千字
版　　次：2019 年 9 月第 1 版　　2019 年 9 月第 1 次印刷
书　　号：ISBN 978 - 7 - 5096 - 6859 - 7
定　　价：58.00 元

前　言

近年来，中国电子商务发展迅速，已成为推动社会、经济、生活和文化进步的重要动力和工具，对国民经济的各个环节产生了深远影响。为了能让读者对电子商务领域的相关知识有一个比较全面的了解，本书从培养电子商务人才的知识掌握及实际应用入手，力求在内容上紧跟时代发展，在应用上注重培养学生实际应用能力，为此我们编写了这本教材。

本书在编写上有以下三个特点：

一是理论与实践相结合。书中每章开篇均有案例导入、学习要点及目标，章结尾设置习题。内容上紧扣时代发展脉搏，展现当前电子商务最新动态。

二是结构清晰，内容新颖。本书内容包括电子商务概述、电子商务的实现、网络零售、网络营销、物流与供应链管理、电子支付与网络银行、移动电子商务、客户关系管理、电子商务安全技术、电子商务法律法规、行业电子商务应用与服务和网上创业。涵盖了电子商务发展的最新内容，力求为读者展现电子商务发展的最前沿信息。

三是通俗易懂，突出重点。本书编写内容由浅入深，图表结合，语言通俗易懂，逻辑关系清晰，着重对知识的全面把握，使读者能够轻松掌握电子商务相关知识。

本书借鉴国内外同类教材的经验，对电子商务的原理和应用进行了全面而系统的阐述。全书共分十二章，由张丽华担任主编，吴珈逸担任副主编，吴雪毅、荣长玲和张国兴担任编委。具体编写分工如下：张丽华（第一、三、六、九章），吴珈逸（第四、五、十一章），吴雪毅（第二、七章），荣长玲（第八、十章），张国兴、张丽华（第十二章），由张丽华对全书进行了统筹策划及定稿。

本书可作为高等院校电子商务专业的基础课教材，以及相关领域各层次开设电子商务课程的教材；本书还适合于企业管理人员以及电子商务的从业人员作为电子商务研究和实践的参考用书。

在本书的编写过程中，参阅了国内多位专家、学者的电子商务著作或译著，也参考了同行的相关教材和网络案例资料，在此，向各相关作者表示深深的敬意和诚挚的感谢！同时感谢经济管理出版社对本书的出版给予的支持。

由于作者水平有限，书中难免存在疏漏或不足之处，敬请专家和读者给予批评指正。

目　录

第一章

电子商务概述

【学习要点及目标】

1. 了解电子商务的概念。
2. 传统商务与电子商务的区别。
3. 了解电子商务产生的背景。
4. 了解电子商务对社会经济的影响。
5. 掌握电子商务面临的问题及解决措施。

引导案例　　　　　　　　　娄底网上供销社模式

　　2008年，娄底市供销社与省供销合作总社合作，投资建立娄底供销电子商务有限公司，联合市委组织部、市移动、市农行等部门，率先在湖南全省开展农村移动电子商务工程试点，着力打造娄底网上供销社——农村电子商务模式。开展的主要业务有：涉农产品网上批发市场、移动供销通手机交易平台、供销商城、中南大宗商品电子交易市场。

　　网上供销社秉承"绿色、助农、至诚、共赢"的价值观，采取"实体＋网络""手机＋计算机"相结合的农村移动电子商务运营模式，依托网上供销社农村移动电子商务省级平台（www.coop168.com）、全市供销社行业资源和农村移动电子商务中心实体网点，构建"供应商—乡镇加盟店—村级加盟点—供销通会员"下的"工业品下乡"和"供销通会员—村级加盟点—乡镇加盟店—大型超市"下的"农产品进城"流通网络。

　　网上供销社利用信息化技术手段，加盟店通过开展电子商务、便民服务、信息服务、电子政务"四大服务"，成为商品贸易中心、信息服务中心、物流集散中心、业务代办中心"四个中心"。通过期货与现货商品交易、实体店与网店共存、手机与计算机共用的方式，逐步形成新型的"从田园到餐桌"的农产品进城和"从厂家到消费者"的工业品下乡的商品流、资金流、现代物流、信息流双向体系格局。

作为全国供销系统首家移动电子商务平台，网上供销社全面整合供销社行业资源，以优质、全面的服务，为农民兄弟解决"买难""卖难"问题。

（资料来源：https://wenku.baidu.com/view/e961c86f561252d380eb6e88.html，经删减整理。）

第一节　电子商务概述

一、电子商务的定义

电子商务是利用微电脑技术和网络通信技术进行的商务活动。各国政府、学者、企业界人士根据自己所处的地位和对电子商务参与的角度及程度的不同，给出了许多不同的定义。但是，电子商务不等同于商务电子化。

电子商务即使在各国或不同的领域有不同的定义，但其关键依然是依靠着电子设备和网络技术进行的商业模式。随着电子商务的高速发展，它已不仅包括其购物的主要内涵，而且包括物流配送等附带服务。电子商务包括电子货币交换、供应链管理、电子交易市场、网络营销、在线事务处理、电子数据交换（EDI）、存货管理和自动数据收集系统。在此过程中，利用到的信息技术包括互联网、外联网、电子邮件、数据库、电子目录和移动电话。

首先将电子商务划分为广义和狭义的电子商务。广义的电子商务定义为，使用各种电子工具从事商务活动；狭义电子商务定义为，主要利用互联网从事商务或活动。无论是广义的还是狭义的电子商务的概念，电子商务都涵盖了两个方面：一是离不开互联网这个平台，没有了网络，就称不上电子商务；二是通过互联网完成的一种商务活动。

狭义上讲，电子商务（Electronic Commerce，EC）是指通过使用互联网等电子工具（这些工具包括电报、电话、广播、电视、传真、计算机、计算机网络、移动通信等）在全球范围内进行的商务贸易活动。是以计算机网络为基础所进行的各种商务活动，包括商品和服务的提供者、广告商、消费者、中介商等有关各方行为的总和。人们一般理解的电子商务是指狭义上的电子商务。

广义上讲，"电子商务"一词源自 Electronic Business，就是通过电子手段进行的商业事务活动。通过使用互联网等电子工具，公司内部、供应商、客户和合作伙伴之间，利用电子业务共享信息，实现企业间业务流程的电子化，配合企业内部的电子化生产管理系统，提高企业的生产、库存、流通和资金等各个环节的效率。

联合国国际贸易程序简化工作组对电子商务的定义是：采用电子形式开展商务活动，它包括在供应商、客户、政府及其他参与方之间通过任何电子工具。如 EDI、Web 技术、电子邮件等共享非结构化商务信息，并管理和完成在商务活动、管理活动和消费活动中的各种交易。

目前人们所提及的电子商务多是指在网络上开展的商务活动，即通过企业内部网（Intranet）、外部网（Extranet）以及互联网（Internet）进行的商务活动。然而，电子商务还有更广的含义，即一切利用电子通信技术和使用电子工具进行的商务活动，都可以称为电子商务。

二、电子商务的特征

现代电子商务拥有与传统商务不同的特征，可以从自身的特点来深入探讨。

1. 电子商务以现代信息技术服务作为支撑体系

现代社会对信息技术的依赖程度越来越高，现代信息技术服务业已经成为电子商务的技术支撑体系。电子商务的实施要依靠国际互联网、企业内部网络等计算机网络技术来完成信息的交流和传输，这就需要计算机硬件与软件技术的支持。电子商务的完善也要依靠技术服务。企业只有不断优化电子商务所对应的软件和信息处理程序，才能更加适应市场的需要。在这个动态的发展过程中，信息技术服务成为电子商务发展完善的强有力支撑。

2. 电子商务以电子虚拟市场为运作空间

电子虚拟市场（Electronic Marketplace），是指商务活动中的生产者、中间商和消费者在某种程度上以数字方式进行交互式商业活动的市场。从广义上来讲，电子虚拟市场就是电子商务的运作空间。近年来，西方学者给电子商务运作空间赋予了一个新的名词，即Market Space（市场空间或虚拟市场），在这种空间中，生产者、中间商与消费者用数字方式进行交互式的商业活动，创造数字化经济（Digital Economy）。电子虚拟市场将市场经营主体、市场经营客体和市场经营活动的实现形式，全部或一部分地进行电子化、数字化或虚拟化。

3. 电子商务以全球市场为市场范围

电子商务的市场范围超越了传统单店的市场范围，国内市场与国际市场之间不再具有明显的标志。其重要的技术基础——国际互联网，就是遍布全球的，因此世界正在形成虚拟的电子社区和电子社会，需求将在这样虚拟的电子社会中形成。同时，个人将可以跨越国界进行交易，使国际贸易进一步多样化。从企业的经营管理角度来看，国际互联网为企业提供了全球范围的商务空间。跨越时空，组织世界各地不同的人员参与同一项目的运作，或者向全世界消费者展示并销售刚刚诞生的产品已经成为企业现实的选择。

4. 电子商务以全球消费者为服务范围

电子商务的渗透范围包括全社会的参与，其参与者已不仅仅限于提供高科技产品的公司，如软件公司、娱乐和信息产业的工商企业等。当今信息时代，电子商务数字化的革命将影响到我们每一个人，并改变着人们的消费习惯与工作方式。它提出的"高新与传统相结合"的运作方式，生产消费管理结构虚拟化的深入，世界经济的发展进入"创新中心、营运中心、加工中心、配送中心、结算中心"的分工，随之而来的发展是人们的数字化生存，因此电子商务实际上是一种新的生产与生活方式。今天网络消费者已经实现了跨越时空界限的购物，不用离开家或办公室，通过网络就可以购买到从日常用品到书籍、保险等众多商品或劳务。

5. 电子商务以迅速、互动的信息反馈方式作为高效运营的保证

通过电子邮箱、FTP、网站等媒介，电子商务中的信息传递告别了以往迟缓、单向的特点，迈向了信息时代、网络时代。在这样的情形下，原有的商业销售与消费模式正在发

生变化。由于任何两个国家的机构或个人都可以浏览企业的网址，并随时可以进行信息反馈与沟通，因此国际互联网为工商企业从事电子商务的高效运营提供了舞台。

6. 电子商务以新的商务规则作为安全保证

由于结算中的信用"瓶颈"始终是电子商务发展进程中的障碍性问题，参与交易双方、金融机构都应当维护电子商务的安全、沟通与便利，制定合适的商务规则就成了十分重要的问题。这涉及各方之间的协议与基础设施的配合，以保证资金与商品的转移。

三、电子商务的组成

电子商务系统是保证以电子商务为基础的网上交易实现的体系。市场交易是由参与交易双方在平等、自由、互利的基础上进行的信息流、货币流、商流和物流的交换。网上交易，信息沟通是通过数字化的信息沟通渠道来实现的。交易的首要条件是交易双方必须拥有相应的信息技术工具，才有可能利用基于信息技术的沟通渠道进行沟通。同时要保证能通过互联网进行电子商务系统交易，必须要求企业、组织和消费者连接到互联网，否则无法利用互联网进行交易。在网上进行交易，交易双方在空间上是分离的，为保证交易双方进行等价交换，必须提供相应货物配送手段和支付结算手段。货物配送仍然依赖传统物流渠道，对于支付结算既可以利用传统手段，也可以利用先进的网上支付手段。此外，为保证企业、组织和消费者能够利用数字化沟通渠道，保证交易顺利进行的配送和支付，需要由专门提供这方面服务的中间商参与，即电子商务服务商。

图1-1显示的是完整的电子商务系统，它在互联网信息系统的基础上，由参与交易主体的信息化企业、信息化组织和使用互联网的消费者，提供实物配送服务和支付服务的机构，以及提供网上商务服务的电子商务服务商组成。由上述几部分组成的基础电子商务系统，将受到一些市场环境的影响，包括经济环境、社会环境、法律环境和技术环境四个方面。

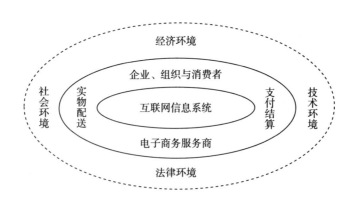

图1-1 电子商务系统的组成

1. 电子商务系统

（1）互联网信息系统。电子商务系统的基础是互联网信息系统，它是进行交易的平台，交易中所涉及的信息流、物流和货币流都与信息系统紧密相关。互联网信息系统是指企业、组织和电子商务服务商，在互联网网络的基础上开发设计的信息系统，它可以成为企业、组织与消费者之间跨越时空进行信息交换的平台，在信息系统的安全和控制措施的保证下，通过基于互联网的支付系统进行网上支付，通过基于互联网的物流信息系统控制物流的顺利进行，最终保证企业、组织与消费者之间网上交易的实现。因此，互联网信息系统的主要作用是提供开放的、安全的和可控制的信息交换平台。它是电子商务系统的核心和基石。

（2）电子商务服务商。互联网作为一个蕴藏巨大商机的平台，需要有一大批专业化工作者进行相互协作，为企业、组织与消费者在互联网上进行交易提供支持。电子商务服务商便起着这种作用。

（3）企业、组织与消费者。企业、组织与消费者是互联网上市场交易的主体，它们是进行网上交易的基础。由于互联网本身的特点及加入互联网的网民的快速增长趋势，使互联网成为非常具有吸引力的新兴市场。一般来说，组织与消费者上网比较简单，因为他们主要使用电子商务服务商提供的互联网服务来参与交易。企业上网则是非常重要而且是很复杂的。一方面企业作为市场交易的一方，只有上网才可能参与网上交易；另一方面，企业作为交易的主体地位，必须为其他参与交易方提供服务和支持，如提供产品信息查询服务、商品配送服务、支付结算服务等。因此，企业上网开展网上交易必须进行系统规划，建设好自己的电子商务系统。

（4）支付结算。支付结算是网上交易完整实现的重要环节，关系到购买者是否讲信用，能否按时支付；卖者能否按时回收资金，促进企业经营良性循环的问题。网上交易是在网上完成的，交易时交货和付款在空间和时间上是分割的，消费者购买时一般必须先付款后送货。

（5）实物配送。进行网上交易时，用户与消费者通过互联网订货、付款后，企业如果不能及时送货上门，便不能实现满足用户与消费者的需求。因此，一个完整的电子商务系统，如果没有高效的实物配送物流系统支撑，是难以使交易顺利进行的。

上述五个方面构成了电子虚拟市场交易系统的基础，它们是有机结合在一起的，缺少任何一个部分都可能影响网络交易的顺利进行。互联网信息保证了电子虚拟市场交易系统中信息的畅通，是电子虚拟市场交易顺利进行的核心。企业、组织与消费者是网上市场交易的主体，实现其信息化和上网是网络交易顺利进行的前提，缺乏这些主体，电子商务就会失去存在的意义，也就谈不上网上交易。电子商务服务商是网上交易顺利进行的手段，它可以推动企业、组织与消费者上网，并使他们更加方便地利用互联网进行网上交易。物流配送和网上支付是网上交易顺利进行的保障，缺乏完善的物流配送及网上支付系统，将阻碍网上交易的完成。

2. 电子商务系统环境

（1）经济环境。经济环境是影响电子商务发展的基本环境。涉及诸如企业信息化、商业电子化和金融电子化的程度，以及政府围绕电子商务的税收制度、信息的定价、信息访问的收费、信息传输成本、隐私问题等制定的政策等内容。

（2）社会环境。电子商务发展还面临着企业、组织与消费者是否愿意上网的问题，包括网络消费者市场的发展及其购买行为、网络产业市场的发展及其购买行为和网络一般组织机构的市场发展及其购买行为等。

（3）法律环境。电子商务的健康发展需要一系列的法律法规作保障。电子商务的法律环境包括电子商务交易方面的法规、电子商务安全方面的法规、电子商务知识产权方面的法规以及电子商务的司法管辖权等。

（4）技术环境。技术环境包括对电子商务系统影响重大的加密技术、认证技术，以及技术标准的制定。①加密技术。加密就是用基于数学算法的程序和保密的密钥对信息进行编码，生成难以理解的字符串，以尽量防止信息被偷看和被篡改情况的发生。②认证技术。认证技术用来确保信息的真实性，即信息确实是属于信息的发送者，而不是别人冒充他的名义发出的。③技术标准是信息发布、传递的基础，是网络上信息一致性的保证。如果没有统一的技术标准，就像不同的国家使用不同的电压传输电流，用不同的制式传输视频信号，限制了许多产品在世界范围的使用。EDI 标准的建立就是电子商务技术标准的一个例子。

四、电子商务的人才结构

随着经济、科技的迅速发展，电子商务这种基于互联网开放的网络环境下，买卖双方互不谋面地进行网上交易在人们的生活中发挥着越来越重要的作用，电子商务人才队伍日益壮大。

所谓电子商务人才是指既掌握现代信息技术又通晓现代商贸理论与实务，能通过电子方式来进行商贸活动的一种复合型人才。我们从电子商务人才需求层次角度进行分析。电子商务人才需求层次大致可分为操作层人才、实施层人才、战略层人才三种。

1. 操作层人才

这类人才实践中可以综合使用办公自动化软件、熟练使用互联网，具备文秘人员的基本素质；掌握电子商务的基本概念、基本模式；具备数据管理的观念及基本知识；迅速理解、适应和进入电子商务实务环境，能够熟练操作和运作电子商务活动，具有从实务中学习和进步的能力。这类人才一般从事现代化文秘工作、网站维护工作、电子商务系统数据采集、初步加工、企业信息发布等基本工作，属于电子商务最基础的应用。

2. 实施层人才

熟悉电子商务活动，充分了解和掌握商务活动的业务流程，同时具备足够的电子商务技术知识。这类人才能够根据企业规划实施电子商务系统的建设、技术支持及其商务业务流程处理；主要从事数据库管理、网络管理、客户关系管理、企业电子商务平台的运作和管理等工作。实施层人才还需具备较强的语言表达能力、协调人际关系能力和极强的适应能力。

3. 战略层人才

这类人才是企业中的中高层电子商务管理人员，具有前瞻性思维，能够从战略上分析和把握行业发展特点和趋势。主要从事电子商务战略规划、业务流程管理、组织人事安排和安全控制等工作。他们能够运用现代管理思想把信息技术与企业的营运活动有机地整合起来，并对电子商务的支持系统进行应用协调，对企业价值链进行全面的优化，从而提高企业的总体管理水平、营运效益和服务质量。

五、电子商务的功能

1. 网络广告宣传

电子商务可以利用 ISP 或企业的 Web 服务器在互联网上传播各类商业信息。对于企业来说，可利用网页、电子邮件等手段在全球范围内作广告宣传。客户可利用浏览器及网上的检索工具，迅速找到所需商品信息。

2. 咨询洽谈

企业和客户之间借助非实时的电子邮件、新闻组、实时讨论组相互咨询沟通，洽谈业务。如有进一步的需求，还可使用即时工具如阿里旺旺、在线客户服务软件等来交流实时信息。网上咨询和洽谈能超越人们面对面洽谈的限制，提供多种方便的异地交谈形式。

3. 网上支付

电子商务要成为一个完整的过程，网上支付是重要的环节。客户和商家之间可采用多种支付方式，省去交易中很多人员的开销。网上支付需要更为可靠的信息传输安全性控制，以防止欺骗、窃听、冒用等非法的行为。

4. 网上订购

电子商务可借助 Web 中的邮件或表单交互传送信息，实现网上订购。网上订购通常都在产品介绍的页面上提供十分友好的订购提示信息和订购交互格式框。当客户填完订购单后，通常系统会回复确认信息来保证订购信息的收到。订购信息也可采用加密的方式以保证客户和商家的商业信息不会被泄露。

5. 电子银行

网上支付必须有电子金融来支持，即银行、信用卡公司等金融单位要为金融服务提供网上操作的服务。

6. 服务传递

客户付款后，商家应尽快地将其所订购的货物传递到他们手中。软件电子读物、信息服务等产品适合在网上直接传递，可以直接从电子仓库中将其发送到客户端。实物商品的服务传递还包括：货物及运输工具、班次的调配、商品的发送管理及运输跟踪。

7. 意见征询

电子商务可以十分方便地采用在线调查形式收集用户对销售服务的反馈意见。这样，企业的市场运营能形成一个封闭的回路。客户的反馈既能提高售后服务水平，更能使企业获得改进产品、发现市场的商业机会。

8. 交易管理

交易管理涉及人、财、物多个方面，如企业和企业、企业和消费者、企业内部等各方面的协调与管理。因此，交易管理实际上是涉及商务活动全过程的管理。

第二节　电子商务的产生与发展

一、电子商务的产生

电子商务并非新兴之物。早在 1839 年，当电报刚出现的时候，人们就开始了对运用电子手段进行商务活动的讨论。当贸易开始以莫尔斯码点和线的形式在电线中传输的时候，就标志着运用电子手段进行商务活动的新纪元。

电子商务是在与计算机技术、网络通信技术的互动发展中产生和不断完善的，近年来依托于计算机互联网络，随着其爆炸性发展而急剧发展的。

电子商务最初起源于计算机的电子数据处理（Electronic Data Processing，EDP）技术，从科学计算向文字处理和商务统计报表处理应用的转变。字处理（Word Processing，WP）和电子表格（Spread Sheet）软件的出现，为标准格式商务单证的电子数据交换（Electronic Data Interchange，EDI）开发应用提供了强有力的工具。政府或企业的采购、企业商业文件的处理，从手工书面文件的准备和传递转变为电子文件的准备和传递；随着网络技术的发展，电子数据资料的交换，又从磁带、软盘等电子数据资料物理载体的寄送转变为通过专用的增值通信网络的传送。1970 年，银行业开始使用电子资金转账；1970 ~ 1980年，美国的大型企业开始使用电子数据交换、增值业务。

1991 年，美国政府宣布互联网向社会公众开放，允许在网上开发商业应用系统。1993 年出现了万维网（World Wide Web，WWW）。WWW 是一种具有处理数据、图文、声像和超文本对象能力的网络技术，使互联网具备了支持多媒体应用的功能。

1996 年，VISA 和 Master Card 两大信用卡国际组织共同发起制定保障在互联网上进行安全电子交易的安全电子交易协议（SET）（适用于 B2C 模式），这两个组织后来共同建立安全电子有限交易公司，专门从事管理与促进 SET 协议在全球的应用和推广。随后，美国网景公司（Netscape）开发并推出安全套接层协议（SSL），主要支持 B2B 方式的电子商务。至此，电子商务在美国、加拿大等发达国家已经具备发展的初级规模。

1997 年底，全球互联网用户已达 1 亿人，年增长率为 60%。全球电子商务交易额，1997 年约为 250 亿美元；2000 年约为 3770 亿美元；2004 年达到了 2.7 万亿美元。2017年全国电子商务交易额达 29.16 万亿元。数据显示，截至 2017 年底，全国网络购物用户规模达 5.33 亿。

二、电子商务的发展阶段

自 1995 年萌芽至今，在不到 20 年的时间，中国电子商务经历了从"工具"（点）、"渠道"（线）到"基础设施"（面）这三个不断扩展和深化的发展过程。2013 年，电子商务在"基础设施"上进一步催生出新的商业生态和新的商业景观，进一步影响和加速传统产业的"电子商务化"，进一步扩展其经济和社会影响，"电子商务经济体"开始兴起。

中国、美国成为全球互联网经济体中最耀眼的"双子星座"。据标普资本的数据显示，当今全球互联网10强企业中，美国占6家，中国占4家。在全球25大互联网公司中，美国和中国互联网公司所占席位比例是14∶6（数据来自KPCB）。美国的互联网公司如苹果、谷歌、亚马逊和脸书仍然是领导者，但中国互联网公司如腾讯、百度、阿里巴巴、京东商城、唯品会等势头颇猛，正在迎头赶上。

电子商务发展经历了四个阶段，从工具、渠道、基础设施到经济体阶段的演进，不是简单的新旧替代的过程，而是不断进化、扩展和丰富的生态演进过程。

1. 工具阶段（1995～2003年）

这个阶段，是互联网进入中国的探索期、启蒙期。中国电子商务以企业间电子商务模式探索和发展为主。早期，应用电子商务的企业和个人主要把电子商务作为优化业务活动或商业流程的工具，如信息发布、信息搜寻和邮件沟通等，其应用仅局限于某个业务"点"。

从1995年5月9日，马云创办中国黄页，成为最早为企业提供网页创建服务的互联网公司开始，到1997年垂直网站中国化工网的成立，再到1999年8848、携程网、易趣网、阿里巴巴、当当网等一批电子商务网站先后创立。1999年底，正是互联网高潮来临的时候，国内诞生了370多家从事B2C的网络公司，到2000年，变成了700家，但随着2000年互联网泡沫的破灭、纳斯达克急剧下挫，8848等一批电子商务企业倒闭，2001年，人们还有印象的只剩下三四家。随后，电子商务经历了一个比较漫长的"冰河时期"。

2. 渠道阶段（2003～2008年）

这个阶段，电子商务应用由企业向个人延伸。2003年，"非典"的肆虐令许多行业在春天里感受到寒冬的冷意，但却让电子商务时来运转。电子商务界经历了一系列的重大事件，如2003年5月，阿里巴巴集团成立淘宝网，进军C2C市场。2003年12月，慧聪网在中国香港创业板上市，成为国内B2B电子商务首家上市公司。2004年1月京东涉足电子商务领域。2007年11月，阿里巴巴网络有限公司成功在中国香港主板上市。

国家也出台了一系列重大文件为电子商务发展带来深远影响，2004年3月，国务院常务会议审议通过《中华人民共和国电子签名法（草案）》；2005年1月，国务院办公厅下发《关于加快电子商务发展的若干意见》（国办发〔2005〕2号）（多称"二号文件"）。2007年6月，国家发改委、国务院信息化工作办公室联合发布我国首部电子商务发展规划——《电子商务发展"十一五"规划》，我国首次提出发展电子商务服务业的战略任务。2007年，商务部先后发布了《关于网上交易的指导意见（暂行）》《商务部关于促进电子商务规范发展的意见》，构筑了电子商务发展的政策生态。

同时，随着网民和电子商务交易的迅速增长，电子商务成为众多企业和个人的新的交易渠道，如传统商店的网上商店、传统企业的电子商务部门以及传统银行的网络银行等，越来越多的企业在线下渠道之外开辟了线上渠道。2007年，我国网络零售交易规模561亿元。网商随之崛起，并逐步将电子商务延伸至供应链环节，促进了物流快递和网上支付等电子商务支撑服务的兴起。

3. 基础设施阶段（2008～2013年）

电子商务引发的经济变革使信息这一核心生产要素日益广泛运用于经济活动，加快了信息在商业、工业和农业中的渗透速度，极大地改变了消费行为、企业形态和社会创造价值的方式，有效地降低了社会交易成本，促进了社会分工协作，引爆了社会创新，提高了社会资源的配置效率，深刻地影响着零售业、制造业和物流业等传统行业，成为信息经济重要的基础设施或新的商业基础设施。越来越多的企业和个人基于和通过以电子商务平台为核心的新商业基础设施降低交易成本、共享商业资源、创新商业服务，极大地促进了电子商务的迅猛发展。

2008 年 7 月，中国成为全球"互联网人口"第一大国。中国互联网络信息中心（CNNIC）统计，截至 2008 年 6 月底，我国网民数量达到了 2.53 亿，互联网用户首次超过美国，跃居世界第一位。2010 年《政府工作报告》中明确提出，要加强商贸流通体系等基础设施建设，积极发展电子商务，这也是首次在全国"两会"的政府工作报告中明确提出大力扶持电子商务。

2010 年 10 月，麦考林登陆纳斯达克，成为中国内地首家 B2C 电子商务概念股，同年 12 月，当当网在美国纽约证券交易所挂牌上市。2011 年，团购网站迅猛发展，上演千团大战局面，中国团购用户数超过 4220 万人。2012 年，淘宝商城更名"天猫"独立运营，品牌折扣网站唯品会在纽交所挂牌交易，2012 年淘宝和天猫的交易额突破 10000 亿元，"双 11"当天交易规模达 362 亿元。2013 年，阿里巴巴和银泰集团、复星集团、富春集团、顺丰速运等物流企业组建了"菜鸟"，计划在 8～10 年内建立一张能支撑日均 300 亿元网络零售额的智能物流骨干网络，让全中国任何一个地区做到 24 小时内送货必达。

4. 经济体阶段（2013 年以后）

2013 年中国超越美国，成为全球第一大网络零售市场。2013 年，我国电子商务交易规模突破 10 万亿元大关，网络零售交易规模达到了 1.85 万亿元，相当于社会消费品零售总额的 7.8%。2014 年 2 月，中国就业促进会发布《网络创业就业统计和社保研究项目报告》显示，全国网店直接就业总计 962 万人，间接就业超过 120 万人，成为创业就业新的增长点。2014 年 6 月，我国网络购物用户规模达到 3.32 亿人，我国网民使用网络购物的比例为 52.5%。

2014 年 4 月，聚美优品在纽交所挂牌上市。5 月京东集团在美国纳斯达克正式挂牌上市。9 月，阿里巴巴正式在纽交所挂牌交易，发行价每股 68 美元，成为美国历史上融资额最大规模的 IPO。2014 年，我国快递业务量接近 140 亿件，跃居世界第一。我国快递业务量已经连续 44 个月同比、累计增长平均增幅均超过 50%，李克强先后五次对快递业点赞。2015 年 5 月，国务院印发了《关于大力发展电子商务加快培育经济新动力的意见》（国发〔2015〕24 号），将会进一步促进电子商务在中国的创新发展。

网络零售的蓬勃发展促进了宽带、云计算、IT 外包、网络第三方支付、网络营销、网店运营、物流快递、咨询服务等生产性服务业的发展，形成庞大的电子商务生态系统。电子商务基础设施日益完善，电子商务对经济和社会影响日益强劲，电子商务在"基础设施"之上进一步催生出新的商业生态和新的商业景观，进一步影响和加速传统产业的"电子商务化"，促进和带动经济整体转型升级，电子商务经济体开始兴起。

三、电子商务的发展现状

商务部统计数据显示，2012～2016 年，我国网络购物用户人数从 2.42 亿人增长至

4.67亿人，增长近1倍。电子商务交易额从8.1万亿元增长至26.1万亿元，年均增长34%。其中，网络零售交易额从1.31万亿元增长至5.16万亿元，年均增长40%，对社会消费品零售总额增加值的贡献率从17%增长至30%。电子商务发展直接和间接带动的就业人数从1500万人增长至3700万人。

经过多年发展，目前规模较大电子商务平台企业纷纷开始构建生态系统，平台为商家和消费者提供交易、支付、物流等各方面全周期支持与服务，各大平台与平台商家之间依存越来越紧密，阿里系、腾讯系、百度系、京东系等主体均取得了显著规模效益。

1. 电子商务产业发展驶入"快车道"

（1）电子商务规模化发展。2016年10月至2017年9月的12个月时间，我国网络零售额达到近6.6万亿元，相比上一周期增长38%，为中国电子商务零售额同期的最高纪录。其中，实物商品网上零售额近5.08万亿元，服务网上零售额近1.49万亿元。在社会商品总零售额中占比达到13.6%，同比提高近3个百分点。

（2）跨境电子交易获得快速发展。我国中小外贸企业跨境电子商务逆势而上，多年保持30%的年均增速。出现了"一站式"推广、平台化运营、网络购物业务与会展相结合等模式，有力地推动了跨境电子商务向纵深发展。全社会电子商务应用意识不断增强，应用技能得到有效提高。相关部门协同推进电子商务发展的工作机制初步建立，围绕电子认证、网络购物等主题，出台了一系列政策、规章和标准规范，电子商务发展环境日益良好。

（3）催生电子商务服务业的兴起。我国电子商务快速增长，初步形成了功能完善的业态体系。电子商务的不断普及将直接带动物流、金融和IT等服务类型的行业发展，带动与之配套的第三方支付、电子认证、网络信息安全、网络保险等电商生态圈中各子业态的发展。大量的电子商务服务商，带动物流供应链上各节点的发展。辅助性电子商务服务派生出一些新的服务行业，企业供应链电子商务、国际电子商务的发展将带动电子商务服务业的发展。全国广大农村涌现出一批淘宝店，一些村庄围绕自身的资源、市场优势，开展特色电子商务应用。传统零售企业纷纷进军电子商务。企业、行业信息化的快速发展为加快电子商务应用提供坚实基础。

2. 中国电子商务交易额持续增长

据国家统计局电子商务交易平台调查显示，2017年全国电子商务（以下简称电商）交易额达29.16万亿元，同比增长11.7%。其中商品、服务类交易额21.83万亿元，同比增长24.0%。相关数据统计，2017年"双11"期间全网20家平台实时销售数据显示全网总销售额是2539.7亿元，其中阿里、京东、苏宁易购和首次参加"双11"的唯品会交易总额占全网"双11"成交额的95.3%，其余电商只有不到4.7%的市场份额。

从商品、服务类电商交易情况看，商品类交易为主，服务类交易增长快。2017年商品类电商交易额16.87万亿元，同比增长21.0%，比上年提高8.7个百分点；服务类电商交易额4.96万亿元，同比增长35.1%，比上年提高13.2个百分点，延续上年快速增长的态势。

电子商务与服务类产品结合后，打通了信息传递的瓶颈，提升了资源配置的效率。

对个人及对单位交易额均保持加速增长态势。2017年商品、服务类电商对个人的交易额为 8.68 万亿元，同比增长 33.1%，比上年提高 4.5 个百分点；对单位的交易额为 13.15 万亿元，同比增长 18.6%，比上年提高 12.2 个百分点。

对个人交易额的快速增长说明网络购物在我国已经得到普及，对单位交易额的快速增长意味着企业利用互联网开展经营的水平也在不断上升。

3. 国内外电子商务投资回暖

电商市场经历了 2006～2017 年 12 年左右的野蛮成长期，其中 2016 年，全球电商行业投融资活动大幅衰减，投融资仅有 796 次，总金额也只有 98 亿美元左右，是 2013 年以来的最低谷。2017 年似乎是国内外电商市场发展最稳健的一年，尽管资本市场在电商市场的投入不再那么狂热，但是国内外的电商发展环境依旧波涛汹涌。而截至 2017 年 8 月 22 日，电商行业投融资活动达 603 次，总金额约为 128 亿美元。

四、电子商务的发展趋势

中国电商行业的发展走在世界前列。当前，中国的电商交易量在全球占比超过 40%，而这一比例在十年前仅为 1%。

阿里巴巴集团、腾讯和京东等中国本土科技巨头主宰着飞速发展的电商生态系统，尤其是在中国占据了重要地位。中国消费者对移动技术非常精通，甚至连老一辈人也并未对移动商务和线上到线下（O2O）购买服务感到不适。该行业的快速发展离不开不断增长的庞大数字消费群体，在跨境贸易的作用下，大大推动了国内外的经济发展。中国这一独特的环境促进了商业和数字贸易的创新性发展，孕育了众多发展新思路，进而推进了全球电商市场的未来发展。中国电商行业未来发展的五大趋势如下：

1. 跨境电商崛起

在达沃斯举行的 2018 年世界经济论坛年会上，阿里巴巴集团创始人兼董事局主席马云发言称："没有任何人可以制止全球化，没有任何人可以制止贸易。"中国与其他国家展开的跨境电商总量最为有力地体现了电子商务对全球化进程的推动效果。2016 年，中国跨境零售电商市场规模为 785 亿美元（约 5400 亿元人民币）；到 2021 年，这一规模有望超过 1400 亿美元（约 9600 亿元人民币）。

究竟是什么推动了这一趋势的发展？首先，目前在国外工作、学习和旅游的中国人数量达到新高，他们比过去接触到更多的国际品牌和产品。但由于一部分产品无法在中国境内买到，或是在国内旗舰店的售价过高，因此这些人在回国后，会选择通过跨境电商购买海外产品。

其次，中国消费者出于对自身安全及食品安全的考虑，会选择购买可信赖的国际品牌产品，这一点在购买婴儿产品、营养保健品、美容护肤品和有机食品等关键类产品上更是如此，而跨境电商正是消费者实现这类愿望的途径。

消费者可以在中国的跨境电商平台进行购买，如阿里巴巴的天猫全球购或京东的京东全球购；也可以选择非官方的海外卖家，也就是我们所熟知的代购。代购代理商驻留海外，在当地购买正品商品，然后通过微信和淘宝等平台将商品销售给中国消费者。

2. 打造电商贸易特区

中国现有的进出口结构是在大规模跨境电商交易出现之前建立的。自 2015 年以来，中国在 13 座城市新设了跨境电商试验区，进出口贸易也因此取得了巨幅增长；而 2018 年 7 月 13 日，国家又决定在 22 座城市增设试验区。这些试验区为跨境电商进出口提供了一个精简的体系，简化了审批快捷化、清关一体化和信息共享便利化的相关规定。此外，像阿里巴巴这样的中国电商公司也在马来西亚和泰国等国家推广了电商贸易特区；然而，也有一部分人担心，这种做法或许会造成垄断、影响当地公司的发展。

3. 中国影响力提升

目前，不仅在跨境电商，甚至在国内电商方面，中国消费者都开始通过关键意见领袖（数字媒体上的影响者）来了解最新产品及最新趋势。意见领袖传播相关内容的途径既包括在微信（中国版的 Facebook）公众号上发表文章，也包括在社交媒体上进行直播。他们的直播对电商市场发展的促进效果尤为显著。根据德勤（Deloitte）最近发布的报告显示，2018 年的直播业务预计将为中国带来 44 亿美元（约 300 亿元人民币）的直接收入，观看意见领袖直播的观众将多达 4.56 亿人。

这些意见领袖的作用十分关键，他们既能在关注者中塑造消费者偏好，还能使其了解新产品。对于品牌合作方而言，意见领袖在中国市场上的产品推销能力十分惊人，有大量记录在册的案例显示，品牌与意见领袖的合作可以在几小时甚至是几分钟内就带来数十万美元的销售量。

4. 线上到线下

在亚马逊公司收购全时超市（Whole Foods Market）后，西方消费者对此做出了一定反应，并推测亚马逊今后将推行新一代的数字化零售方式，而中国现在就已经实现了这一方式。

目前，阿里巴巴和京东都在全国各地迅速开起了零售店，分别取名为"盒马"及"7FRESH"。两个品牌均提供范围广泛的数字化购物服务。例如，顾客可以用手机扫描店中任何商品的条形码，以了解产品的来源、营养信息和价格。此外，两个品牌都可以在消费者购物后的最快 30 分钟内进行配送。

这类新型商店不仅能提供独特便利的购物体验，也能为顾客提供产品新鲜度及质量保证。消费者最初选择跨境电商的原因之一就是对产品安全存在一定顾虑，而新型商店的理念及其保障性有助于缓解这种顾虑。

5. 电商一路西行

中国电商在未来将越来越深入农村和内陆地区，这些地区仍存在巨大的发展空间。农村消费者跳过了个人电脑时代，开始使用手机访问互联网并进行在线购物。京东已经宣布，将在中国西南地区兴建 185 个无人机机场用于商品配送。与此同时，阿里巴巴正在扩大其"农村淘宝"平台，最近还向农村电商平台汇通达投资了 7.16 亿美元（约 49 亿元人民币）。截至 2019 年 1 月，该平台拥有八年多的历史，在 20 个省份开设了 0.5 万家会员店。在阿里巴巴和京东寻求发现下一波电商用户的同时，它们也在为实现复杂物流网络开发必要的基础设施，这与中国政府发展西部农村的目标非常一致。

从很多方面来看，电子商务的未来已经在中国得以实现，但由于本土科技巨头的大规模多元化投资，中国的发展空间仍然很大。电商的发展不但为中国消费者带来了好处，还有助于解决基础设施建设、产品安全和跨境全球贸易等重要领域的问题。最后，中国电商不仅是消费者在日常生活中进行划算交易的手段，而且是促进经济和社会发展的重要推动力，进而可以带动全国的转型变革。

第三节　电子商务与传统商务

一、传统商务和电子商务活动

传统商务源于远古时代。当人们对日常活动进行分工时，商务活动就开始了。每个家庭不再像以前那样既要种植谷物，又要打猎和制造工具了。每个家庭专心于某一项活动，然后用他们的产品去换取所需之物。例如，制造工具的家庭可以和种植谷物或打猎的家庭互换产品。那时，物品信息靠听说、观察来获取，有些消息灵通人士善于利用这些信息进行货物交换，后来被称为商人。在这些原始的商务活动中，无形的服务也开始了买卖。例如，通过为人占卜求神保佑来换取必要的食品和工具，通过商人带路换取商品等。

货币的出现终结了传统的以货易货的贸易，交易活动变得更容易、更简捷。然而，贸易的基本原理并没有变化，只不过以物易物变成了以货币买物品。社会的特定成员创造有价值的特定物品，这些物品是其他成员所需要的，所以，商务或商务活动可以理解为两方及以上参与的有价物品或服务的协商交换过程，它包括买卖各方为完成交易所进行的各种活动。

通信工具的变革，给商务活动插上了翅膀，但贸易的基本原理还是没有改变。早在1839年，当电报刚出现的时候，人们就开始运用其进行商务活动。例如，催促发货的电报"请速发货"，比任何交通工具都快，能够节省时间。随着电话、传真机、电视、移动通信设备等电子工具的诞生，商务活动中可应用的电子工具进一步扩充。但电话出现以前，电报还是较为先进的商务工具，但其缺点是文字少、不能说明复杂的商务问题。电话出现以后，商人可通过电话说明较复杂的商务问题。但电话的缺点是只能"说"，不易留下凭证，于是人们发明了传真机，通过电话线传送商务凭证，信息量比电报大得多。广播和电视的产生，分别让人们能"听"到和"看"到远方的声音和图像，听觉和视觉效果显著，其商务应用很快普及。广播与电视这两种媒体的最大缺点是不能交互，观众的参与性较差；而互联网则与之不同，其出现极大地改变了人类的生活方式。

电子商务伴随互联网的出现而诞生。电子商务是指通过互联网进行的销售商品、提供服务等经营活动。例如，通过互联网，企业可以销售笔记本电脑，为客户提供软件下载服务，进行个人计算机远程修复，进行远程医疗服务等。

在电子商务环境下，贸易的基本原理依然没有变化，只是其中的一些环节实现了电子化。

二、传统商务与电子商务的差别

电子商务是传统商业活动各环节的电子化、网络化、信息化。电子商务与传统商务之间是既相互联系又有区别的。

1. 电子商务与传统商务的运作过程不同

传统商务交易过程中的实务操作是由交易前的准备、贸易磋商、合同与执行、支付与清算等环节组成的。其中交易前的准备就是交易双方都了解有关产品或服务供需信息后，就开始进入具体的交易协商过程，交易协商实际上是交易双方进行口头协商或书面单据的传递过程。书面单据包括询价单、订购合同、发货单、运输单、发票、验收单等。合同与执行过程，在传统商务活动中，交易协商过程经常是通过口头协议来完成的，但在协商后，交易双方必须要以书面形式签订具有法律效应的商贸合同，来确定磋商的结果和监督执行，并在产生纠纷时通过合同由相应机构进行仲裁。最后是支付过程，传统的商务活动的支付一般有支票和现金两种方式，支票方式多用于企业的交易过程。

电子商务的运作过程虽然也有交易前的准备、贸易的磋商、合同的签订与执行以及资金的支付等环节，但是交易具体使用的运作方法是完全不同的。在电子商务的模式中，交易前的准备、交易的供需信息一般都是通过网络来获取的，这样双方信息的沟通具有快速和高效率的特点。贸易磋商过程是将书面单据变成了电子单据，并且由专门的数据交换协议保证网络信息传递的正确性、安全性和快速的特点。合同的签订与执行，电子商务环境下的网络协议和电子商务应用系统的功能保证了交易双方所有的贸易磋商文件的正确性和可靠性，并且在第三方授权的情况下具有法律效力，可以作为在执行过程产生纠纷的仲裁依据。资金的支付，电子商务中交易的资金支付一般采取网上支付的方式。

2. 传统商务中制造商是商务中心，而在电子商务环境下销售商则是商务的主体

在传统商务下制造商负责组织市场的调研、新产品的开发和研制，最后也是由制造商负责组织产品的销售，所以可以说一切活动都是离不开制造商的。但在电子商务环境下则是由销售商配合负责销售环节，包括产品网站建立与管理、网页内容设计与更新、网上销售的所有业务及售后服务的设计、组织与管理等，制造商就不再起主导作用。

3. 电子商务和传统商务的商品流转机制不同

传统商务下的商品流转是一种"间接"的流转机制。制造企业所生产出来的商品大部分都经过了一系列的中间商，才能到达最终用户手中。这种流转机制无形中给商品流通增加了许多无谓环节，也增加了相应的流通、运输、存贮费用，加上各个中间商都要获取自己的利润，这样就造成了商品的出厂价与零售价有很大的价差。对此一些制造企业就采取了直销方法（把商品直接送到商场上柜销售）。这种流转方式，使商品的价格得到了下降，深受消费者的欢迎。但是，这种方式并不能给生产企业带来更大的利润，因为直销方式要求制造厂商有许多销售人员经常奔波在各个市场之间。

电子商务的出现使每一种商品都能够建立最直接的流转渠道，制造厂商可把商品直接送达消费者手中，还能从消费者那里得到最有价值的需求信息，实现无阻碍的信息交流。

4. 电子商务和传统商务所涉及的地域范围和商品范围是不同的

传统商务所涉及的地域范围和商品范围是有限的，而随着互联网的推广与普及，特别是各类专业网站的出现，电子商务所涉及的地理范围和时间则是无限的，是超越时空的。电子商务的物流系统可以建立在传统商务的物流系统的基础上，这样能更充分地发挥物流资源的利用率。电子商务的客户可能就是传统商务下的客户群，从某种意义上说电子商务

是传统商务的发展。

电子商务的许多活动可以沿袭传统商务中的活动方式进行操作，并对它们加以改进延伸，使之能够适应新的商务条件。最后，传统商务的已有销售渠道、信息网络等也可为电子商务所用。

综上所述，电子商务与传统商务虽然有很多不同的地方，但有些本质是不变的，而且无论电子商务发展得多快多好，也不能完全取代传统商务的地位，传统商务所带来的体验度和真实感是电子商务所欠缺的。当然，电子商务的便利性也是传统商务无法比拟的。

三、电子商务的优势

电子商务具有对市场变化反应迅速、成本低、高效等传统商务方式所无法比拟的优势，它加速了企业内部和外部的信息交流，突破了交易和交货形式的时空界限，大幅度提高了企业管理水平和运作效率，降低了运营成本，有效地提高了市场竞争力和影响力，同时为消费者提供了更多更灵活的选择和实感。同时，电子商务在企业的商业运作、企业管理、内部行业结构的重组方面都具有重要的作用。

1. 时空优势

传统的商务是以固定不变的销售地点（商店）和固定不变的销售时间为特征的店铺式销售。互联网上的销售通过以信息库为特征的网上商店进行，所以它的销售空间随网络体系的延伸而延伸。没有任何地理障碍，它的零售时间是由消费者即网上用户自己决定。

2. 速度优势

电子商务拥有极快的速度、效率优势。电子商务利用快捷、便利的计算机网络作为通信手段，在更广阔的时空里实现商品信息的咨询、交换，以及直接开展网上贸易。在一定程度上改变了整个社会经济运行的方式。

3. 成本优势

与传统的商务相比，利用互联网渠道可避开传统商务渠道道中的许多中间环节，降低流通费用、交易费用和管理成本，并加快信息流动的速度。事实上，任何制造商都可以充当网上零售业中商品的提供者，能以成本价格向消费者提供商品。当投资传统商店所需要的建材和商品库存费用越来越贵时，投资电子商务商店所需的电脑和电信设备却日益便宜。同时，软硬件价格的降低使更多的消费者能以低廉的价格接入互联网，享受电子商务带来的种种好处，并进而促进了电子商务的发展。

4. 个性化优势

由于互联网的实时互动式沟通，以及没有任何外界因素干扰，使消费者更易表达出自己对产品及服务的评价，这种评价一方面使网上的零售商们可以更深入地了解用户的内在需求，更好地提供产品和服务；另一方面为用户提供个性化服务成为可能。

5. 信息优势

传统的销售在店铺中虽然可以把真实的商品展示给消费者，但对一般消费者而言，对所购商品的认识往往是很肤浅的，也无法了解商品的内在质量，往往容易被商品的外观、包装等外在因素所困扰。利用电子商务技术，可以全方位展示产品及服务功能的内部结构，从而有助于消费者完全地认识商品及服务。另外，信息优势还体现在通过对企业内部信息的整合和优化，改善了企业信息的组织结构，加快了信息流动，为企业的生产和决策提供了更快、更好的数据。

第四节　电子商务对社会经济的影响

一、电子商务对经济发展的重大影响

近年来，为了适应信息化和经济全球化的挑战，中国对电子商务及中小企业的发展越来越重视，相关法律法规以及经济政策也向电子商务以及中小企业倾斜，尤其是近年来随着人们生活水平的提高以及网上购物参与度的提高，电子商务已经成为中国经济发展的重要组成部分，也成为多数企业软硬件设施建设的重要组成部分之一。电子商务对中国经济产生了重要影响，具体表现为：

1. 电子商务成为中国经济发展的新模式

电子商务是以互联网为基础的新型经济模式，虽然它的发展历史比较短，但发展迅猛，发展规模也逐步扩大，对中国企业的发展、国家的经济竞争力以及国际贸易等都造成了积极的影响，也是实现中国经济科学发展、和谐发展，实现经济全球化的重要途径。

2. 电子商务可以有效地带动国内消费

电子商务既是一种新型的经济模式，也是一种有效的经济营销手段，可以有效地带动国民经济、扩大内需，促进中国经济健康快速地发展。以阿里巴巴为例，阿里巴巴依托天猫和淘宝商城，2018 年"双 11"最终成交额锁定在 2135 亿元，突破 2000 亿元大关。这些销售额充分说明电子商务在当前经济消费和经济发展中，已经成为主流的营销和经济模式。

3. 电子商务成为对外贸易不可或缺的重要组成部分

互联网是一个面向全球的开放性网络，无论企业在任何一个地方上网，它的影响范围可以是全世界。电子商务为企业打开了一条进入国际贸易的通道，有利于全球性的、统一的、开放型市场体系的形成，因而增强全球性竞争实力，从而提高交易量和收益，促使全球范围内的经济有一个良好的发展趋势。

4. 给政府机构带来变革

电子商务的发展要求政府管理部门提高办事效率，增加政策的透明度，建立健全电子商务的法律法规体系。电子商务的发展对保护网络消费者的权益和隐私提出了新的要求，给行业管理及税赋征收增加了难度。

5. 给金融机构带来变革

电子商务的支付与结算需要电子化金融体系的密切配合。目前我国金融服务业电子化水平需要增强，加快建立银行之间、银行与企业之间的资金清算和金融管理信息系统，使企业和个人可以随时随地实施电子支付，实时完成电子交易是势在必行。

二、电子商务对人类工作和生活方式的影响

随着社会经济的快速发展，电子商务在人们日常生活中扮演着越来越重要的角色，电子商务已经影响到我们生活的方方面面，主要包括以下五个方面：信息获取方式、生活方式、工作方式、消费方式与教育方式。

1. 信息获取方式

在电子商务方式下，人们除了从电视、书籍、报纸、杂志等传统媒体中获取信息以外，还可以从一种全新的媒体互联网获取所需的信息。

互联网通过大量的、每天至少有千人乃至几十万人访问的网站，实现了真正的大众传媒的作用，它可以比任何一种方式都更快、更直观、更有效地把一个信息或思想传播开来。而且网络传播信息有着双向性的特点，客户根据自己的需要获取信息，且没有时间、地域的限制。通过网络还可以得到其他双向的信息服务，如通过黄页可以找到商业机会，通过招聘站点可以寻找工作等。因此，越来越多的人利用网络获取信息服务，网上信息服务成为电子商务的一个重要方面。

2. 生活方式

事实上，互联网已形成了一个范围广阔、没有国界的虚拟社会，不同年龄的人们都可以在网上找到适合自己活动的领域，发表自己的意见，参加聚会，购物，看电影，玩游戏，进行阅读、收藏、旅游等活动。互联网已经在人们的生活里占据着越来越重要的位置。

当然，互联网与电子商务给人们带来方便的同时，也带来了新的问题：青少年的上网问题、信息污染问题、家庭隐私问题、电子商务的安全问题等，这些都给我们带来了新的挑战。如何正确地处理这些问题也是我们在生活中必须考虑的。

3. 工作方式

电子商务使在家办公成为可能。公司办公的目的是完成任务，电子商务方式保证了及时通信和业务处理，所以办公方式可以是灵活的，无论在什么地方、什么时间都可以进行办公业务处理。特别是对于执行独立任务的管理人员来说，可以方便地在家中及时处理事务，不必花更多时间在路上和面对面的交流上。在家办公对于减轻城市交通拥堵，减少城市污染也将起到良好的效果。

4. 消费方式

电子商务的出现，革命性地改变了人们的消费观念。随着网络技术的普及和上网人数的增加，消费者在互联网上浏览商品，直接在网上完成商品选择、支付，由商家将商品送到消费者手中已经成了一种时尚，并正在被越来越多的人所接受和使用。网上销售的商品一般可以分为三类：实物商品、信息商品和在线服务。前者是消费者在网上订购，由网上商店将商品送到消费者手中，后两类是由销售商直接传输到购买者的计算机终端，由消费者来消费或接受服务。

5. 教育方式

随着互联网应用的扩展，国内外的众多大学开始在网上开设网络大学进行远程教育。

它以计算机通信技术和网络技术为依托，采用远程实时、多点、双向交互式的多媒体现代化教学手段，实时传送声音、图像、电子课件和教师板书，使身处两地的师生能像在现场教学一样进行双向视听问答，这是一种跨越时间和空间的教育传递过程，网络大学需要的管理机构和人员很少。进行网上教育成本低、效果好，可以充分地发挥优秀师资和教材的优势，可以低投入、高产出地完成高质量的教育。同时，现代社会要求对人们进行终身教育和培训，各个年龄层次、各种知识结构、各种需求层次和各个行业的从业者，均可以通过网络大学完成继续教育，数字化课堂使很多没有时间的在职工作人员的教育问题得到了解决。

电子商务将作为一种核心商业模式，在中国高速发展的市场经济中占有重要位置，全面改写中国经济版图。也许，推动全球经济的支点，就在你手中鼠标的箭头下面。

三、电子商务的效益分析

企业通过电子商务所得的效益可以分为直接效益和间接效益两种。直接效益主要是指通过电子商务活动而得到的可以进行定量分析的货币价值。从测量方法来讲，可以通过比较企业在应用电子商务前后的各个方面指标，根据统计数据得到。间接效益主要是企业在更广泛意义上的收益或减少不利因素。

1. 电子商务的直接效益

（1）管理成本的降低。电子商务通过电子手段、电子货币大大降低了传统的书面形式的费用，大大节约了单位贸易成本。有统计显示，使用电子商务方式处理单证的费用是原来书面形式的1/10，可以有效节约管理成本。

（2）库存成本的降低。大量的库存意味着企业流动资金的占用和仓储面积的增加，也意味着运转费用的增加和效益的降低。利用电子商务可以有效地管理企业库存，降低库存成本，这是电子商务在企业的生产和销售环节最突出的一个特点。通过电子商务还可以减少商品库存的时间、降低商品积压程度，进而可以实现"零库存"。库存量的减少意味着企业在原材料供应、仓储和管理开支上将实现大幅度的下降，尤其是在土地价格不断上涨的今天。

（3）采购成本的降低。企业的采购过程是一个复杂的多阶段过程，在这个过程中，购买方首先要寻找相应的产品供应商，了解他们的产品在数量、质量、价格等方面是否满足要求，然后再将详细的购买计划和需求信息传送给产品供应商，以便供应商能够按照顾客所要求的性能指标组织生产。产品生产出来后，如果达到顾客要求，则向顾客发货，并进行相关财务方面的工作。采购过程的费用是相当大的，而利用电子商务进行采购，可以降低大量的劳动力和邮寄成本。据统计，施乐、通用汽车、万事达信用卡三个不同行业、不同性质的企业，通过电子商务在线采购后，成本分别下降了83%、90%和68%。

（4）交易成本的降低。虽然企业从事电子商务需要一定的投入，但是与其他销售方式相比，使用电子商务进行贸易的成本将会大大降低。例如，将互联网当作媒介做广告，进行网上促销活动，可以节约大量的广告费用并扩大商品的销售量。同时，电子商务没有时间、空间限制，可以全天候进行网上交易。

2. 电子商务的间接效益

（1）更好地进行客户关系管理。通过电子商务在互联网提供产品信息，并提供商品的技术支持，客户可以自己查询已订购商品的处理信息，这可以使客户服务人员从繁琐的日常事务中解放出来，以便更好地处理与客户的关系，从而使客户更加满意。

（2）促进信息经济的发展和全社会的增值。电子商务是目前信息经济中最有前途的、未来的贸易发展方向，它将推动信息经济的发展。同时，电子商务还能大幅度增加世界各国的贸易活动，大大提高贸易环节中多数角色的成交数量，从而促使全社会的增值。

（3）催生新行业的出现。在电子商务条件下，原来的业务模型发生了变化，许多不同类型业务过程由原来的集中管理变为分散管理，社会分工进一步细化，因而会出现新的行业。例如，在上海，就将电子商务师列入正式的职业序列。

3. 其他效益

电子商务还有很多难以测量的其他潜在效益。例如，实施电子商务后，客户可更充分地实现"货比三家"；数字化产品或交付更加便捷；城市与农村的商品交易更加深入；更多的人可以在家里办公和购物等。

第五节　我国发展电子商务面临的主要问题及解决措施

一、我国电子商务发展面临的主要问题

电子商务在快速蓬勃发展的同时，也会在发展过程中遇到不可避免的一些问题。

1. 网络安全问题

电子商务的运作，涉及多方面的安全问题，如电子支付安全、信息安全、货物安全、商业秘密等。安全问题如果不能妥善解决，许多用户就不愿意进行网上交易。因此，一个安全的电子商务系统，除了必须有一个安全可靠的通信网络，还必须保证数据库服务器的绝对安全，以防止黑客盗取信息。由于技术和人为因素的影响，我国网络和计算机系统的安全质量较为落后，网络间数据的传输、交换和处理很容易遭到窃听、截取和篡改。

2. 税收问题

由于电子商务的交易活动是在没有固定场所的国际信息网络环境下进行的，因此造成国家难以控制和收取电子商务的税金。

3. 法制不健全问题

电子商务作为崭新的商务活动方式，不可避免地会带来一系列法律问题，比如电子合同、数字签名的法律效力问题、网上交易引发的经济纠纷问题等。我国目前虽出台了一些涉及网络安全和国际互联网方面的法规，但有关发展电子商务的统一指导框架和专门立法还存在空缺。首先是知识产权保护，特别是在网上直接提供的无形新产品和服务的知识产权，如网络数据库、软件、游戏和音像制品等，对电子商务中的电子合同、电子签名等合法性缺乏必要的法律条文和科学解释。《电子商务法》只是简单介绍我国对电子商务安全所采取的一点安全保护，没有完整的法律保护。此外，联合国国际贸易委员会等国际组织

提出的与电子商务有关的文件内容，至今还没有纳入我国的法律体系。缺乏明确的相关法律保障，出现问题后的责任认定、承担、仲裁结果的执行等复杂的法律关系难以解决。

4. 人才问题

电子商务是信息现代化与商务的有机结合，因而需要跨学科领域的复合型人才，既要掌握有关金融、管理和商务等方面的知识，又要懂得现代信息技术的专业技术人员。而一个国家、一个地区能否培养出大批这样的复合型人才，就成为该国、该地区发展电子商务的最关键因素。技术人才的短缺可能成为阻碍我国电子商务发展的一个重要因素。

5. 物流配送系统不完善

物流是电子商务运作过程的重要组成部分，它在电子商务中起着重要的作用。任何一笔交易，如果没有物流，信息流和资金流也不可能真正实现。随着电子商务快速发展，对物流配送的要求也越来越高，而我国物流却出现明显的滞后。目前我国缺乏系统化、专业化的全国性货物配送系统，服务水平、服务规模尚待与国际接轨。物流系统和售后服务滞后，交易过程中网下不能提供快捷服务、送货不及时、收货无保障、退货不容易，无法体现和形成电子商务高效率、低成本、方便快捷的优势。

二、我国电子商务发展的措施

为了让电子商务健康、有序地快速发展，必须尽快解决问题，因此我们提出以下措施：

1. 提高电子商务的网络安全性

由于网络的开放性和虚拟性，电子商务面临着种种危险，电子商务的安全性问题已经成为阻碍其发展的最重要因素，因此，我们必须集中力量开发研究网络安全技术，尽快解决好电子商务的安全问题。首先，要大力发展网络安全技术，如身份鉴别技术、数据加密传输技术、防火墙技术、病毒防治技术等，保证交易信息的保密性和完整性，为用户建立起一个安全的网络基础环境。其次，一旦发生重大的网络安全事件，政府必须及时提供补救措施，对恶意的黑客入侵事件及欺诈事件，政府必须加以严惩，使这些人受到法律的制裁。最后，从事电子商务的公司要加强系统内部网络的安全管理，提高有效防范外部攻击的能力。

2. 建立电子商务税款代扣代缴制度

电子商务交易方式适合建立由电子商务运营商代扣代缴税款的制度，即从支付体系入手解决电子商务税收征管中出现的高流动性和隐匿性，可以考虑把电子商务中的支付体系作为监控、追踪和稽查的重要环节。在确认交易完成并由电子商务平台运营商支付给卖方货款时，就可以由交易系统自动计算货款包含的应纳税款，并由运营商在支付成功后及时代扣代缴应纳税款。如果从事网上经营的单位和个人自建网络交易平台，则应通过银行、邮局等金融机构的结算记录进行代扣代缴，凡是按税法规定达到按次征收或月营业额达到起征点的，一律由金融机构代扣代缴应纳税款。

3. 完善电子商务法律体系

电子商务在交易过程中一旦出现纠纷很难得到有效的解决。因此，我国急需建立起相关的法律体系，为电子商务的发展提供法律保障。在立法方面，我们可以借鉴电子商务发达国家的立法以及国际公约的相关内容，结合我国社会的实际情况和行业发展的特点，制定出适合我国国情的电子商务法律法规。与此同时，必须加强法律的可操作性和透明度，确保法律真正切实可行，有效规范交易活动，为电子商务的发展提供法律依据。

4. 大力培养电子商务专业人才

电子商务行业急需大量具备计算机网络、通信、法律、管理、经济等方面相关的知识的复合型人才。因此，我们必须大力培养电子商务的专业人才，以满足我国电子商务快速发展的需求。一方面，我国的高等院校可以集中各种教育资源，联合电子、计算机和经济管理方面的专业师资共同培养专业人才。另一方面，可以通过社会教育，对从事电子商务业的在职人员进行业务培训，以提高从业人员的理论素质，从而为电子商务行业提供复合型的人才。

5. 加快发展并完善我国物流体系

电子商务的发展给我国物流市场提出了更高的要求，为了满足不同层次的电子商务交易需求，不但要鼓励邮政部门发挥自身优势，与从事电子商务的部门签订协议，积极开展各种新服务，政府还应通过政策进行引导和鼓励发展第三方物流企业，逐步开放市场，欢迎国外的速递公司参与竞争，通过竞争，使我国的物流配送体系日趋完善。

思考题

1. 如何正确理解电子商务的含义？
2. 电子商务的发展经历了哪几个阶段？各阶段的特点是什么？
3. 电子商务发展中面临的问题是什么？如何解决？
4. 试述电子商务与传统商务的区别与联系。

第二章

电子商务的实现

【学习要点及目标】

1. 了解电子商务交易模式。

2. 掌握企业对企业电子商务（B2B）的概念及特点。

3. 掌握企业对消费者电子商务（B2C）的概念及特点。

4. 掌握消费者对消费者电子商务（C2C）的概念及特点。

引导案例　　　天猫上的坚果老大——三只松鼠

　　三只松鼠股份有限公司（以下简称三只松鼠）成立于 2012 年，位于安徽省，是中国第一家定位于纯互联网食品品牌的企业，也是当前中国销售规模最大的食品电商企业。

　　三只松鼠主要是以互联网技术为依托，利用 B2C 平台实行线上销售。凭借这种销售模式，三只松鼠迅速开创了一个以食品产品的快速、新鲜的新型食品零售模式。这种特有的商业模式缩短了商家与客户的距离，确保让客户享受到新鲜、完美的食品。开创了中国食品利用互联网进行线上销售的先河。以其独特的销售模式，在 2012 年"双 11"当天销售额在淘宝天猫坚果行业跃居第一名，日销售近 800 万元。其发展速度之快创造了中国电子商务历史上的一个奇迹。三只松鼠 2013 年销量突破 3 亿元。

　　三只松鼠 LOGO 分别是鼠小贱、鼠小酷和鼠小美。小美张开双手，寓意拥抱和爱戴我们的每一位主人；小酷紧握拳头，象征我们拥有强大的团队和力量；小贱手势向上的 style，象征着我们的青春活力，和永不止步，勇往直前的态度。在最关键的产品环节，三只松鼠有三个"非不选"，即非原产地不选，非好营养不选，非好口感不选。确保质量上乘，给顾客带来健康天然新鲜的真正好食品。

　　三只松鼠特别重视用户的体验。每一个包装坚果的箱子上都会贴着一段给快递的话，而且是手写体——"快递叔叔我要到我主人那了，你一定要轻拿轻放哦，如果你需要的话也可直接购买"。打开包裹后会发现，每一包坚果都送了一个果壳袋，方便把果壳放在里面；打开坚果的包装袋后，每一个袋子里还有一个封口夹，可以把吃了一半但吃不完的坚果袋封住。令你想不到的还有，袋子里备好的擦手湿巾，方便吃之前的手部清洁。

三只松鼠一对一的服务是其让品牌和消费者更接近的企业核心的最直接体现。"一对一"的基础是对用户的了解。三只松鼠筛选目标用户的方式主要依赖于软件识别：顾客购买的客单价、二次购买频率、购买产品是什么、购买产品打折商品的比例、是几次购买等。识别出这些后，顾客会发现每次购买三只松鼠产品所收到的包裹都会不一样。这增加了顾客的好感和回头率。

（资料来源：https：//wenku.baidu.com/view/d9a4e717a88271fe910ef12d2af90242a995ab7f.html，经删减整理。）

第一节　电子商务模式的概念与类型

一、电子商务模式的定义

商务模式是指做生意的方法，是一个企业赖以生存的模式，一种能够为企业带来收益的模式。商务模式规定了公司在价值链中的位置，并指导其如何赚钱。

一个成功的商务模式，一般包括以下八个基本要素：

（1）价值主张。也就是企业通过其产品和服务所能向消费者提供的价值。价值主张确认了公司对消费者的实用意义。

（2）盈利模式。盈利模式是指企业获得收入、分配成本、赚取利润的方式。

（3）市场机会。企业所预期的市场以及企业在该市场中有可能获得的潜在财务收入机会。市场机会通常划分为更小的市场利基，即利润基本点的分市场。实际的市场机会是由企业希望参与竞争的每一个市场利基的收入潜力所决定的。

（4）竞争环境。企业面临多少竞争者？没有竞争者很可能意味着没有市场。有10个以上的竞争者表明市场已经饱和。在这里要扩展开来想一想，就像飞机和火车，客户总有选择的机会。

（5）竞争优势。一个企业的竞争优势表现为成本优势、产品优势、品牌优势三个方面。你单位成本比同类产品低，在市场竞争中你就有价格优势，同样的价格人家利润少，你利润多；人家保本，你有利润；人家亏损，你还能保本。产品优势，就是拥有自己的核心技术。品牌优势，就是优良的产品质量和售后服务，市场占有率高，消费者的口碑好。

（6）营销战略。企业为适应环境和市场的变化，站在战略的高度，以长远的观点，从全局出发来研究市场营销问题，策划新的整体市场营销活动。

（7）组织发展。由于现代世界的科技、市场、环境等快速变迁，企业必须改变员工的认知、态度、价值观及企业本身的结构，以适应新挑战，面向整个组织系统。其目的是维持与更新企业生命力。

（8）管理团队。管理团队的主要职责是为企业迅速获得外界投资者的信任，准备捕捉市场信息，构建企业发展战略等。

商务模式的应用和创新在当前的市场竞争中正变得越来越重要。从个人计算机时代到互联网时代的转变当中，各种新的商务模式随着互联网服务的推出而层出不穷，使 IT 市场更彻底地从以产品为中心转变到以人为本。依靠引入新的商务模式来保持持续的变革和创新能力，对于企业在快速变化的商业环境中存活并发展是极其重要的。对于目前的商业环境来说，商务模式是一种非常好的概念性战略工具。

电子商务就是商务模式在互联网环境下推出的新型商务模式。随着科学技术的发展进步，商务模式也发生了变化。从曾经我们面对面的交易为潮流，发展到现在的以互联网为媒介，有地域性的贸易发展到全球贸易，电子商务时代由此到来。电子商务模式是指在网络环境和大数据环境中基于一定技术基础的商务运作方式和盈利模式。研究和分析电子商务模式的分类体系，有助于挖掘新的电子商务模式，为电子商务模式创新提供途径，也有助于企业制定特定的电子商务策略和实施步骤。

电子商务这种新型经济形式可以改善传统商务陈旧的交易模式，获得更有效率的生产力，而商务模式具有不可被取代的优势因素，两者互相补充、互相改善、完美融合才是商务发展的主题曲。

二、电子商务模式的核心内容

电子商务模式的概念核心是价值，即它的有用性。根据参与对象可以分为三种主要价值：面向用户所提供的价值；面向投资者所提供的价值；面向合作伙伴所提供的价值。

1. 面向用户所提供的价值

一项产品或服务能否为用户带来功能上或情感上的好处，以满足用户的某种需求，是该项产品或服务是否能得到采纳和推广的一个基本影响因素，也是商务模式设计是否成功的基础。有价值的产品或服务并非一定有成功的市场和商业回报，但无法为用户提供或创造更多价值的产品或服务必定不会开启一个成功的市场。

电子商务作为不谋面的交易对用户的价值主要体现在交易成本的降低、交易效率的提升上。相应地，用户对电子商务的普遍体验是方便、快捷，且商品价格比较便宜。以淘宝、京东商城、当当网为代表的购物平台不仅提供了交易服务，而且还集成了大量的资讯和人脉，成为消费者了解最新消费理念、时尚等信息的重要阵地。不仅如此，购物平台的社区互动还充分满足了用户的社区交流、反馈沟通的需求。

不同的商品或服务面向同一用户可能会提供不同的价值，即有用性。比如，一台 PC 提供给用户的价值和一台能够接入网络的 PC 所提供给用户的价值就存在极大的差异。再如，一台仅能够接入公司局域网的 PC 和一台能够接入全球互联网的 PC 为用户提供的价值也必然存在不同程度上的差异。这类因有无网络或网络大小而产生的价值差异引出了信息经济时代的一个重要概念。

梅特卡夫定律是由 3Com 公司的创始人、计算机网络先驱罗伯特·梅特卡夫提出的。它指出一个网络的价值等于该网络内的节点数的平方，而且该网络的价值与联网的用户数的平方成正比。网络外部性是梅特卡夫法则的本质。这个法则告诉我们：如果一个网络中有 n 个人，那么网络对于每个人的价值与网络中其他人的数量成正比，这样网络对于所有人的总价值与 $n \times (n-1)$ 成正比。如果一个网络对网络中每个人价值是 1 元，那么规模为 10 倍的网络的总价值等于 100 元；规模为 100 倍的网络的总价值就等于 10000 元。网络规模增长 10 倍，其价值就增长 100 倍。

梅特卡夫定律是一条关于网上资源的定律，该定律由新科技推广的速度决定，所以网络上联网的计算机越多，每台电脑的价值就越大。新技术只有在有许多人使用它时才会变得有价值。电子商务竞赛中常有作品提出并设计类似淘宝的综合交易平台，但如果不能制定有效的网络营销策略并吸引一定规模的用户使用该平台，那么该电子商务平台的价值就几乎为零。而只有进行有差异的创新，凭借为用户提供不同价值的网络服务才能有效吸引用户的使用，并在形成一定网络规模之后，提供更大的网络价值。

使用网络的人越多，这些产品才变得越有价值，因而越能吸引更多的人来使用，最终提高整个网络的总价值。一部电话没有任何价值，几部电话的价值也非常有限，成千上万部电话组成的通信网络才把通信技术的价值极大化了。网络即时通信工具如腾讯 QQ、微信等的应用也是一个道理。当一项技术已建立必要的用户规模，它的价值将会呈爆炸性增长。价值是收益与成本的差额。一项技术多快才能达到必要的用户规模，这取决于用户进入网络的代价，代价越低，达到必要用户规模的速度也越快。有趣的是，一旦形成必要用户规模，新技术开发者在理论上可以提高对用户的价格，攫取垄断利润。一方面这将部分地补偿产品推广前期为吸引一定顾客群而做的投入，另一方面也因为这项技术的应用价值和收益比推广前期的确增加了，如淘宝与小卖家之间的纠纷一定程度上也是因为这个原因。

信息资源的奇特性不仅在于它可以被无损耗的消费，如一部古书从古至今都在"被消费"，但不可能"被消费掉"，而且信息的消费过程很可能同时就是信息的生产过程，它所包含的知识或感受在消费者那里催生出更多的知识或感受，消费它的人越多，它所包含的资源总量就越大。互联网的威力不仅在于它能使信息的消费者数量增加到最大限度（全人类），更在于它是一种传播与反馈同时进行的交互性媒介（这是它与报纸、收音机和电视机最不一样的地方）。

梅特卡夫定律是以每一个新上网的用户都因为与其他人的联网而获得了更多的信息交流机会为基础的。它指出了网络具有极强的外部性和正反馈性。联网用户越多，网络的价值越大，联网的需求也就越大。这样，从总体上梅特卡夫定律指出了消费方面存在的效用递增性，即需求创造了新的需求。这体现了网络的价值，也是电子商务能够提供或创造价值的一个信息经济学的基础。

2. 面向投资者所提供的价值

商务模式的本质是企业获取利润的方式。电子商务模式是互联网企业如何利用网络来获取利润的问题。作为一个全新的事物，互联网的发展从一开始就充满了机遇与挑战，吸引了众多的智力和资本的大量投入。正如前面所说，新兴的网络经济与传统的实体经济存在一个重要区别就是它的网络外部特性将导致赢者通吃的市场，具有自然垄断的属性。因此，互联网企业一般前期需要大量投入以形成一定的顾客基础，后期才有可能盈利。这种投入成本大、边际成本小的特征决定了这个产业具有非常规的盈利模式。

面对这个新兴的朝阳产业，投资者一开始并不急切地追求盈利和回报。一些对信息技术抱有超强信念的人更看重其未来的潜在收益。因此，互联网发展初期俗称是一个"烧钱"的时期。不为追求短期利润，"跑马圈地式"地对创新和概念的过分追求导致 2000 年的网络泡沫危机。

长久以来，许多互联网企业无法找到确定的盈利模式。这是一片创新和冒险家的天地，风险投资为大多数互联网企业提供了最初的资金来源。2000 年之后，面对投资者，互联网企业是否具有清晰可见的盈利模式成为投资人做出投资决策的重要依据。此时的企业不仅需要考虑为用户提供更具吸引力的价值，而且还需要考虑为投资者创造出新的价值。

互联网企业的主要盈利模式有以下六种：

（1）会员制。会员制盈利模式通过收取会员费获取利润。企业开始一般是通过免费注册为其提供免费信息来吸引会员加入，以后为其提供相应的收费服务以收取会员费的盈利模式。会员制盈利模式包括电子商务企业对会员提供有价值的服务，如公司认证、产品信息推荐、商务信息、推荐排名等多种服务组合的套餐式增值服务，它一般适用于提供企业之间交易平台的 B2B 电子商务网站。国内有代表性的如阿里巴巴，其通过会员制收费模式的收入占现有业务 95% 以上。阿里巴巴的付费会员有两种类型：一种是国际交易平台的会员即中国供应商，年收费是 4 万 ~ 8 万元；另一种是国内交易平台的会员即诚信通，年收费标准是 3688 元。

（2）商品交易盈利模式。电子商务平台为网络卖家提供平台及信息服务。当卖家在电子商务平台注册商铺，企业可以向卖家收取一定费用，卖家店铺每上架一件商品或者每卖出一件商品，电子商务平台就按照一定比例根据物品标的的大小收取不同的费用。电子商务网站处于不同的发展阶段，可以采取各种促销手段减免部分费用。例如，只向卖家收取商铺费用而减免物品交易费用，或只收取物品交易费用而减免物品登录费用等。这种收费方式因其服务更为细化而得到用户的相对认可，同时企业随着交易额的增多而获取更多利润。eBay 是全球最受瞩目的电子商务企业之一，卖家在 eBay 网站可以免费试用或支付一定的费用注册不同等级的店铺。开始可以免费登录一定数量的物品，超过限制如果要继续添加物品时，需要根据物品标的的大小向 eBay 支付一定的登录费用，如果卖家的物品交易成功，同样需要向 eBay 支付一定数额的交易服务费用，相应的服务收费标准均在网站公布，卖家可以根据自身情况采用不同的标准。eBbay 公司通过这种收费方式一度顺利成为全球最大的 C2C 类电子商务网站。

（3）网络广告盈利模式。网络广告种类众多，横幅广告、浮动广告、电子邮件广告、按钮广告等。网络广告几乎是门户网站和电子商务企业的生存法宝。一方面，电子商务企业靠做广告打开市场，提高知名度，推广用户。另一方面，有一定知名度的电子商务企业可以在自己网站做广告收取费用来盈利。网络广告适用于所有类型的电子商务企业，不过根据网站类型不同使用的广告类型和广告对象也不同。电子商务企业经过一段时间的发展，有了足够人气、具有广告投放价值，同时又不影响用户访问体验时，电子商务平台多采用网络广告服务，这是所有电子商务平台共有的盈利模式。电子商务企业通常把电子商务站点的广告位明码标价，通过广告代理公司或自行售卖的方式出售广告位。买麦网盈利模式除会员制收费外，还有网络广告收费，年广告收入近 1000 万元，是支撑买麦网发展的一个重要产品。新浪网是中国门户网站的代表，广告收入占总收入的 1/3 多。

（4）支付收费盈利模式。电子商务企业是通过出售商品或服务盈利，其实质业务仍是进行交易，而交易必然会有支付业务的产生。随着网上交易的增多，出现大量专业支付公司，支付环节的业务也逐渐发展成为一大高利润业务。一般来说，网上交易买家可以先把预付款通过网上银行打入到支付公司个人专用账号，待收到卖家的货物后，支付公司会把买家的账款打入到卖家账号,这样可以解除电子商务交易中的诚信问题及网上支付安全性的若干问题。网上支付公司的出现和应用的日益普及大大促进了电子商务的发展。

支付宝(中国)网络技术有限公司是一家国内领先的独立第三方支付平台,是阿里巴巴集团的关联公司。支付宝致力于为中国电子商务提供"简单、安全、快速"的在线支付解决方案。2014 年"双 11"全天,支付宝手机支付交易笔数达到 1.97 亿笔。支付宝稳健的作风、先进的技术、敏锐的市场预见能力及极大的社会责任感,赢得了银行等合作伙伴的广泛认同。支付宝与国内外 180 多家银行以及 VISA、MasterCard 国际组织等机构建立战略合作关系,成为金融机构在电子支付领域最为信任的合作伙伴。

支付宝公司拥有先进的技术,可以解决网络交易的安全性问题,网络交易中,买方使用支付宝付款,可以避免已付款却接收不到货物的情形,而卖方也可以以此使买方放心,吸引更多客户。当前网上交易仍存在网络支付安全性问题及诚信问题,在这种情况下,支付宝类的专业支付公司可以更好地保障买卖双方,尤其是买方的利益。

(5)无线增值服务盈利模式。无线增值服务是指建立在移动通信网络基础上的,除了语音以外的数据服务。无线增值服务内容具体包括:移动聊天、移动游戏、移动语音聊天、手机图片铃声下载等。当用户下载或订阅短信、彩信等产品时,通过电信运营商的平台付费,电信运营商收到费用之后再与无线增值服务提供商分成结算。电子商务的高端发展也同样需要无线增值服务的支持。

腾讯公司成立于 1998 年 11 月,是目前中国最大的互联网综合服务提供商之一,也是中国服务用户最多的互联网企业之一。目前,腾讯公司的主要盈利分为三部分,即互联网增值服务、无线增值服务和网络广告。其中无线增值服务部分一直占公司营收总额的 55% ~ 75%。

(6)网络游戏盈利模式。网络游戏实际上是网络产品的一种,把它单列出来,作为盈利模式的一种,在于其惊人的盈利能力。广告、无线增值和网络游戏一直是互联网经济的"三驾马车"。从 2011 年开始至今,随着移动互联网技术的兴起和智能终端的普及,网页游戏和移动游戏的营业收入开始呈"爆炸式"增长。我国网络游戏产业呈现出飞速发展的态势,网络游戏整体用户规模持续扩大,2008 年我国游戏用户规模为 0.67 亿人,到了 2017 年我国游戏用户规模增长至 5.83 亿人,我国游戏行业实际销售收入从 2008 年的 185.60 亿元增长至 2017 年的 2036.10 亿元。网络游戏行业作为互联网新兴产业的代表之一,在经历高速成长之后,预计未来仍将保持较高的增长态势。

互联网的盈利模式还有很多,如亚马逊的广告联盟、App Store 的应用服务平台等,我们只对比较成熟的盈利模式进行了介绍,未来还会产生新的盈利模式,需要大家继续关注。

3. 面向合作伙伴所提供的价值

电子商务不仅是网站建设和经营,而且涉及在线支付、物流配送、信息安全、信用评定等各个环节,它们的经营者共同组成电子商务的产业链,存在一定的上下游关系。单个企业如果想要成长起来并获得持续的发展需要整个产业链上各个企业的共同成长和配合。

一种正常的业务模式为供应链上所有的参与者(供应商、制造商、运货商、分销商、零售商、客户)创造了不同的价值,而均衡的价值流动是电子商务业务模式生存的必要条件。价值均衡流动才能保障各方参与者利益的平衡,才能实现价值最大化,最终实现多方共赢。

三、电子商务模式的分类

电子商务作为一门新兴学科，涉及的领域和应用范围很广。按照不同的分类标准，电子商务的分类方式也不同，通常可以从以下三个角度来划分类别：

（1）在整个电子商务处理过程中，按照交易对象分类可将电子商务分为企业与企业之间的电子商务（B2B）、企业与消费者之间的电子商务（B2C）、消费者与消费者之间的电子商务（C2C），其他还有政府与企业之间的电子商务（G2B）、政府与消费者之间的电子商务（G2C）等。

（2）按照商务活动内容分类，可将电子商务分为间接电子商务（IEC）和直接电子商务（DEC）。

（3）按照使用网络类型分类，可将电子商务分为 EDI 商务、Internet 商务和 Intranet 商务。

第二节　B2B 电子商务模式

一、B2B 电子商务模式的概念和特点

B2B（Business to Business）即企业对企业的电子商务，指的是企业与企业之间依托互联网等现代信息技术手段进行的产品和信息交易的商务活动。作为电子商务的重要模式之一，B2B 电子商务有其自身的特点和优势。对 B2B 电子商务模式的分类研究已成为电子商务领域的热点之一。

B2B 电子商务的特点：

（1）参与交易的各方：卖方、买方、中间商。B2B 交易既可以在买卖双方之间直接进行，也可以通过中间商进行。中间商是一个在线的第三方，协助买卖双方的交易。它既可以是虚拟的，也可以是虚实结合的公司，抑或是分销商。

（2）交易类型。B2B 类交易有两种类型：即期购买和战略性物资采购。即期购买是指以市场价格来购买产品和服务，价格根据供需动态决定。特点是价格为动态的，受供求关系的影响，买卖双方彼此不认识。战略性物资采购是指在买卖双方互相磋商的基础上建立长期合作关系。这种磋商可以在企业内交易市场或者公共交易市场的私有交易室进行。

（3）交易物料类型。B2B 交易的物料有两种类型：直接的和间接的。直接物料是用于生产商品所需的原材料，如生产汽车用的钢铁或出版图书用的纸张。直接物料的特点是物料的使用是有计划的、定期的。这些物料通常不是现用现买，而是广泛磋商和签订合同后大宗订购。

间接物料是指比如办公用品和灯泡之类的项目，这些项目支撑着生产。它们通常用于维护、修理和运营，是非生产用物料。

（4）交易方向。B2B 市场分为水平的和垂直的。垂直市场是同一产业部门之间的交

易，包括电子、汽车、医院、钢铁和化工行业等。水平市场指那些可以适用于所有产业的商品和服务的交易，如办公用品、个人计算机和运输服务。

二、B2B 电子商务的主要模式

目前，B2B 应用较为广泛的模式主要有以下四种：

（1）面向制造业或面向商业的垂直 B2B。垂直 B2B 可以分为两个方向，即上游和下游。生产商或商业零售商可以与上游的供应商之间的形成供货关系，比如 Dell 电脑公司与上游的芯片和主板制造就是通过这种方式进行合作。生产商与下游的经销商可以形成销货关系，比如 Cisco 与其分销商之间进行的交易。

（2）面向中间交易市场的 B2B。这种交易模式是水平 B2B，它是将各个行业中相近的交易过程集中到一个场所，为企业的采购方和供应方提供了一个交易的机会，像 Alibaba、建材网、环球资源网、directindustry 等。B2B 只是企业实现电子商务的一个开始，它的应用将会得到不断发展和完善，并适应所有行业的企业需要。

（3）自建 B2B 模式。行业龙头企业自建 B2B 模式是大型行业龙头企业基于自身的信息化建设程度，搭建以自身产品供应链为核心的行业化电子商务平台。行业龙头企业通过搭建自身的电子商务平台，串联起行业整条产业链，供应链上下游企业通过该平台实现资讯、沟通、交易。但此类电子商务平台过于封闭，缺少产业链的深度整合。

（4）关联行业 B2B 模式。关联行业 B2B 模式是相关行业为了提升目前电子商务交易平台信息的广泛程度和准确性，整合综合 B2B 模式和垂直 B2B 模式而建立起来的建立跨行业电子商务平台。

三、B2B 电子商务的业务流程及优势

1. B2B 电子商务的业务流程

从交易过程来看，B2B 电子商务业务流程可以分为以下四个阶段：

（1）交易前的准备。这一阶段主要是指买卖双方和参加交易各方签约前的准备活动。买方根据自己要买的商品，准备购货款，制订购货计划，进行货源市场调查和市场分析，反复进行市场咨询，了解各个卖方国家的贸易政策，反复修改购货计划，确定和审批购货计划。在按计划确定购买商品的种类、数量、规格、价格、购货地点和交易方式等内容，尤其是利用互联网和各种电子商务网站寻找自己满意的商品和商家。卖方根据自己所销售的商品，全面进行市场调查和市场分析，制定各种销售策略和销售方式，利用互联网和各种电子商务网络发布商品广告，寻找贸易伙伴和交易机会。

（2）交易谈判和签订合同。这一阶段主要是指买卖双方对所有交易细节进行谈判，将双方磋商的结果以文件的形式确定下来，即以书面文件形式和电子文件形式签订贸易合同。电子商务的特点是可以签订电子商务贸易合同。交易双方可以利用现代电子通信设备和通信方法，经过认真谈判和磋商，将双方在交易中的权利、所承担的义务，以及对所购买商品的种类、数量、价格、交货地点、交货期、交易方式和运输方式、违约和索赔等合同条件，全部以电子交易合同形式做出全面、详细的规定。

（3）办理交易进行前的手续。这一阶段主要是指双方签订合同后到合同开始履行之

前办理各种手续的过程，也是双方贸易前的交易准备过程。交易中很可能要涉及中介方、银行金融机构、海关系统、商检系统、保险公司、税务系统、运输公司等有关部门，买卖双方要利用 EDI 与有关各方进行各种电子票据和电子单证的交换，直到办理完可以将所购商品从卖方按合同规定开始向买方发货的一切手续为止。

（4）交易合同的履行和索赔。这一阶段是从买卖双方办理完所有手续之后开始的。卖方要备货、组货，同时进行报关、保险、取证、发信用证等，然后将商品交付给运输公司包装、起运、发货，买卖双方可以通过电子商务系统跟踪发出的货物，银行和金融机构也按照合同处理双方收付款，进行结算，出具相应的银行单据等，直到买方收到自己所购商品，就完成了整个交易过程。索赔是在买卖双方交易过程中出现违约时，需要进行违约处理工作，受损方要向违约方索赔。

2. B2B 电子商务的优势

企业间电子商务的实施在带动企业成本下降的同时扩大企业收入来源。

（1）降低采购成本。企业通过与供应商建立企业间电子商务，实现网上自动采购，可以减少双方为进行交易投入的人力、物力和财力。另外，采购方企业可以通过整合企业内部的采购体系，统一向供应商采购，实现批量采购获取折扣。如 Wal - Mart 将美国的3000 多家超市通过网络连接在一起，统一进行采购配送，通过批量采购节省了大量的采购费用。

（2）降低库存成本。企业通过与上游的供应商和下游的顾客建立企业间电子商务系统，实现以销定产，以产定供，实现物流的高效运转和统一，最大限度地控制库存。如通过允许顾客网上订货，实现企业业务流程的高效运转，大大降低库存成本。

（3）节省周转时间。企业还可以通过与供应商和顾客建立统一的电子商务系统，实现企业的供应商与企业的顾客直接沟通和交易，减少周转环节。如波音公司的零配件是从供应商采购的，而这些零配件很大一部分是满足它的顾客航空公司维修飞机时使用。为减少中间的周转环节，波音公司通过建立电子商务网站实现波音公司的供应商与顾客之间的直接沟通，大大减少了零配件的周转时间。

（4）扩大市场机会。企业通过与潜在的客户建立网上商务关系，可以覆盖原来难以通过传统渠道覆盖的市场，增加企业的市场机会。如通过网上直销，有 20% 的新客户来自中小企业，通过与这些企业建立企业间电子商务，大大降低了双方的交易费用，增加了中小企业客户网上采购的利益动力。

四、企业开展 B2B 电子商务的基础及盈利模式

1. 企业开展 B2B 电子商务的基础

企业开展 B2B 电子商务，需要思考以下三方面的问题：

（1）企业自身的信息化水平。B2B 电子商务的开展不仅需要企业拥有基本的网络基础设施和电子商务平台，而且需要有信息化、自动化的后台系统为其提供支持，包括企业资源计划（ERP）、计算机集成制造系统（CMS）、供应链系统（SCM）等，这些先进的管理和制造系统是顺利实现 B2B 电子商务的重要条件，也是企业信息化水平的集中体现。缺少这些条件，企业即使能够利用 B2B 电子商务平台获得订单，也无法完全发挥 B2B 电

子商务快速、高效、低成本、高集成性的优势。

（2）企业现有的市场框架。企业决定是否采用B2B电子商务模式时，需要认真研究企业现有的业务体系，要分析B2B电子商务对企业现有的商务模式将产生怎样的影响。一般来说，如果B2B电子商务能够与现有商务模式形成良性互补，共同占领市场，则企业应当考虑开展B2B电子商务。如果B2B电子商务与现有商务模式存在严重冲突，可能会导致销售渠道混乱，则企业就要慎重考虑。

（3）企业合作伙伴是否采用B2B电子商务。企业开展B2B电子商务不仅取决于企业的意愿，也取决于企业供应链的上、下游贸易伙伴对于B2B电子商务的使用情况。如果贸易伙伴缺乏开展B2B电子商务的基本条件或还未开展任何形式的电子商务活动，则企业也无法应用B2B电子商务与其进行交易。从这个角度来看，电子商务效益的发挥在很大程度上取决于电子商务在企业中的推广应用程度和普及情况。

2. B2B电子商务的盈利模式

（1）会员费。企业通过第三方电子商务平台参与电子商务交易，必须注册为B2B网站的会员，每年要交纳一定的会员费，才能享受网站提供的各种服务，目前会员费已成为我国B2B网站最主要的收入来源。

（2）广告费。网络广告是门户网站的主要盈利来源，同时也是B2B电子商务网站的主要收入来源。

（3）竞价排名。企业为了促进产品的销售，都希望在B2B网站的信息搜索中将自己的排名靠前，而网站在确保信息准确的基础上，根据会员交费的不同对排名顺序作相应的调整。

（4）增值服务。B2B网站通常除了为企业提供贸易供求信息以外，还会提供一些独特的增值服务，包括企业认证、独立域名、行业数据分析报告、搜索引擎优化等。

（5）线下服务。主要包括展会、期刊、研讨会等。通过展会，供应商和采购商面对面地交流，一般的中小企业还是比较青睐这个方式。期刊主要是关于行业资讯等信息，期刊里也可以植入广告。

（6）商务合作。包括广告联盟，政府、行业协会合作，传统媒体的合作等。广告联盟通常是网络广告联盟。但在我国，联盟营销还处于萌芽阶段，大部分网站对于联盟营销还比较陌生。

第三节 B2C 电子商务模式

一、B2C 电子商务模式的概念和特点

B2C电子商务指的是企业针对个人开展的电子商务活动的总称，如企业为个人提供在线医疗咨询、在线商品购买等。在中国网络购物市场规模结构中，2017年中国网络购物市场中B2C市场交易规模为3.6万亿元，在中国整体网络购物市场交易规模中的占比达

到 60.0%，较 2015 年提高 4.8 个百分点；从增速来看，2017 年 B2C 网络购物市场增长40.9%，远超 C2C 市场 15.7% 的增速。

B2C 电子商务的特点有：

（1）用户群数量巨大。B2C 作为一种新兴的交易方式深受人们喜欢，现在已经被广大百姓所接受，无论是年轻人、中年人还是老年人，不管是学生还是上班族都习惯这种线上消费的方式，所以 B2C 的用户量十分庞大。

（2）提供商品信息的媒介。B2C 电子商务利用互联网的信息发展，在线上交易平台提供了与企业相关的信息服务。

（3）为消费群体提供便利的同时，也为企业减少了成本。B2C 的线上交易方式，不仅为消费者节约了时间、精力、资金，也为企业省去了门面成本费用，创造了利润最大化。

（4）提供多方面个性化服务。线上销售比传统销售更加多元化，弥补了传统商务单一的不足，在 B2C 平台上，企业可以提供多方面的服务，越来越多的企业开始创新自己的理念，提供个性化的自我品牌。

（5）拥有合理的物流渠道。所谓物流渠道是指物资的实体由供应者到需求者的流动，包括物资空间位置的变动、时间位置的变动和形状的变动。简单来说，就是创造时间、空间和性质效应。B2C 模式下的商品交易主要是通过商品配送完成的，客户群体所处位置较分散，因此在商品配送的时候需要有一条合理的运输渠道，无论企业是自营性物流，还是使用第三方物流，都需要合理地完善体系，更快、更好地满足不同客户的不同需求。

二、B2C 电子商务的三种交易类型

根据 B2C 电子商务中企业的作用和商务模式的理论为依据进行划分，通常将 B2C 电子商务分为生产商直销模式、中间商模式、第三方交易平台模式。

1. 生产商直销模式

生产商直销模式指产品制造商通过自建电子商务平台直接向消费者提供其生产产品的模式。

Dell 公司直销模式的精华在于"按需定制"，在明确客户需求后迅速做出回应，并直接向客户发货。该模式采用网站及免费热线电话等方式和用户沟通，按照用户要求制造计算机并直接向用户发货。该模式优势在于：直接面对终端用户；减少中间环节，降低了成本；实施"零库存"管理；用户得到高质量的服务。Dell 公司合理科学的组织结构实现了自身的高效率，相对较高的宣传投入提高了企业和品牌的知名度。

2. 中间商模式

中间商模式是指中间商或零售商通过电子商务平台向消费者提供多种类型商品的模式。

亚马逊的经营模式是网上销售，主要是与图书出版商合作。亚马逊不是产品的生产者，只是在图书商与消费者之间架构一个平台、一个渠道。通过强大的互联网来展示商品。它是美国电子商务的巨头，世界上最大的在线零售平台。各式产品一应俱全，其产品细分为十七大类，二级分类则达到一百余种。亚马逊通过并购与扩张不断拓展其在线商城

的产品范围，全品类发展，价格较线下销售更加低廉，且其经营多为品牌产品，在质量参差不齐的线上销售行业树立了良好的口碑，提升了同行业的竞争力。

3. 第三方交易平台模式

第三方是指两个相互联系的主体之外的某个客体。第三方交易平台属于第三方服务中介机构完成第三方担保支付的功能。它主要是面向开展电子商务业务的企业提供电子商务基础支撑与应用支撑服务，不直接从事具体的电子商务活动。它本质就是一个提供了信誉保障的信息中介平台。

天猫商城是阿里巴巴旗下的一个综合性购物网站，其整合数万家品牌商、生产商，为商家和消费者之间提供"一站式"解决方案。天猫商城的模式是做网络销售平台，卖家可以通过这个平台卖各种商品，这种模式类似于现实生活中的"百货大楼"，每个商家在这个网络"百货大楼"里交一定的租金就可以开始卖东西，主要是提供商家卖东西的平台。天猫商城不直接参与卖任何商品，但是商家在做生意的时候要按照天猫商城的规定，不能违规，违规就会被处罚。这个网络"百货大楼"会提高租金以赚更多的钱，商家如不交就会被赶到（淘宝）"集市"上"摆摊"。而一些不服管制的业主也会拉大旗、耍大刀跟这个商城的负责人理论。这就是天猫商城，与我们现实生活中的百货大楼类似。

三、B2C 电子商务的盈利模式

经营 B2C 电子商务网站的企业其收益模式是不同的，通常有以下几种收益模式：

1. 销售商品的收入

网络销售的商品主要有三种：

（1）销售本企业的产品。这类企业就是商品制造商，通过网站销售本企业的产品。如凡客、Dell 等均属于这一类型。

（2）销售其他企业的商品。这类企业相当于网上零售商，网站上销售的是来自其他各个企业的各种各样的商品。如 1 号店、京东商城、当当网等都属于这一类型。

（3）销售衍生品。这类企业的网站上销售的是与某一行业相关的产品。如中国工商银行的融 e 购出售金融行业的衍生品，如黄金首饰、理财产品等。

网上销售提供低价格的商品或服务，为的是扩大销售量，树立企业的形象。

2. 收取会员费

收费会员制在 B2C 企业中得到了广泛的应用。会员制是为了增加会员的忠诚度，对会员与非会员进行差别服务，为会员提供更为便捷、周到的服务。一个 B2C 电子商务网站的收益大小和推广力度都通过会员数量来体现。比如京东商城为会员提供各种折扣券和能代替现金的京豆，这在很大程度上会提高会员对网站的忠诚度，同时形成长久消费者。

3. 投放广告收入

B2C 电子商务网站作为拥有大量客户点击量的网站，自然会吸引诸多客户的注意力，因此其刊登的广告会被众多客户浏览，因此针对厂商和服务提供者的付费广告业务自然会成为其盈利来源之一。从盈利角度看，付费广告业务具有优秀的发展潜力。据 DICC 互联网数据中心的《2013～2014 年度中国互联网数据市场数据报告》显示，2013 年我国拥有

331 亿元网络广告市场规模，这一数字在 2014 年增长到 462 亿元，互联网广告的规模不断扩大。B2C 企业可以利用我国中小企业广告预算有限和可计量的特点，向其提供成本较小的付费搜索服务。

4. 网站的间接收益模式

除了能够将自身创造的价值变为现实的利润，企业还可以通过价值链的其他环节实现盈利。

（1）网上支付收益模式。当 B2C 网上支付拥有足够的用户，就可以开始考虑通过其他方式来获取收入的问题。以淘宝为例，有近 90% 的淘宝用户通过支付，带给淘宝巨大的利润空间。淘宝不仅可以通过支付宝收取一定的交易服务费用，而且可以充分利用用户存款和支付时间差产生的巨额资金进行其他投资营利。

（2）网站物流收益模式。我国 B2C 电子商务的交易规模已经达到数百亿元，由此产生的物流市场也很大。将物流纳为自身的服务，网站的服务，网站不仅能够占有物流的利润，还使得用户创造的价值得到增值。不过，物流行业与互联网信息服务有很大的差异，B2C 网站将物流纳为自身服务的成本非常高，需要建立试体配送系统，而这需要有强大的资金做后盾，而大多数网站很难做到。

四、B2C 电子商务的交易流程

B2C 电子商务的交易流程大致可以分为用户注册、选购商品、支付结算和物流配送四个过程。首先是新用户的注册，然后用户登录到电子商务网站，进行商品选购并选择送货方式和支付方式，最后由商家送货，消费者收货后验收，从而完成交易。

1. 用户注册

消费者在开始网络购物前，必须先进行新用户注册。新用户注册时一般要输入的信息包括：①用户名；②登录密码；③验证密码；④用户姓名；⑤送货地址；⑥送货电话；⑦电子邮箱。每个电子商务网站的用户注册界面都大同小异，对于不同的网站，有些信息是用户注册时必须要填的，有些信息是可选的。一般来说，以上这七项信息是用户注册时必须要输入的信息。另外，用户注册时还可以输入其他一些信息，比如身份证号码、性别、文化、出生日期、收入、邮政编码等，这些信息一般允许用户有选择地输入。

2. 选购商品

用户注册好以后就可以开始商品选购，对于购买目标明确的用户，可以利用网站提供的查询功能来选购商品。例如，客户想通过网络购买某一具体商品，可以直接在网上商店的搜索框直接输入该商品的名称进行搜索。然后，该网上商店销售的所有此类商品的信息都会被显示出来，这些信息包括商品的产品号、价格规格等。对这些搜索到的商品，根据个人的喜好，消费者可以选中某个具体的商品直接放入到购物车。如果有的消费者觉得网上显示的这些信息还不够直观，还可以点击商品名称先查看该商品的图片，满意的话再点击购买图标，将该商品放入到购物车，然后输入需要购买该种商品的数量，从而完成该种商品的选购。而对于那些购买目标不明确的用户，他们可以在网站上像平时逛商店一样边浏览边选购，选购完成后可以显示所有选购商品的清单，并且可以随时修改每种选购商品的数量，最后确认准确无误后，就完成了整个商品选购的过程。

3. 支付结算

当消费者在网上完成商品选购以后，电子商务网站就会显示消费者选购的所有商品的明细，包括商品的编号、名称、规格、单价、数量等，同时网页还会显示本次选购的商品的总价格，这时候消费者按支付结算就可以进入到网上支付流程。在 B2C 电子商务模式中，消费者可选择的支付方式主要有：①货到付款；②汇款方式；③网上银行支付；④第三方支付。一般来说，网上电子支付都是通过网上银行来完成的。通过银行来支付有这样一个缺点，由于银行只负责资金的结算，也就是把货款从买方的账户转移到卖方的账户，而且通过银行支付，对买方来说，必须先付款，后收货，那么如果不能收到货物，或者收到的货物有质量问题，买方要退款非常困难。因此，为了既能够保证卖家及时收到货款，又能保证买方在确认收到货物后再付出货款，出现了除了银行之外的第三方的支付工具。第三方支付工具是这样来操作的，买方在网上购物需要支付时，首先将货款支付给第三方的支付平台，然后在确认收货后，再由第三方的支付平台将货款支付给卖方。比如说阿里巴巴的支付宝、中国银联的 Chinapay 和腾讯公司的财付通都是第三方的网上支付工具。

4. 物流配送

在 B2C 电子商务模式下，网上商品选购完成后，还必须通过物流配送环节将网上选购的商品送到消费者手上。由于物流配送环节是阻碍网上商店发展的一个主要的"瓶颈"，电子商务网站在成立之初就应把逐步完善网络物流配送放到重要的位置。

第四节　C2C 电子商务模式

一、C2C 电子商务模式的概念和特点

消费者与消费者之间的电子商务。C2C 商务平台就是通过为买卖双方提供一个在线交易平台，使卖方可以主动提供商品上网拍卖，而买方可以自行选择商品进行竞价。其代表是 eBay、taobao 电子商务模式。

与其他电子商务模式比较，C2C 电子商务具有以下四个特点：

1. 辅助性

C2C 电子商务对于人类的日常活动来说，是一种互换有无、互相方便的一种买卖关系，是人类正常购买行为的辅助。

2. 节约性

C2C 电子商务的节约性体现在对生活资源的节约上，真正的 C2C 交易主要是二手商品，对二手商品的再次利用本身就是对地球资源的节约，是人类当前不当消费模式的一种矫正。当然，信息搜寻成本的节约，买卖过程的节约也是 C2C 节约性的体现。

3. 繁杂性

无论是 C2C 中消费者的信息，还是 C2C 上海量的虚拟商品信息以及少量的消费者的

言论评价信息，都说明了 C2C 的繁杂性。另外，C2C 交易形式的随意性和多元性也是 C2C 繁杂性的体现。

4. 创造性

C2C 电子商务模式不是专业化的模式，而是广大消费者具有创意的交易形式。在 C2C 交易中，网络消费者既可以选择复古朴拙的物物交换，也可以选择普通的议价交换，还可以选择刺激的拍卖方式，网络消费者完全可以选择任意一种交易方式。当然，网络消费者之间还可以创造出新的交易形式。

二、C2C 电子商务的交易模式

1. C2C 拍卖平台模式

拍卖平台模式是指网络服务商利用互联网通信传输技术，向商品所有者或某些权益所有人提供有偿或无偿使用的互联网技术平台，让商品所有者或某些权益所有人在其平台上独立开展以竞价、议价方式为主的在线交易模式。

拍卖作为一种资源配置方式和价格寻找机制历史源远流长。随着互联网的出现，拍卖又迎来一个新的春天。拍卖的基本类型被分为英式拍卖（公开上升叫价拍卖）、荷兰拍卖（公开向下叫价拍卖）、第一价格密封式拍卖、第二价格密封式拍卖（又称 Vickery 拍卖）。自 eBay 引入英式拍卖后，大量适应网络环境的新的拍卖方式应运而生。在此仅介绍英式拍卖在网络中的简单应用。

英式拍卖也称公开拍卖，是一种增价拍卖。其形式是：在拍卖过程中，拍卖标的物的竞价按照竞价阶梯由低至高、依次递增，当到达拍卖截止时间时，出价最高者成为竞买的赢家（由竞买人变成买受人）。拍卖前，卖家可设定保留价，当最高竞价低于保留价时，卖家有权不出售此拍卖品。当然，卖家亦可设定无保留价，此时，到达拍卖截止时间时，最高竞价者成为买受人。

网上英式拍卖与传统英式拍卖有所区别。传统拍卖对每件拍卖品来说，不需要事先确定拍卖时间，一般数分钟即可结束拍卖；而对于网上拍卖来说，则需要事先确定拍卖的起止时间，一般是数天或数周。例如，在 eBay 拍卖站点，拍卖的持续时间一般是 7 天。由于网上拍卖的持续时间较长，这使许多网上竞买人具有"狙击"（Sniping）情况，即直到拍卖结束前的最后数分钟才开始出价，试图提交一个能击败所有其他竞买人的出价，并使得其他竞买人没有时间进行反击。

解决在拍卖最后时刻出价的一种方式是在固定的时期内增加"扩展期"。例如，扩展期设定为五分钟，这意味着如果在最后五分钟内有出价，则拍卖的关闭时间自动延长五分钟。这一过程一直持续下去，直到五分钟以内没有出价，拍卖才终止。这种方式有效地解决了"狙击"现象。另一种方式是实施"代理竞价"机制。eBay 解释它的代理系统为"每一个竞买人都有一个代理帮助出价，竞买人只需告诉代理希望为该物品支付的最高价格，代理会自动出价，直到达到最高价格"。

英式拍卖的缺点是：既然获胜的竞买人的出价只需比前一个最高价高一点，那么每个竞买人都不愿马上按照其预估价出价。另外，竞买人要冒一定的风险，他可能会被令人兴奋的竞价过程吸引，出价超出了预估价，这种心理现象称为"赢者诅咒"（Winner's

Curse）。

2. C2C 店铺平台模式

这种方式是电子商务企业提供平台方便个人在上面开店铺，以会员制的方式收费，也可通过广告或提供其他服务收取费用。这种平台也可称为网上商城。

目前，国内主要的 C2C 网上商城主要有淘宝网、拍拍网、易趣等。

三、C2C 电子商务的盈利模式

1. 会员费

会员费也就是会员制服务收费，是指 C2C 网站为会员提供网上店铺出租、公司认证、产品信息推荐等多种服务组合而收取的费用。由于提供的是多种服务的有效组合，比较能适应会员的需求，因此这种模式的收费比较稳定。费用第一年交纳，第二年到期时需要客户续费，续费后再进行下一年的服务，不续费的会员将恢复为免费会员，不再享受多种服务。

2. 交易提成费

交易提成费无论什么时候都是 C2C 网站的主要利润来源。因为 C2C 网站是一个交易平台，它为交易双方提供机会，就相当于现实生活中的交易所、大卖场，从交易中收取提成是其市场本性的体现。

3. 广告费

C2C 网站在网络中的地位就像大型超市在生活中的地位，它是网民经常光顾的地方，拥有超强的人气、频繁的点击率和数量庞大的会员。其中蕴藏的商机是所有企业都不想错过的。由此为网站带来的广告收入也应该是网站利润的一大来源。企业将网站上有价值的位置用于放置各类型广告，根据网站流量和网站人群精度标定广告位价格，然后再通过各种形式向客户出售。如果 C2C 网站具有充足的访问量和用户黏性，广告业务会非常大。

C2C 网站超强的人气是其广告的最大优势，但是目前 C2C 电子商务平台广告背后都对应相应的店铺，很难将希望投放大额广告但又不属于 C2C 电子商务领域的公司融合进来。但随着用户使用习惯的成熟，以及 C2C 电子商务网站在广告模式上的不断创新，在具有如此多的用户数量的基础上，广告收入将会成为未来 C2C 电子商务的重要来源。

4. 搜索排名竞价

C2C 网站商品的丰富性决定了购买者搜索行为的频繁性。搜索的大量应用就决定了商品信息在搜索结果中排名的重要性，由此便引出了根据搜索关键字竞价的业务。用户可以为某关键字提出自己认为合适的价格，最终由出价最高者竞得，在有效时间内该用户的商品可获得竞得的排位。只有卖家认识到竞价为他们带来的潜在收益，才愿意花钱使用。

5. 支付环节收费

支付问题一向就是制约电子商务发展的"瓶颈"，直到阿里巴巴推出了支付宝才在一定程度上促进了网上在线支付业务的开展。买家可以先把预付款通过网上银行打到支付公司的个人专用账户，待收到卖家发出的货物后，再通知支付公司把货款打入卖家账户，这样买家不用担心收不到货还要付款，卖家也不用担心发了货而收不到款。而支付公司就按成交额的一定比例收取手续费。

四、C2C 电子商务的优势

1. 对于卖家来说

（1）费用低廉，手续简便。只要是会上网，一两元钱就可以在网上开个店。任何人，只要愿意当"网上淘金族"，即使没有大笔资金，也能坐在家里电脑前自得其乐地当老板，利用互联网创业。

（2）机动灵活，基本不需要占压资金。传统商店如果不想继续经营时，需要先把原来积压的货物处理掉，而网上商店因为存货很少，做生意进退自如，随时都可以更换品种，或者改行。

（3）销售时间不受限制，无须专人看守，却可时时刻刻营业。对于所有商家而言，时间永远都是金钱。网店不但节省了人力投资，店主还可在享受生活的同时把自家的网上小店打理得井井有条，还避免了因为来不及照看店铺而带来的损失。交易时间上是 7×24 小时，使交易成功的机会大大提高。

2. 对于买家来说

（1）在家"逛商店"，订货不受时间的限制。利用网络购买自己需要的商品或者享受服务。鼠标一点各种品牌档次的商品都展现在眼前，购买的商品还可送货上门，整个过程彻底解放了手脚，堪称懒人首选逛街模式。

（2）价格透明，轻易"价"比三家。由于可供选择的商家很多，可以不费力地比较上千种同类产品的价格及上百家不同的店铺。还能看到其他消费者的评价反馈，信息集中，选择面大，避免了现实生活中讨价还价的口舌之苦，做到心中有数。

（3）网上购物跨地域、跨时间。网上购物能够实现让甲地乙地同时享受到最流行、最优惠的潮流，由于商品齐全，能够实现"一站式"购物。

（4）购物随心所欲，真正地开心购物。网上购物可以将商品看个够，看到合适再与卖家交谈购买。

五、C2C 电子商务的交易流程

1. C2C 拍卖平台模式的交易流程

（1）竞买流程：①登录 C2C 拍卖网站，注册会员；②再次登录网站，选择所需要的商品；③确认参与竞拍后，出价；④竞拍成功后，成为商品的买受人，交易双方可通过 E－mail、即时聊天工具等多种方式联系，确定交货相关事宜；⑤双方达成共识后竞拍成功。

（2）拍卖流程：①登录 C2C 拍卖网站，注册会员；②经过拍卖网站确认，成为拍卖方后，可上传所要拍卖的商品；③当有竞买方参与商品的竞拍时，需随时修改当前商品的竞拍价格、数量以及拍卖状态等内容；④竞拍成功后，可通过 E－mail、即时聊天工具等多种方式联系买受人，商定交货相关事宜；⑤双方达成共识后，竞拍成功。

2. C2C 店铺平台模式的业务流程

一般情况下，网上商店的业务流程（见图 2－1）是严格按照顾客网上购物的步骤，再根据商店本身的特点进行量身定做，以求合理地利用资源。

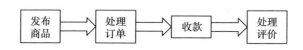

图2-1 网上商店业务流程

目前网上商店的业务流程大同小异，一般有以下四个方面：

（1）发布商品。即卖家将商品信息录入自己的网店中，供顾客挑选。

（2）处理订单。顾客完成商品选择后，下订单付款。这时已明确了送货方式、送货地址以及付款方式。卖家根据订单处理顾客的需求，及时把商品送到顾客手中。

（3）收款。将商品发出后，到对应的账户查询交易款项。

（4）处理评价。交易结束后，可查看顾客对本次交易的评价，对评价做出反馈。

第五节　电子商务中的其他主要模式

一、G2B、G2C 等模式

1. 政府对企业的电子商务模式

G2B 的全称是 Government to Business，又写作 GtoB。G2B 是指政府（Government）与企业（Business）之间的电子政务，即政府通过电子网络系统进行电子采购与招标，精简管理业务流程，快捷迅速地为企业提供各种信息服务。

在 G2B 模式中，政府主要通过电子化网络系统为企业提供公共服务。G2B 模式旨在打破各政府部门的界限，实现业务相关部门在资源共享的基础上迅速快捷地为企业提供各种信息服务，精简管理业务流程，简化审批手续，提高办事效率，减轻企业负担，为企业的生存和发展提供良好的环境，促进企业发展。

G2B 模式目前主要运用于电子采购与招标、电子化报税、电子证照办理与审批、相关政策发布、提供咨询服务等。

电子政务对企业的服务包括三个层面：政府对企业开放各种信息，以方便企业经营活动；政府对企业业务的电子化服务，包括政府电子化采购、税收服务电子化、审批服务电子化，对中小企业电子化服务等各种与企业业务有关的电子化服务活动等；政府对企业进行监督和管理，包括工商、外贸环保等。

2. 政府对公众的电子商务模式

G2C 的全称是 Government to Citizen，又写作 GtoC，即政府对公众的电子政务。G2C 是指政府通过电子网络系统为公民提供的各种服务。与 G2B 模式一样，G2C 模式的着眼点同样是强调政府对外公共服务功能，所不同的是前者侧重针对企业，后者的服务对象是社会公众特别是公众个人。

G2C 电子政务所包含的内容十分广泛，主要的应用包括：公众信息服务、电子身份认证、电子税务、电子社会保障服务、电子民主管理、电子医疗服务、电子就业服务、电子教育、培训服务、电子交通管理等。G2C 电子政务的目的是除了政府给公众提供方便、快捷、高质量的服务外，更重要的是可以开辟公众参政、议政的渠道，畅通公众的利益表达机制，建立政府与公众的良性互动平台。

二、电子商务中的团购模式

团购（Group Purchase）就是团体购物，是指认识或不认识的消费者联合起来，加大与商家的谈判能力，以求得最优价格的一种购物方式。根据薄利多销的原理，商家可以给出低于零售价格的团购折扣和单独购买得不到的优质服务。团购作为一种新兴的电子商务模式，通过消费者自行组团、专业团购网站、商家组织团购等形式，提升用户与商家的议价能力，并极大程度地获得商品让利，引起消费者及业内厂商甚至是资本市场关注。

网络团购借助互联网，将具有相同购买意向的零散消费者集合起来，向商家大批量购买，求得最优惠的价格。网站向消费者提供同城商家的优惠商品和服务，并从中抽取佣金，消费者得到优惠的价格，而商家也从中赚取费用。

1. 团购模式分类

电子商务团购模式根据网络团购的性质，分为自发团购模式、商业团购模式、网络营销团购模式和银行团购模式。具体如下：

（1）自发团购模式。自发团购是由消费者组织起来向供应商批量购买，其运作模式如图 2 - 2 所示。

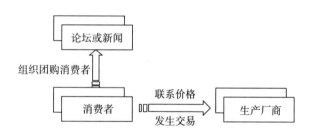

图 2 - 2　自发团购模式

（2）商业团购模式。商业团购是由商业网站提供第三方服务平台，通过议价吸引消费者加入。商业团购模式是目前最流行的团购方式之一，其运作模式如图 2 - 3 所示。

（3）网络营销团购模式如图 2 - 4 所示。

（4）银行团购模式。银行团购是以银行作为组织者发起团购项目（如房产、汽车、基金等），吸引消费者加入。其运作模式如图 2 - 5 所示。

2. 盈利模式

在团购类网站中相对成熟的盈利模式主要有以下六种：

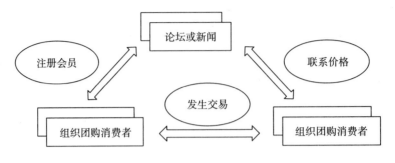

图 2 - 3　商业团购模式

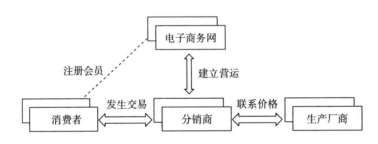

图 2 - 4　网络营销团购模式

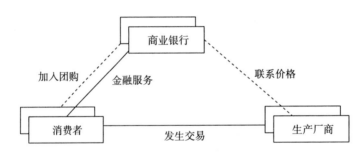

图 2 - 5　银行团购模式

（1）商品直销。以"团购"的名义直接在网站上登录商品信息进行直接销售，这里的货源也可以是自己进货或跟商家合作代销，直接获得商品销售利润。商品直销是在网站运作中实现基本盈利的传统方式。

（2）活动回扣。网站作为商家与买家的中间桥梁，组织有共同需求的买家向商家集体采购，事后商家向网站支付利润回报，即大家生活中常见的"回扣"形式。千万不要小看这个"回扣"，它是最有可能成为你最大收益的方式之一。团购商品小到生活用品，大到电器、建材、装修、汽车、房产等，如果你成功组织了一个大型采购团，如买车团、买房团，仅一次活动的商家利润回报小到上万元，大到十几万元甚至更多。一些大型团购网站号称有千人团购会甚至有万人团购会，这种大规模的采购其产生的利润回报之大可想而知。

（3）商家展会。可以不定期举办商家展览交流会，商家可以借此机会进行新产品的推广、试用，可以面对面与客户交流、接受咨询与订单并借此了解客户的需求与建议。网站向商家收取展位费获得收益。

（4）广告服务。团购类网站除了具有区域性特征外，它的受众一般都是具备消费、购买能力、欲购买的人群，对于商家来说定位精准、目标明确，成本低廉，故必将成为商家广告宣传的最佳平台。

（5）售会员卡。"IP 会员"是用来凸显用户"尊贵身份"常见方式，在年轻人，特别是学生人群中非常受欢迎。团购网站可以通过发放会员卡的形式来让用户提升"身份"，网站可以为持卡会员提供更低廉的商品价格，更贴心的服务，可以让持卡会员直接在合作的商家实体店铺进行"团购"。

（6）分站加盟。当网站发展到一定影响力，无形中已经在为你做项目招商。此时可以提供授权给加盟者成立分站，为加盟者提供网络平台、运作经验、共享网站品牌等。在获得加盟费的同时也扩大了自身规模的影响力。团购网站的运作、盈利模式不限于以上六种，根据自身的发展状况、环境特点、创新，可以产生更多的盈利方式，比如为商家、买家提供更丰富的增值服务等。

3. 案例介绍

Groupon 最早成立于 2008 年 11 月，以网友团购为经营卖点。其独特之处在于：每天只推一款折扣产品、每人每天限拍一次、折扣品一定是服务类型的、服务有地域性、线下销售团队规模远超线上团队。成立时间为 2008 年 11 月。以美国和欧洲为主要销售地点。

狭义上来讲，Groupon 所提供的产品及服务针对的是终端消费者。它的价值在于能为消费者提供高性价比的产品及导购服务。

而从广义上讲，其服务的客户还包括商家。对于商家，它的价值主要体现在两个方面：一方面扮演一个销售渠道的作用，在某些情况下，商家可以直接通过出售产品或服务获利；另一方面此类团购网站本身也是一个拥有巨大广告价值的媒体平台，商家通过活动可以获得充分的曝光和品牌肯定。

网站的消费者大多是一些习惯于网络购物，有猎奇心态的年轻人，而且很容易被折扣所吸引。在吸引消费者这个方面，除网站本身之外，网站还采用 EDM、微博、SNS 等方式与用户保持联系。因为此类网站所提供的产品及服务一般都是具有较高的性价比，比如 Groupon 的折扣比例在 40% ~ 90%，所以每一次促销活动的产品都让顾客获得最大的实惠。正因为其宁缺毋滥，对选择适当产品严格把关，所以很容易让用户自发通过 QQ、MSN 等相互传播。所以实际上在吸引消费者方面，用户之间的相互二次传播是其核心重点。

Groupon 在美国之外开展业务的方式一般是收购当地最大的团购网站，并重新命名为 Groupon 加当地市场名。美国团购巨头 Groupon 将以与腾讯成立合资公司的方式进入中国市场，新公司将由腾讯派出 CEO 人选。用这种方式，Groupon 进入了中国香港、中国台湾和新加坡市场。与腾讯的合资标志着它采用一种完全不同的方式进入中国大陆。

三、C2B 模式

1. C2B 模式

C2B 模式是一种新型的电子商务模式，全称为 Customer to Business。C2B 模式是以消费者为导向，消费者主动参与到产品的设计、生产和定价的过程中，来定制满足自身需求的个性化产品。

C2B 模式是互联网经济时代新的商业模式。这一模式改变了原有生产者（企业和机构）和消费者的关系，是一种消费者贡献价值（Create Value），企业和机构消费价值（Customer Value）的模式。

2. 电子商务 C2B 模式的实现形式

以消费者需求为划分维度，可以将电子商务 C2B 模式分为以下三种类型：

（1）基于消费者需求差异性的个性化定制模式。基于消费者需求差异性的电子商务 C2B 模式是指消费者的需求各不相同，这种单一需求提供给 C2B 平台，再由 C2B 平台的并发系统传输给制造商，进行生产，这种模式通常也被称为"个性化定制"，如图 2 - 6 所示。

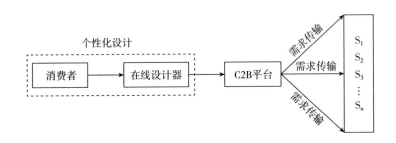

图 2 - 6　基于消费者需求差异性的电子商务 C2B 模式

在这种模式下，电子商务 C2B 平台要为消费者提供易于操作的在线设计器，消费者根据自身的个性需求，在线设计定制商品，完成下单后，C2B 平台将消费者的需求信息传输给制造商进行生产。

当然，这种基于消费者需求差异性的产品，消费者需要承担产品的高成本，要在为满足个性化需求所支付的高价格和购买标准化产品而导致个性化弱化之间寻求平衡。随着人们自我展现需求的不断加强及个性化的程度不断升级，购买专属于自己的产品的理念将会深入人心。

同时，个性化定制产品也对制造商提出了更高的要求。首先，企业要在满足不同消费者个性化需求所引起的成本增加和生产标准化产品所要求的低价格之间找到平衡；其次，不断研发在线设计器、完善其功能、简化其操作，使设计器易于被普通消费者所使用；最后，企业要不断优化个性化产品的定制技术，保证个性化定制载体的商品质量，以防由于刻印模糊、商品品质不佳所造成的退货。

目前多个品牌供应商支持个性化定制，例如，在线订购的苹果 3C 产品，可以进行免费刻字；定制的手机，可以选择其外观颜色和样式；购买平板电脑、超级本时可以选择其硬件配置等。但是这只是 C2B 个性化定制的雏形，真正的个性化定制将会实现单件生产、产品属性自由选择，甚至是未来可以实现消费者自行设计商品图纸，企业按商品图纸进行生产。

（2）基于消费者需求一致性的商品预售模式。基于需求一致性的 C2B 商务模式是指将有相同需求的消费者聚合成一个群体，以此来改变消费者和厂商一对一出价的劣势，在采购过程中，以数量优势同制造商进行价格谈判，最终以使制造商用最大的优惠折扣价来完成交易的新型电子商务 C2B 模式。这种模式下的消费者可以借助互联网信息技术找到与自己需求相同的地处其他区域的消费者，所有消费者将这种同质需求转化为对产品的下单订购。制造商获得订单后，要及时调整供应链结构，优化上下游供应链，精准地锁定消费者，以便提前备货、消除库存。同时，在这种模式下，企业可以对上中下游供应链进行更为有效的管理，使生产、库存、流通等成本大幅降低，在保证将高质量、低价格的商品给到消费者的同时，最大限度地保障了制造商的利润。换句话说，这种模式就是先有订单，再组织生产、运输、流通，最后实现终端销售，如图 2 - 7 所示。

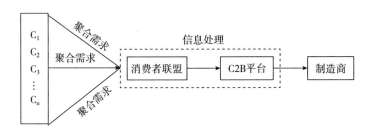

图 2 - 7　基于消费者需求一致性的商品预售模式

具有一致需求的消费者聚合成具有一定规模的消费者联盟，电子商务 C2B 平台将消费者需求传输给制造商，在获得优惠折扣价格后，消费者下单购买，制造商按订单生产发货。这种基于需求一致性的 C2B 商务模式，认可消费者的共性需求，认为聚集一定规模的同质需求即可将这部分商品做标准化生产，以集中采购的方式呈现。

（3）基于消费者需求、生产商诉求平衡的逆向团购模式。基于消费者需求、生产商诉求平衡的电子商务 C2B 模式是指消费者将其需求、供应商将其诉求提供给电子商务 C2B 平台，由平台来对各种信息进行匹配，若出现相符的供需条件，则交易成功，人们通常称这种模式为"逆向团购"。在这种模式下，消费者不再通过联盟议价的方式来获取价格优惠，而是明确表明自己为取得这种商品或服务所愿意支付的最低价格；供应商也不再是被动地等待消费者选购，而是主动将销售信息分享至 C2B 平台。C2B 作为信息处理平台，连接着消费者与供应商的双方诉求。假设在完全竞争的理想环境下，消费者、产品服务的提供商的需求均能得到满足，则市场处于平衡状态，如图 2 - 8 所示。

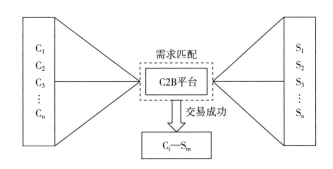

图 2 - 8　基于消费者需求、生产商诉求平衡的逆向团购模式

现实生活中，如果临近晚上 11 点、12 点，酒店仍有空余房间，这时只要消费者有意愿入住，就能为酒店创造收益，即对于酒店而言，越临近一天结束，空余房间的价值就越低，在它的价值低到零之前，只要还有消费者愿意入住，那么酒店就又能多一笔收入。因此，与其浪费这些闲置资源，不如让卖家和消费者实现双赢。正是卖方的这种心理，使这种基于消费者需求、供应商诉求平衡的电子商务 C2B 模式有了实现的可能。

在国外，将这种模式运用得淋漓尽致的是美国的 Priceline 网站。1998 年成立的 Priceline 因为其独创的"用户出价模式"大受价格敏感型用户以及旅游淡季的酒店、航空公司等欢迎。

我国在逆向团购方面也借鉴了 Priceline 的这种经营模式。2012 年 3 月 22 日上线的名为"酒店控"的终端 APP，上线 150 天即有 50 万次的下载、80 万次的更新。在苹果应用商店曾进入总榜前 20，旅游类分榜第一名超过一周。在这个终端上，用户可以选择星级、地区、入住时间等，并给出一个价格，30 分钟内由众酒店来回应，如果同意接受该价钱，则预订成功，之后获得酒店名称和详细地址等信息，且该预订不能更改和退款。"酒店控"复制了 Priceline 的模式。

事实上，这种经营模式看起来好像只是多了一个消费者出价的环节，而正是这一环节，为电子商务 C2B 带来了一种全新的实现模式——逆向团购。如果说传统电子商务只是把购买行为从线下搬到线上，那么逆向团购则是客户主动参与电子商务的一些环节，如定价、定制等。2012 年 9 月，酒店控获得蓝驰创投投入的数百万美元的 A 轮融资。2013 年 9 月，酒店控获得由红点创投领投、蓝驰创投跟投，融资金额超过 600 万美元的 B 轮融资。这意味着，电子商务的重心正在从商家向消费者转移，未来的电子商务将由以消费者为中心的企业占据主导。

3. C2B 模式案例：个性化定制——宝匠世界

"宝匠世界"是一个轻奢饰品个性定制平台，通过在线互动设计掌握用户设计偏好，以 C2B 的模式实现轻奢饰品的定制消费。宝匠世界定义的轻奢饰品价格在 1000 ~ 3000 元不等，选用的材料一般为 K 金、半宝石和彩金。宝匠世界创始人李嘉敏说："如果首饰可以满足真金、宝石、钻石、个性定制以及品质上乘的条件，价格动辄在五六位数字以上，而宝匠世界满足的是日常消费、个性定制，希望做的是普通消费者也可以买得起。"

宝匠世界走在线 C2B 定制模式方向：通过互联网有效增强信息传递效率，以 C2B 模式减少产品同质化问题，即用户可以根据宝匠世界提供的产品预置模板和定制选项，个性化设计自己想要的首饰，而宝匠世界则根据客户的定制需求信息、购买信息对接给中小珠宝商家，最后由商家提供原料给生产商生产，并由生产商负责产品配送。

宝匠世界走 C2B 模式的优势在于：

（1）用户自己设计产品，节省设计研发成本，还能满足用户长尾需求。

（2）通过线下原料供应商、网红种子代理用户、微商店主等低成本营销渠道推广。

（3）订单生成后，后台根据产品所需的饰品原料配件信息发送至特定原料供应商，供应商发送原料至厂家生产，而宝匠世界则可以实现"零库存"。

（4）宝匠世界的产品形态是 HTML5 设计应用，用户不需要下载安装，也可完成饰品的设计。此外，还可以分发至各大社交网络导流，或者联手线下商家进行导流，营销成本相对较低。

值得注意的是，宝匠世界还在应用里添加了相对好玩的功能——虚拟试戴，用户可根据已完成线上定制预设的首饰进行虚拟试戴，并可分享给朋友做参考给意见。

另外，宝匠世界还有一个重要的功能是 3D 建模设计。3D 建模设计主要面向较专业的用户，其可以根据自己的偏好设计任意款式、任意造型的产品。

虽然 3D 打印已经在珠宝行业使用十多年，但是这几年随着 3D 技术的发展成熟，使其产品可以更精致，并最大化地降低了设计成本。

宝匠世界作为电子商务 C2B 发展模式个性化产品定制的代表，有着所有 C2B 模式天然的优势——及时生产，无库存压力。这种模式下，所有的商品都是依订单生产，以消费者的需求为起点。C2B 个性化定制模式很好地解决了困扰电子商务 B2C 模式下的库存问题，将更多的精力放在新产品、新工艺的研发上，生产出差异化、符合消费者需求的商品。

四、O2O 模式

O2O 即 Online To Offline，是指将线下的商务机会与互联网结合，让互联网成为线下交易的前台，这个概念最早来自美国。O2O 的概念非常广泛，只要产业链中既可涉及线上，又可涉及线下，就可通称为 O2O。

随着互联网的快速发展，电子商务模式除了原有的 B2B、B2C、C2C 商业模式之外，近来一种新型的消费模式 O2O 已快速在市场上发展起来。为什么这种模式能够悄然地产生？对于 B2B、B2C 商业模式下，买家在线拍下商品，卖家打包商品，找物流企业把订单发出，由物流或快递人员把商品派送到买家手上，完成整个交易过程。这种消费模式已经发展很成熟，也被人们普遍接受，但是在美国这种电子商务非常发达的国家，在线消费交易比例只占 8%，线下消费比例达到 92%。正是由于消费者大部分的消费仍然是在实体店中实现，把线上的消费者吸引到线下实体店进行消费，这个部分有很大的发展空间，所以有商家开始了这种消费模式。

O2O 营销模式的核心是在线预付。在线支付不仅是支付本身的完成，是某次消费得以最终形成的唯一标志，更是消费数据唯一可靠的考核标准。尤其是对提供 online 服务的互联网专业公司而言，只有用户在线上完成支付，自身才可能从中获得效益，从而把准确的消费需求信息传递给 offline 的商业伙伴。无论 B2C，还是 C2C，均是在实现消费者能够在线支付后，才形成了完整的商业形态。而在以提供服务性消费为主，且不以广告收入为盈利模式的 O2O 中，在线支付更是举足轻重。

O2O 分为四种运营模式：

（1）Online to Offline 即先线上后线下模式。所谓先线上后线下模式，就是企业先搭建起一个线上平台，以这个平台为依托和入口，将线下商业流导入线上进行营销和交易，同时，用户借此又到线下享受相应的服务体验。现实中，很多本土生活服务性的企业都采用了这种模式。大家熟知的滴滴出行就是采用的这种 O2O 模式。

（2）Offline to Online 即先线下后线上模式。就是企业先搭建起线下平台，以这个平台为依托进行线下营销，让用户享受相应的服务体验，同时将线下商业流导入线上平台，在线上进行交易，由此促使线上线下互动并形成闭环。实际上，采用这种 O2O 模式的实体化企业居多，苏宁云商所构建的 O2O 平台生态系统即是如此。

（3）Offline to Online to Offline 即先线下后线上再到线下模式。先搭建起线下平台进行营销，再将线下商业流导入或借力全国布局的第三方网上平台进行线上交易，然后再让用户到线下享受消费体验。这种模式，所选择的第三方平台一般是现成的、颇具影响的社会化平台。比如微信、大众点评等，且可同时借用第三方平台，这样就可以借力第三方平台进行引流，从而实现自己的商业目标。在现实中，餐饮、娱乐和美容等本地生活服务类 O2O 企业采用这种模式的居多。

（4）Online to Offline to Online 先线上后线下再线上模式。所谓先线上后线下再线上模式，就是先搭建起线上平台进行营销，再将线上商业流导入线下让用户享受服务体验，然后再让用户到线上进行交易或消费检验。在现实中，很多团购、电商等企业采用 O2O 模式，比如京东商城。2013 年 12 月，京东将 O2O 模式确认为未来发展重要战略之一。京东的 O2O 生态链条是：先自建线上京东商城，以其为平台进行营销，线下自营物流系统与实体店企业合作，让用户享受其线下服务体验，再让用户到线上京东商城进行交易。

B2C、C2C、团购与 O2O 的比较如下：

不同之处在于：B2C、C2C 是在线支付，购买的商品通过物流送到消费者手中。而 O2O 是在线支付，购买线下的商品、服务，再到线下去享受服务。O2O 和团购的区别：O2O 是网上商城，团购是低折扣的临时性促销。

相同之处在于：均以互联网为平台；在线支付是核心。无论是 B2C，还是 C2C，均是在实现消费者能够在线支付后，才形成了完整的商业形态。

五、电子商务模式的创新

到目前为止，电商也可以算是一个老行业了，但是常常出现许多新的模式，这些新模式给电商领域带来了新鲜的血液，使电商行业不断地发展。而以下就是极其具有代表性的五种电商创新模式，它们有可能在未来会改变我们的线上消费模式，创造出新的电商未来。

1. Storenvy

Storenvy 为用户提供工具，这样就可以建立自己的网上商店，也可以售出东西。买家可以轻松地在诸如 Twitter 和 Facebook 等社交网站或是在 Storenvy 自己的网络市场上开展促销活动。更重要的是，在 Storenvy 上任何人都能够免费创建一个电子商务类站点，并通过 Twitter、Facebook 和 Storenvy 平台来推广产品。Storenvy 目前已经拥有数百万的用户和 18000 家独立电子商店。Storenvy 的开发团队希望能够将 Storenvy 打造成为电子商务领域的 Tumblr。

2. Augment

Augment 是一个针对电商的现实增强（AR）技术，它的原理和那些商场促销的虚拟 3D 互动一样。用户下载 Augment 后，只要把摄像头对准自己想放置购买商品的地方，在屏幕中就可以看到该物品位于该地点的虚拟 3D 影像。例如，用户想买一个桌子，只要通过 Augment 就可以知道桌子在家里某个位置摆放时的效果。

3. Threadflip

Threadflip 是一个专注于女性精品二手服饰的电商网站，Threadflip 重点关注了一些高档的服装、鞋、箱包、饰品以及珠宝。Threadflip 网站页面设计类似于社交图片共享网站

Pinterest，网站上展示的商品图片均有着专业摄影品质。为方便用户搜索，Threadflip 可以让用户优先选择偏爱品牌、尺寸、风格，并会根据用户在网站上点击"喜爱"的商品做出类似的推荐，用户本身也可利用 Facebook Connect 功能对其在 Threadflip 上的好友进行商品推荐。

在寄送商品方面，Threadflip 提供的白手套（White Glove）服务可谓是一大特色。卖方可以预订免费的专属包装材料与预先打印好的邮资条码，在进行包装后便能立即通知快递取件，这样一来自然免去了自行包装与寄送的不便。此外，卖方也可以选择将出售的商品寄送给 Threadflip，让其全权处理物流与现金流步骤，网站统一与精致的包装可以使其二手精品更容易卖出好的价钱。当然，Threadflip 在每次交易中将向卖方收取 15% 的手续费，其中包含邮资与包装费用。该公司正在研发一个定价引擎，可自动依据二手精品品牌、购买日期、颜色与剪裁等因素综合得出与该商品最相符的价格。

4. Knot Standard

Knot Standard 是一个专业的套装定制网站，Knot Standard 提供的服务非常高端，用户可以通过照片 360 度地浏览自己定制的套装，还可以提出各种定制要求，而且 Knot Standard 网站会提供 7×24 小时的全天候人工咨询服务。在 Knot Standard 上，用户基本上就可以定制各种高级的套装和礼服，Knot Standard 的裁缝们也十分专业，整体制作水平非常高。

5. The Fancy

The Fancy 采用的是反向营销模式，用户在 The Fancy 上发布自己想购买的商品后，商家就会主动来满足用户的需求。据说苹果正在考虑收购这款应用，目前 The Fancy 日均的销售额有 10000 美元，估值 1 亿美元左右。

电子商务经济发展势头迅猛，逐渐成长为我国的主导型经济运作模式，所产生的经济效益是不可估量的。只有对现有的电子商务模式不断创新和优化，才能获得更好的经济效益，促进电子商务更快、更好地发展。

🔬 思考题

1. 什么是电子商务模式？
2. B2B 电子商务交易的优势在哪里？
3. 简述 B2C 电子商务的收益模式。
4. 试述网络拍卖与传统拍卖的区别。
5. 试述你经常购物的网站属于哪种交易模式？你为什么经常到该网站购物？它的优势是什么？

第三章
网络零售

┌───┐

🪐 【学习要点及目标】

1. 掌握网络零售的概念、基本特征。

2. 理解和掌握网络零售的业态。

3. 理解网络消费的常见购物方式、购物动机。

4. 理解网络商品定义、分类。

5. 了解网络零售对传统零售行业的影响。

6. 了解网络零售存在的弊端。

└───┘

引导案例 　　　　　全球时尚百货电子商务——走秀网

　　深圳走秀网络科技有限公司于 2007 年 10 月在深圳成立，注册资本 1 亿元，是互联网 AAA 级信用企业，最具影响力的时尚百货 B2C 网站，连续 3 年蝉联"中国时尚电子商务第一名"。走秀网于 2008 年 3 月上线，是目前国内最为领先的时尚百货网购平台。在纽约、旧金山、伦敦、米兰、中国香港等城市设有子公司和运营分部。走秀网成立之初，无论是商品采购还是资本引入和团队构建，都坚持"国际化"路线，一直坚持引领国内时尚潮流，具有丰富的商品线，并充分发挥海外买手网络优势和时尚敏锐性，首家规模引进海外创新型独特商品。目前在线销售超过 2000 个品牌，涵盖服装、箱包、鞋、珠宝配饰、钟表、化妆品、家居数码等品类。

　　走秀网主要采用自营模式，即用买断经营的方式采购商品，然后再加价销售到国内市场。走秀网在纽约、洛杉矶、巴黎、伦敦和意大利等国家和地区设立时尚买手办公室二十来个，日本伊藤堂、美国梅西百货（Macys）等国际知名零售商也会帮走秀定期筛选国际名品，而且 80% 的海外商品是"买断"经营。

　　走秀网为国外时尚品牌提供在中国的在线直销平台，同时提供一整套推广方案从而解决了国内消费者对国外时尚品牌的需求与海外时尚设计师品牌在中国没有推广平台的问题。走秀网除了线上 B2C 网站，还创造性地开创以时尚资讯为主题的秀客堂、电子杂志等。走秀网希望将最美好的全球品牌商品和购物服务体验通过各种渠道和方式带给每一个尊重品牌消费的用户，用户可以每天收到赏心悦目的推送信息，同时能够第一时间进行购买。

走秀网的盈利模式不是只负责搭台收取固定佣金，而是依靠输出品牌开发设计和营销的整套方案，与供应商分食供应链上的利润蛋糕。在海外品牌经营上，海外品牌生产商会提前把新款样板发给走秀的采购部门"试销"，资讯部根据新品信息进行编排，继而下单敲定批次商品的"买断"数量。这个过程中，品牌商会给出一个出厂价和终端销售参考价，最终的销售价格设定则由走秀网把握。

2012 年 11 月，走秀网与 eBay 携手打造的"ebay 秀""一站式"全球风尚购物平台正式上线，让全球风尚与中国用户无界。中国用户购买来自海外的商品，可以由走秀网负责销售、物流、支付和售后服务，这些海外商品均来自 eBay 的全球商品。这样的合作也可以认为是 eBay 在中国的一次卷土重来。

（资料来源：走秀网，https：//baike. baidu. com/item/，经删减整理。）

第一节　网络零售导论

一、网络零售概念和特点

1. 网络零售的概念

零售是一种买卖形式，它源于商人的基本职能，是以分散、零星的形式向最终消费者出售商品和服务的一种商业形式。零售是一种最原始、最直接、最简单、最普遍的交易方式，是一种世界性的经济现象。按有无店铺划分，零售形式可分为两大类：一是店铺销售，以坐商形式在一定位置以相应的店堂出售商品，包括连锁店、售货亭、前店后厂以及各种业态固定的售货场所；二是无店铺销售，即没有固定的场所摆设商品销售，而是借助于电话、电视、网络以及售货车、货郎担形式，向消费者出售商品或服务。

网络零售（e‐Retail）是指通过互联网或其他电子渠道，针对个人或家庭的需求销售商品或提供服务。该定义包含了所有针对终端消费者的电子商务活动。我们把网络零售定义为：网络零售是指以互联网为渠道、针对终端消费者的电子商务活动。

2. 网络零售的特点

根据电子商务研究中心发布的《2017 年度中国网络零售市场数据监测报告》，可以看到网络零售交易规模持续增长。报告显示，2017 年国内网络零售市场交易规模达 71751 亿元，相比 2016 年的 51556 亿元，同比增长 39. 17%。2018 年我国网络零售市场交易规模突破 9 万亿元，同比增长 23. 9%。

2017 年的高增长率或因"未来零售"热潮带动大量线下传统零售与线上电商的融合，从而带来大幅度的增长。报告还显示，2017 年中国网民规模达 7. 72 亿人；截至 2017 年底，中国网络购物用户规模达到 5. 33 亿人，较 2016 年增长 14. 3%，占网民总体的 69.1%。

随着电子商务的不断发展，网络零售呈现以下五个方面的特点：

（1）网络零售交易平台商主导网络零售业。中国网络零售业巨头淘宝网、天猫商城等平台商主导着中国网络零售市场。和美国同类网站 eBay 一样，这些平台上进驻了各种中小企业和微型企业，销售的商品五花八门。这些网络零售商能够满足小规模的本地需求，同时由于管理成本低廉，它们能够保持具有竞争力的价格。对于网络零售商而言，在平台上销售最重要的优势是可以利用这些网站吸引到庞大聚合流量。此外，平台商还提供一站式服务，为网络零售商提供开设网络商店、陈列商品和收取货款所需的工具，帮助网络零售商快速启动并尽可能减少创业成本。平台商还可以帮助网络零售商与提供仓储运输等服务的认证企业接洽。平台商主要通过网络广告获得收入，有时也向网络零售商收取交易费用。对于众多渴望直接向消费者销售的小型制造企业和批发企业来说，平台已然是一个有效的渠道。

（2）C2C 类型的网络零售交易活跃。当前中国整个网络零售市场中 70% 以上的交易属于 C2C 类型，而其他国家的占比大部分不过为个位数。中国的 C2C 交易包含了未注册的小型或微型企业的销售，而其他国家的 C2C 主要是个人在二手市场的交易，这项差异导致了中国 C2C 市场的较大份额，这也再次凸显了中小企业对于网络零售增长的重要作用。

（3）货到付款仍然是重要的付款方式。货到付款在美国几乎是过去式，但在中国许多独立 B2C 网络零售商仍然提供这项服务选择。这带来了所谓"移动试衣间"的现象，即当服装类产品送达时，配送人员等消费者试穿满意后才收取货款。

（4）各种商业模式融合，界限模糊。C2C 与 B2C 运营者均向对方融合，以扩大覆盖面、平衡风险，如淘宝网；实体零售商与网络零售商均向各自领域渗透，以图最大化地利用现有用户资源，如国美在线；垂直型网络零售者逐渐综合化，出售更多品类的商品，如京东商城。多渠道、综合化的趋势使 B2C 平台企业品牌形象越来越模糊化。

（5）传统企业日益重视网络渠道建设。随着网络零售的发展，传统零售企业纷纷将传统渠道的触角向线上延伸，自建或收购网络平台，欲进一步拓展自己的品牌。从目前情况来看，将会有更多的传统零售企业开展网络零售。

二、全球网络零售市场发展概况

目前，发达国家的电子商务发展十分迅速，电子商务技术已经成熟，通过互联网进行交易也已经逐渐成为潮流，全球电子商务的应用如火如荼。

1. 美国网络零售发展概况

美国拥有世界 3/4 以上的互联网资源，在电子商务领域的应用规模远远超过其他国家。1997 年 7 月，美国政府出台了《全球电子商务框架》，这一框架具有重要意义，它既标志着美国政府系统化电子商务发展政策的形成，又展现出其谋求电子商务国际规则主导权的企图。

美国电子商务兴起于 1995 年，到 2000 年随着互联网的普及并引入了更安全的通信协议后，网络零售业才开始大规模发展起来。最早从事网络零售业的亚马逊公司直到 2003

年才首度盈利，但此后成长极为迅速。近年来，除像亚马逊、eBay 这些专业电子商务公司外，沃尔玛、百思买、好士多等大型零售企业纷纷开展网络销售业务。

由于互联网能充分利用和节约社会资源，因此美国政府在促进互联网的普及和发展上不遗余力。为了培养在互联网上购物的习惯和环境，又规定政府各部门在 1997 年度必须在互联网上完成不少于 450 万件商品的购物活动。1997 年 5 月，美国政府公布了一项有关 Internet–tax–zone（互联网免税区）的政策。政策规定在全球范围内，通过互联网购销的商品不加税，包括关税和商业税。这项政策得到了加拿大、日本、欧洲等国不同程度的支持。所以互联网免税区，可能成为世界上最大的自由贸易区，其意义深远。

2. 欧洲网络零售发展概况

2013 年，欧洲的网上交易总额达到 4969 亿美元（约合 3630 亿欧元），同比增长 19%。从国家分布上看，交易额排在前三位的国家分别是英国（1466.97 亿美元）、德国（867.94 亿美元）、法国（699.55 亿美元）。这三个国家的电子商务交易额总和占到欧洲电子商务交易总额的 61%。在网络零售商中，2012 年亚马逊以 9.8% 的市场份额继续领跑，排名第二的德国 Otto 占有 3.3% 的份额。

欧洲委员会于 1997 年发表了《欧洲电子商务设想》文件，以便对欧洲在制定有关电子商务的统一政策方面产生积极影响。但在税收方面，该地区规定所有通过互联网购买商品及接受服务的欧洲消费者必须交纳增值税，即使是向国外供货商订货的情况也不例外。欧盟最高执行官强调：欧盟不准备针对电子商务活动增加新的税种，但也不希望为电子商务免除现有的税负。电子商务活动必须履行纳税的义务，否则会导致不公平竞争。

3. 日本网络零售发展概况

日本的网络用户仅仅次于美国。1996 年，日本成立了电子商务促进委员会，简称 ECOM，有 251 家公司或机构参加了该组织。此后，ECOM 在比如电子授权认证和电子预付款或"ECOM 现金"协议等领域制订了规划和模型协议。

日本的电子商务起步较晚，但发展势头迅猛。日本经济产业省发布的调查统计结果显示，2013 年，日本企业对个人的电子商务交易总额达到 11.2 万亿日元（约合 1100 亿美元），比 2012 年增长 17.4%。尽管日本电商平台众多，数以万计，但比较分散，还没有一家电商的市场份额超过 30% 的。2014 年，在日本的电子交易平台中，乐天、亚马逊和雅虎名列前三，但三者差距比较大。2013 年，乐天约占 27% 的市场份额，亚马逊约占 12%，雅虎约占 6%。

由于日本商业信用整体情况较好，商家具有良好的诚信和自律精神，电商与交易者纠纷较少，因此，政府对电商的干预相对比较少。

4. 韩国的网络零售发展概况

韩国电商发展迅速。1996 年，B2C 模式的 Interpark 上线，代表韩国网上购物的正式开始。1998 年亚洲金融危机后，韩国由于特殊的经济结构演变成经济危机，企业倒闭，失业率走高。韩国政府开始鼓励公司和个人网上创业，开展电子商务，很多家庭主妇都开始建立个人网络商店，政府对网上商店在执照和税收方面实行宽松管理，韩国电子商务的发展迎来热潮。

韩国的电商模式与其他国家不同，B2C、C2C 都不是真正意义上的 B2C 和 C2C。B2C 被称为 Shopping Mall，不做库存而是与供货商签约，消费者下单后再通知供应商送货给平台。C2C 被称为 Open Market，卖家绝大部分是企业，定价、库存、发货都由卖家自己掌握。此外，韩国所有的开放性的市场平台都要收取商户费用，通常要收取商户大约 12% 的佣金，对于特殊商品，如特价商品则收取 7%～10% 的佣金。韩国电商近年来保持着持续增长。据估计，2014 年韩国电子商务市场规模大约为 470 亿美元。与 2013 年上半年相比，2014 年上半年的增长速度是 15.48%，为 210 亿美元。

三、中国网络零售市场的发展

1. 中国网络零售市场的发展概况

中国网络零售的发展脉络通过下面的标志性事件勾勒出来。

1999 年 8 月，邵亦波创办国内首家 C2C 电子商务平台"易趣网"，并最早开始提供个人网上购物服务。

1999 年 8 月，王峻涛创办电子商务网站"8848"，并在当年融资 260 万美元，标志着国内第一家 B2C 电子商务网站诞生。《数字化经济》一书在 8848 首发，成为中国网上首发图书第一例。

1999 年 9 月，招商银行率先在国内启动"一网通"网上银行服务，建立了网上银行和网上支付服务体系。

1999 年 11 月，"当当"和"卓越"等网站相继上线，国内 B2C 电子商务领域开始掀起第一波创业高潮。

2002 年 3 月，全球最大网络交易平台 eBay 以 3000 万美元的价格，购入易趣网 33% 的股份。

2003 年 5 月，"非典"对国内经济普遍造成负面影响，却给电子商务带来了意外的发展机遇。无须出行与见面的网上交易开始得到公众认可，原本低迷的电子商务开始悄然崛起。

2003 年 5 月，阿里巴巴集团投资 1 亿元人民币成立淘宝网，进军 C2C。

2003 年 5 月，eBay 以 1.5 亿美元收购易趣网剩余 67% 股份，国内最大 C2C 企业由此被外资全盘并购。

2003 年 10 月，作为国内领先的第三方支付平台，支付宝率先提出的担保交易模式，较好地解决了网上购物的安全支付问题，受到网络消费群体的热烈追捧。

2003 年 12 月，携程旅行网成功登陆美国纳斯达克。携程网较早面向个人提供在线旅行服务，其将电子商务和传统旅游服务业无缝结合的创新树立了行业典范。

2004 年 7 月，淘宝坚持本地化战略，最终战胜易趣，C2C "一家独大"成定局。淘宝网极大地促进了中国网购理念和知识的普及，同时为社会提供了数十万的就业机会。

2004 年 8 月，十届全国人大常委会通过了《中华人民共和国电子签名法》。

2005 年年初，国务院办公厅《关于加快电子商务发展的若干意见》（国办发〔2005〕2 号）正式颁布。

2005年9月12日，腾讯依托QQ逾5.9亿的庞大用户推出"拍拍网"，C2C三足鼎立格局形成。

2007年8月，今日资本向京东商城投资1000万美元，开启国内家电3C网购新时代。

2008年1月，国家邮政局发布实施我国首部《快递服务》邮政行业标准，本标准适用于所有从事快递服务的组织和人员。

2008年5月，易趣网宣布用户网上开店将获终身免费，免费项目涵盖店铺费、商品登录费、店铺使用费等传统项目费用，C2C市场竞争加剧。

2010年11月，京东商城实现第三轮1.5亿美元的融资，打破了国内B2C的融资纪录，在业界引起很大轰动。

2012年1月11日11点11分，淘宝商城正式更名为"天猫"。总裁逍遥子表示，希望通过"天猫"，让客户以及网购用户更加明确其定位。

2012年3月27日，工信部发布了《电子商务"十二五"发展规划》。

2014年9月19日，阿里巴巴在纽交所正式进行全球最大IPO。发行价每股68美元，融资218亿美元。

2015年，美团、大众点评、携程、去哪儿、滴滴快的、58与赶集等生活服务电商纷纷合并，还有BAT对生活服务电商的投资，如百度投资糯米，阿里扶持口碑，2016年中国生活服务电商也将出现垄断。

2016年5月至11月，全国工商、市场监管部门提出落实网店实名制，目的是规范网络经营主体。

2017年1月9日，众人瞩目的微信推出了"小程序"，这种"用完即走"，无须安装，即可使用的手机"应用"，让一些万级的APP运营机构夜不能寐。

2018年4月，阿里巴巴集团、蚂蚁金服集团与饿了么联合宣布，将联合蚂蚁金服以95亿美元对饿了么完成全资收购，后者将保持独立品牌、独立运营。

2018年8月31日，《中华人民共和国电子商务法》已由中华人民共和国第十三届全国人民代表大会常务委员会第五次会议通过，自2019年1月1日起施行。

2018年"双11"期间，电商行业全网商品交易总额（GMV）首度超4000亿元。天猫"双11"全球狂欢节总成交额达2135亿元，首次突破2000亿元大关。

网络购物市场的广阔前景吸引越来越多传统企业搭建网上渠道，网络购物B2C市场的参与主体增加，不仅包括京东商城、当当网、亚马逊、新蛋网等纯电子商务企业，同时增加了苏宁、国美、好利来、沃尔玛等传统品牌企业，整个市场的集中度略有下降。随着网络购物覆盖更广人群，传统企业的品牌、规模优势将凸显。与此相比，纯电子商务企业亟须扩充产品品类，提升交易规模，增加品牌的知名度和影响力。

2. 中国网络零售的产业链结构

中国网络零售的产业链由卖家、网络零售平台和买家三个主体组成。网络零售平台是链接产业链上下游的核心，起着承上启下的作用。围绕着产业链还有许多支持产业链的内容：物流公司、网上银行、第三方支付平台，由此构成网络零售的生态系统。

（1）卖家。网络零售的卖家包括传统的商家、企业和个人。

1）传统供应商。一般为B2C类企业，货源、信誉和商品质量建立在传统的生产方式基础上，以传统销售渠道为主，对网络零售具有一定的兴趣，抱着尝试的态度接触网络零售，通过自建独立网站或借助网络购物平台进行网络零售，把网络零售作为广告方式和辅助渠道，以带动线下销售为主。

2）中小型 B 类卖家。往往是充当代理商的角色，为独立经营的个体，有稳定的货源，对市场信息把握比较准确，能够及时调配手中的资源。这类商家是每个交易平台的核心支撑力量，投入相当的精力在网络商店经营上，销售商品往往不存在库存问题，成本较低。商品的价格具有绝对优势，通过一段时间的积累，信用度较高，成交量很大。

3）散户型 C 类卖家。这类卖家构成 C2C 类网站的主体，有两种类型：一种是有自己的实体店铺，盈利也是以实体为主，网络作为补充，不追求通过网络盈利，网络零售主要是起辅助宣传的作用。另一种是利用业余时间经营店铺并获利，商品种类繁多，卖家素质参差不齐，经营店铺的时间较短，信誉较低，网络商店往往是副业，经营店铺的时间和精力有限，交易量相对较低。

网络零售的卖家经营时间越长，商家、企业和个人的界限越来越模糊。商家和企业的网络零售经常是以个人的网络商店形式出现，个人卖家的网络零售经营的基础是对众多商家和企业资源的整合。众多 C2C 类网站上的卖家在经营状况可以满足网络化生存后，也逐步转化为专职卖家，或者注册企业成为企业卖家。

（2）购物网站。购物网站是连接买卖双方或者直接面对终端用户的平台。根据网络类型的不同，交易商品、支付方式和物流配送也各有不同。

B2C "一站式" 即购物网站如当当网、京东商城等，它们拥有自己的物流配送体系，配送范围和区域受配送网络分布影响较大。售后服务较好，利润来源为价差。

C2C 类聚合式购物网站如淘宝网、易趣网等。它们以电子支付为主，拥有独立的第三方支付平台，第三方物流配送，全国送达。其利润来源为佣金和交易费用。

（3）终端消费者。如今，对于终端消费者而言，大部分的购物都可以在网络上完成，并且随着硬件软件的不断发展网购的购物体验也越来越能让消费者趋于满足。根据中商情报网报道，2017 年全国网络购物零售额 71751 亿元，比上年增长 32.2%。其中，实物商品网络购物零售额 54806 亿元，增长 28.0%，占社会消费品零售总额的比重为 15.0%；在实物商品网络购物零售额中，吃、穿和用类商品分别增长 28.6%、20.3% 和 30.8%。

2017 年网络购物零售额增长较快，其中实物增长 28%，零售额 54806 亿元；非实物增长 48.1%，零售额达 16945 亿元。非实物增长高于实物增长，说明更多的消费转向服务，消费升级的态势明显。自 2014 年以来，我国网上消费一直呈较快速度增长，四年网络购物零售额增长了 43853 亿元。2018 年，全国网络购物零售额已突破 9 万亿元。我国网络购物零售额占社会消费品零售总额的比重逐年上涨，比重从 2014 年的 10.6% 上升至 2017 年的 19.6%，四年间比重接近翻一番。2018 年网络购物零售额比重继续上涨。

第二节　网络零售商业模式与业态

一、网络零售的商业模式

网络零售是当前电子商务发展过程中最为活跃的领域，其商业模式不断分化，不同专家学者又有不同分类方法。按照传统的分类方法，网络零售商业模式可分为 B2C 模式和 C2C 模式两大类，但近年来，C2B 模式、O2O 模式等商业模式迅速发展，已经成为网络零售领域重要的商业模式。另外，随着网络零售市场的成熟和市场竞争程度的加剧，更多的购物网站开始将注意力转移到细分化的用户需求上，专注深入挖掘用户需求，网络零售的新型商业模式开始不断涌现。

1. B2C

B2C 是指企业与消费者之间的电子商务模式。消费者向厂商购买商品，就是 B2C 的交易行为。亚马逊、天猫商城、当当网、京东商城等都是 B2C 平台。中国具有代表性的 B2C 电子商务公司见表 3 - 1。

表 3 - 1　中国代表性 B2C 电子商务公司综合服务比较

涉及领域	B2C 厂商	成立时间	有无自建物流	售后服务	有无开展线下业务
百货类	当当网	1999 年 11 月	有	邮件/短信服务、假一赔一、差价返还	无
	亚马逊	2000 年 5 月	有	邮件/短信服务、退换货服务	无
家电 3C 类	新蛋（中国）	2001 年	有	保修条款、"蛋保包"延伸服务、价格保护政策	无
	京东商城	2004 年 1 月	有	退换货政策、价格保护政策	无
旅游类	携程网	1999 年 10 月	无	一条龙跟踪服务	电话销售
	芒果网	2006 年 3 月	无	一条龙跟踪服务	电话销售
服装类	凡客诚品	2007 年 10 月	有	退换货政策	无
	麦网	2001 年	无	10 天无条件退换货	目录销售、店铺销售
母婴类	红孩子	2004 年 3 月	有	15 天理由退换货	目录销售、店铺销售
	乐友网	2000 年 1 月	无	15 天无理由退换货	目录销售、店铺销售
钻石类	钻石小鸟	2002 年 7 月	无	VIP 会员专享售后服务、15 天退换货	店铺销售
	珂兰钻石	2007 年 8 月	无	以旧换新服务、自行上门服务、7 天无条件退换货	无

2. C2C

C2C（Consumers to Consumers）是指消费者与消费者之间的电子商务模式。简单地说，就是消费者提供服务或产品给消费者。C2C 网络平台就是通过为买卖双方提供一个在线交易平台，使卖方可以自行提供商品上网展示销售，而买方可以自行选择商品拍下付款或是按竞价方式在线完成交易。中国 C2C 市场主要服务商见表 3-2。

表 3-2　中国 C2C 市场主要服务商比较

服务商	开店认证	支付工具	信用体系	沟通工具	物流	售后服务	社区	投资方
淘宝	需要	支付宝	卖家信用、买家信用、卖家好评、买家好评	旺旺	第三方物流	先行赔付、7 天无理由退货	有	阿里巴巴集团
易趣	需要	安付通	总信用度、总好评度	易趣通	第三方物流	先行赔付、7 天包退、15 天包换	有	美国 eBay
拍拍	需要	财付通	卖家信用、买家信用	QQ	第三方物流	7 天包退、14 天包赔	有	腾讯
有啊	否	百付宝	卖家满意度	百度 hi	第三方物流	7 天无条件退换货	有	百度

3. C2B

C2B（Customer to Business，消费者到企业），是互联网经济时代新的商业模式。这一模式改变了原有生产者（企业和机构）和消费者的关系，是一种消费者贡献价值（Create Value），企业和机构消费价值（CustomerValue）的模式。C2B 模式和我们熟知的供需模式（Demand Supply Model，DSM）恰恰相反。

C2B 的核心是以消费者为中心，消费者当家做主。站在我们平时作为消费者的角度看。C2B 产品应该具有以下特征：第一，相同生产厂家的相同型号的产品无论通过什么终端渠道购买价格都一样，也就是全国人民一个价，渠道不掌握定价权（消费者平等）；第二，C2B 产品价格组成结构合理（拒绝暴利）；第三，渠道透明（O2O 模式拒绝山寨）；第四，供应链透明（品牌共享）。

C2B 模式更具有革命性，它将商品的主导权和先发权，由厂商交给了消费者。

传统的经济学概念认为针对一个产品的需求越高，价格就会越高，但由消费者因议题或需要形成的社群，通过社群的集体议价或开发社群需求，只要越多消费者购买同一个商品，购买的效率就越高，价格就越低，这就是 C2B 的主要特征。

C2B 模式，强调用"汇聚需求"（demand aggregator），取代传统"汇聚供应商"的购物中心形态，被视为是一种接近完美的交易形式。

总之，C2B 模式充分利用互联网的特点，把分散的消费者及其购买需求聚合起来，形成类似于集团购买的大订单。在采购过程中，以数量优势同厂商进行价格谈判，争取最优惠的折扣。个体消费者可享受到以批发商价格购买单件商品的实际利益，从而增加了其参与感与成就感。

二、网络零售业态

网络零售业态不断发展、不断创新，目前主要有网上旗舰店、网上专卖店、网上专营店、网上集市店、社区化购物中心、企业自建平台等多种形式。

全免费的淘宝网个人卖家（商家）统称为集市店，天猫商城的零售商是属于官方认证的商家。天猫商家主要有旗舰店、专卖店和专营店等类型。

1. 网上旗舰店

网上旗舰店是网络零售中最具有代表性的商业业态之一。网上旗舰店本身是展示商家经营规模的商业经营模式，对产品线要求比较高，如果没有足够多的产品型号和种类，建立旗舰店很难达到展示自身实力，实现宣传品牌的效果。

网上旗舰店是商家官方形象店，是商家直接开设或进驻，也是商家与市场联系的窗口，与一般的代理卖家不同。网上旗舰店比起一般的网络商店具有以下优势：权威性、稳定性、可信赖、公开性、高效性。

随着网络零售的快速发展，网上已经涌现很多以企业身份为注册人的网络商店，为消费者在网上提供服务。它们通常以品牌名称命名，如 vivo 官方旗舰店、小米官方旗舰店等。这不仅为企业拓宽了销售渠道，同时也深受用户欢迎。网上旗舰店是商家顺应市场潮流、参与市场竞争的需要，也是商家开展品牌竞争的有力手段。

2. 网上专卖店

网上专卖店是专门经营或授权经营某一主要品牌或某一家商品的网络零售业态。网上专卖店同时也是商家品牌、形象、文化展示和交流的窗口，有利于品牌形象的进一步提升，能有效贯彻和执行商家企业文化及活动方针，有效提高商家的执行力，突破现代企业所普遍面临的管理"瓶颈"。

网上专卖店具有如下特征：专一性、一体化、便捷性、高效性、专业性。

3. 网上专营店

网上专营店，一般是指专门经营某一类商品为主的网上零售业态。很多加盟店、合伙店、连锁店等都属于此类专营店范畴，从经营商品范围的专业性角度看，属于专业化和深度化经营的零售业态。

网上专营店具有商品专业、服务灵活、规模较小的优点。

4. 网上集市店

网上集市是指供个人卖家入驻的各大电子商务交易平台，网上集市店通常是指由个人卖家入驻电子商务交易平台开设的网络商店。淘宝和天猫商城都是为人所熟知的网上集市店。网上集市店的特点如下：

（1）网上集市店没有比较繁杂的认证过程，集市店数量庞大，其店铺商品种类众多，是一个重要的商品集结地和消费门户。

（2）由于评价体系中侧重点的不同，天猫比较有优势。天猫商城新店不显示信誉和注册时间，没有重大运营管理失误，在天猫商城越是新店动态评分越高。相反，淘宝集市新店铺劣势十分明显，没有信誉累计是其致命缺陷，注册店铺时间个人信息也显示在明显位置，较难获得消费者信任，起步较难。

（3）天猫商城网络商店自然流量明显大于淘宝集市店。

5. 社区购物中心

社区购物中心是指以社交化电子商务为主要形式的网上购物中心。所谓社交化电子商务，是指将关注、分享、沟通、讨论、互动等社交化的元素应用于电子商务交易过程的现象。从电子商务企业的角度来看，通过社交化工具的应用及与社交化媒体的合作，完成企业营销、推广和商品的最终销售是一个重要趋势。

社区购物中心具有如下特点：一是导购的作用；二是用户之间或用户与企业之间有互动与分享，即具有社交化元素。

蘑菇街是一家新型女性买家社区，以电商平台为依托，以瀑布流式的分享信息为载体，结合微博互动的社区化营销和社会化媒体功能，以为用户提供最新最流行的购物分享信息为宗旨，以打造中国最流行的女性线上购物入口为目标。每天，几百万网友在蘑菇街上自由地交流时尚、购物的话题，相互分享、相互帮助，发现折扣，享受优惠。蘑菇街主打16~28岁这个群体的女性用户市场。另外，蘑菇街通过用户晒单、特有的买手模式，建立个人品牌社区，这种模式提供了广告入口的价值，其本质目的在于打造垂直细分领域的用户购买习惯，继而因入口价值的彰显不断吸纳吸引新的商户的入驻，用户购买习惯形成，导购网站因为这个入口就有了价值，也可以吸引商户的入驻。

6. 企业自建平台

企业通过建立自己的电子商务平台，可以获得更多的商业资源，在激烈的市场竞争中创造新的商机，开拓新的市场空间，这也是众多企业在新一轮市场竞争和经济转型中的发展战略。依托企业平台，实现企业内部信息交流，通过网络搜寻迅速获得最新的商业信息，建立网络品牌，参与国际、国内市场竞争，保护企业的无形资产，为企业创造经济效益。

企业自建平台的特点有：虚实融合模式、物流配送模式、用户体验、产品优势、保价服务。

三、网络零售战略规划

网络零售战略是指导零售企业在线经营的整体规划，它将影响企业网上经营活动及其对网络市场力量的反应。任何零售商，无论其规模和业态如何，其发展战略都可以包括：形势分析、目标制定、消费者识别、整体战略规划、具体行动实施、控制和反馈六大部分，如图3-1所示。

1. 形势分析

形势分析指对即将或者已经开业的网络零售商所面临的机会和威胁进行客观评价的过程，了解当前的企业状况以及未来的发展方向，在组织使命的指引下，对所有权和管理模式进行评估，并确定所经营的商品/服务种类组合。一个好的战略应该能够预测和应对不断变化的网络环境中出现的种种机会和威胁。发现未来的发展趋势，可以更好地满足消费者，并在竞争中保持领先。在形势分析过程中，进行自我评估十分必要。

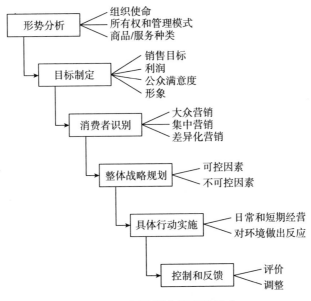

图3-1　网络零售战略的组成

2. 目标制定

目标是企业希望达到的长期或短期绩效标准，它不仅有利于制定战略，更有利于将组织使命转化为行动。企业可以追求一个或多个目标：销售目标、利润、公众满意度、形象定位。

3. 消费者识别

零售商必须吸引和满足一部分消费群体，通常被称为目标市场。零售商在选择目标市场过程中，一般可有大众营销、集中营销和差异化营销等多种策略。其中，大众营销面向大范围的消费者销售商品和服务，集中营销圈定一定范围的消费主体，差异化营销则选择有明显的消费群体作为目标市场而展开独特的零售策略。

4. 整体战略规划

制定整体战略，需要考虑两方面因素，即可控因素和不可控因素。在互联网经济时代，大数据技术的发展为零售商了解和预测可变因素和不可变因素提供了可能。

5. 具体行动实施

在整体战略考虑的各种因素基础上，具体行动过程中通过制定并实施阶段性战术决策，即变现为日常和短期的经营活动。

6. 控制和反馈

在控制阶段，企业需要根据公司使命、目标和目标市场已经制定和实施的战略战术做出评估。这是一种系统性地分析零售企业的审计过程，有助于了解企业运作过程的优势和不足，并据此进行及时调整。

反馈是指在战略实施过程中收集的与战略相关的各种信号或线索，包括营销业绩、员工留职率、政府和环境影响等方面的积极或消极的信息。企业通过掌握这些信息，来分析问题，查找原因，及时调整或解决问题。

第三节 网络消费者

网络消费者是指通过互联网在电子商务市场中进行消费和购物等活动的消费者人群，消费者以互联网络为工具手段而实现其自身需要的满足过程。网络购物成为网络消费者日渐普及的一种生活方式。

一、网络消费者的生活方式与购物方式

1. 网络消费者的生活方式

（1）网络氧气。2010 年以后，"80 后"已经进入而立之年，"90 后"已经慢慢长大。网络是他们生活中不可缺少的一部分。Trendwatching. com 网站提出"网络氧气"的概念，意思是说越来越多的消费者离不开网络。通过网络进行学习、休闲娱乐、社交、信息获取。线下的社区功能越来越弱，但网络社区的功能在逐步增强。

年青一代是数字时代的"土著居民"，一般在 35 岁以下，数字时代的"移民"则在 35 岁以上。他们的生活方式迥然不同，如表 3 - 3 所示。

表 3 - 3　数字时代土著与移民

数字时代的土著居民	数字时代的移民
视网络生活为现实，在网上与世界建立联系、发展友谊	网络与现实分开，使用互联网是为了非常特定的原因，互联网是现实生活的附加物
总是在线，极具社交性，消息灵通	需要有理由才选择上线，且必须符合其日常习惯
很快适应新事物，愿意尝试任何事，有明显的群体行为，在其生活中，聊天工具、社交媒体和移动设备不可或缺	出于实际原因而使用电子邮件、搜索信息和上网
数字世界和现实合为一体，感觉二者并无区别	视数字世界与现实为两个不相干的领域，仍然认为互联网是陌生之物，不清楚它是如何运作的，认为互联网应该适应自己的生活

（2）个性化生活方式。消费者选择产品是面向世界的，通过网络实现在线定制服务，从而满足消费者不同的个性化需求，消费者可以参与产品的自主设计，设计后在线提交订单，为消费者量身定做属于自己的产品。

一直以来，个性化生意难以实现受制于合理的成本和规模化的市场需求。电子商务通过开放平台、消费者自助服务等有效降低满足海量个性化需求的成本，将海量、离散的个性化需求汇集起来，通过搜索技术、社交媒体等方式，与无限虚拟"货架"中的商品和服务进行匹配和对接。

2. 网络消费者的购物方式

（1）多渠道购物。越来越多的零售商采用多渠道销售，即通过多种零售形式将商品

卖给消费者。多渠道销售可以使零售商抵达不同的消费群体，在不同渠道之间分摊成本，并使供应商来源多样化。与之相对应，消费者往往也采用多渠道购物的方式。

（2）目标导向的购物行为。网络消费者在购物时目的性很强，网络消费者喜欢网络环境，因为在那里不必与店员或拥挤的人群打交道。目标导向的购物行为通常是抱着一个目的进入一个网络零售网站，或者是为购买一件商品搜寻最低价格。

（3）善于收集信息。互联网尤其是上网搜索改变了用户的消费行为模式。根据在CNNIC调查社区进行的搜索营销调查显示，有77%的互联网用户在购买产品前会上网搜索信息。搜索结果有没有、搜索结果好不好会直接对消费行为造成影响，并通过分享成倍扩展。网络上的信息、评论对购物决策的影响已经逐渐超过传统媒体。

网络零售商要善于观察并深入了解网络消费者行为的差异，了解他们的特点，并制定相应的对策。

二、网络消费者的购物动机

网上消费者的购买动机，是指在网络购买活动中，能使网上消费者产生购买行为的某些内在动力。网上消费者的购买动机基本上可以分为需求动机和心理动机两大类。前者是指人们由于各种需求，包括低级的和高级的需求而引起的购买动机，而后者则是由于人们的认识、感情、意志等心理过程而引起的购买动机。

1. 网上消费者的需求动机

网上消费者的需求动机不仅包括传统的需求层次理论在网络需求分析中的应用，也包括在网络虚拟社会中消费者的新的需求，如兴趣、聚集以及交流。

2. 网上消费者的心理动机

网上消费者购买行为的心理动机主要体现在理智动机、感情动机和惠顾动机三个方面：

（1）理智动机。理智动机具有客观性、周密性和控制性的特点。这种购买动机建立在人们对于在线商场推销商品的客观认识基础之上，它的形成基本上受控于理智，而较少受到外界气氛的影响。在理智购买动机驱使下的购买行为，首先注意的是商品的先进性、科学性和质量好坏，其次才注意商品的经济性。

（2）感情动机。感情动机是由人们的情绪和感情所引起的购买动机。这种动机可分为两种类型：一种是由于人们喜欢、满意、快乐、好奇而引起的购买动机，它具有冲动、不稳定的特点。例如，在网络上突然发现一本好书、一件新产品，很容易产生冲动性的感情购买动机。另一种是由于人们的道德感、美感、群体感而引起的购买动机，它具有稳定性和深刻性的特点。例如，通过在线商场购买礼品赠送给朋友，为身处外地的父母在线购买老人用品等，都属于这种情况。

（3）惠顾动机。惠顾动机是建立在理智经验和感情之上，对特定的网站、图标广告、商品产生特殊的信任与偏好而重复、习惯性地访问并购买的一种动机。由惠顾动机产生的购买行为，一般是网上消费者在做出购买决策时心目中已首先确定了购买目标，并在购买时克服和排除其他同类产品的吸引和干扰，按原计划确定的购买目标实施购买行动。具有惠顾动机的网上消费者，往往是某一网站忠实的浏览者，他们不仅自己经常光顾这一站点，而且对众多网民也具有较大的宣传和影响功能，甚至在企业的商品或服务一时出现某种过失的时候，也能予以谅解。

三、影响网络消费者购买的主要因素

1. 产品的特性

（1）由于网上市场不同于传统市场，网上消费者有着区别于传统市场的消费需求特征，因此并不是所有的产品都适合在网上销售和开展网上营销活动的。根据网上消费者的特征，网上销售的产品一般要考虑产品的新颖性，即产品是新产品还是时尚类产品，比较能吸引人的注意。追求商品的时尚和新颖是许多消费者，特别是青年消费者重要的购买动机。

（2）考虑产品的购买参与程度，一些产品要求消费者参与程度比较高，消费者一般需要现场购物体验，而且需要很多人提供参考意见，对于这些产品不太适合网上销售。对于消费者需要购买体验的产品，可以采用网络营销推广功能，辅助传统营销活动进行，或者将网络营销与传统营销进行整合；可以通过网上来宣传和展示产品，消费者在充分了解产品的性能后，可以到相关商场再进行选购。

2. 产品的价格

从消费者的角度说，价格不是决定消费者购买的唯一因素，但却是消费者购买商品时肯定要考虑的因素，而且是一个非常重要的因素。对一般商品来讲，价格与需求量之间经常表现为反比关系，同样的商品，价格越低，销售量越大。网上购物之所以具有生命力，重要的原因之一是网上销售的商品价格普遍低廉。

此外，消费者对于互联网有一个免费的价格心理预期，那就是即使网上商品是要花钱的，那价格也应该比传统渠道的价格要低。这一方面，是因为互联网的起步和发展都依托了免费策略，因此互联网的免费策略深入人心，而且免费策略也得到了成功的商业运作。另一方面，互联网作为新兴市场它可以减少传统营销中的中间费用和一些额外的信息费用，可以大大削减产品的成本和销售费用，这也是互联网商业应用的巨大增长潜力所在。

3. 购物的便捷性

购物的便捷性是消费者选择购物的首要考虑因素之一。一般而言，消费者选择网上购物时考虑的便捷性，首先是时间上的便捷性，可以不受时间的限制并节省时间。其次，可以足不出户在很大范围内选择商品。

4. 安全可靠性

由于在网上消费，消费者一般需要先付款后送货，这与过去购物的一手交钱一手交货的现场购买方式发生了变化，网上购物中的时空发生了分离，消费者有失去控制的离心感。因此，为降低网上购物的这种失落感，在网上购物各个环节必须加强安全措施和控制措施，保护消费者购物过程的信息传输安全和个人隐私保护，以及树立消费者对网站的信心。

四、中国网络消费者的构成

由于网络零售与传统零售的渠道不同，网络消费者群体也具有明显的特征。中国网络消费者群体具体构成如下：

（1）以中青年为主。中青年消费者，尤其是青年消费者在上网者中占有绝对的比重。这批人一般都崇尚创新、自由等特质，很容易被新事物所影响，而且接受新观念、新知识快。他们也很愿意在网络上购物，因此青年人所喜欢的电脑、CD 唱片、游戏软件、体育用品等都是网上的畅销商品。这类市场目前是网络市场最拥挤的地方，也是商家最为看好的一个市场。

（2）具有较高的文化水准。互联网要求其使用者熟悉计算机及网络操作及快速阅读的能力。因此，文化水准较高的人士，如教师、学生、科技人员和政府官员的上网比例较高。另外，从职业和个人兴趣方面来看，上网者多为相关电脑职业者或爱好者，他们因工作或兴趣的需要而接触到网络，正是由于这些原因，计算机软硬件的销售十分看好，网上书店的生意也非常红火。计算机软件销售商 Sausage Software 从事 Web 页面制作软件的销售，其目标市场明确界定为编辑和出版商。著名的 Amazon 网上书店的成功更是这方面的典型实例。

（3）上网用户大多属于中等收入水平，否则难以维持上网费用。近两年来，随着互联网的普及，上网费用有所降低，但对低收入阶层来说，网上消费仍然有一段距离。

（4）主要集中于少数几个经济发达地区。美国的上网者约占全世界网民总数的 1/3。在我国，北京、上海、广东、江苏 4 个上网人数最多的地区，网民就占了全国上网人数的51.3%，其中，北京网民占全国网民的 1/5。

综上所述，网上购物与网上消费者的整体特征及个人可支配的消费金额有很大关系，而目前网上购物的主力是年龄分布在 20～35 岁且受过较高学历教育、经济收入较宽裕、地理上高度集中于少数经济发达地区的男性网上个人用户。

第四节　网络商品

商品是为了出售而生产的劳动成果，是人类社会生产力发展到一定历史阶段的产物，是用于交换的劳动产品。在互联网技术出现以前，传统商品的交换是在有形的市场中生产商与消费者面对面进行的。随着信息技术的迅猛发展，互联网技术与商务活动的结合，扩展了商品的交易范围，开辟出全新的生产与交易平台，网络商品应运而生。

网络商品通常指在互联网上交换或消费，可以满足现代社会某些特定需求的有形、无形的劳动产品与服务，它是由人类劳动创造、用于交换，具有价值和使用价值的新兴商品。

一、网络商品的特点

网络中的商品被看成一种新生事物主要是由于它是在特定的虚拟网络环境中存在的，

因此，虚拟的网络环境（交易载体）是分析网络中的商品特点最根本的一个视角。从网络虚拟环境角度来看，网络商品至少应当具有以下一些特点：

1. 虚拟化

虚拟化也称为无形性，是网络商品区别于其他实体商品的本质特点。网络中的商品因为没有任何实体形式的表现，而且只能在特定的虚拟环境下才能够存在并实现其固有的价值，甚至它的价值或许只有特定的人群才能感受到并愿意为之付费。这就意味着网络商品对网络虚拟环境的依赖性，甚至在某种程度上不能脱离网络环境而存在。

这种虚拟性在网络游戏中表现得最为充分。网络游戏中各种各样的武器、盔甲、货币等，但是其依托于网络的虚拟存在，并在网络上产生物品具象化的效果，在与网络空间相对立的现实中，是不具有任何物理形状外观的，并且无法独立存在。如国内腾讯公司推出的 QQ 秀、QQ 道具、QQ 宠物等一系列的虚拟商品，它们存在于腾讯交易平台这一虚拟的电子网络环境内，表现为一串以电子形式生成的数字符号，不具有一般财产的外在物理特征，也不具有货币或有价证券等权利凭证所依附的有形物质载体。

2. 数字化

数字化就是将许多复杂多变的信息转变为可以度量的数字、数据，再以这些数字、数据建立起适当的数字化模型，把它们转变为一系列二进制代码，引入计算机内部，进行统一处理，这就是数字化的基本过程。数字化将任何连续变化的输入如图画的线条或声音信号转化为一串分离的单元，在计算机中用 0 和 1 表示。通常用模数转换器执行这个转换。当网络商品以及与网络商品活动相关的各种信息都以数字形式被采集、存储、处理和传输的时候，交易模式就发生了质的变化，数字环境、数字生活、虚拟商品等数字化形式就应运而生了。

网络商品本质上是一组存储于服务器上的电磁记录，它只能依赖于网络空间，人们必须借助于计算机和互联网才能够把握到它的存在。数字化具有的易于存储、查询、处理、修改等优越性，这使人类将前进的方向与数字化牢牢地捆绑在了一起，正是由于网络商品的数字化特点，它使网络商品能够在计算机网络中迅速传输。

3. 全球化

一般讲全球化是个进程，指的是物质和精神产品的流动冲破区域和国界的束缚，影响到地球上每个角落的生活。实体市场的低速度决定了商品交易的市场规模和范围的有限性，而商品在虚拟化的市场环境中，由于网络商品的数字化带来的虚拟特性使信息的传递以极高的速度快速流转。在这种环境下，交易主体之间的距离被无限地缩短了，交易的时间限制和空间限制被突破了，网络商品的交易范围也从有限的区域性小市场走向全球化的大市场了。因此，相对于传统实体商品而言，网络商品被深深地打上了全球化的烙印。

4. 唯一性

虚拟商品是没有任何实体形式的，但还是有很多人对它抱有浓厚的兴趣、会欣然自掏腰包，成为虚拟商品的所有者。究其原因在于虚拟商品的唯一性特点。人们普遍具有对身份、荣誉、地位、个性的内在需求与渴望。虚拟商品的出现正好能够满足人的精神消费需求。让一个人拥有其他人不会拥有的独有的东西，这会满足人们的占有欲望，也能突出独占者地位和身份的特殊。

5. 个性化

所谓个性化，最简单的理解就是量体裁衣。就是面向消费者，直接服务于顾客，并按照顾客的特殊要求制作个性化的网络商品。这种个性化的网络商品能够把对人的关注、人的个性释放及人的个性需求的满足推到空前中心的地位。消费者购买或消费网络商品后，会使其个性突出，迎合现代社会人们突出个性、张扬个性的消费心理需求。

由于网络商品的交易是以网络为基础的，因此，在企业和消费者之间或者客户之间可以轻松实现信息的自动化传递，实现商品信息的沟通。在网络交易和虚拟生产的理论指导下，企业可以充分利用数据库进行一对一的个性化设计和生产，实现与消费者之间全程的一对一个性化跟踪服务，最终实现个性化商品的生产和交易。

6. 期限性

期限性是指网络商品的存续有一定的期限，不能永久存在下去。以网络游戏为例：网络游戏中的虚拟商品既然依赖于网络游戏，网络游戏必定会随着经营状况、经营成本以及市场需求等因素的变化而存在服务期限，任何一款网络游戏都不可能无限期运营下去。那么虚拟商品是否有期限呢？如果网络用户对虚拟财产的权利是无期限的，那么由于服务商的原因而停止运营时，网络用户对服务商形成债权，服务商应承担赔偿责任。但这对服务商显然是不公平的。产生虚拟商品价值的基本条件是虚拟空间的存在，服务商停止运营，虚拟空间不再存在，虚拟财产的价值也随之自然消灭。因此，服务商提供运营的期限也就决定了虚拟商品的期限。除非另有约定，否则玩家对虚拟商品的权利随着虚拟空间的终止而消灭。

二、网络商品的类型

互联网上销售的产品，按照产品形态的不同，一般可以分成四类产品：实体产品、软件产品、信息产品和在线服务产品。

1. 实体产品

实体产品是指具有物理形状的物质产品，它既可以是任何销售形式中的产品主体，也可以是网络销售未来发展中的主体产品类型。实体产品包括工业产品、农业产品和民用品等常规产品，其销售方式主要是先由客户进行在线产品浏览和选择，然后再由商家组织送货上门服务。

在网络上销售实体产品的过程与传统的购物方式有所不同。在这里已没有传统的面对面的买卖方式，网络上的交互式交流成为买卖双方交流的主要形式。消费者或客户通过卖方的主页考察其产品，通过填写表格表达自己对品种、质量、价格、数量的选择；而卖方则将面对面的交货改为邮寄产品或送货上门，这一点与邮购产品颇为相似。因此，网络销售也是直销方式的一种。

2. 软件产品

在网络市场上销售的产品中，软件产品占有相当的市场份额，该类产品一般包括系统软件和应用软件两大类型。用户购买软件时，通常对软件的多种功能不一定十分清楚，因而会影响他们的购买欲望。在线网络软件销售商一般会提供一段时间的试用期，允许用户尝试使用并提出意见。当用户熟悉了该软件并对该软件爱不释手时，便会主动购买且可能成为软件的义务推销员。好的软件很快能够吸引顾客，使他们爱不释手并为此慷慨解囊。

3. 信息产品

信息产品是指电子报刊、电子图书、数字电影等，以提供信息资料为主旨的数字化产品。数字化信息将会成为未来出版的主流。

4. 在线服务产品

在线服务产品是通过互联网提供的各种不同类型的服务产品，这些服务大致可以分为两类：第一类是产品服务；第二类是非产品服务。

（1）产品服务。按其销售过程来划分，一般有售前、售中和售后服务三种类型。售前服务主要是为客户提供帮助，根据客户的需求，提供有效信息，解答客户疑问，为客户留下专业的印象，并为以后销售工作打下基础。售中服务是指在产品销售过程中为顾客提供的服务。与顾客进行充分沟通，深入了解顾客需求，协助顾客选购最合适产品的活动。售后服务，就是在商品出售以后所提供的各种服务活动。售前、售中、售后构成一条完整的销售链。

（2）非产品服务。一般分为普通服务和信息咨询服务两大类。普通服务包括远程医疗、法律求助、航空火车订票、入场券预定、饭店旅游服务预约、医院预约挂号、网络交友、电脑游戏等；而信息咨询服务包括法律咨询、医药咨询、股市行情分析、金融咨询、资料库检索、电子新闻、电子报刊等。

三、网络商品的采购

1. 网络商品的选购原则

对于网络消费者而言，在网上选购商品时，通常要考虑商品的价格、质量、功能、来源、卖家信誉、买家评价、付款方式、配送方式、交易安全、到货时间、售后服务，同时还要考虑卖家服务态度、服务水平、广告信息的真实性、购买的手续是否方便、是否有价格优势等因素。

网络零售商采购网络商品时，应该多站在最终消费者的角度，将消费者需要考虑的因素在采购网络商品时都要考虑到。除此之外，网络零售商在采购网络商品时还需要考虑到货物的存储、进货资金的预算、货品特色、价格、供应商的信用等一系列问题。网络零售商采购网络商品时具体应遵循以下原则：

（1）商品要有特色。所谓的特色就是商品或品牌在一定地域或者一定的文化范围具有相当的知名度和影响力。每个商品背后都应该有属于自己的故事，丰富的文化内涵是其"特色"之关键。

（2）商品适合网络零售。网络商品种类繁多，公认的最适合网络零售的是：图书和音乐、服装和纺织品、旅游产品、计算机硬件和软件、电子消费品、办公设备、运动器材、玩具、保健和美容产品等。

（3）商品质量好。网络消费者最担心的是商品质量难以保证，主要原因是网络交易的虚拟性和商家信用度的欠缺。因此，网络零售商要尽可能选择质量良好的商品，并通过有效的商品描述和展示把商品的质量信息传递给网络消费者。

（4）商品价格合理。网上商品比线下商品要便宜许多。网络销售省去了很多中间环节，因而商品附加费用降低。对于 C2C 购物网站，消费者通过竞价的方式，可能会买到更便宜的商品。对于传统商场，通常利润率得达到 20% 以上，商场才可能有收益，而对于网络商店，利润率在 10% 就可以有盈利了。

（5）供应商信用等级高。网络零售商越来越关注供应商的信用问题。电子商务纠纷案件通常标的额小，数量多，目前司法资源有限，效率低下，成本高，无法适应电子商务的发展速度。网络零售商在采购之前，首先要了解供应商的信誉度和企业的相关资质材料。

2. 采购网络商品的技巧

网络零售商采购网络商品的目的，是最终能够将网络商品销售出去，因此，站在最终消费者的角度选择网络商品，是网络商品采购中最重要的技巧。此外，还需注意以下技巧：

（1）注重品牌效应。现阶段品牌是商品品质的保证，很多人都会受到品牌的影响。网上的服饰商品，不知名的服饰给人一种没有质量保证的感觉。品牌是一种外在的形象，给人一种心理安抚。同等条件下，优先采购品牌较为成熟的商品，保证网络商品的品质。

（2）注重商品的个性化特色。每个人都有自己的需求，看待东西的眼光也不一样。如天猫商城的一些旗舰店，它们搜罗的服装都有其特色，款式、价格等根据消费者的不同需求，给出不一样的设计和定位。因此，采购商品时，要根据目标消费群的需求，寻找有特色的资源。

（3）注意制约因素的影响。网络零售商必须要时刻注意影响消费者需求的因素，微观因素如消费者的生命周期、教育程度、可支配收入情况等，宏观因素如经济景气、物价变动等，都是影响网络零售的外在因素。采购哪些商品用于网络零售，必须兼顾这些制约因素。

（4）信誉的影响。如果是网络采购，对于没有信誉的商家，就算里面的商品再好，也不要轻易去购买。而信誉度高的店铺，通过全面的评估后，可以放心地去购买。

（5）细看宝贝描述，拒绝文字游戏。诚信商家通常会将所售商品的描述详尽，各项性能指标、规格、使用期限等逐一列举，遇到字意模棱两可的介绍，一定要向卖家询问清楚。有些不良商家玩文字游戏，如"正品""正版"，如果买家没有事先仔细询问，等收到商品发现是假货要投诉，对方就可能辩解声称自己没说卖的不是假货，而只是说那是正品而非次品。

（6）多与供应商进行沟通。有任何疑问都尽量先和供应商沟通，以避免不必要的损失。网上批量采购商品，除了要了解商品本身以外，更重要的是要了解供应商的情况，其为人处世做生意的态度，可以流露在字里行间。

（7）保留交易手续。价格比较高昂的大宗商品一定要向供应商问清来路，如果供应商可以开发票，尽量索要发票。无论大宗小宗，和供应商之间的往来邮件、聊天记录都需要保存，作为原始凭据。

（8）计算好邮费。若选择网上批发采购，因为地域的关系，邮费通常和所标价格不同，确定购买之前一定要与供应商事先协商妥当。

（9）纠纷处理技巧。遇到商品质量不好，或者名不副实，要先与供应商进行积极的沟通，如果不能通过双方协商解决而产生纠纷，要及早投诉。

四、网络商品规划

网络商品规划是探讨如何使网络零售商的利润达到最大化的方法，它通过合适的网络商品采购数量、网络商品配置方式和价格的制定，使消费者更容易在网络商店里以合理的价格买到所需要的商品，同时也使网络零售商在提高顾客满意度方面有进一步的改善。优秀的网络商品规划可以产生非凡的效果，使网络零售商从以往依靠直觉来进行决策的做法转变成为一门决策艺术。

网络商品规划的主要内容包括网络商品上市计划、网络商品线规划以及网络商品的零售渠道、配置规则、时间节奏安排、应用场景规划等方面的内容。

1. 网络商品计划

网络商品上市计划需要着重考虑四项基本决策：销售何种商品、储存商品的数量、何时储存和在何地储存商品。

（1）销售何种商品。首先，必须决定经营何种质量的商品。是经营高档商品，还是中档商品，或者是否引入廉价商品。其次，需要决定经营哪种类型的网络商品以及网络商品的创新程度。

（2）储存商品的数量。早期的网络零售实现了零库存运营。然而实践证明，网络零售商对于一些畅销品或热销品保持一定的商品库存量是很有必要的。针对时尚类商品制订商品计划时，应充分考虑基本满足日均销售或周销售的需求量，不要造成大量的库存，季节变换时需要采取促销手段，以便商品及时更新。

事实上，任何种类的零售商，综合使用基本存货清单（针对销量稳定的常规商品）、模型存货计划（如时尚类商品）和确保不脱销商品（针对畅销商品）通常是一种好的战略，这也是目前国际上零售商们的通常做法。

（3）何时储存。为了合理订购商品，必须预测一年内的网络商品销量和其他各种相关影响因素，如高峰季节、订货和送货时间、例行订货和特殊订货、库存流转率、折扣和存货处理的效率等。对于一年内存在高峰季节的商品，在高峰期内应备有大量存货，过季时应减少存货。

（4）在何地储存商品。对于网络商店来说，可以将商品储存在消费者相对比较密集且物流配送中心节点的仓库中。

上述网络商品上市计划是网络商品规划的核心内容，其优劣与否，将会直接影响到网络零售商的利润。

2. 网络商品线规划

通过商品结构研究，进行合理的商品线规划，包括吸客类商品的定位、货架角色的定位等，实现高效的商品组合、高效的价格策略、高效的促销、高效的商品陈列，这些对企业盈利能力提升所带来的价值，无论强调它有多么大的意义都不为过。

3. 网络商店商品配置规划

网络商店商品配置需要按照网络商品组合的原则和网络营销方案，有计划、按比例、分阶段将货品投放到网络零售平台，落实商品销售计划并把控库存。

网络商店商品配置规划首先要明确目标客户群体的消费需求和网络市场特征，在销售目标确定后规划需求总量，再开始计划具体的商品品类比例、品种结构比例、规格比例、款式配比等。根据销售周期与货品上市时间，对具体的销售量做分解、细化，配算订货、补货比例。同时要注意考虑不同商品的淡旺季销售周期、黄金假日销售时间段，以及可预计的库存数量等情况，依据季节性、销售周期性、需要量预测等因素，提前制订不同阶段的核心促销商品计划。

第五节　网络零售对传统零售行业的影响

一、中国零售未来发展趋势

未来中国零售行业将呈现出以下发展趋势：

1. 构建线上线下融合新格局

实体零售与网络电商正逐步从独立、对抗走向融合、协作，深度融合是优势互补、实现共赢的发展方向。零售行业终将发展成面向线上线下全客群，提供全渠道、全品类、全时段、全体验的新型零售模式。

2. 多业态跨界协同趋势明显

新零售时代，零售企业将围绕多样化、个性化的消费需求展开，各类商业综合体将聚合教育、亲子、医疗、健身、旅游、商务等更加多样的服务业态，从以往单纯的购物中心逐渐转型为体验中心，为消费者提供全方位"一站式"的服务体验。

例如，天虹百货逐步推动自身转型升级，将旗下门店统一采取主题场景布局，零售、餐饮和娱乐三大板块按照2∶1∶1的比例布局，为消费者营造出舒适的购物环境，同时也满足了不同消费群体的购物、休闲、娱乐需求。

3. 社交化场景化模式成主流

互联网时代，以广告为主的单向传播方式效果不断衰减，口碑、信任成为零售品牌得到消费者认可的重要因素。

未来的零售企业将不再是纯粹的商品售卖者，而将成为整合资源、打造社交化业务生态、实现多方共赢的市场组织者。据估算，2020年中国社交电商商户规模2400万户，市场规模将突破万亿元，未来5年行业将有10倍以上的拓展空间。

4. 重构智能高效供应链体系

作为连接生产与消费的流通环节，传统零售企业对全供应链控制能力较弱，信息传导响应不及时，供需错配导致企业库存高、周转率低、商品同质化等问题不断加剧。

未来，新供应链将实现全链条数字化，从客户、物流、支付、服务等数字一体化，从而实现库存最优乃至零库存；通过数据分析掌握消费者需求，以需定产，柔性制造，深耕上游供应链，保障企业的差异化、高端化、定制化战略精准实施，最终实现零售升级。

5. 社区商业进入黄金发展期

在场地租金攀升、企业利润下降的大环境下，门店越开越小俨然已成为中国实体零售不可阻挡的发展趋势，便利店、精品超市、社区型购物中心等社区商业将成为零售企业寻求转型升级的重要方向。2016 年 11 月，阿里巴巴入股三江购物，旗下的淘宝便利店先后进驻杭州、上海、宁波。

伴随中国社区零售整合化、全渠道发展进程逐步加快，投资成本低，成熟周期短的社区零售必将成为支撑行业发展的重要推手。从长期发展来看，"小而美"的社区化零售业态将更符合新形势下消费市场的客观需求。

二、网络零售给传统零售业带来的影响

1. 网络零售为零售业发展创造了全新的商务模式

电子商务改变了传统零售业的商品流通模式，建立了以数据库为核心的决策支持及运营系统，使整个系统由产品管理为中心转向顾客需求管理为中心。这种新的流通模式有两个特征：一是以数据库为核心的决策支持系统及运营系统。网络零售充分利用了计算机网络和数据库技术、条码技术等手段实现商品交换过程中数据管理功能的自动化。零售企业在运营过程中，进什么货、什么时间进、进多少、进哪家的货都可以依靠数据库来决策。二是由产品管理为中心转向以顾客需求管理为中心，真正使商家对顾客的需求信息有了全面的了解和掌握，从而更好地为之服务，同时还可以更有针对性地影响顾客的行为，以扩大产品的销售。

2. 网络零售带来了更加完善的物流管理、客户关系管理、供应链管理

从零售业的管理角度来看，网络零售业带来了更加完善的物流管理、客户关系管理、供应链管理，主要体现在：

（1）为供应链管理提供了便利。网络零售能利用互联网和供应链管理思想，面向整个供应链，整合商品的上下游企业，构成一个网络零售供应网络。供应链上企业通过网络实现信息共享，整合资源，增加了零售企业间的紧密合作。供应链管理的优化，加快了企业对市场的反应速度，可以集成企业内部的物流渠道、物流功能、物流环节与制造环节，并通过规范作业，采用现代化手段，独立完善的物流网络体系，使企业更加适应新的市场环境。

（2）提供了更有效的客户关系管理。网络零售具有让传统零售企业运作起来更有效率的机能，帮助企业与客户或供货商产生一种自动化的关系。同时，由于互联网的实时互动性，使消费者更易表达出对产品或服务的评价，这种评价一方面使零售企业可以更深入了解用户内在需求；另一方面零售企业的即时互动式沟通，使两者之间关系更加密切。

（3）提高了企业管理效率。时效性是零售业管理一个很重要的要求，网络零售能弥补传统零售业管理模式的不足，使管理人员随时能获得产品的各种信息，及时注意市场发生的情况，适时给予监控，实现全过程管理的电子化、信息化、自动化、实时化和规模化，有利于提高整个零售业流程的管理效率，使零售业效益最大化。

3. 网络零售改变了传统的营销观念

网络零售充分发挥信息技术和网络的优势，树立了全新的营销理论，从传统的同质化、大规模营销到异质化、集中营销，营销管理也从分散、独立的过程发展到统一。

4. 网络销售改变了传统的贸易支付方式

网络技术的发展使新的支付方式得以迅速推广应用，电子货币逐渐取代传统货币成为普遍接受的支付方式。

5. 网络零售对零售业物流体系实现再构造

物流是零售业的源头，网络零售改变了传统的物流观念，为物流创造了一个虚拟的运作空间；网络零售改变了物流的运作方式，通过网络上信息的传递，可以有效地实现对物流的实时控制，实现物流的合理化；网络零售还改变了零售企业物流的经营形态，要求从社会的角度对物流进行系统的组织与管理，从而打破了传统物流分散的状况。

三、传统企业开展网络零售的意义

如今，越来越多的传统企业认为，以网络化、知识管理、全球化为主要特征的新经济已是不可逆转的趋势，开展网络零售已成为企业发展的必由之路。

1. 有效提升对客户资源的深入挖掘与深度营销

"电商"模式的开启，可以网罗线上客户，掌握用户数据，可以大大地提升对老客户的维护与营销效果。通过分析，还可以提供发现新客户的线索，预判甚至控制客流量。这是传统企业进行交易时所做不到的。

2. 建立电子商务平台可以极大地扩大客户群体

互联网的出现，彻底打破了时间与空间限制，借助互联网，企业可将业务区域在更大的范围内拓展。从理论上讲，互联网通到哪里，企业的销售区域便可扩大到哪里，这无疑为企业带来丰厚的潜在收益。

3. 网络零售不仅可以提高工作效率，而且可以扩大市场范围

网络零售加强了客户和供应商之间的联系，突破了时空障碍，企业与客户可以进行广泛而深入的交流。网上交易可以提供每年365天、每天24小时的服务，企业可以得到来自客户最直接的关于产品或服务的反馈和建议，客户可以得到企业产品开发的信息与产品使用、售后服务的帮助。企业可以通过网络把自己的产品宣传到世界各地的潜在客户手中，从而无限地扩大市场，为企业提供新的市场机会。

总之，互联网正深刻改变着企业的管理和运营模式。对于传统企业来讲，是巨大的机遇，同时也是巨大的挑战。抓住机遇并以一种新的姿态紧跟时代获得商机，就能获得快速的发展，并最终获益。

四、传统企业如何开展网络零售业务

网络零售和传统零售企业在商务本质上是完全一致的，只是通过信息技术手段建立了一个新的和顾客接触的渠道和关系模式。传统商业活动中的所有规律都适用电子商务。传

统企业应着眼于利用互联网来挖掘已有资源的潜力，强化自己的竞争能力。下面介绍三种思路：

1. 选择新的产品线，开展网络零售

如果原来经营的商品不适合网上零售，就可以利用已有的人才、仓库等资源，选择适合网上零售的新品类，开展自己的网络零售业务。以这种方式开展的好处是没有什么负担，和已有业务没有任何冲突，但同样没有自己在传统零售中积累的经验和资源，同时对原来的管理体系也是个挑战。

2. 在已有的产品线中选择适合网络销售的商品，购物网站与分销店面的结合

在专业技术公司的协助下，传统零售企业可以建立自己的网站，还可以利用移动互联网、电视购物、目录销售等手段，拓展自己的销售渠道。同时利用已有的实体店面提供较好的配送和售后服务。一方面可以实现经营模式的多样化，降低风险，另一方面也可以利用虚拟渠道的广告效应，带动和促进实体店的销售。这种模式很稳妥，但应该以专营为主，摒弃大而全低价经营模式，并强调以服务为主。这种模式对门店很多、分布区域广的便利业态，是最有潜力的，需要注意的问题就是网上价格和实体店价格之间的冲突问题。根据目前的行业经验，两者价差在 20% 以内，网络零售对实体零售影响不大。

3. 利用网络零售商之间的市场重组进行资源整合

在中国的网络零售市场上未来会发生许多公司的购并，因为国内的 B2C 零售商的经营规模都较小，消费群体分散，不能充分达到规模效益，而且在不能获得较好的第三方配送网络情况下重复建设配送库存体系，会增加额外的成本，将使许多资金物力无以为继的企业面临倒闭的危险，这给了想进入这个市场的传统零售商很多机会。可以在适当的时候并购几个技术价值和用户口碑价值不错的网络零售商，从而快速进入网络零售市场。这种模式要求传统零售商有雄厚的资金实力和很强的企业并购整合实力。

传统企业在营销技术、品牌价值、成本控制能力等方面比网络零售商具有更明显的优势，众所周知，传统企业投入更多资源用于在线零售业务的开展，这对于 B2C 电子商务模式的发展是一个极大的推动。

第六节　网络零售存在的弊端

一、渠道冲突

美国市场营销大师奥格曼狄诺曾经说过："对渠道无论进行怎样的设计与管理，总会有些冲突。"发生渠道冲突的最根本原因是利益冲突，开展在线销售可能会侵犯传统渠道成员的利益，从而使发生渠道冲突的概率增加。

线上线下在渠道方面的冲突主要体现在两个方面：一是对消费者的争夺；二是在价格方面的冲击。线上线下渠道的冲突首先就体现在对消费者的争夺上。由于互联网的便利性，使消费者在购物时获得了良好的购物体验，同时线上渠道又拥有价格优势，因此对于

线上渠道而言压力巨大；其次是价格的冲击，采用线上渠道进行销售可以减少销售环节的运输成本和仓储成本等，因而导致其产品价格低于线下渠道。因此，发展线上营销时，就会对其线下的发展带来威胁。

二、售后服务及退货权利无法保障

售后服务问题也暴露了网络零售业服务方面的弊病。以对售后服务要求较高的家具类商品为例，在对部分网上商城的售后服务进行了调查后发现，结果并不令人满意。部分商城对于消费者的售后承诺如"全国联保"等，在厂家方面并不被认可，部分商品只有通过寄回原址的方式才能享受质保。而在实体店中产品的供货商都是明确的，提供的售后服务也相对而言更加准确、可靠。通过网络购物的消费者在售后方面可能无法得到保障，如厂家与消费者不在同一地区，或者厂家拒绝提供售后服务等，即使消费者愿意花钱，也无法得到保障。

虽然在《中华人民共和国消费者权益保护法》中提出了网络购物"七天无理由退换货"，但在实际经营中电商屡屡"打擦边球"，执行并不到位，仍会有经营者往往为退货设置各种障碍，甚至直接在网页合同上明文规定某些商品无法退货。以"淘宝"为例，仍有部分网络商家以"此商品为订制商品，不参与七天无理由退换货"为由拒绝为消费者退货；部分商家在自己的商品售后信息介绍中会提到这样的规定："退货时必须要保证商品的外包装完整，配件和赠品等也要齐全，否则不予受理。"有的网络销售商，将之直接定义为"即使只是打开包裹验货也不能接受退货"，因为拆开验货时商品的外包装就不再完整了，但是消费者不拆开又如何检查商品是否合适呢？或者，在消费者提出退货申请时，要求消费者支付所谓的"打包费"或者仓库人员的打包成本等。

另外，消费者通常不会在网上购买价值很高的商品，而是一些日用品、服装、饰品、食物等，在发生纠纷时，如果采用诉讼的方式，不仅要花费精力，时间成本也较高，并会产生额外的费用，而这些费用可能还高于商品本身的价值。在这样的前提下，消费者一般都会与商家私下通过协商解决问题，接受商家明显不合理的处理结果，不满意多会忍气吞声。

三、信息泄露挑战网络安全

信息泄露暴露出电商企业的技术漏洞以及内部管理的局限性，这个问题受到广泛关注，同时也向网络的安全性提出了挑战。

不可否认，现阶段国内广大网民的隐私权正处于危机之中。其中最多的是网上交易中的信息泄露，甚至已经发展成了一个有规模的产业链：对交易平台而言，如果其安全意识较弱，一些黑客很可能窃取客户资料，甚至也有内部员工出卖用户的资料；对商家而言，有些不法商家也参与了客户信息倒卖，或者因为使用了安全系数不高的软件而导致信息被盗；对物流而言，这是一个重灾区，由于这一行业产生的时间短，发展还不成熟，在信息安全、个人资料保密等方面做得还不够好，加上工作人员缺乏相应的安全意识，导致大量存在于快递单的数据被泄露。

由于消费者对网络犯罪认识不深，缺乏警惕性，很容易被诈骗者利用。一般而言，黑客会编写一些木马病毒，或者编造一个钓鱼网站，当买家准备付款时远程插入，使其资金不能流向真的卖方，而是流向了第三方的支付平台，最后这些资金被导入诈骗者的户头。还有一些诈骗人员，利用网络上获取的消费者的购买信息及个人信息，伪装成第三方的客服，编造一些比如商品降价的借口，骗取买家的账号和密码，再盗取资金；或者提出线下交易，其将病毒隐藏在连接中发给消费者，趁机修改账号；还有一种方法就是依靠专业的软件，欺骗买家说付款未成功，要求多次付款等。

四、欺诈

分析以往的监测数据，不难发现，在每年的"双 11"狂欢购物节之后，会有相对较多的消费者投诉，在这些投诉中，除质量问题外，其余投诉主要集中在对商家"虚假制定原价格""抬高原价后打折"等方面。例如，戴先生看中了一辆价格为 65 元的儿童扭扭车，并将其加入购物车中，准备在"双 11"时以较低的价格购买，但是到了"双 11"那天，价格没有降低反而升至 70 元。不仅如此，商家还特地说明这是由于"双 11"而给出的最低价格。送样类似的"价格陷阱"还有很多例子。同样是"双 11"购物节，王女士看到一件现价为 288 元的外套，原价高达 1280 元，但通过询问之前购买过的买家得知，该商品过去两个月的最高售价实际仅为 268 元。

工商部门通过整理网络零售业投诉案例的记录数据，公布了以下四种常见的涉嫌欺诈行为或者对消费者提供虚假商品信息的情况：

（1）虚假制定原价格。商品的实际价格就是商家所谓的折后价格，只是商家虚构了原价格，然后再以一定的"折扣"销售，吸引消费者购买。

（2）限量销售。商家以超低的价格销售某些商品以吸引消费者，如"秒杀价""一元购""零元购"等，但实际情况是这种低价商品只有 2～3 件，消费者通常都买不到。

（3）无货销售。与限量销售相似，是以超低价格吸引消费者的关注，但是商家根本就没有实际的商品提供。消费者在下单之后就会收到缺货的提示，是对消费者的一种严重误导。

（4）抬高价格后打折。向消费者提供的信息是商品以较高折扣销售，如 2～3 折，但实际上商家是先将商品的原价上提至一个较高的价位，然后再打折进行促销，最后计算得到的价格与商品原价相差无几。

价格欺诈现象在网络零售市场如此普遍，应该对其加强监管力度以减少甚至是消除这类事件的发生，但是由于互联网有较强的隐蔽性，许多商家采用匿名的方式就能轻松躲过，且互联网的传播速度很快，监管难以落到实处，不法商家利用这一点不断对消费者进行欺诈，打着"抄底价""尾单清库存"之类的旗号吸引消费者的眼球，借机侵犯消费者的权益而为自己牟利。

同时，网络购物的信息难以保存，却很容易被修改甚至是删除，商家可以通过远程控制迅速删除信息，且不会留下任何痕迹；主观上来看，大部分消费者也缺乏保存证据的意识，即便是诉至法院，也多因为举证不能而承担不利后果。

思考题

1. 网络零售的常见模式有哪些？
2. 简述网络零售的优点。
3. 试述你在日常生活中经常网购哪类商品？并说出原因。
4. 简述网络零售存在的弊端。
5. 结合自身体验谈谈采购网络商品需要考虑哪些因素？有什么技巧？试举例说明。

第四章

网络营销

引导案例　　　　　　　　小米手机网络营销

1. 饥饿营销

在小米手机众多的营销手段中，饥饿营销可以说是小米手机的主力营销手段。小米手机在新机发布前就进行宣传，在销售数量上也有所限制，通常是发售 10 万部手机，在某个时间段开放购买。通常小米手机在开放购买几个小时就会售罄，这样的方式刺激了消费者购买小米手机的欲望。通过一系列的渲染，小米手机品牌价值的提升远远大于销售手机所带来的利润。

2. 微博营销

微博营销作为新兴的营销手段，具有举足轻重的地位。小米手机作为时代潮流产品紧紧地抓住了这个时机，在各大门户微博平台上大搞微博营销。通过微博这个平台，小米手机通过各种促销或者有创意的活动吸引读者眼球，大大地提高了小米的知名度，微博营销是小米手机网络营销最重要的一个实施手段。

3. 网站营销

小米手机官网是小米手机进行网站营销的主阵地，无论是作为官方发布信息最重要的平台，还是作为购买小米手机的唯一通道，以及小米论坛的所在地，小米手机集网站式的发布资源于一身，甚至包含了商城、旗下软件米聊。小米手机的官网具有集中优势兵力的特点，通过这一系列的整合，资源集中，不仅大大地给网站访问者提供了方便，也使关于小米手机的各个项目之间相互促进，大大提升了网站的知名度和扩展度。

4. 口碑营销

小米手机以其强大的配置，良好的用户体验，干净的使用界面，流畅的操作系统，良好的质量以及极具吸引力的价格在消费者心中留下了深刻的印象，消费者对其形成了良好的口碑。这为小米手机的销售带来了巨大的好处，也赢得了用户的信赖。

5. 炒作营销

小米手机从研发之初就伴随各种新闻，从与魅族手机的创意之争，到成本真相，到断货嫌疑，再到小米手机出现的各种问题，各种报道和猜测都把小米手机推到聚光灯下，而小米官方却不急于对其加以澄清和辟谣，任由网络上发起一轮又一轮口水战。媒体也乐意跟进，小米因此做了免费广告，不但没有对产品的销售产生影响，反而增加了小米手机的知名度，吊足了消费者的胃口。

（资料来源：大学生论坛，小米手机网络营销，http：//www. daxues. cn/thread – 66670 – 1 – 1. html，资料经过整理和删减。）

20 世纪 90 年代初，世界各大公司纷纷利用互联网提供信息服务和拓展公司的业务范围，并且按照互联网的特点积极改组企业内部结构和探索新的管理营销方法，网络营销应运而生。

第一节　网络营销概述

一、网络营销的起源

20 世纪 90 年代初，互联网的飞速发展在全球范围内掀起了互联网应用热，世界各大公司纷纷利用互联网提供信息服务和拓展公司的业务范围，并积极改组企业内部结构和探索新的管理营销方法，网络营销应运而生。

利用互联网资源开展的营销活动在 20 世纪 90 年代中后期迅速发展壮大，并以前所未有的力量冲击着人们传统的营销观念和消费理念，网络营销因其快速的信息传播渠道、先进的数字化处理方式以及符合新生代的消费理念迅速被人们所认可和推崇。网络营销带给人们的不只是生活消费理念的变迁，还有许多新名词的缔造，如目标营销、无线营销、双向互动营销、顾客导向营销、远程和全球营销、虚拟营销、顾客参与式营销等。

当今的世界已经进入了以信息网络和信息社会为特征的 21 世纪，网络技术的发展和应用改变了信息的分配和接收方式，也改变了人们工作、生活、学习和交流的环境；同时促使企业积极利用新的技术和手段来改变企业的经营理念、经营组织、经营方式和经营方法。网络营销为企业提供了适应全球网络技术发展与信息网络社会变革的新兴技术和手段。

对于如此巨大和快速发展的网络市场，传统的市场营销的理论、方法和手段已经很难发挥其作用，而依托互联网的发展产生的网络营销以互联网络为媒体，以新的方式、方法和理念，针对网络市场的特征实施营销活动，可以更有效地促成个人和组织交易活动的实现。网络营销是利用互联网开展的一种全新的营销方式，它打破了传统的企业营销和运作方式，从不同的角度、不同的层次深刻地影响着企业的经营管理思想和方法。

网络营销产生和发展的背景主要包括以下三个方面：网络信息技术发展、消费者价值观改变和激烈的商业竞争。

1. 互联网的发展促成网络营销的产生

随着互联网在全世界的飞速发展和广泛普及，它已经成为全球性迅捷方便的信息沟通渠道。商业贸易的过程需要大量的数据信息传输，这使互联网的商用潜力被挖掘出来。作为互联网最大的应用领域，互联网在商业上的使用已经显现出巨大的威力和良好的发展前景。

网络营销的发展是伴随信息技术的发展而发展的，目前信息技术的发展。特别是通信技术的发展，促使互联网络形成一个辐射面更广、交互性更强的新型媒体，它不再局限于传统的广播电视等媒体的单向性传播，而且还可以与媒体的接受者进行实时的交互式沟通和联系。网络的效益也随之以更大的指数级增加。企业如何在如此潜力巨大的市场上开展网络营销，占领新兴市场对企业来说既是机遇又是挑战。

2. 消费者价值观的变革是网络营销产生的观念基础

在市场经济条件环境下，市场逐渐从卖方市场向买方市场演变，消费者主导的营销时代已经来临。在买方市场中，消费者将面对更为多样的商品和品牌选择，这一变化使当代消费者心理与以往相比呈现出以下的特点和趋势：

（1）个性化消费的回归。在市场经济充分发展的今天，多数产品无论在数量还是品种上都已极为丰富，为消费者购买提供了更多的商品选择机会，消费者可以根据个人的心理愿望来挑选和购买商品或服务。从理论上看，没有一个消费者的心理是完全一样的，每一个消费者都是一个细分市场，个性化消费正在也必将成为消费的主流。

（2）消费主动性增强。在网络时代商品信息获取方便，消费者可以主动通过互联网获取商品的相关信息，比较同类商品的价格、性能等指标，通过分析、比较后理性地做出购买决策，从而减少了购物盲目性，降低了购物风险，这种主动消费的方式也给消费者带来了极大的心理满足感。

（3）购物的方便性和趣味性。信息社会的高效率产生了一批工作压力大、生活节奏紧张的消费者，他们以购物的方便性为目标，追求时间和劳动成本的尽量节省，而网络消费的便捷性迎合了他们的需要。此外一些消费者希望通过购物来消遣时间和寻找生活乐趣，网络消费正好能使他们保持与社会的联系，满足他们的心理需求。近年来女性网民数量呈大幅增长之势，很多女性消费者喜欢在网上"逛商场"，她们对网络购物的方便性、趣味性和娱乐性提出了更高的要求。

（4）价格是影响消费者心理的重要因素。低价对广大消费者来说总是具有巨大的吸引力。尽管销售方总是通过各种营销手段以各种差别化来减弱消费者对价格的敏感度，但价格始终对消费心理有重要影响。即使在先进的营销技术面前，价格因素仍会对消费者的购买决策产生重要影响。

3. 激烈的竞争是网络营销产生的现实基础

当今社会市场的竞争日益激烈化，企业的市场竞争已不能仅依靠表层的营销手段参与竞争，必须在更深层次的经营组织形式上进行竞争。企业的经营者迫切地去寻找变革，以尽可能地降低商品在从生产到销售的整个供应链上所占用的成本和费用比例，缩短运作周期。网络营销的产生给企业的经营者带来了福音。网络营销可以使经营规模不受场地限制，可以为企业节省昂贵的店面租金，可以减少库存商品的资金占用，可以更经济、有效地推广企业产品等，网络营销使企业经营的成本和费用降低，运作周期变短，从根本上增强了企业的竞争优势。

我国具有发展电子商务的巨大潜力，我国网民人数正在以大约每半年翻一番的惊人速度增长，这意味着我国具有一个潜力十分巨大的电子商务与网络营销市场。当前世界经济正以势不可当的趋势向全球一体化、企业数字化、商业竞争国际化的方向迈进，以互联网、知识经济、高新技术为代表，以满足消费者需求为核心的新经济迅速崛起，随着互联网作为信息沟通渠道的商业使用，网络营销显现出巨大威力和广阔的发展前景。

二、网络营销的定义与特点

1. 网络营销的定义

对网络营销（E – Marketing）很难给出完善、严格的定义，与许多新型科学一样，由于研究人员对网络营销的研究角度不同，对网络营销的理解和认识也有差异。

从网络营销活动的实现手段——互联网的角度来看，广义上讲，企业利用一切计算机网络进行的营销活动都可称为网络营销。狭义上讲，凡以互联网为主要营销手段，为达到一定营销目标而开展的营销活动，可称为网络营销。网络营销是贯穿于企业开展网上经营的整个过程，从信息发布、信息收集，到开展以网上交易为主的电子商务阶段，以及交易完成后的售后服务、信息反馈等活动都是网络营销的重要内容。

从网络营销的本质特征——商品交换的角度来看，可以将网络营销定义为个人或组织借助或通过互联网创造、提供并与他人交换有价值的产品以满足自身需要和欲望的一种社会活动管理过程。对企业来说，网络营销是企业整体营销战略的一个组成部分，是为实现企业总体经营目标所进行的，以互联网为基本手段营造网上经营环境的各种活动。

可以看到，网络营销突出的特点是利用互联网作为手段，从而达到营销的目的。网络营销的实质是一种营销活动或一个营销过程，它的主体是个人或组织，网络营销的本质是商品交换，目的是满足交换双方的需要，网络营销的内容是产品及服务，其营销手段是企业整体营销活动的一部分。

2. 网络营销的特点

对比传统影响，网络营销具有以下特点：

（1）跨时空性。由于互联网具有超越时空限制进行信息交换的特点，因此，网络营销企业不受时间和地域的限制达成交易成为可能。

（2）交互性强。互联网便于实现企业和消费者的在线交流与沟通，方便网络营销企业收集用户信息、了解客户需求，进而为消费者提供"一对一"的个性化服务。

（3）多媒体性。互联网可以传输文字、声音、图像等多种媒体的信息，借助多媒体开展的网络营销能够更充分地宣传产品、更形象地展示产品，以吸引更多消费者。

（4）成长性。网络消费者多为年轻人，他们有较强的购买能力和市场影响力，随着遍及全球的互联网上网者数量的飞速增长，网络营销体现出良好的成长性，极具发展潜力。

（5）整合性。网络营销将多种资源、多种营销手段和营销方法进行整合，对企业营销活动进行统一的设计规划和协调实施，通过统一的资讯传播方式向消费者传达信息。

（6）高效性。网络营销企业借助互联网能够快速传播营销信息，和消费者进行实时沟通，能够及时了解并满足客户的需求，市场响应速度快。

（7）经济性。网络营销使交易双方通过互联网进行信息交换，减少了印刷与邮递成本；网络营销无须店面销售从而减少了房租、水电费与营业员工资等销售成本。

（8）技术性。互联网技术和通信技术的飞速发展是网络营销产生和发展的基础，网络营销是以高科技为支撑，以高科技人才为主体开展的一种新型营销方式。

三、网络营销的功能

认识和理解网络营销的功能和作用，是充分发挥网络营销作用的基础和前提。下面介绍网络营销的八个基本功能。

1. 信息搜索功能

信息搜索功能是网络营销的基本功能，它能帮助企业进行价格比较、了解对手的竞争态势、搜索获取商业情报、进行决策研究等。随着信息搜索功能由单一向集群化、智能化的发展，以及向定向邮件搜索技术的延伸，网络搜索的商业价值得到了进一步的扩展和发挥。

2. 信息发布功能

网络营销具有强大的信息发布功能，发布的信息具有扩散范围广、停留时间长、表现形式多样、延伸效果好、穿透能力强等特点。

3. 商情调查功能

网络营销中的商情调查具有重要的商业价值。对市场和商情的准确把握，是网络营销中不可或缺的方法和手段，是现代商战中对市场态势和竞争对手情况的一种电子侦察。通过在线调查或者电子调查表等方式，不仅可以节省大量人力、物力，而且可以在线生成网上市场调研的分析报告、趋势分析图表和综合调查报告。

4. 销售渠道开拓功能

网络具有极强的穿透力，传统经济时代的经济壁垒、地区封锁、人为屏障、交通阻隔、资金限制、语言障碍、信息封闭等都阻挡不住网络营销信息的传播和扩散，它能帮助企业克服种种障碍，完成市场开拓使命。

5. 品牌价值扩展和延伸功能

互联网的出现和发展，为品牌带来了新的生机和活力，推动和促进了品牌的全球化传播和拓展，对于重塑品牌形象、提升品牌的核心竞争力、打造品牌资产等方面具有其他媒体不可替代的效果和作用。

6. 特色服务功能

网络营销可提供名种特色服务，包括 FAQ、邮件列表、BBS、论坛等即时信息服务，在线收听、收视、订购、交款等选择性服务，可提供信息跟踪、信息定制和信息转移等多种服务，有助于提高客户满意度。

7. 客户关系管理功能

在网络营销中，通过客户关系管理，可将原本疏于管理、各自为政的销售、市场、售前和售后服务与业务统筹协调起来。可以帮助企业监控订单的执行过程，收集、整理、分析客户反馈信息，提高客户资源的整体价值，全面提升企业的核心竞争能力。客户关系管理系统还具有强大的统计分析功能，帮助企业做出合理决策，为企业带来可观的经济效益。

8. 经济效益增值功能

网络营销能提高营销者的获利能力，使营销主体提高或获取增值效益。这种增值效益的获得，不仅由于网络营销效率的提高、营销成本的下降、商业机会的增多，更由于在网络营销中，新信息量的累加，会使原有信息量的价值实现增值。

四、网络营销的理论基础

"4Ps""4Cs"和"4Rs"营销理论，是营销学发展史上的三大经典营销策略组合理论，经历了从"4Ps"发展到"4Cs"，再向"4Rs"发展的过程。下面介绍这几种营销理论的主要思想。

1. 4Ps 营销理论

4Ps 营销理论是随着营销组合理论的提出而出现的，该理论是由美国杰罗姆·麦卡锡（E. Jerome McCarthy）教授于 1960 年提出的，他将企业的营销要素归结为四个基本要素的组合，即产品（Product）、价格（Price）、渠道（Place）和促销（Promotion），简称为 4Ps。该理论强调了企业营销要从企业整体营销目标出发，对各营销要素进行统筹和协调。

从本质上讲，4Ps 理论的出发点是企业的利润，主要考虑企业计划生产何种产品、期望获得多少利润而制定相应的价格、以哪些渠道来销售、如何推广和促销产品。

4Ps 营销理论侧重于如何实现企业利益的最大化，因此存在局限性，它忽略了顾客作为购买者的利益特征，忽视了顾客对产品和服务的需求。

2. 4Cs 营销理论

随着市场竞争日趋激烈，媒介传播速度越来越快，消费者的个性化需求日益突出，传统的 4Ps 理论逐渐被 4Cs 理论所挑战。

1990 年美国学者罗伯特·劳特朋（Robert Lauterborn）教授提出了与 4Ps 营销理论相对应的 4Cs 营销理论，4Cs 指的是顾客的需求和欲望（Consumer's Wants and Needs）、成本（Cost）、便利（Convenience）和沟通（Communication）。

4Cs 理论的基本原则是以顾客为中心进行企业营销活动规划设计，强调企业应该把追求顾客满意放在第一位。对比 4Ps 理论，从传统产品策略转变成以顾客的需求和欲望为中心、生产消费者想购买的产品；从传统价格策略转变为研究顾客为满足其需求所愿支付的成本，产品和服务在研发时就要充分考虑顾客的购买力；从传统渠道策略转变为要充分考虑到顾客购买过程中的便利性；从传统促销的单向信息传递转变为实现与顾客的双向交流与沟通。

4Cs 理论是网络营销的重要理论基础，网络的互动性使顾客能够真正参与网络营销的整个过程，顾客的参与主动性和选择主动性都得到加强。通过沟通也使企业更容易了解顾客的需求，使企业和顾客之间的关系变得更加紧密。

与 4Ps 相比，4Cs 营销理论有了很大的进步和发展。但从企业的营销实践和市场发展的趋势来看，4Cs 营销理论依然存在一些局限性。4Cs 营销理论过于强调顾客的地位，而顾客需求的多变性与个性化发展，会导致企业成本上升，利润空间大幅缩小。同时市场经济还存在竞争导向，企业不仅要看到顾客的需求，而且还需要更多地注意到竞争对手。冷静分析自身在竞争中的优势、劣势并采取相应的策略，才能在激烈的市场竞争中立于不败之地。

3. 4Rs 营销理论

2001 年美国的唐·E. 舒尔茨（Don E. Schuhz）在 4Cs 营销理论的基础上，提出了以关系（Relationship）、反应（Respond）、关联（Relevancy）和回报（Rewards）为要素的 4Rs 营销理论。

4Rs 营销理论认为企业与顾客是一个命运共同体，建立并发展与顾客之间的长期关系是企业经营的核心理念和重要内容，在企业与客户的关系发生了本质性变化的市场环境中，抢占市场的关键已转变为与顾客建立长期而稳固的合作关系，互利互惠、共同发展要通过有效的方式，在业务、需求等方面与消费者建立关联，形成一种互助、互求、互需的关系；为了提高市场反应速度，经营者需要及时了解顾客需求，迅速答复并做出反应，建立高度回应顾客需求的商业模式。因为任何交易与合作关系的巩固和发展其本质都是经济利益问题，因此应该注重企业在营销活动中的回报，一切营销活动都必须以为消费者及股东创造价值为目的。

4Rs 营销理论的最大特点是以竞争为导向，着眼于企业与顾客的互动与双赢，以关系营销为核心，注重企业和客户关系的长期互动。企业不仅要积极地适应顾客的需求，而且要生动地创造需求，运用优化和系统的思想去整合营销，通过关联、关系、反应等形式与客户形成长期、稳定的合作关系，形成竞争优势。它既从厂商的利益出发又兼顾消费者的需求，是一个更为实际、有效的营销制胜术。

以上三个营销理论的特点及对比如表 4 - 1 所示。

表 4 - 1 4Ps、4Cs 和 4Rs 营销理论对比

项目 类别	4Ps 营销理论	4Cs 营销理论	4Rs 营销理论
营销理念	生产者导向	消费者导向	竞争者导向
营销模式	推动型	拉动型	基于供应链
满足需求	相同或相近需求	个性化需求	感觉需求
营销方式	规模营销	差异化营销	整合营销
顾客沟通	"一对多" 单向沟通	"一对一" 双向沟通	"一对多" 双向或多向沟通或合作
营销目标	满足现实的、相同或相近的顾客需求，获得企业目标利润最大化	满足现实和潜在的个性化需求，培养顾客忠诚度	适应需求变化，并创造需求，兼顾商家利益和顾客需求，追求双方互惠关系最大化

网络营销将经典营销思想从"4Ps"发展到"4Cs"，然后再向"4Rs"转化的过程进行了生动演绎。传统营销的理论基础是4Ps营销理论，而进入网络环境后，以客户为中心的营销趋势越来越明显，整个营销传播变得日益重要。营销发展，使企业更加关注客户需求，以客户需求为中心开展营销活动，打破了过去仅着眼于企业效益的营销局面。随着网络营销的发展，网络消费者总能很方便地找到他们所需要的商品进行选择，他们希望能购得更加质优价廉的商品，但企业的降价空间是有限的，企业需要遵循双赢的原则，既要赢得客户，又要保证企业效益和发展，于是4Rs营销逐渐被企业重视，以"4Rs"为主导的网络营销，将根据市场不断成熟和竞争日趋激烈的形势，着眼于企业与客户的互动与双赢，建立了以竞争为导向的、追求反应速度的营销新框架，体现和落实了关系营销的思想，使网络营销走向了一个新高度。不过，网络营销虽然强调4Rs但不能忽视4Ps和淡化4Cs，如果忽略对"P"的重视，网络营销的多数"C"和"R"也就无从谈起。

网络营销理论不可能脱离传统营销理论基础，传统营销理论对开展网络营销活动仍具有指导作用。

第二节　网络营销策略

网络市场营销策略是企业以客户需要为出发点，根据自身所在市场中所处地位不同而采取的一系列网络营销组合，通过为客户提供满意的产品和服务进而实现企业目标。本节主要介绍网络市场调查策略、网络产品策略、网络服务策略、网络价格策略和网络促销策略。

一、网络市场调查策略

网上市场调查是指通过互联网对网上市场的特征进行系统的、有目的的收集、记录、整理、分析与市场相关的数据信息，客观地测定、评价及发现市场情况，获取竞争对手的资料，摸清目标市场和营销环境，为经营者细分市场、识别消费者需求和确定营销目标提供比较准确的决策依据，以此提高企业网络营销效率。

1. 网络市场调查的内容

网络市场调查的内容涉及市场营销活动的整个过程，主要内容如下：

（1）市场环境的调查。主要包括经济环境、政治环境、社会文化环境、科学环境和自然地理环境等调查。具体调查内容可以是市场的购买力水平、经济结构、国家的政策和法律法规、风俗习惯、科学发展动态等各种影响市场营销的因素。

（2）市场需求调查。市场需求调查主要包括消费者数量调查、消费者收入调查、消费结构调查、消费者行为调查，具体包括消费者购买哪些商品、购买原因、购买数量、购买频率、购买时间、购买习惯、购买偏好和购买后的评价等内容。

（3）市场供给调查。主要包括产品生产能力调查、产品实体调查等。具体内容可以是某产品的生产、质量、功能、型号、品牌等情况，也可以是生产供应企业的情况。

（4）市场营销因素调查。主要包括产品、价格、渠道和促销情况的调查。具体地说，产品调查涉及新产品研发情况、消费者使用情况、消费者评价、产品生命周期阶段等。价格调查内容涉及消费者对价格的接受情况、对价格策略的反应等。渠道调查涉及了解渠道的结构、中间商的情况、消费者对中间商的满意度等。促销活动调查主要包括各种促销活动的宣传效果。

（5）市场竞争情况调查。主要包括对竞争企业的调查和分析，了解同类企业生产、价格等方面的情况，做到知己知彼，进而帮助企业确定其竞争策略。

2. 网络市场调查的方法

网络市场调查的方法可以分为网上直接调查法和网上间接调查法两种。

网上直接调查法是指在网上直接收集一手资料，主要包括在线问卷法、专题讨论法、观察法和实验法四种方法，目前在网上使用最多的是专题讨论法和在线问卷法。

（1）专题讨论法。开展专题讨论法首先要明确调查的目标市场，识别目标市场中要进行调查的讨论组，确定可以讨论或准备讨论的具体话题，然后可以通过新闻组、电子公告牌或邮件列表讨论组等进行。登录相应的讨论组，过滤发现有用的信息，或创建新的话题，让大家展开讨论，从中获得有用的信息。

（2）在线问卷法。在线问卷法是通过让网站浏览者参与回答企业在线调查问卷来获取所需信息的方法。通常做法可向相关的讨论组发送调查问卷，也可以在企业网站上放置调查问卷，或者向讨论组发送相关信息，并把链接指向放在自己网站上的调查问卷。在线问卷不能过于复杂、详细，同时最好采用一定的激励措施让更多的网络用户参与问卷调查。

网上间接调查法是指网上二手资料的收集，可充分利用电子报刊、政府网站信息、图书馆数据资源、网上调查报告等各类网络信息资源。网上查找资料主要有以下三种方法：

（1）利用搜索引擎查找网上资料。搜索引擎使用自动索引软件来发现、收集并标引网页，建立数据库，以 Web 形式提供给用户一个检索界面，供用户以关键词、词组或短语等检索项查询与提问匹配的记录。

（2）访问相关的网站收集所需资料。如果知道待查找的专题信息主要集中在哪些网站，则可以直接访问这些网站，获得所需资料。

（3）利用相关的网上数据库查找资料。网上数据库有付费和免费两种。国外市场调查用的数据库一般都是付费的。我国的数据库行业近年来发展较快，也出现了一些 Web 版的数据库，但多为文献信息型的数据库。

3. 网络市场调查的步骤

网络市场调查应该遵循一定的方法与步骤，以保证市场调查的质量。网络市场调查一般遵循以下五个步骤：

（1）明确调查目标。开展网络调查首先要明确调查目标，确定调查问题，有针对性地开展调查活动，避免因偏离主题而付出不必要的时间和费用。

（2）制订调查计划。根据调研目标制订有效的信息搜索计划。具体地说，要确定资料来源、调查方法、调查手段、抽样方案和联系方法等。

（3）收集信息。网络通信技术的突飞猛进使资料收集方法迅速发展。互联网没有时空和地域的限制，因此网上市场调研可以在全国甚至全球范围进行，同时收集信息的方法也更简单多样。

（4）分析信息。收集信息后需要分析信息，这一步非常关键。调查人员如何从数据中提炼出与调查目标相关的信息，直接影响到最终的调查结果。在此过程中可以使用一些数据分析技术和分析软件帮助分析收集到的信息，使企业在网上信息的动态变化中捕捉到商机。

（5）提交调查报告。市场调查报告的撰写是整个市场调查活动的最后一个阶段。调研人员应该把与市场营销决策有关的主要调查结果报告出来，并以正规的结构撰写调查报告，而不是将数据和资料进行简单堆砌。

二、网络营销产品策略

在基于互联网的网络营销中，企业的产品和服务要有针对性，其产品定位、产品开发和产品形态要体现互联网的特点。

在消费者定位上，网络营销产品和服务的目标应与互联网用户一致，网络营销所销售产品和服务的消费者首先是互联网的用户，产品和服务要尽量符合互联网用户的特点。

在网络营销产品开发中，应该充分利用网络的交互性，提高消费者的参与程度，由客户提出需求，企业辅助客户设计和开发产品，以便能更好地满足消费者个性化需求。例如，可以通过电子邮件及在线服务和消费者进行沟通，可以通过消费者与公司在互联网上的讨论区了解消费者需求及市场趋势；可以提供网上互动服务系统加强消费者的参与，还可以通过网络对消费者进行意见调查，进而了解消费者对产品的具体需求。

网络上销售的产品按照产品形态的不同，可以分为有形产品和无形产品两大类，这两类产品由于特性不同，其产品策略也各有特点。

1. 有形产品策略

有形产品是指有具体物理形状的物质产品，也称实物产品。从理论上来说，所有实体产品均可以在网络上经营，但现阶段受网络的限制及其他因素的影响，并不是所有的实体产品都适合在网上销售，在选择网络营销产品时应充分考虑营销产品的性能、产品的市场生命周期，以及产品营销的区域范围及物流配送体系。

目前企业通常选择下列产品开展网上销售：一是具有高技术性能以及与计算机相关的产品；二是市场需要覆盖较大地理范围的产品；三是不太容易开设实体店的特殊产品；四是网上营销费用远低于其他销售渠道费用的产品；五是消费者可从网上获取商品信息，并能即刻做出购买决策的产品；六是网络群体目标市场容量较大的产品；七是便于物流配送的产品；八是品牌影响大的产品。

在网络上销售实体产品的过程与传统的购物方式有所不同，网络上的交互式交流成为买卖双方交流的主要形式；商家可以采用建立虚拟展厅、虚拟组装室等方式，生动、形象地向消费者展示其网络营销产品。消费者通过商家的网页考察其产品，通过在线下订单表达对商品种类、数量、质量和价格的选择而商家从传统面对面的交货方式改为邮寄产品或送货上门，因此物流配送服务成为网上销售成功的重要保障。

2. 无形产品策略

无形产品也称虚体产品，是指那些没有物理形态的产品，以及必须通过一定的载体才能显现出来，其性质和性能必须通过其他方式才能表现出来的产品。无形产品是非常适合在网络上经营的产品，具有信息传递效率高、无须配送费或配送费用低廉、适合开展个性化服务等特点。在网络上销售的无形产品可以分为两大类：软件产品和服务类产品。

软件产品包括计算机系统软件和应用软件。网上软件销售商通常可以提供一段时间的产品免费在线试用，允许用户尝试使用并提出意见。好的软件产品能够迅速吸引消费者，使他们爱不释手并为此慷慨解囊。

服务类产品可分为普通服务和信息咨询服务两大类，普通服务包括远程医疗、法律救助、航空订票、入场券预订、饭店旅游服务预约、医院预约挂号、网络交友、电脑游戏等；信息咨询服务包括法律咨询、医药咨询、股市行情分析、金融咨询、资料库检索、电子新闻、电子报刊等。

对于普通服务来说，消费者通过互联网能够快速地查询到所需服务信息，并能在线订购所需要的服务，免除了排队等候的时间成本；对于信息咨询服务来说，互联网是一种最好的媒体选择，消费者通过互联网可以得到包括法律咨询、医药咨询、金融咨询、股市行情分析在内的咨询服务和包括资料库检索、电子新闻、电子报刊在内的信息服务。

三、网络营销服务策略

在网络营销中，服务是构成产品营销的一个重要组成部分。企业在网上提供的服务按其营销过程来划分，一般可分为售前、售中和售后服务三种。

（1）售前服务。主要是指企业在进行产品销售前通过网络向消费者提供产品介绍，以及用户咨询回答等方面的服务。

（2）售中服务。主要提供用户在购买过程中所遇到的问题的咨询回答等服务。

（3）售后服务。主要解答用户在购买产品后，在产品使用过程中所遇到的问题。

提供良好的服务是实现网络营销的一个重要环节，也是提高用户满意度和树立良好企业形象的一个重要方面，企业在开展网络营销过程中大致可以提供以下三个方面的服务内容：

（1）建立完善的数据库系统。以消费者为中心，充分考虑消费者所需要的服务并建立完善的服务数据库系统。

（2）提供网上的自动服务系统。依据客户的需要，自动、适时地通过网络提供服务。例如，消费者在购买产品的初期，可提醒消费者产品使用过程中应注意的问题。同时，也可根据消费者的不同特点，有针对性地为其提供服务。

（3）建立网络消费者论坛。通过论坛对消费者的意见、建议进行网络调查，掌握和了解消费者对于产品特性、质量、外观及包装等方面的想法，协助产品的研究开发和技术改造。在条件许可的情况下，也可以根据一部分消费者对产品的特殊需求，为客户提供个性化的产品和服务。

四、网络营销价格策略

营销价格是指在营销过程中买卖双方成交的价格。企业营销价格的形成是极其复杂的，它受到诸多因素的影响和制约。一般来说，影响企业产品网上定价的因素主要有成本、供求关系、竞争因素以及其他因素。网络营销价格策略是企业网络营销策略中最富有灵活性和艺术性的策略，是企业的重要竞争手段。在进行网络营销中，企业应特别重视价格策略的运用，以巩固企业在市场中的地位，增强企业的竞争能力。

1. 企业定价目标及定价程序

（1）企业定价目标。企业定价目标是指企业通过制定产品价格要求达到的目的。它是企业选择定价方法和制定价格的依据，企业定价目标不是单一的，而是一个多元的结合体。在网络营销中，企业定价目标主要有以下六种：一是以获得理想利润为目标；二是以获得适当的投资回报率为目标；三是以提高或维持市场占有率为目标；四是以稳定价格为目标；五是以应付或防止竞争为目标；六是以树立企业形象为目标。

（2）企业网上营销价格的确定程序。确定企业网上营销价格通常采用以下程序：①分析测定市场需求；②估计产品成本；③分析竞争对手营销价格与策略；④选择定价目标；⑤选择定价方法；⑥确定可能的价格；⑦征询消费者意见；⑧确定最终价格。

2. 网络营销定价策略

网上定价的策略很多，有心理定价策略、折扣定价策略、地理定价策略和信用定价策略等。本书重点介绍以下四种常用的网上定价策略：

（1）定制定价策略。定制定价策略是在企业能实行定制生产的基础上，利用网络技术和辅助设计软件，帮助客户选择配置或者自行设计能满足其需求的个性化产品，同时承担客户愿意支付的价格成本。此策略是为客户提供个性化商品和服务的一种有效策略。例如，Dell 公司的用户可以通过 Dell 公司网站了解产品的型号、配置和基本功能，客户可以根据自身的实际需要，在其愿意支付的价格内，配置出自己最满意的产品。

（2）折扣定价策略。折扣定价策略是网络营销低价定价策略中的一种常用价格策略，在实际应用中，网上折扣价格策略可采取如下形式：

1）数量折扣策略。为了鼓励客户多购买企业商品，企业在确定商品价格时，可以根据客户购买商品所达到的数量标准，给予不同的折扣。购买量越多，折扣也越多。

2）现金折扣策略。对于付款及时或提前付款的客户，给予相应的价格折扣，以鼓励客户按期或提前付款，加快企业资金周转，减少呆坏账的发生。

（3）使用定价策略。使用定价策略是指客户通过互联网注册后就可以直接使用某公司产品，客户只需要根据使用次数进行付费，而不需要将该产品完全购买。这一方面减少了企业为完全出售产品而进行的不必要的大量生产和包装浪费，同时还可以吸引更多的消费者使用产品，扩大市场份额。另一方面，客户每次只是根据使用次数进行付费，节省了购买产品、安装产品、处置产品的麻烦，还可以节省不必要的开销。

采用网络营销的使用定价策略，一般要考虑产品是否适合通过互联网传输，是否可以实现远程调用。因此，使用定价策略通常适用于不产生配送费用的无形产品的销售，目前比较适合的产品有软件、音乐、电影等产品。例如，我国用友软件公司推出的网络财务软件，用户在网上注册后即可在网上直接处理账务，而无须购买软件并担心软件的升级、维护等事情；对于音乐产品，可以通过网上下载或使用专用软件点播；对于电影产品，则可以通过视频点播系统来实现远程点播，无须再购买实体产品。

（4）拍卖竞价策略。网上拍卖是目前发展比较快的领域，经济学家认为市场要想形成最合理价格，拍卖竞价是最合理的方式。网上拍卖由消费者通过互联网轮流公开竞价，在规定时间内出价高者赢得。根据供需关系，网上拍卖竞价方式有以下三种：

1）竞价拍卖。常见的是 C2C 电子商务交易，包括二手货、收藏品，以及普通商品以拍卖的方式进行出售。

2）竞价拍买。是竞价拍卖的反向过程。消费者提出一个价格范围，求购某一商品，由商家出价，出价可以是公开的或隐蔽的，消费者将与出价最低或最接近的商家成交。

3）集体议价。是指消费者通过互联网联合起来和商家进行议价，以数量优势获取折扣价格的方式，这是一种由消费者集体议价的交易方式。

五、网络营销促销策略

网络促销是指利用现代化的网络技术向虚拟市场传递有关产品和服务的信息，以启发需求，引起消费者的购买欲望和购买行为的各种活动。下面将介绍四种主要的网络促销形式以及网络促销的实施策略。

1. 网络广告策略

网络广告是指利用网站上的广告横幅、文本链接、多媒体等方法，在互联网刊登或发布广告，通过网络传递到互联网用户的一种高科技广告运作方式。

网络广告种类多样，根据形式不同可以分为按钮型广告、旗帜广告、移动广告、主页型广告、电子邮件广告、电子杂志广告、新闻类广告、公告栏广告等。

所有网络广告都具有以下四个本质特征：

（1）网络广告需要依附于有价值的信息和服务载体。

（2）网络广告的核心思想在于引起用户关注和点击。

（3）网络广告具有强制性和用户主导性的双重属性。

（4）网络广告应体现出用户、广告客户和网络媒体三者之间的互动关系。

网络广告需要通过一定的网络发布途径向网络消费者传播其广告信息，以下是一些常见的网络广告投放途径：

（1）主页形式。建立企业主页，通过企业主页充分展示企业形象、宣传企业产品。实际上，在互联网上做广告，归根结底要设立企业自己的主页。

（2）网络内容服务商（ICP）。ICP 提供了大量用户感兴趣的、免费的信息服务，因此网站的访问量非常大，如搜狐、新浪网等，在此类网站上发布广告将有机会使为数众多的网站浏览者看到广告。

（3）专业类销售网站。在相应的专业网站上发布相关产品广告，能起到很好的宣传效果。例如，汽车销售商可在专业售车网站 Automobile Buyer's Network 上注册并投放汽车广告，方便访问此网站的汽车购买者查询到相关汽车产品的信息。

（4）网络黄页。网络黄页是传统黄页在互联网上的延伸和发展。随着电子商务日渐普及，人们上网查阅企业信息已经相当便利，这构成了网络黄页的强大市场基础，此类网站如同传统黄页一样，按类别划分以便用户进行网站的查询，在其页面上，往往会留出一定的位置给企业做广告。

（5）网上报纸或杂志。在互联网日益发展的今天，一些著名的报纸和杂志，如美国的《华尔街日报》《商业周刊》，国内的《人民日报》《文汇报》《中国日报》等，纷纷在网上建立自己的网页，提供在线网上报纸或杂志阅读服务，并可在此类网页上留出广告位置。

（6）虚拟社区和公告栏。虚拟社区和公告栏是网上比较流行的交流沟通渠道，任何用户只要遵守网络礼仪都可以成为其成员。任何成员都可以在其上发表自己的观点和看法。如果在此发表与公司产品相关的正面评论和建议，可以起到较好的口碑宣传作用。

随着互联网技术的创新与发展，网络广告也随之进步，不同的广告商业模式日趋成熟，网络广告自身的价值也在稳步提升。广告主对网络广告的效果开始从单纯地注重流量和点击量转变为越来越注重广告受众对产品广告浏览后的购买行为，效果类营销广告发展迅速，精准定向广告技术也日益成熟。

2. 网络营销站点推广策略

网络营销站点推广就是通过各种营销策略和手段扩大网站的知名度，吸引更多的消费者访问网站，起到宣传和推广企业以及企业产品的效果，是一种重要的网络促销方法，常用的网站推广方法可归纳如下：

（1）搜索引擎注册。根据调查显示，网民寻找新网站主要是通过搜索引擎来实现的，因此企业在各著名的搜索引擎进行注册是非常必要的，可以方便网民通过搜索引擎检索到企业网站。

（2）发布网络广告。利用网络广告推销企业网站是一种比较有效的方式。比较廉价的做法是加入广告交换组织，广告交换组织通过不同站点的加盟后，在不同站点交换显示广告，起到相互促进作用。此外还可以在适当的网站上购买广告栏发布网络广告，宣传企业网站。

（3）建立链接。互联网的一个特点就是通过链接将所有的网页链接在一起，与不同网站建立链接，可以提高网站的被访问概率。一般建立链接有下面三种方式：一是在行业站点上申请链接；二是寻找具有互补性的网站，并和它们进行交互链接；三是在商务链接网站申请链接。

（4）发送电子邮件。随着互联网的迅速普及，电子邮件已成为人与人沟通的主要手段，电子邮件的发送费用很低，许多企业都利用电子邮件来宣传其营销网站。利用电子邮件来宣传网站时，要尽量避免发送未经用户许可的、令人反感的电子邮件，因此在收集消费者电子邮件地址时要非常注意，一般可以利用网站的反馈功能记录愿意接收电子邮件用户的电子邮件地址。

（5）提供免费资源。通过在网站上提供免费资源吸引消费者访问网站，增加网站流量。此外，还可以在网上开展各类有奖活动，吸引消费者参与活动，进而增加网站访问量。

（6）发布网上新闻。及时掌握具有新闻性的事件并定期将新闻发送到行业网站及相关论坛中。此外，还可将网站在公告栏和新闻组上加以推广。

（7）利用传统促销媒体。利用传统的促销媒体吸引消费者访问网站也是一种常用方法。例如，一些著名的网络公司经常在电视、报刊等传统媒体中发布广告，也有些公司将其网址印在信纸、名片、宣传册、其他印刷品上，方便消费者访问公司网站。

3. 网上销售促进的方法

网上销售促进是指企业利用可以直接销售的网络营销站点，采用适当的销售促进方法来宣传和推广产品。销售促进是网络营销中常用的促销形式，针对消费者的网上促销方法很多，以下介绍五种常见的网上销售促销方法。

（1）网上折价式促销。网上折价式促销是目前网上最常用的一种促销方系。折价也称打折、折扣，折价虽然会影响企业的短期效益，但在培育市场阶段，折价是一个非常有效的方法。幅度比较大的折扣可以促使消费者进行网上购物的尝试并做出购买决定。

（2）网上抽奖式促销。此类促销法是网上应用较广泛的促销形式。它是以一人或数人获得超出参加活动成本的奖品为手段进行商品或服务的促销。网上抽奖活动主要附加于市场调查、商品销售、扩大用户群、企业庆典、推广某项活动等。消费者或访问者通过填写问卷、注册、购买商品或参加网上活动等方式获得抽奖机会。采用网上抽奖式促销时，促销奖品要有诱惑力，活动参加方式要简单、方便，促销活动内容要有趣味性，抽奖结果应具有公正性和公平性，并能及时向参加者通告活动进度和结果。

（3）网上赠品式促销。这是指企业一定时期内为了宣传企业、扩大产品销量，向购买本企业产品的网络消费者实施馈赠的促销行为，常见的有直接赠送、附加赠送等形式。一般情况下，在网店新开业、新商品推出试用、对抗竞争品牌、开辟新市场等情况下，利用赠品促销可以达到比较好的促销效果。

（4）积分式促销。积分式促销是购物网站常用的一种促销方式。网上积分活动很容易通过编程和数据库来实现，并且结果可信度很高，操作起来也较为简便。积分促销一般设置价值较高的奖品，消费者通过多次购买或多次参加某项活动来增加积分并获得奖品。此类促销方法可以提高消费者访问网站和参加某项活动的积极性，进而增加消费者对该企业网站的忠诚度，以及提高商务活动的知名度。

（5）网上联合式促销。由不同商家联合进行的促销活动称为联合促销。联合促销的商品或服务可以起到优势互补、互相提升自身价值等效应，如果应用得当可以起到很好的促销效果。网上联合式促销的形式既可以是网络公司与传统商务公司联合，提供在网络上无法实现的服务，也可以在网上商城之间开展网上联合促销，增大营销活动影响力，收到更好的营销效果。

除此之外，还有其他一些促销方法，如节假日促销、事件促销、拍卖促销等方法。

4. 网络促销实施策略

网络促销手段和形式多种多样，按照以下策略实施网络促销是达到预期促销效果的重要保证：

（1）确定网络促销对象。确定网络促销对象是针对可能在网络虚拟市场上产生购买行为的消费群体提出来的。随着网络的迅速普及，网络消费群体也在不断膨胀。这一群体主要包括三部分人员：产品的使用者、产品购买的决策者和产品购买的影响者。

（2）设计网络促销组合。不同的网络促销形式各有其不同的特点，单一的网络促销形式往往难以收到理想的促销效果，因此应设计恰当的网络促销组合。例如，网络广告促销主要实施"推战略"，其主要功能是将企业产品推向市场、获得广大消费者的认可；而网络站点促销主要实施"拉战略"，其主要功能是将顾客牢牢地吸引过来、保持稳定的市场份额。两者的组合往往能收到更好的促销效果。

（3）制订网络促销预算方案。在网络促销实施过程中，使企业感到最困难的就是预算方案的制订。在互联网上进行促销对企业来说是一个新课题，需要在实践中不断学习、体会，不断总结工作经验。

（4）衡量网络促销效果。网络促销的实施过程到了一定阶段，必须对已经执行的促销内容进行评价，衡量促销的实际效果是否达到了预期的促销目标。

第三节　网络营销的常用方法

网络营销方法是对网络营销资源和网络营销工具的合理利用，是网络营销各项职能得以实现的基本手段、在网络营销内容体系中处于重要位置。下面介绍一些常用的网络营销方法。

一、电子邮件营销

电子邮件营销（E-mail Marketing）又称 E-mail 营销，是指在用户事先许可的前提下，通过电子邮件的方式向目标用户传递有价值信息的一种网络营销手段。

电子邮件营销有三个基本因素：基于用户许可、通过电子邮件传递信息、信息对用户是有价值的。以上三个因素缺少一个，都不能称其为有效的电子邮件营销。因此，真正意义上的电子邮件营销也就是许可电子邮件营销。许可电子邮件营销是基于事先通过用户许可的一种软营销方式，通过为顾客提供某些有价值的信息，吸引顾客的参与，从而收集顾客的电子邮件地址，在发送定制信息的同时对自己的网站、产品、服务进行宣传，常见的形式有新闻邮件、会员通信、电子刊物、电子邮件广告等。许可 E-mail 营销比传统的推广方式或未经许可的 E-mail 营销具有明显的优势，比如可以减少广告对用户的滋扰、增加潜在客户定位的准确度、增强与客户的关系、提高品牌忠诚度。

开展电子邮件营销有以下三大基础：

（1）电子邮件营销的技术基础。从技术上保证用户加入、退出邮件列表，并实现对用户资料的管理，以及邮件发送和效果跟踪等功能。

（2）用户的 E-mail 地址资源。在用户自愿加入邮件列表的前提下，获得足够多的用户 E-mail 地址资源，是 E-mail 营销发挥作用的必要条件。

（3）电子邮件营销的内容。营销信息是通过电子邮件向用户发送的，邮件的内容对用户有价值才能引起用户的关注，有效的内容设计是电子邮件营销发挥作用的基本前提。

实施电子邮件营销必须要避免成为垃圾邮件营销，邮件发送方在发送电子邮件之前必须经过接收方的同意；营销方必须保障其邮件列表中 E-mail 联系人信息的保密性，不能以任何方式共享或出售给第三方；发送方应尊重接收方的意愿，周期性地传递有价值的信息和资源，不重复发送，不发送与主题无关的信息、内容、广告等。

电子邮件营销是目前常用的一种网络营销形式，它具有成本低廉、便于为用户提供个性化服务、便于监测行销效果、可控性强、受众面广、方便快捷、保密性好、性价比高等优点，被企业广泛应用。例如，某个摄影器材网络零售商，可以在客户购买了某台数码相机之后，紧接着发送给该客户一封介绍该相机配套周边产品的电子邮件，起到销售推广的作用。

二、搜索引擎营销

搜索引擎营销（Search Engine Marketing，SEM）是基于搜索引擎平台的一种网络营销手段，通过搜索引擎返回的结果，来获得更好的销售或者推广渠道，其目的在于推广网站、增加知名度。

搜索引擎营销实现的基本过程是企业将信息发布在网站上成为以网页形式存在的信息源、搜索引擎将网页信息收录到索引数据库，用户利用关键词进行检索，检索结果中罗列相关的索引信息及其链接 URL，用户根据对检索结果的判断选择有兴趣的信息并单击 URL 进入信息源所在网页。这样便完成了企业从发布信息到用户获取信息的整个过程。

搜索营销方法包括竞价排名、搜索引擎优化、关键词广告、分类目录登录、搜索引擎登录、付费搜索引擎广告、地址栏搜索、网站链接策略等。以下是三种常见方法：

（1）竞价排名。竞价排名是目前中小企业常用的一种搜索引擎营销方式。例如，企业可以通过在百度推广中竞价某个关键词的排名，从而使网站排名位于前列。竞价越高则排名越靠前。竞价排名见效快，不过对于一些热门关键词，如果希望排名靠前则所需的竞价费用也相对较高。

（2）搜索引擎优化（Search Engine Optimization，SEO）。SEO 是根据搜索引擎抓取索引页面，依据关键词排序的规律，通过一些技术手段，将网站的目标关键词和相关关键词在搜索引擎的结果页面排名靠前。这种方法成本相对较低，不过见效时间较长。

（3）关键词广告。关键词广告是根据用户购买的关键词进行投放的，在搜索结果页面显示广告内容，实现高级定位投放，用户可以根据需要更换关键词，相当于在不同网页轮换投放广告。

搜索引擎营销具有以下特点：

（1）产品种类多样。以百度搜索引擎为例，其搜索引擎营销已不限于在搜索结果页展示竞价排名广告，在百度贴吧、百度知道、百度图片、百度视频等几十种百度产品均有各种各样的搜索引擎营销产品供广告主选择。由于每个广告主所具有的特点不同，他们的搜索引擎营销方案也应该是不同的。

（2）专业化程度高。由于搜索引擎产品的多样性，策划、设计搜索引擎营销方案需要由搜索引擎营销专业人员进行，以帮助广告主获取更高的投资回报率。

（3）广告投放额差别大。根据广告主希望达到不同程度的营销效果，搜索引擎营销方案的计划需要费用从几千元到上亿元不等，如何设置广告投放预算需要由专业人员来完成。

搜索引擎营销是网络营销的重要手段，对于网站推广、网络品牌、产品推广、在线销售等具有明显的效果。它通过较高的搜索引擎排名来增加网站的点击率即浏览量，从而获得产品或服务销售量的提升。

三、病毒性营销

病毒性营销（Viral Marketing）也称为病毒式营销，它是利用传播源与传播载体节点在潜在需求上的相似性，将传播源像病毒一样以倍增的速度进行扩散并产生的群体分享传播过程。通俗地说，病毒性营销是指发起人发出产品的最初信息到用户，再依靠用户自发的口碑宣传，由于其原理跟病毒的传播类似，经济学上称为病毒性营销，是网络营销中的一种常见而又非常有效的方法。

病毒性营销既可以被看作一种网络营销方法，也可以被认为是一种网络营销思想，它通过提供有价值的信息和服务，利用用户之间的主动传播来实现网络营销信息传递的目的。病毒性营销描述的是一种信息传递战略，包括任何刺激个体将营销信息向他人传递、为信息的爆炸和影响呈指数增长创造潜力的方式。

一个成功的病毒性营销战略通常包括以下基本要素：提供有价值的产品或服务；提供无须努力的向他人传递信息的方式；信息传递范围很容易从小向大规模扩散；利用公众的积极性和行为；利用现有的通信网络；利用他人的资源。病毒性营销战略不一定要包含所有要素，但是包含的要素越多，营销效果通常会越好。

病毒性营销并非真的以传播病毒的方式开展营销，而是通过用户的口碑宣传网络，使信息像病毒一样传播和扩散，利用快速复制的方式传向数以千计、数以百万计的受众。人们经常看到的免费邮箱、免费空间、免费域名、网上即时交流软件等，都采取了病毒性营销方式。

四、网络口碑营销

口碑营销是指企业努力使消费者通过亲朋好友之间的交流将自己的产品信息及品牌传播开来，以口碑传播为途径的营销方式。从企业营销的实践层面分析，口碑营销是企业运用各种有效的手段，引发企业的顾客对其产品、服务以及企业整体形象的谈论和交流，并激励顾客向其周边人群进行介绍和推荐的市场营销方式和过程，具有成功率高、可信度强的特点。

网络口碑营销（Internet Word of Mouth Marketing，IWOM）是口碑营销与网络营销的有机结合，旨在应用互联网的信息传播技术与平台，通过消费者以文字等表达方式为载体的口碑信息，其中包括企业与消费者之间的互动信息，为企业营销开辟新的通道，获取新的效益。概括地说，网络口碑营销是指消费者或网民通过诸如论坛、博客、播客、相册和视频分享网站等网络渠道，分享对品牌、产品或服务的相关讨论以及相关的多媒体信息内容。

1898 年美国广告学家 E. S. 刘易斯提出了 AIDMA 模式，即 Attention（关注）—Interest（兴趣）—Desire（渴望）—Memory（记忆）—Action（购买行动）。但在网络时代，该理论渐渐失去效用。2005 年日本电通集团推出的 AISAS 模式更加适应网络时代的消费者行为历程，基于网络时代市场特征而重构的 AISAS 口碑传播模式，即 Attention（关注）—Interest（兴趣）—Search（搜索）—Action（购买行动）—Share（分享），如图 4 - 1 所示，将消费者在注意商品并产生兴趣之后的网上信息收集（Search），以及产生购买行动之后的通过互联网进行信息分享（Share），作为两个重要环节来考虑，改变了原来企业向用户进行单向理念灌输的模式，充分体现了互联网对人们生活方式和消费模式的改变。

图 4-1   AISAS 口碑传播模式

网络口碑营销具有以下特点：

（1）传播者的匿名性。口碑信息发布者的真实身份很难确定，接受者所看到的一般都是虚拟身份。网络口碑的传播者可以更自由地发表言论，无所顾忌地表达自己对产品的使用感受。

（2）传播方式的自由性。网络口碑的传播可以借助电子邮件、博客、网络评论、讨论区留言板、微信、QQ 等同步或异步的网络交流工具，不需要通过传统人际沟通的面对面形式就可以实现信息的有效沟通。

（3）网络口碑的传播速度快，传播范围广。网络口碑具有很强的易复制性和再生性，很容易被"再次传播"或"二次传播"。传播者可以在任何时间和地点传播口碑信息，接受者也可以不受时空限制随意浏览、接收网络口碑信息。

（4）口碑信息表现形式多样化。网络口碑信息可以表现为文字、图片、多媒体等多种形式，这使网络口碑更生动形象，并且易于保存，强化了网络口碑的影响力。

在网络博客火爆以后，一些广告主将产品提供给博客用户免费试用，并让他们把对产品使用的体验、感受写成博客文章，发表出来与大家分享，这是网络口碑营销的早期形式，随后国内互联网上出现了以下四种不同的网络口碑营销平台：

（1）电子商务网站自我服务式的口碑营销板块，主要发布消费者所完成的网上交易的评价类口碑信息，为新买家提供购物参考和指导，如淘宝网的购物指南。

（2）专门提供日常生活类口碑信息与相应服务的网站，其信息内容可包括本地生活搜索、分类信息等，如大众点评、口碑网。

（3）通过社区网站或网站的社区，聚合网友提供一种或几种商品的口碑信息以服务于其他用户，如蚂蚁社区网。

（4）专业提供口碑信息搜索的网站。如小红书，除了自身分类聚合消费者的口碑信息外，还提供了商评搜索功能，以方便用户快速准确地获取网上各类口碑信息。

此外，奇虎网推出的社区口碑营销平台，还可以使社区网站对目标消费人群实施跟踪和定向交流，帮助企业客户实施销售行为。

网络口碑营销的兴起也充分体现了消费者是网络营销的主体，消费者的地位已逐渐由被动转为主动，拥有更多的发言权。

五、微营销

1. 微博营销

微博，即微博客的简称，是一个基于用户关系的信息分享、传播以及获取的平台，用户可用 Web、WAP 以及各种客户端组建个人社区，以大约 140 个文字更新信息，并实现及时分享。尽管微博是从博客的基础上发展起来的，但是微博绝不是博客的缩小版。二者的本质区别是微博更多地需要依赖社会网络资源的广泛传播，更注重实效性与趣味性。由于微博的传播力度很强，因此成为很多企业进行网络营销的重要手段之一。

微博主要满足用户对兴趣信息的需求，是用户获取和分享"新闻热点""兴趣内容""专业知识""舆论导向"的重要平台。同时，微博在帮助用户基于共同兴趣拓展社交关系方面也起到了积极的作用。

（1）微博平台。

1）新浪。新浪微博（2014 年改名"微博"）是一个由新浪网推出，提供微型博客服务类的社交网站。新浪微博是一个类似于 Twitter 和 Facebook 的混合体，用户可以通过网页、WAP 页面、外部程序和手机短信、彩信等发布 140 个汉字（280 个字符）以内的信息，并可上传图片和链接视频，实现即时分享，还可以关注朋友，即时看到朋友们发布的信息。新浪微博可以直接在一条微博下面附加评论，也可以直接在一条微博里面发送图片。目前，新浪微博是我国最大的微博平台。

2）腾讯。腾讯微博有私信功能，支持网页、客户端、手机平台，支持对话和转播，并具备图片上传和视频分享等功能。腾讯微博鼓励用户自建话题，在用户搜索上可直接对账号进行查询。2010 年 5 月，腾讯微博正式上线，至 2014 年，腾讯微博熬过了各大门户的微博之战，苦苦支撑渐成"鸡肋"。至 2014 年 7 月 23 日腾讯网络媒体事业群进行战略调整，将腾讯网与腾讯微博团队进行整合，正式宣告腾讯微博业务在腾讯内部地位已经没落。

3）网易。网易微博于 2010 年 1 月 20 日开始内测，截至 2012 年 10 月，网易微博的用户数达到 2.6 亿人，但此后，网易就很少对外披露微博的公开数据。截至目前，网易微博主要的活跃用户为公众账号，而网易娱乐等账号发布的微博，其转发、评论和点赞等功能点击量几乎为零。据经济之声《天下财经》报道，继腾讯撤销微博事业部之后，网易微博宣布将正式关闭，2014 年 11 月 5 日网易微博页面提醒用户将迁移到轻博客 LOFTER 以保存原内容，意味着网易微博将不复存在。

4）搜狐。搜狐微博是搜狐网旗下的一个功能，如果用户已有搜狐通行证，则可以登录搜狐微博直接输入账号登录。继网易退出，腾讯放手后，四大门户微博战场就剩下搜狐微博还在与新浪微博"竞争"。搜狐 CEO 张朝阳亲自承认搜狐微博的失利并提出创新战略，然而目前并没有实际行动来拯救搜狐微博。

（2）微博营销的优势。

1）操作简单，传播快捷。微博营销的接入方式多样化，而且门槛较低，企业或商家利用微博发布信息不需要经过繁杂的行政审批，可以节约大量时间。关注度较高的微博能够在发出后在短时间内通过粉丝互动转发从而到达世界各个角落。较其他营销工具来说其传播速度更快，关注人数更多，时效性更强。

2）沟通及时，交互性强。微博营销需要大量的粉丝以及关注，才能够形成有效的互动。微博本身具有及时性的特征，使用户能够马上了解到这一刻所发生的大事件。而微博交互性强的优势，能够培养企业与用户之间的情感联系，加强关系的强度和黏度。

3）受众广泛。微博的传播方式是"One To N To N"，通过粉丝关注的形式进行病毒式的传播，影响面非常广。同时，名人效应能够使事件的传播呈几何级数放大。

（3）微博营销的劣势。

1）传播能力有限。一条微博能够发送的文字信息限制在 140 个汉字以内，信息量较少，不能够像博客一样发送整篇文章。用户需要单击链接或者搜索信息，而不能在一条微博中了解全部信息。

2）需要关注度。微博的更新速度快，更新人数多，所以如果发布的某条信息没有被粉丝及时关注，就有可能被淹没在海量的信息之中，成为碎片化无人知晓的信息垃圾。

3）需要大量粉丝或关注。微博营销能够进行的基础就是有大量的粉丝来关注账号，从而发布的信息才能够被更大范围的用户所知晓。所以，没有任何知名度或者人气的博主很难实施有效的微博营销。

4）易传播负面消息。网民对负面信息的偏听偏信以及对正面信息的质疑，会导致微博上的负面信息产生病毒式的扩散。另外，主流媒体未能满足公众的知情权，导致负面信息传播转投微博，而且微博自媒体传播的属性也有利于负面信息的传播。

2. 微信营销

微信是腾讯公司于 2011 年年初推出的一款快速发送文字和照片、支持多人语音对讲的手机聊天软件，用户可以通过手机或平板电脑快速发送语音、视频、图片和文字。微信提供公众平台、朋友圈消息推送等功能，用户可以通过"摇一摇""搜索号码""附近的人"以及扫二维码等方式添加好友和关注公众平台，同时通过微信可以将内容分享给好友或将你所看到的精彩内容分享到微信朋友圈。微信营销是伴随微信而发展起来的，商家可通过朋友圈、微信公众账号等快捷、及时地向用户推送消息，能够实现一对一的营销，是目前非常受企业重视的一种网络营销方法。根据中国互联网络信息中心（CNNIC）于 2016 年 1 月发布的《中国互联网络发展状况统计报告》，随着用户行为全面向移动端转移，移动营销将成为企业推广产品的重要渠道。移动营销企业中，微信营销推广使用率达 75.3%，是最受企业欢迎的移动营销推广方式，如图 4 - 2 所示。

（1）微信营销的优势。

1）到达率高。用户可主动订阅微信公众账号，主动获取信息，而且用户还可以随时取消关注微信公众账号，因而不会存在用户抵触垃圾信息的情况。与短信群发和电子邮件群发被大量过滤不同，微信公众账号群发的每一条信息都能完整、无误地到达对方手机，到达率高达 100%。

2）精准性高。那些拥有粉丝、数量庞大且用户群体高度集中的垂直行业微信账号，才是真正炙手可热的营销资源和推广渠道。如酒类行业知名媒体佳酿网旗下的酒水招商公众账号，拥有近万名由酒厂、酒类营销机构和酒类经销商构成的粉丝，这些精准用户此相当于一个盛大的在线酒会，每一个粉丝都是潜在客户。

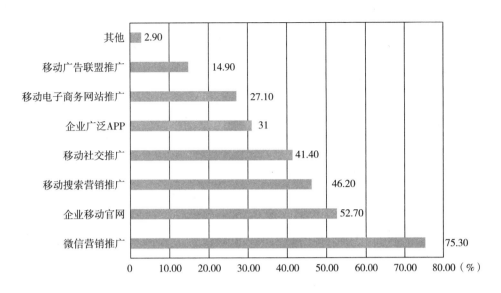

图 4-2 企业各移动互联网营销渠道使用比例

3）便捷性高。移动终端的便捷性再次增加了微信营销的高效性，相对于个人电脑而言，智能手机不仅能够拥有个人电脑的所有功能，而且携带方便，用户可以随时随地收取信息，而这会给商家的营销带来极大的方便。

4）营销成本低，方式多元化。电视广告、报纸等传统的营销方式，通常会耗费大量的人、财、物，但微信营销基于微信平台，企业或个人可以通过建立微信公众账号的形式来实施微信营销，不需要花费大量的广告宣传费用。

5）互动性高。微信公众平台可以对客户进行分类，然后向某一特定人群发送消息，并且这种消息的推送是一对一的方式，用户黏性非常好。另外，用户可以通过微信直接与商家进行沟通，无须其他的通信工具，从而使微信营销具有良好的互动性。

（2）微信营销模式。

1）订阅、推送模式。用户主动订阅某个微信公众号，是因为用户对这个微信公众号感兴趣，希望进一步了解相关内容，从这个角度来说，订阅微信公众号的用户都是忠诚用户。通过公众号可以向用户推送文字、图片、链接、图文结合等形式的推送活动、广告、企业信息 APP 等，无论是哪种形式的推广，到达率都是 100%，这样可以高质、高效且有针对性地进行营销活动。

2）二维码模式。二维码是用某种特定的几何图形按一定规律在平面分布的黑白相间的图形记录数据符号信息的，通过二维码可指向图片、文字、视频等各种各样的信息。用户通过扫描二维码可以浏览商家官方网站，浏览所有产品及信息，实现活动主题页面快速跳转，让用户快速了解广告的完整信息，使用户省去输入查找的烦琐过程，快速关注，累积粉丝，时时浏览商家微博新产品动态。另外，可以通过扫描二维码来进行支付，让手机购物更为便捷。二维码应用有以下三大优势：①整合营销。二维码结合传统媒体可以无限延伸广告内容及时效，消费者可便捷入网，用手机实时查看信息。②互动。企业可发布调查、投票、会员注册信息。个人可参与调查、信息评论、活动报名、手机投票等。③立体传播。二维码是移动互联网最便捷的入口。消费者可时刻进行线上和线下的信息传播，是社会化媒体传播的便捷工具。

3）客户关系管理。与微博不同，微信的互动性非常强，可以看作一种非常强大的客户关系管理工具。传统的客户关系管理工具以电子邮件、手机短信和电话为主，而现在微信可以实现以上三种工具的所有功能。企业可以通过微信发送纯文字信息给用户，也可以是图片图文结合，甚至是语音或视频信息。另外，微信公众平台还具有对用户分组的功能，也就是说，企业可以将不同目标客户进行分类管理，根据不同的客户需推送相应的信息。

🔬 思考题

1. 什么是网络营销？如何理解网络营销的内涵？
2. 简述网络营销的特点。
3. 简述 4Ps、4Cs、4Rs 理论的主要内容。
4. 简述网络市场调查的主要步骤。
5. 简述网络营销的网站推广策略。
6. 请尝试写一份企业网络营销策划方案书。

第五章
物流与供应链管理

 【学习要点及目标】

1. 理解物流和电子商务的关系。
2. 掌握电子商务下的物流模式。
3. 理解配送中心的概念、功能及其作业流程。
4. 掌握常用的物流信息技术。
5. 理解供应链管理的概念。

引导案例 　　　　　卓越亚马逊的物流管理

亚马逊是一个从网上书店成长起来的非常成功的电子商务公司，它在物流方面取得成功，并有效地利用物流作为其促销手段。中国较早的网上零售商卓越网 2004 年被亚马逊全资收购，卓越亚马逊吸收亚马逊物流管理的成功经验，结合自身实际形成了自己成功的物流管理系统，在中国电子商务特别是网上书店领域名列前茅。

卓越亚马逊物流管理模式的最大的特色就是从客户体验出发，是一套基于消费者需求又富有竞争力的物流体系。

1. 预测式响应菜单

良性供应链管理的精髓是通过预测消费者的需求，主动生成订单。经过多年的累积，亚马逊已经形成了强大的数据库，系统根据这个数据库可以预测某个产品的某一型号在某一个地区一天能有多少订单。也就是说，在消费者还没有下订单的时候，商品就已经备在库房里了。卓越亚马逊还根据消费者以往的消费记录，定期给消费者发送电子邮件，推荐类似的商品和最新的商品。即使只在卓越亚马逊购买过一次商品的用户，他也会持续地收到公司发送的电子邮件。这种服务方式为消费者提供了极大的便利，同时也在一定程度上起到了促销的作用。

2. 高效的仓库管理

卓越亚马逊对企业内部流程进行了改革，产品摆放的标准由之前的档案化管理改为随机摆放，这完全是按照美国亚马逊的模式和流程设置的。所有的货物都是按照节省空间的原则随机摆放，但这种摆放方式，既能提高分拣工人的效率，也能提高订单配置工人的效率。在需要把图书和物品挑拣出来时，员工只需用手持扫描枪扫描订单，手持设备会自动计算出最短的路径，告诉员工这些货从几号货架几号柜子取，仓库管理效率的提高意味着满足消费者需求的速度会更快。

3. 自建物流中心和配送队伍

自建物流中心也是卓越亚马逊一个基于消费者需求和体验出发的"非常规"举措，卓越亚马逊认为，这种直接物流分配模式对于网站来说，虽然可能意味着增加成本，但对于全程掌控消费者的体验来说却至关重要。卓越亚马逊在继北京之后又分别在上海（后迁至苏州）、广州建立了仓库，这样的布局不仅满足了当地消费者的需求，更重要的是有利于卓越亚马逊对全国市场的覆盖、布局与协调。

4. 多样的送货方式和支付方式

卓越亚马逊提供了丰富多样的送货方式，包括普通快递送货上门、加急快递送货上门、平邮、中国邮政速递物流（EMS）、敦豪航空货运公司（DHL）、美国快递公司（UPS）。多样的送货方式为消费者提供了最佳的送货服务。卓越亚马逊还提供多种支付方式，包括货到付款、国内银行卡或信用卡在线支付、国际信用卡在线支付、支付宝及首信会员账户在线支付、邮局汇款、银行电汇、支票支付、卓越亚马逊礼品卡在线支付、电子账户在线支付。

5. 以消费者满意度为考评指标

到达率、准时率、投诉率、损坏率等，都是卓越考评合作伙伴的重要指标。卓越亚马逊在对第三方物流公司的管理方面，包括对物流供应商的选择、财务管理、质量管理等，均以消费者满意度为考评指标。这样做的意义在于，一方面，企业实现了对消费者体验和需求的即时掌控和跟踪服务；另一方面，也有利于在最大限度地满足消费者体验的同时有效地控制成本，提高运营管理效率。

（资料来源：http://wenku.baidu.com/view/89872aea19e8b8f67c1cb906.html，经删减整理）

近几年，电子商务以惊人的速度发展。在这一发展过程中，物流的发展极大地影响着电子商务的发展，成为电子商务活动能否顺利进行的一个关键因素。如果没有一个有效的、合理的、畅通的物流系统，电子商务所具有的优势就难以发挥，没有一个与电子商务相适应的物流体系，电子商务也难以得到有效的发展。

第一节 物流管理概述

一、物流的概念

人类社会从有经济活动开始就有了物流，只是当时人们没有这样的认识和文字定义。自 18 世纪末发明和使用汽车，使运输业更加发达，推动和促进了物流业的发展，产生了除生产和销售的第三方专业运输者。

现代工业中从工业生产上进行技术创新、提高效益、降低成本的难度很大，人们发现从生产中压缩成本远不如从物流中降低成本，因而引发了各发达国家竞相开展物流研究，推动了物流的发展。20 世纪 80 年代是物流发展的高峰时期，随着信息、通信网络技术在物流中的应用，现代物流逐步展现在人们眼前。近年来，电子商务的发展带动了现代物流的迅速发展，引起了人们的高度重视。

1. 物流概念的由来

物流的概念最早起源于美国，1915 年美国市场学者阿奇·萧在由哈佛大学出版社出版的《市场流通中的若干问题》一书中提出物流（Physical Distribution）的概念，从经济角度对物流进行了研究，对商品在流通过程中采用不同的流通形式所带来的影响做了比较细致的分析，并提到"物资经过时间的转移，会产生附加价值"。

在第二次世界大战期间，围绕战争供应，美国军队研究并应用后勤管理理论，英文名称为"Logistic"，实现对军火等战争物资的运输、补给、存储等的全面管理，取得了很好的效果。第二次世界大战后，后勤管理逐渐形成了单独的管理科学，西方发达国家将其研究成果应用于工业中，并用英文的"Logistic"（后勤保障）作为工业生产和销售的"物流"管理，"Logistic"就成了物流的代名词，并延续和流传于世界各地。

相对于 Physical Distribution，Logistic 突破了商品流通的范围，把物流活动扩大到生产领域。物流已不仅从产品出厂开始，而且包括从原材料采购、加工生产到产品销售、售后服务，直到废旧物品回收等整个物理性的流通过程。当前物流业正在向全球化、信息化、一体化方向发展，"Logistics"一词的出现是世界经济和科学技术发展的必然结果。

2. 物流的定义

关于物流的概念，不同的国家、不同的机构、不同的时期有所不同。国际上普遍采用的是美国物流管理协会的定义：物流管理是以满足客户需求为目的，对产品、服务和相关信息从生成点到消费点的有效率和有效果的正向和逆向流动和储存进行的计划、执行和控制过程。

我国 2001 年颁布的《中华人民共和国国家标准物流术语》中对物流的定义是：物品及供应地向接收地的实体流动过程。根据实际需要，将运输、储存、装卸、搬运、包装、流通加工、配送、信息处理等基本功能实现有机结合。

通俗地讲，物流可以用"7R"概括，所谓"7R"，是指 7 个恰当（Right），即物流是在恰当的时间、恰当的地点和恰当的条件下，将恰当的产品以恰当的成本和恰当的方式提供给恰当的消费者。

虽然国内外对物流的定义很多，但可以肯定的是物流的概念包含以下要点：

（1）物流研究的对象是贯穿生产领域和流通领域的一切物资流和信息流，研究目的是对其进行科学规划、管理与控制。

（2）物流的作用是将物资由供给主体向需求主体转移（包括物资的废弃与还原），创造时间价值和空间价值。

（3）物流活动包括运输、保管、装卸搬运、包装、流通加工、配送及相关的信息活动。

3. 物流的类型

根据划分的标准不同，对物流可以进行如下划分：

（1）按物流的研究层次可以划分为宏观物流和微观物流。宏观物流是指从国民经济的总体发展和长远战略的角度出发，全面、系统地认识、研究、规划和管理物流。微观物流是相对于宏观物流而言的，是指局部性、单一性或一个地域空间、一种活动环节的物流。

（2）按物流的社会性质可以划分为社会物流和企业物流。社会物流是指以社会为范畴，面向社会的物流，这种社会性很强的物流往往由专门的物流承担人承担。企业物流是指从企业角度研究与之相关的物流活动，企业物流是具体的、微观的物流活动的典型领域。

（3）按物流活动空间范围可以划分为国际物流、区域物流、城市物流和农村物流。国际物流是组织货物在国际间的流动，是发生在不同国家之间的物流。区域物流是相对于国际物流而言的，是指一个国家范围内的物流，一个经济区域内的物流。城市物流是指在同一个城市内部或者城市与城市之间的物流。农村物流是指农村内部、农村与城市之间的物流。

（4）按物流的服务功能可以划分为综合性物流和专业性物流。综合性物流是指提供综合性的服务功能，即同时提供仓储、运输、配送等功能的物流。专业性物流是指提供某种专业性的物流服务功能的物流。

二、电子商务与物流的关系

电子商务主要是在互联网上进行贸易活动的一个总称，它依靠互联网信息的平台，将企业需求和供应信息展现给网上用户，用户可以通过互联网进行贸易交流。在电子商务环境下，商流、资金流与信息流的处理都可以通过计算机和网络通信设备实现，但是对于大多数商品和服务来说，线下交易仍需要物流支撑。随着电子商务的推广与应用，物流能力的滞后对其发展的制约越来越明显，物流对电子商务活动的影响被越来越多的人所关注。物流对电子商务的影响体现在以下四个方面：

1. 物流是电子商务的重要组成部分

一个完整的电子商务活动由网上信息交互、网上交易、在线结算和物流配送四个环节组成。电子商务的核心内容是商品的交易，而商品交易会涉及四个方面：有关信息的获取与交互、商品所有权的转移、货币的支付和商品本身的转交，即信息流、商流、资金流和物流。在电子商务环境下，这四个部分都与传统情况有所不同。商流、资金流和信息流这三种"流"的处理都可以通过计算机和网络通信设备实现。物流则是四"流"中最为特殊的一种，对于少数商品和服务来说，可以直接通过网络传输的方式进行配送，如各种电子出版物、信息咨询服务等。但对于实体商品等其他大多数商品，仍需要借助一系列机械化、自动化工具传输，只有通过物流，商品和服务才能真正到达顾客手中，完成电子商务活动。

在电子商务活动中，没有现代化的物流，电子商务活动将无法实现。缺少了现代化的物流过程，电子商务过程就不完整。因此可以说，物流是电子商务的一个重要组成部分。随着电子商务的推广与应用，物流对电子商务活动的影响日益明显。

2. 物流是实现电子商务的保证

目前的电子商务采用网上订货，用传统物流系统送货。许多网上商店由于解决不了物流问题，小批量的异地送货成本过高，所以通常会限制送货范围，或者要求消费者额外支付邮寄费用，迫使消费者放弃电子商务，选择传统购物方式，从而失去了电子商务的跨地域优势。物流成了实现电子商务的重要保证和关键所在。

物流保障了生产的顺利进行。无论在传统的贸易方式下，还是在电子商务下，生产都是商品流通之本，而生产的顺利进行需要各类物流活动的支持。生产的全过程从原料的采购开始，便要求有相应的供应物流活动将所采购的材料运送到位。在生产的各工艺流程之间，也需要有原材料、半成品的物流过程，即所谓的生产物流；部分余料、可重复利用的物资回收，也需要所谓的回收物流，此外废弃物的处理还需要废弃物物流。可见整个生产过程实际上包含了一系列的物流活动。通过合理化、现代化的物流可以降低费用从而降低成本、优化库存结构、减少资金占用、缩短生产周期，保障了现代化生产的高效运行。相反，缺少了物流服务于商流，生产将难以顺利进行。

物流服务于商流。在电子商务的商流活动中，商品所有权在购销合同签订的同时，便由供应方转移到需求方，但商品实体并没有因此而转交到需求方手中。在电子商务贸易中，消费者通过网上购物，完成了商品所有权的交割过程，即商流过程。但电子商务的活动并未结束，只有商品和服务真正转移到消费者手中，商务活动才得以终结。在整个电子商务中，物流实际上是以商流的后续者和服务者的姿态出现的。没有现代化的物流，轻松的商务活动只会是一纸空文。

3. 物流是提高顾客服务水平的根本保证

作为一种新型购物方式，电子商务的出现极大地方便了最终消费者。他们不必到拥挤的商业街挑选自己所需的商品，而只需坐在家里，随时可以上网浏览、查看、挑选、在线下订单和支付，就可以完成购物活动。买卖双方通过网络进行商务活动，降低了交易成本，提高了交易效率。但如果物流服务水平跟不上，所购买商品不能按时、完好、准确送到消费者手中，则会发生消费者投诉等问题，这将大大地降低客户服务水平和客户忠诚度。

在电子商务下，现代物流应以提供高质量的服务作为第一宗旨，物流是电子商务中实现"以顾客为中心"理念的根本保证。缺少现代化物流技术与管理，电子商务给消费者带来的购物便捷程度会大大降低，消费者必然会转向他们认为更为可靠的传统购物方式，电子商务的发展将难以为继。

4. 物流是实现电子商务中跨区域物流的重点

借助于互联网，电子商务将整个世界联系在一起，随着电子商务的应用推广，加快了世界经济的一体化进程。由于电子商务具有跨时域性和跨区域性，物流活动呈现国际物流、跨区域物流不断增加的趋势。要解决电子商务中跨国物流、跨区域物流出现的问题，依赖于不断完善的现代物流系统。

（1）电子商务中消费者和企业间的跨区域物流。在 B2C 电子商务中，理想的情况是让顾客可以不限区域地在网上商店进行购物。对于远程顾客的跨区域购物，需要在保证物流成本的前提下，通过发达的跨区域物流配送系统来完成跨区域的电子商务。

（2）电子商务中企业和企业间的跨国物流。在 B2B 电子商务中，如果企业和企业间的交易是跨国进行的，则需要国际物流的支持。从产品出货到出口报关、国际运输及到达地的商检、报关，直至配送的整个物流过程，要经过多个物流环节。物流配送周期、可靠性和物流成本是国际物流中的关键因素。在实际运作中，通常出口方要寻找一家国际运输公司，负责将商品运送到对方口岸；商品到岸，进口方又要在本国寻找一家国内物流公司，或利用自有的配送中心，到海关提货，整个物流过程中任一环节的不畅，都会导致物流的费用和周期大为上升。

（3）第三方物流对跨区域物流的作用。在电子商务的跨区域贸易中，尤其是交易规模小的 B2C 业务，跨区域物流费用将大大增加。借助第三方帮助卖方完成商品的送货，可以达到投资少、收益高、速度快、配送专业、降低成本的效果。在 B2B 电子商务中，尤其是跨国贸易中，贸易双方往往难以各自组建完善的物流系统，独立完成相应的国际物流任务，跨国性的第三方物流企业可以给双方提供便捷的、一票到底的"门到门"服务。

可以预见，随着电子商务发展日趋成熟，跨国、跨区域的物流将日益重要，将成为实现电子商务中跨区域贸易的重点。

三、电子商务下物流体系的模式

当前电子商务企业采取的物流模式一般有企业自营物流、物流企业联盟、第三方物流等模式，而第四方物流作为一种新兴模式，正在悄然兴起。

1. 企业自营物流模式

电子商务企业借助自身的物质条件，自行开展经营的物流，称为自营物流。

电子商务公司自身组织商品配送，可以说是自己掌握了交易的最后环节，有利于控制交易时间。但是，电子商务的信息业务与物流业务是截然不同的两种业务，企业必须对跨行经营产生的风险进行严格的评估，其中成本控制和程序管理是最大的麻烦。对于任何一个公司，拥有一支自己的配送队伍都将会是一笔庞大的开支。出于对成本的考虑，配送队伍的规模必须与公司的业务量相适应。另外，如何保持适当的库存规模、如何制定恰当的配送路线、如何选择合适的物流工具、如何确定合理的送达时间都是需要严格管理的。不是所有的电子商务公司都有必要、有能力自己组织商品配送的，只有具有以下特征的从事电子商务的企业适合依靠自身力量解决配送问题：

（1）业务集中在企业所在城市，送货方式比较单一。由于业务范围不广，企业独立组织配送所耗费的人力不是很大，所涉及的配送设备也仅仅限于汽车以及人力车而已，如果交由其他企业处理，反而浪费时间、增加配送成本。

（2）拥有覆盖面很广的代理、分销和连锁店，而企业业务又集中在其覆盖范围内。这样的企业一般是从传统产业转型或者依然拥有传统产业经营业务的企业。

（3）一些规模比较大、资金比较雄厚、管理能力强的企业，比较适合自营物流。

（4）物流对企业具有非常重要的战略地位。如货物配送量巨大，企业有必要投入资金建立自己的配送系统以强化对供应和分销渠道的控制。例如，亚马逊网站斥巨资建立遍布美国重要城市的配送中心，准备将主动权牢牢地掌握在自己手中。

2. 物流联盟模式

物流联盟是两个或两个以上的经济组织为实现特定的物流目标而采取的长期联合与合作。企业之间不完全采取导致自身利益最大化的行为，也不完全采取导致共同利益最大化的行为。一般来说，组成物流联盟的企业之间具有很强的依赖性，物流联盟的各个组成企业明确自身在整个物流联盟中的优势及担当的角色，内部的对抗和冲突减少，分工明晰，使供应商把注意力集中在提供客户指定的服务上，最终提高了企业的竞争能力和竞争效率，满足企业跨地区、全方位物流服务的要求。

3. 第三方物流模式

从20世纪80年代开始，随着企业对自身核心竞争能力的重视，以及信息技术的发展和应用，改变了传统的管理方式和交易方式，一种新的市场化分工组织——第三方物流企业迅速发展起来。企业将一些原本由企业自己来实施的物流活动，交给外部的专业第三方物流企业来承担，通过快速沟通的信息技术与第三方物流企业实现高效合作，企业可以专注于自己的核心业务，加速提高自己的核心竞争能力，第三方物流企业也可以通过在内部进行物流设计和物流运作等功能的进一步分工，提高专业化水平，实现物流成本的降低和更高效率的物流运作。

（1）第三方物流的概念。所谓的第三方物流，是由供方与需方以外的物流企业提供物流服务的业务模式。具体来说，是指由物流实际需求方（第一方）和物流的实际供给方（第二方）之外第三方部分或全部利用第三方的资源，通过合约向第一方提供的物流服务。第三方物流又称为合同物流、契约物流。

提供第三方物流服务的企业，其前身一般是运输业、仓储业等从事物流活动及相关的行业。它不拥有商品，不参与商品的买卖活动，而是在委托方物流需求的推动下，为其提供以合同为约束，以结盟为基础的，系列化、个性化、信息化的物流代理服务，其中包括物流活动的组织、协调和管理（如报表管理、货物集运、选择承运人、货代、海关代理、信息管理、仓储、现金收付及咨询）、物流系统设计、物流全程的信息收集、管理等。

（2）第三方物流与传统的物流委托的异同。第三方物流与传统的对外委托的不同之处在于，传统的对外委托形态只是将企业物流活动的一部分，主要是物流作业活动，如货物运输、货物保管交由外部的物流企业去做，而库存管理、物流系统设计等物流管理活动以及一部分企业内部物流活动仍然保留在企业。物流企业是站在自己物流业务经营的角度，接受货主企业的业务委托，以费用加利润的方式定价，收取服务费。提供系统服务的物流企业也是以使用本企业的物流设施，推销本企业的经营业务为前提，而并非是以货主企业物流合理化为目的来设计物流系统。

第三方物流企业则是站在货主的立场上，以货主企业的物流合理化为设计物流系统运营的目标。而且，第三方物流企业不一定要有物流运营能力，也就是说可以没有物流设施和运输工具，不直接从事运输、保管等企业活动，只是负责物流系统设计并对物流系统运营承担责任。具体的作业活动可以再采取对外委托的方式由专业的运输、仓库企业等去完成。而且从美国情况来看，即使第三方物流企业有物流设施，也是将使用本企业设施的比例控制在二成左右，以保证向货主企业提供最适宜的物流服务。第三方物流企业的经营效益直接同货主企业的物流效率、物流服务水平以及物流效果紧密联系在一起。

（3）第三方物流的经济价值。第三方物流之所以在世界范围内受到广大企业的青睐，根本原因就在于其独特的作用与经济价值。第三方物流能够帮助客户获得诸如利润、价格、供应速度、服务、信息的准确性和真实性及新技术的采用等潜在优势。

1）第三方物流的成本价值。企业将物流业务外包给第三方物流公司，由专业物流管理人员和技术人员，充分利用专业化物流设备、设施和先进的信息系统，发挥专业化物流运作的管理经验，以求取得整体最优效果，企业可以不再保有仓库、车辆等物流设施，对物流信息系统的投资也可转嫁给第三方物流企业来承担，从而可减少投资和运营物流的成本；还可以减少直接从事物流的人员，从而减少工资支出；提高单证处理效率，减少单证处理费用；由于库存管理控制的加强可降低存货水平，削减存货成本；通过第三方物流企业广泛的节点网络实施共同配送，可大大地提高运输效率，减少运输费用等。

2）第三方物流的服务价值。物流服务水平实际上已成为企业实力的一种体现。利用第三方物流企业信息网络和节点网络，能够加快对客户订货的反应能力，加快订单处理；缩短从订货到交货的时间，进行门对门运输，实现货物的快速交付，提高客户满意度；通过其先进的信息技术可加强对在途货物的监控，及时发现、处理配送过程中的意外事故，保证订货及时、安全送达目的地，从而提高企业的客户服务水平。

3）第三方物流的社会价值。第三方物流可将社会上众多的闲散物流资源有效整合、利用起来。通过第三方物流企业专业的管理控制能力和强大的信息系统，对企业原有的仓库、车队等物流资源进行统一管理、运营、组织共同存储、共同配送，将企业物流系统社会化，实现信息、资源的共享，则可从另一个高度上极大地促进社会物流资源的整合和综合利用。

第三方物流有助于缓解城市交通压力。通过第三方物流的专业技能，加强运输控制，通过制定合理的运输路线，采用合理的运输方式，组织共同配送，可减少城市车辆运行数量，减少车辆空驶、迂回运输等现象，解决由于货车运输的无序化造成的城市交通混乱、堵塞问题，缓解城市交通压力。

四、电子商务中的物流特点

电子商务时代的来临，给全球物流带来了新的发展，随着企业销售范围的扩大，企业和商业销售方式及最终消费者购买方式的转变，使物流的发展具备了一系列新特点，也使物流业的发展有了广阔的前景。

1. 信息化

电子商务时代，物流信息化是电子商务的必然要求。没有物流的信息化，任何先进的技术设备都不可能应用于物流领域，信息技术及计算机技术在物流中的应用将会彻底改变世界物流的面貌。

在电子商务时代，要提供最佳的服务，物流系统必须要有良好的信息处理和传输系统。物流信息化表现为商品代码和数据库的建立、物流信息处理的电子化和计算机化、物流信息传递的标准化和实时化、物流信息存储的数字化、运输网络合理化、销售网络系统化和物流中心管理电子化建设等。条码技术、数据库技术、电子订货系统、电子数据交换、快速反应及有效的客户反映、企业资源计划等技术与观念在现代物流中将会得到普遍的应用。可以说，没有现代化的信息管理，就没有现代化的物流。

2. 网络化

物流的网络化是物流信息化的必然，是物流信息化的高层次应用。这里指的网络化包括以下两层含义：

（1）物流配送系统的网络化。物流配送系统的计算机通信网络，包括物流配送中心与供应商或制造商的联系要通过计算机网络，另外与下游顾客之间的联系也要通过计算机网络通信。例如，物流配送中心向供应商提出订单这个过程，就可以使用计算机通信方式，借助于网上的电子订货系统和电子数据交换技术来自动实现。物流配送中心通过计算机网络收集下游客户订货的过程也可以自动完成。

（2）组织的网络化。以中国台湾的电脑业为例，在20世纪90年代中国台湾创造出了"全球运筹式产销模式"，这种模式的基本点是按照客户订单组织生产，生产采取分散形式，即将全世界的电脑资源都利用起来，采取外包的形式将一台电脑的所有零部件、元器件、芯片外包给世界各地的制造商去生产，然后通过全球的物流网络将这些零部件、元器件和芯片发往同一个物流配送中心进行组装，由该物流配送中心将组装好的电脑迅速发给客户。这一过程需要有高效的物流网络支持，其基础是计算机通信网络。

3. 智能化

智能化是物流自动化、信息化的一种高层次应用。智能物流是利用智能化技术，使物流系统能模仿人的智能，具有思维、感知、学习、推理判断和自行解决物流活动中某些问题的能力，可以实现物流过程中运输、存储、包装、装卸等环节智能化，使物流活动更加科学、合理与高效。

通过智能物流系统的四个智能机理，即信息的智能获取技术、智能传递技术、智能处理技术和智能利用技术使智能物流具有以下应用前景：

（1）智能获取技术使物流从被动走向主动，实现物流过程中的主动获取信息，主动监控车辆与货物、分析信息，使商品从源头开始被实施跟踪与管理。

（2）智能传递技术应用于企业信息传递，完成外部数据的传递功能。智能物流的发展趋势是实现整个供应链管理的智能化，因此需要实现数据同的实时交换与传递。

（3）智能处理技术应用于企业内部决策，通过对大量数据的分析，从而对客户的需求、商品库存、智能仿真等做出决策。

（4）智能利用技术应用在物流管理的优化、预测、决策支持、建模和仿真，全球化管理等方面，使企业的决策更加准确和科学。

4. 柔性化

物流柔性化战略是指为了实现物流作业适应消费者需求的"多品种、小批量、多批次、短周期"趋势，灵活地组织和实施物流作业。柔性化本来是为实现"以顾客为中心"理念而在生产领域提出的，但在实际操作中，如果没有配套的柔性化的物流系统支撑，就无法做到根据消费者需求的变化来灵活调节生产工艺、组织生产。

20世纪90年代，国际生产领域纷纷推出弹性制造系统、计算机集成制造系统、制造资源系统、企业资源计划以及供应链管理的概念和技术，这些概念和技术的实质是要将生产、流通进行集成，根据客户需求组织生产，安排物流活动。而柔性化的物流正是适应生产、流通与消费的需求而发展起来的一种新型物流模式，它要求物流作业满足消费需求"多品种、小批量、多批次、短周期"的特色，灵活地组织和实施物流作业。

5. 绿色化

绿色物流（Environmental Logistics）是指物流过程中抑制物流对环境造成危害的同时，实现对物流环境的净化，使物流资源得到最充分的利用。它主要包括两方面的内容：商品流通过程的绿色化和废弃物物流过程的绿色化。绿色物流的理念着眼于物流发展全局和长远的利益，强调全方位对环境的关注，是现代物流发展的必然趋势。

随着人类生存和发展环境的恶化，人们对环境的利用和保护越来越重视。现代物流的发展必须优先考虑环境问题，需要从环境角度对物流体系进行改进，形成一个环境共生型的物流管理系统。这种物流管理系统建立在维护全球环境和可持续发展基础上，改变原来发展与物流、消费生活与物流的单向作用关系，在抑制物流对环境造成危害的同时，形成一种能促进经济与消费健康发展的物流系统，逐步向绿色物流转变。

此外，物流的自动化、一体化、社会化、全球化等也是物流发展的新趋势。

第二节 电子商务下的物流配送

一、电子商务下物流配送的概念与优势

1. 电子商务下物流配送的概念

根据中华人民共和国国家标准物流术语，配送（Distribution）的概念是指在经济合理区域范围内，根据客户的要求，对物品进行拣选、加工、包装、分割、组配等作业，并按时送达指定地点的物流活动。配送的目的在于最大限度地压缩流通时间，降低流通费用，提高客户服务水平，降低社会的总成本，实现资源的最优配置。

配送是物流中一种特殊的、综合的活动形式。从物流角度来讲，配送几乎包括了所有的物流功能要素，是物流的一个缩影或在某小范围中物流全部活动的体现。一般的配送包括装卸、包装、保管、运输，通过这一系列活动达到将货物送达的目的。特殊的配送则还要以加工活动为支撑，所以包括的方面更广。

配送的主体活动与一般物流有所不同，一般物流是运输及保管，而配送则是运输及分拣配货，以送货为目的的运输则是最后实现配送的主要手段。从商流来讲，配送和物流的不同之处在于，物流是商物分离的产物，而配送则是商物合一的产物，配送本身就是一种商业形式。从配送的发展趋势看，商流与物流越来越紧密的结合，是配送成功的重要保障。

电子商务的发展对物流配送提出了更高的要求。电子商务下的物流配送既要有利于减少生产企业库存，加速资金周转，提高物流效率，降低物流成本，刺激社会需求，又要有利于整个社会的宏观调控，促进市场经济的健康运行及电子商务向纵深发展。

电子商务中的物流配送是指物流配送企业采用网络化的计算机技术和现代化的硬件设备、软件系统及先进的管理手段，针对客户的需求，根据用户的订货要求，进行一系列分类、编码、整理、配货等理货工作，按照约定的时间和地点将正确数量和规格要求的商品传递到用户的活动及过程中。这种新型的物流配送模式带来了流通领域的巨大变革，越来越多的企业开始积极搭乘电子商务快车，采用电子商务物流配送模式。

2. 电子商务下物流配送的优势

在传统的物流配送企业中，大量的人从事着简单、重复的劳动，如卸货、搬运、堆货、码货、分拣等工作，工作人员非常辛苦。在网络化管理的新型物流配送企业，这些机械的工作大都交给了计算机和网络，从而减少了生产企业库存，加速了资金周转，既能提高物流效率，又能降低物流成本，有利于提高整个社会的经济效益，促进市场经济的健康发展。相对于传统的物流配送，电子商务下的物流配送具有信息化、网络化、自动化、智能化、社会化等特点，表现出以下优势：

（1）提高物流配送效率。在传统的物流配送企业中，为了满足众多客户的配送需求，通常需要大面积的仓库来保存商品，存货的数量和种类会因仓库的存储空间而受到巨大限制。而在电子商务系统中，配送体系的信息化集成可以使电子商务企业将散置在各地的、分属不同所有者的仓库通过网络系统连接起来，使之成为"集成仓库"，做到统一调配、协调管理，起到扩大存储空间、提高服务水平的效果，使商品配送的速度、规模和效率大大提高。

（2）加强物流配送的实时控制。传统的物流配送过程是由多个业务流程组成的，各个业务流程之间依靠人工来衔接和协调，这就难免受到人为因素的影响，问题的发现和故障的处理存在滞后现象。而电子商务物流配送模式借助于网络系统，可以实现配送过程的实时监控和实时决策，配送信息的处理、货物流转的状态、问题的查找、指令下达的速度等都是传统物流配送所无法比拟的。配送系统的自动化程序化处理、配送过程的动态化控制、指令的瞬间到达都使配送的实时控制得以实现。

（3）简化物流配送过程。传统物流配送流程中、各环节涉及的主体众多，人工处理工作极为繁琐。在电子商务物流配送模式下，物流配送中心可以实现配送流程网络化、智能化。很多过去需要大量人工处理、耗时多的活动因为网络系统的智能化而得以简化，使物流配送工作的效率大大提高。

二、电子商务下的配送中心

1. 配送中心的概念和功能

《物流企业操作指南》将配送中心定义如下：配送中心是接收并处理末端用户的订货

信息，对上游运来的多品种货物进行分拣，根据用户订货要求进行拣选、加工、组配等作业，并进行送货的设施和机构。

配送中心是以组织配送性销售或供应，执行实物配送为主要职能的流通型节点。配送中心为了能更好地做好送货的编组准备，必然需要采取零星集货、批量进货和对货物的分拣、配送等工作。

（1）采购功能。配送中心首先需要采购所要供应配送的商品，才能及时、准确无误地为其用户供应物资。配送中心应根据市场的供求变化情况制订采购计划并实施。

（2）存储保管功能。为了保证正常配送的需要，满足用户的随机需求，以及解决季节性货物生产计划与季节性销售的时间差问题，在配送中心不仅应保持一定量的商品储备，而且要完成储存商品的保管保养工作，以保证储备商品的数量充足，质量完好。

（3）配组功能。由于每个用户企业对商品的品种、规格、型号、数量、质量、送达时间和地点等的要求不同，配送中心需要按用户的要求对商品进行分拣和配组。

（4）分拣功能。在订货或进货时，配送中心需要根据不同的用户对货物的种类、规格、数量等的不同要求采取适当的方式对货物进行拣选，并按照配送计划分装和配装货物。

（5）分装功能。用户企业为了降低库存、加快资金周转、减少资金占用，往往要采用小批量进货的方法。为了满足小批量、多批次的进货需求，配送中心需要提供分装功能。

（6）集散功能。配送中心能够将分散在各个生产企业的产品集中到一起，然后经过分拣、配装向多家用户发运。集散功能也可以将其他公司的货物放入配送中心来处理、发运，以提高卡车的满载率，降低费用成本。

（7）流通加工功能。配送过程中，为解决生产中大批量、少规格和消费中的小批量、多样化要求的矛盾，需要按照客户的不同要求对商品进行分装、配装等活动。

（8）送货功能。将配好的货物按到达地点或到达路线进行送货。运输车辆可以租用社会运输力量或自建专业运输车队。

（9）物流信息、汇总及传递功能。配送中心需要为管理者提出更加准确、及时的配送信息，这也是用户与配送中心联系的渠道。

（10）衔接功能。配送中心能够储存从各地运来的满足生产过程所需的半成品和原材料，并对生产过程中的各道工序所需的物资进行配送。

（11）服务功能。以顾客需要为导向，为满足顾客需要而开展配送服务。

此外，配送中心还具有加工功能、运输功能、信息功能、管理功能等。可以根据对以上各功能的重视程度不同，决定配送中心的性质和定位。

2. 电子商务下配送中心的特征

电子商务的广泛应用使物流配送中心的生存环境、经营目标与方式发生了很大变化，对物流配送中心降低物流成本、提高反应速度也提出了新的挑战。因此，需要建设新兴配送中心以满足电子商务的需求，促进电子商务和物流配送共同发展。在电子商务时代，信息化、现代化、社会化的新型配送中心可归纳为以下十个特点：

（1）配送反应速度快。电子商务下，新型配送服务提供者对上、下游配送需求的反应速度越来越快，前置时间越来越短、配送速度越来越快、商品周转次数越来越多。

（2）配送功能集成化。电子商务下，新型配送着重于将物流与供应链的各环节进行集成，包括物流渠道与商流渠道的集成、物流渠道间的集成、物流功能的集成、物流环节与制造环节的集成等。

（3）配送服务系列化。电子商务下，新型配送强调配送服务功能的恰当定位与完善化、系列化，除传统的储存、运输、包装、流通加工等服务外，在外延上扩展至市场调查与预测、采购及订单处理，向下延伸至配送咨询、物流配送方案的选择与规划、库存控制决策建议、货款回收与结算、教育和培训等增值服务。

（4）配送作业规范化。电子商务下，新型配送强调功能作业流程、运作的标准化和程序化，使复杂的作业变得简单并易于推广与考核。

（5）配送目标系统化。电子商务下，新型配送从系统角度统筹规划一个公司整体的各种配送活动，处理好配送活动与商流活动及公司目标之间、配送活动相互之间的关系，不追求单个活动的最优化，而以追求整体活动的最优化为目标。

（6）配送手段现代化。电子商务下，新型配送采用先进的技术、设备和管理为销售提供服务。生产、流通、销售规模越大，范围越广，配送技术、设备及管理越现代化。

（7）配送组织网络化。新型配送要有完善、健全的配送网络体系，网络上点与点之间的配送活动保持系统性和一致性，这样可以保证整个配送网络具有最优的总库存水平及库存分布，运输与配送快捷，为产品销售提供快速、全方位的物流支持。

（8）配送经营市场化。新型配送的具体经营采用市场机制，无论是企业自己组织配送还是委托社会化配送企业承担配送任务，都以"服务"和"成本"的最佳配合为目标。

（9）配送流程自动化。运送规格标准、仓储、货箱排列、装卸、搬运等按照自动化标准作业，商品按照最佳路线配送等。

（10）配送管理法制化。从宏观上讲，要有健全的法规、制度和规则；从微观上讲，新型配送企业要依法办事。

三、电子商务下配送中心的作业流程

配送中心的种类很多，不同类型的配送中心其内部的结构和运作方式也不相同。电子商务中大多涉及的是中小型的、品种及规格复杂的货物，一般来讲，此类配送中心执行如下作业流程：进货→进货验收→入库→存放→标识包装→分类→出货检查→装货→送货。与之相应的配送中心作业管理主要包括进货入库作业管理、在库保管作业管理、加工作业管理、理货作业管理和配货作业管理。

1. 进货入库作业管理

进货入库作业主要包括收货、检验和入库三个流程。

收货是指配送中心对运送至此的货物进行接收。收货检验工作十分重要，因为一旦商品入库，配送中心就要担负起商品完整的责任。

检验活动包括核对采购订单与供货商发货单是否相符、开包检查商品有无损坏、商品分类、所购商品的品质与数量比较等。经检查准确无误后方可在厂商发货单上签字将商品入库。

入库货品需要及时登录有关入库信息，转达采购部，经采购部确认后开具收货单，并

将已入库的商品及时标志成可配送状态。

2. 在库保管作业管理

商品在库保管的主要目的是加强商品养护，确保商品质量安全。同时，还要加强储位合理化工作和储存商品的数量管理工作。商品储位可根据商品属性、周转率、理货单位等因素来确定。储存商品的数量管理则需依靠健全的商品账务制度和盘点制度。商品储位合理与否、商品数量管理精确与否将直接影响商品配送作业效率。

3. 加工作业管理

加工作业管理主要是指对即将配送的产品或半成品按销售要求进行再加工，主要包括以下方面：

（1）分割加工：如对大尺寸产品按不同用途进行切割。

（2）分装加工：如将散装或大包装的产品按零售要求进行重新包装

（3）分选加工：如对农副产品按质量、规格进行分选，并分别包装。

（4）促销包装：如促销活动中商品和赠品的搭配。

（5）贴标加工：如粘贴价格标签，打制条形码。

4. 理货作业管理

理货作业是配货作业中最主要的前置工作。即配送中心接到配送指示后，及时组织理货作业人员，按照出货优先顺序、储位区域、配送车辆趟次、门店号、先进先出等方法和原则，把配货商品整理出来，经复核人员确认无误后，放置到暂存区，准备装货上车。

5. 配货作业管理

配货作业过程包括计划、实施两个阶段。

（1）制订配送计划。配送计划是根据配送的要求，事先做好全局筹划并对有关职能部门的任务进行安排和布置。全局筹划主要包括制订配送中心计划、规划配送区域、规定配送服务水平等。

制订具体的配送计划时应考虑以下四个要素：①连锁企业各门店的远近及订货要求，如品种、规格、数量及送货时间、地点等；②配送的性质和特点以及由此决定的运输方式、车辆种类；③现有库存的保证能力；④现时的交通条件，从而决定配送时间、选定配送车辆、规定装车货物的比例和最佳配送路线、配送频率。

（2）实施配送计划。配送计划制订后，需要进一步组织落实并完成配送任务。要求依次完成以下工作：①配送计划确定后，将到货时间、到货品种、规格、数量以及车辆型号通知各门店，各门店做好接车准备；②同时向各职能部门，如仓储、分货包装、运输及财务等部门下达配送任务，各部门做好配送准备，然后组织配送发运；③理货部门按要求将各门店所需的各种货物进行分货及配货，进行适当的包装并详细标明门店名称、地址、送达时间以及货物明细，按计划将各门店货物组合、装车；④运输部门按指定的路线将货物运送到各门店，让收货人签字确认后返回，最终完成配送作业。

第三节 物流信息技术

电子商务基于信息技术而产生，电子商务物流也是以信息技术为核心。物流信息技术是指现代信息技术在物流各作业环节中的应用，包括条码（Barcode）、无线射频技术（RFID）、地理信息系统（GIS）、全球定位系统（GPS）、智能交通系统（ITS）及物联网（IOT）等技术应用，是物流现代化的重要标志，也是电子商务成功的重要保证。

一、条码技术

1. 条码基本概念

条码是由一组规则的、不同宽度的条和空组成的标记。"条"是指对光线反射率较低的部分，"空"是指对光线反射率较高的部分，这些条和空组成的数据表达一定的信息，并能够用特定的设备识别，转换成与计算机兼容的二进制或十进制信息。在应用中，符号是被一种红外线或可见光源照射：黑色的条吸收光，空则将光反射回扫描器中。扫描器将光波转译成模仿条码中的条与空的电子脉冲，一个解码器用数学程序将电子脉冲译成一种二进制码并将译码后的资料信息传到个人计算机、控制器或计算机主机中。通过数据库中已建立的条码与商品信息的对应关系，当条码数据传到计算机上时，由计算机上的应用程序对条码数据进行转换操作和处理。

2. 条码编码规则

（1）唯一性。唯一性是指商品项目与其标识代码一一对应，即一个商品项目只有一个代码，一个代码只标识同一商品项目。商品项目代码一旦确定，永不改变。

（2）无含义。无含义是指代码数字本身及其位置不表示商品的任何特定信息。商品编码仅仅是一种识别商品的手段，而不是商品分类的手段。无含义使商品编码具有简单、灵活、可靠、充分利用容量、生命力强等优点，这种编码方法尤其适合于较大的商品系统。

（3）永久性。商品代码一经分配，就不再更改，并且是终身的。即使商品停止生产、停止供应了，在一段时间内（有些国家规定为三年）也不得将该代码给其他商品项目，而只能搁置。

二、无线射频技术

1. 无线射频技术概述

无线射频技术是利用无线电波对记录媒体进行读写的一种识别技术。典型的电磁频率（Radio Frequency，RF）系统由电子标签、读写器以及数据交换、管理系统组成。

电子标签也称射频卡，是具有发射、接收无线信号并带有 EEPROM 的小芯片。它具有智能读写及加密通信的能力，条码技术中标准码制的号码或者混合编码都可以存储在标签中。

读写器由无线收发模块、天线、控制模块及接口电路等组成。其基本功能是提供与标签进行数据传输的途径，标签上的信息按照一定的结构编制并按照特定的顺序向外发送，读写器将信息接收和译解后，通过特定的算法决定是否需要发射机重发或停止发信号。这样，即使在很短的时间、很小的空间阅读多个标签，也可以有效地防止错误产生。

2. RF 系统的分类

（1）电子门禁系统。典型应用场合是商场、超市和图书馆。读写器置于门口，商品或书籍上带有电子标签，当未被授权的人从这些地方非法取走物品时，该系统会发出警告。

（2）手持式 RF 采集器。这是指使用带有 RF 读写器的手持式数据采集器，可以用于采集 RF 标签上的数据。它既可以在读取数据的同时，通过无线电波数据传输方式，适时地向主计算机系统传输数据，也可以暂时将数据存储在阅读器中，再成批地向计算机系统传输数据。

（3）固定式 RF 读写器。分散布置在给定的区域，并且直接与物流管理信息系统相连，电子标签一般安装在移动的物体和人的上面。当物体、人流经读写器时，读写器会自动扫描标签上的信息并把数据信息输入管理信息系统进行存储、分析、处理，达到控制物流的目的。

（4）定位系统。用于自动加工系统中的定位及对车辆、轮船等进行运行定位支持。读写器放置在移动的车辆、轮船上或自动化流水线中移动的物料、半成品、成品上方，电子标签嵌入在操作环境的地表下面。电子标签里存储有位置识别信息，读写器一般通过无线的方式或者有线的方式连接到主控制管理系统中。

三、全球定位系统技术

GPS 是 "Global Positioning System" 的简称，它结合了卫星及无线技术的导航系统，具备全天候，全球覆盖、高精度的特征，能够实时、全天候为全球范围内的陆地、海上、空中的各类目标提供持续实时的三维定位、三维速度及精确的时间信息。

GPS 系统是美国第二代卫星导航系统。它是在子午仪卫星导航系统的基础上发展起来的，采纳了子午仪系统的成功经验。全球定位系统由空间部分、地面监控部分和客户接收机三大部分组成。

地面监控部分包括四个监控站和一个主控站。监控站装有 GPS 客户接收机、原子钟、当地气象数据的传感器和进行数据初步处理的计算机。监控站的主要任务是取得卫星观测数据并将这些数据传送至主控站。主控站对地面监控部实行全面控制。

它的功能主要表现在以下四个方面：

（1）跟踪车辆、船舶。为了随时掌握车辆和船舶的动态，可以通过地面计算机终端，实时显示出车辆、船舶的实际位置。

（2）信息传递和查询。利用 GPS，一方面，管理中心可以向车辆、船舶提供相关的气象、交通、指挥等信息；另一方面，也可以将运行中的车辆、船舶的信息传递给管理中心，实现信息的双向交流。

（3）利用 GPS 及时报警，及时掌握运输装备的异常情况，接收求助信息和报警信息，迅速传递到管理中心，从而实施紧急求援。

（4）支持管理。GPS提供的信息可以实施运输指挥、实施监控、规划和选择路线、向用户发出到货预报等，有效地支持大跨度物流系统管理。

四、地理信息系统技术

GIS（Geographical Information System）是多学科交叉的产物，它以地理空间数据为基础，采用地理模型分析方法，适时地提供多种空间、动态的地理信息，是一种为地理研究和地理决策服务的计算机技术系统。其基本功能是将表格型数据（无论它来自数据库、电子表格文件或直接在程序中输入）转换为地理图形显示，然后对显示结果浏览、操作和分析。其显示范围可以从洲际地图到非常详细的街区地图，显示对象包括人口、销售情况、运输线路以及其他内容。

GIS在现代物流领域的应用主要有：

（1）车辆路线模型。用于解决一个起始点、多个终点的货物运输中如何降低物流作业费用，并保证服务质量问题，包括决定使用多少辆车、每辆车的路线等。

（2）网络物流模型。用于解决寻求最有效的分配货物路径问题，也就是物流网点布局问题，如将货物从 N 个仓库运往 M 个商店，每个商店都有固定的需求量，因此需要确定由哪个仓库提货给哪个商店且所耗的运输代价最小。

（3）分配集合模型。可以根据各个要素的相似点把同一层上的所有或部分要素分为几个组，用以解决确定服务范围和销售市场范围等问题。如某一公司要设计 X 个分销点，要求这些分销点要覆盖某一地区，而且要使每个分销点的客户数目大致相等。

（4）设施定位模型。用于确定一个或多个设施的位置。在物流系统中，仓库和运输线共同组成了物流网络，仓库在网络的节点上，节点决定着线路，如何根据供求的实际需要并结合经济效益等原则，在既定区域内设立多少个仓库、每个仓库的位置、每个仓库的规模以及仓库之间的物流关系等问题，运用这些模型均能很容易地得到解决。

第四节　电子商务供应链管理

一、电子商务对供应链管理的影响

电子商务对供应链管理的影响主要体现在对客户服务和对供应商的影响上。

1. 对客户服务的影响

（1）与客户之间的关系更加紧密。电子商务的出现使企业能够直接与客户进行沟通，能够建立起基于信息流和知识的新型客户关系。一方面，直接的沟通方式有利于企业迅速地收集来自客户的信息，及时反映，从而满足客户的各种需求，使客户转化成为忠诚客户。另一方面，网络的兴起使企业能够通过全球的网络，间接收集消费者和市场需求信息，方便企业对生产和销售进行实时调整，来迎合消费者市场。

（2）减少供应链上的冗余环节。在电子商务环境下，供应链管理采用的是无纸化、网上办公的方式，使用计算机和网络技术进行企业与客户之间的交易活动，比如产品销售和服务、网上支付等。另外，因为客户与企业能够在网络上进行直接沟通，企业通过网络发布产品信息，用户同时通过网络提交订单。能够最大化地减少供应链上的中间环节，有效地降低库存及相关成本。

2. 对供应商的影响

（1）企业营销方式多样化。企业除了能够利用丰富的网络资源拓宽自身的营销渠道外，还能够利用电子商务与经销商合作建立订货和库存系统，通过信息系统获知有关零售商商品的销售信息，及时补充库存，提高顾客满意度。

（2）建立网状价值链。企业能够应用电子商务构筑的企业间的价值链，将每个企业的核心能力在整个供应链上共享，供应链上的供应商、物流、信息服务等组成部分均可由第三方完成。同时，各节点企业都能够与第三方进行交流，建立了一个网状的价值链，使供应链之间的联系更加便捷。

随着市场的全球化，企业间的竞争也开始向全球化方向发展。电子商务的出现，使企业能够在全球范围内合理地分配资源，利用资源，能够在全球范围内进行采购、制造、配送等活动。

由此可见，电子商务带来了供应链管理的变革。它运用供应链管理思想，整合企业的上下游产业，以中心制造厂商为核心，将产业上游供应商、产业下游经销商（客户），物流运输商及服务商、零售商以及往来银行进行垂直一体化的整合，构成一个电子商务供应链网络，消除了整个供应链网络上不必要的运作和消耗，促进了供应链向动态的、虚拟的、全球网络化的方向发展。它运用供应链管理的核心技术——客户关系管理，对客户资料进行收集、统计、分析和跟踪，以便更好地了解客户，给他们提供个性化的产品和服务，使资源在供应链网络上合理流动来缩短交货周期，降低库存，并且通过提供自助交易等自助式服务来降低成本，更重要的是提高了企业对市场和最终顾客需求的响应速度，在整个供应链网络的每一个过程实现最合理的增值，从而提高企业的市场竞争力。

二、电子商务供应链管理模式

随着互联网的出现及其飞速发展，电子商务这个全新的商务模式正在以人们难以想象的速度、深度和广度改变着供应链上从原材料采购、产品制造、分销到交付给最终用户的全过程，改变着供应链上信息流、物流、资金流、人流和商务流的运作模式，在供应链的发展过程中，逐渐形成了以下四种典型的模式：

1. 快速反应

快速反应是指物流企业面对多品种、小批量的买方市场，不是储备了"产品"，而是准备了各种"要素"，在用户提出要求时，能以最快速度抽取"要素"，及时"组装"，提供所需服务或产品。

实施快速反应可分为以下三个阶段：

第一阶段：对所有的商品消费单元条码化，即对商品消费单元用 EAN/UPC 条码标识，对商品贸易单元用 ITF－14 条码标识，对物流单元则用 UCC/EAN－128 条码标识。

利用 EDI 传输订购单报文和发票报文。

第二阶段：在第一阶段的基础上增加与内部业务处理有关的策略，如自动补库与商品即时出售等，并采用 EDI 传输更多的报文，如发货通知报文、收货通知报文等。

第三阶段：与贸易伙伴密切合作，采用更高级的快速反应策略，以对客户的需求做出快速反应。一般来说，企业内部业务的优化相对来说较为容易，但在贸易伙伴间进行合作时，往往会遇到诸多障碍，在快速反应实施的第三阶段，每个企业必须把自己当成集成供应链系统的一个组成部分，以保证供应链的整体效益。

2. 有效客户反应

有效客户反应是 1992 年从美国的食品杂货业发展起来的一种供应链管理战略。这是一种分销商与供应商为消除系统中不必要的成本和费用并给客户带来更大效益而进行密切合作的一种供应链管理战略。有效客户反应是一种观念，不是一种新技术。它重新检讨上、中、下游企业间生产、物流、销售的流程，其主要目的在于消除整个供应链运作流程中没有为消费者增值的成本，将供给推动的 push（推）式系统，转变成更有效率的需求拉动的 pull（拉）式系统，并将这些效率化的成果回馈给消费者，期望能以更快、更好、更经济的方式把商品送到消费者的手中，满足消费者的需求。因此，有效客户反应的实施重点包括需求商的品类管理改善、供给商的物流配送方式改进等。

有效客户反应的优势在于供应链各方为了提高消费者满意这个共同的目标进行合作，分享信息和诀窍。有效客户反应是一种把以前处于分离状态的供应链联系在一起来满足消费者需要的工具。有效客户反应的最终目标是建立一个具有高效反应能力和以客户需求为基础的系统，是零售商与供应商以业务伙伴方式合作，提高整个供应链的效率，而不是单个环节的效率，从而大大降低了整个系统的成本，同时为客户提供了更好的服务。有效客户反应系统如图 5 – 1 所示。

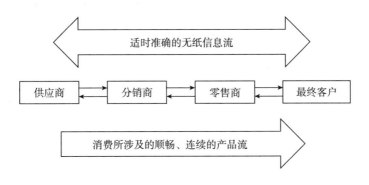

图 5 – 1　有效客户反应系统

要实施有效客户反应，应联合整个供应链所涉及的供应商、分销商以及零售商，改善供应链中的业务流程，使其最合理有效，然后再以较低的成本，使这些业务流程自动化，以进一步降低供应链的成本和时间。具体地说，实施有效客户反应需要将条码、扫描技术、POS 系统和 EDI 集成起来，在供应链之间建立一个无纸系统，以确保产品能不间断地由供应商流向最终客户；同时，信息流能够在开放的供应链中循环流动。这样，才能满足客户对产品和信息的需求，即给客户提供最优质的产品和适时准确的信息。

通过有效客户反应，如计算机辅助订货技术，零售商无须签发订购单，即可实现订货。供应商则可利用有效客户反应的连续补货技术，随时满足客户的补货需求，使零售商的存货保持在最优水平，从而提高客户的服务水平，并进一步加强与客户的关系。同时，供应商也可从商店的销售点数据中获得新的市场信息，改变销售策略。对于分销商来说，有效客户反应可使其快速分拣运输包装，加快订购货物的流动速度，进而使消费者享用更新鲜的物品，增加购物的便利和选择，并加强消费者对特定物品的偏好。

3. 电子订货系统

电子订货系统是零售业将各种订货信息，使用计算机并通过网络系统传递给批发商或供应商，完成订货、接单、处理、供货、结算等全过程在计算机上进行处理的系统。

电子订货系统按应用范围可分为企业内的电子订货系统，如连锁经营中各个连锁分店与总部之间的电子订货系统，零售商与批发商之间的电子订货系统以及零售商、批发商和生产之间的电子订货系统。

电子订货系统能及时准确地交换订货信息，它在企业物流管理中的作用如下：

（1）对传统的订货方式，如上门订货、邮寄订货、电话、传真订货等，电子订货系统可以缩短从接到订单到发出商品的时间，缩短订货商品的交货期，减少商品订单的出错率，节省人工费。

（2）有利于减少企业库存水平，提高企业的库存管理效率，同时也能防止商品特别是畅销商品缺货现象的出现。

（3）对于生产厂家和批发商来说，通过分析零售商品订货信息，能准确判断畅销商品和滞销商品，有利于企业调整商品生产和销售计划。

（4）有利于提高企业物流信息系统的效率，使各个业务信息子系统之间的数据交换更加便利和迅速，丰富企业的经营信息。

4. 企业资源计划

所谓企业资源计划，是指建立在信息技术基础上，以系统化的管理思想，为企业决策层及员工提供决策运行手段的管理平台。企业资源计划系统集信息技术与先进的管理思想于一身，成为现代企业的运行模式，反映企业合理调配资源，最大化地创造社会财富的要求，成为企业在信息时代生存、发展的基石。

下面从管理思想、软件产品、管理系统三个层次给出它的定义。

（1）它是由美国著名的计算机技术咨询和评估集团加特纳咨询公司提出的一整套企业管理系统体系标准，其实质是在制造资源计划基础上进一步发展而成的面向供应链的管理思想。

（2）它是综合应用了客户服务器体系，关系数据库结构、面向对象技术、图形用户界面，第四代语言（4GL），网络通信等信息产业成果以企业资源计划管理思想为灵魂的软件产品。

（3）它是集企业管理理念、业务流程、基础数据、人力物力、计算机硬件和软件于一身的企业资源管理系统。

由此可见，企业资源计划的应用的确可以有效地促进现有企业管理的现代化、科学化，适应竞争日益激烈的市场要求，企业资源计划已经成为大势所趋。

三、我国电子商务供应链管理发展趋势

由于网络通信技术以及全球的动态联盟的发展和相关要求的不断提出，供应链管理也将向全球化、敏捷化、绿色化方向发展。

1. 全球供应链

全球供应链又称全球网络供应链，是指各节点成员由全球范围内企业构成，使供应链中生产资源和信息资源的获取、产品生产的组织、货物的流动和销售等职能均在全球范围内进行的供应链网络。全球供应链管理的形成，将使物流、信息流和资金流变得更加畅通，因此它不但将增大整个供应链的总体效益，还能使单个企业借助庞大供应链的整合优势，在竞争中更主动、更有发言权。但是，全球供应链的形成将导致更长的采购和运输时间，因而供应链的时延（从客户发出订单到将产品送到用户手中的总时间）将更长。同时，全球化使国外的企业进入本地市场进行竞争，市场份额的争夺更加激烈，供应链更长，竞争更激烈。再者，一条供应链中参与的经济实体将更多，供应链的集成和协调将变得越来越重要。

2. 敏捷供应链

敏捷供应链是指在动态的市场环境中，企业通过对信息技术的运用，建立虚拟的供需关系网络，以达到快速反映环境变化目的的动态网链模式。供应链的敏捷性强调从整个供应链的角度综合考虑、决策和进行绩效评价，使生产企业与合作者共同降低产品的市场价格，并快速了解市场变化，锁定客户的需求，快速安排生产满足客户需求，并加速物流的实施过程，提高供应链各环节的边际效益，实现利益共享的双赢目标。敏捷供应链要求企业能够快速适应不断变化的市场需求，能够促进企业之间的合作以及生产模式的转变，敏捷供应链的主要目标是提高大型企业集团的综合管理水平和经济效益。

3. 绿色供应链

绿色供应链是在整个供应链的建设过程中，综合考虑各节点对环境的影响以及资源的利用率，使产品的整个生命周期所涉及的各个环节对环境的影响最小，而资源利用率最高的供应链网络。绿色供应链是绿色制造和供应链的学科交叉，是实现可持续制造和绿色制造的重要手段。今后绿色供应链研究的主要内容是建立绿色供应链系统的理论体系，进行绿色供应链的决策支持技术，运作和管理技术以及集成技术等关键技术的研究。

🔬 思考题

1. 简述物流的概念，并列举一些常见的物流活动。
2. 简述物流和电子商务的关系。
3. 电子商务企业常用的物流模式有哪些？它们各自的特点是什么？
4. 什么是物流配送？电子商务下的物流配送有哪些特点？
5. 简述配送中心的工作流程。
6. 一维条码和二维条码的功能有何不同？
7. 什么是 RFID 技术？它在应用中有哪些优越性？

第六章

电子支付与网络银行

【学习要点及目标】

1. 掌握电子支付的概念。
2. 掌握电子支付系统的组成。
3. 了解电子现金的产生。
4. 了解第三方支付平台的安全问题与保障措施。
5. 理解网络银行的概念。
6. 了解网络银行功能及常见的金融服务。
7. 掌握网络银行的支付流程。

引导案例　　**中国网络银行的"排头兵"——招商银行**

招商银行（China Merchants Bank）1987 年成立于深圳蛇口，为招商局集团下属公司，是中国境内第一家完全由企业法人持股的股份制商业银行，也是中国内地市值第五大的银行，2018 年《财富》世界 500 强国务院国资委监管 48 个上榜中央企业之一。

招商银行发展目标是成为中国领先的零售银行，招商银行是我国首家推出电子支付的银行，也是我国第一家经监管当局正式批准开展在线服务的商业银行。1999 年 9 月启动中国首家网上银行一网通，成为众多企业和电子商务网站广泛使用的网上支付工具，在一定程度上促进了中国电子商务的发展。

招商银行的网上银行（又名"一网通"）是指通过互联网或其他公用信息网（如"视聆通"），将客户的电脑终端连接至银行，实现将银行服务直接送到客户办公室、家中和手中的服务系统。它拉近了客户与银行的距离，使客户不再受限于银行的地理环境、上班时间，突破空间距离和物体媒介的限制，足不出户就可以享受到招商银行的服务。"一网通"包括"企业银行""个人银行""网上支付""网上证券"和"网上商城"等具体内容。

网上支付系统向客户提供网上消费支付结算服务，招商银行的网站已通过国际权威

（CA）认证且采用了先进的加密技术，客户在使用"网上支付"时，所有数据均经过加密后才在网上传输，因此是安全可靠的。凡在招商银行办理"一卡通"的客户均可享受此项服务。

近年来，招商银行持续推进"轻型银行"建设，实现了"质量、效益、规模"动态均衡发展，结构更安全，特色更鲜明，模式更清晰。2017年，招商银行资产规模稳步增长，盈利能力保持强劲，利润增速位居行业前列；不良贷款余额和不良贷款率"双降"，资产质量趋稳向好。年末市值已突破7100亿元，居全球上市银行第十一位。

面向未来，招商银行提出"金融科技银行"新定位，紧紧围绕客户需求，深度融合科技与业务，以科技敏捷带动业务敏捷，创造最佳客户体验。

（资料来源：http：//www.doc88.com/p-057205564677.html，经删减整理。）

第一节　电子支付与支付系统

一、支付与支付系统

所谓支付，是为清偿商品交换和劳务活动以及金融资产交易所引起的债权债务关系，由银行所提供的金融服务业务。它来源于银行客户之间的经济交往活动，但由于银行"信用"中介的作用，演化为银行与客户和银行客户的开户银行之间的资金收付关系。而银行之间的资金收付交易，又必须经过银行的银行，即政府授权的中央银行进行资金清算，才能最终完成支付的过程。因此，支付全过程将在两个层次完成，下层是商业银行与客户之间的资金支付往来与结算；上层是中央银行与商业银行之间的资金支付与清算，如图6-1所示。两个层次支付活动的全过程，将经济交往活动各方与商业银行、中央银行维系在一起，构成复杂的系统整体，被称为支付系统。在国民经济大系统中，支付系统发挥着重要的宏观经济"枢纽"作用。在我国，支付系统是指中国人民银行建设、运行的大额实时支付系统和小额批量支付系统。

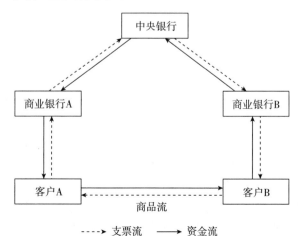

图6-1　商品交易时的支付过程

1. 支付系统的参与者

我国支付系统的参与者包括直接参与者和间接参与者。

我国支付系统的直接参与者是国有商业银行和人民银行。所有直接参与者银行的分支机构，既是支付交易的最初发起者银行，也是支付交易的最终接收者银行。参与者商业银行以其不同层次的管辖银行在其相应层次的人民银行开设清算账户，人民银行的上层支付资金清算系统在整个支付系统中占据核心地位，其清算、结算处理中心集中管理各商业银行的清算账户，进行支付资金的最终清算。

我国支付系统的间接参与者是商业银行的广大客户以及通过商业银行代理并参与我国支付系统资金清算处理的其他各种金融机构。

2. 参与者对支付系统的要求

在支付系统中，不同的参与者对系统的要求各不相同。

（1）个人消费者。由于每天都要进行大量的消费支付，金额不大，但支付频繁，要求方便、有效、使用方式灵活。

（2）零售商业部门。使用方便、灵活，所接受的支付工具有信用担保。

（3）工商企业部门。往往支付金额大，支付时间紧迫，而且应该最大限度地降低流动资金的占用额和占用时间。

（4）金融部门。如中央银行、证券、外汇交易等，支付笔数少、金额大，时效性要求高，必须防止风险和不必要的流动资金占用。

（5）外贸部门。由于贸易的国际化发展迅速，金融业的国际化趋势也越来越强劲，要求支付能以最良好的方式进入国际支付系统。

（6）政府/公共事业部门。既是经济活动的买方，又是卖方，支付需求与工商企业部门类似，且政府部门还有一系列的财政、税务收支和债务管理收支等支付，对支付系统的要求更具多样性。

二、电子支付与传统支付

传统支付是指通过现金流转、票据转让、银行转账等物理实体的流转来实现款项的支付。传统商贸业务中的支付过程通常采用两种方式：现金方式和票据方式。前者比较简单，在长时间的贸易发展过程中，货币被广泛使用，并有力地促进了商贸活动的发展。在货币的进化史上，货币本身的形式多种多样，由于它实际操作过程简单，因此大量被用于个体消费和企业的商贸活动中。在现金交易中，买卖双方处于同一位置，且交易是匿名的，卖方不需要了解买方的身份。现金具有使用方便和灵活的特点，多数小额交易活动是用现金完成的。其交易流程一般是一手交钱，一手交货。票据方式多用于企业的交易活动中，操作过程相对复杂，涉及商贸双方和中间的金融机构等多家单位。现金支付是每个生活在商品经济社会中的人都非常熟悉的支付方式，至今仍在商品流通领域占据很重要的地位。

电子支付是指消费者、商家和金融机构之间使用安全电子手段把支付信息通过信息网络安全地传送到银行或相应的处理机构，用来实现货币支付或资金流转的行为。

传统支付与电子支付的有以下五点不同：

（1）电子支付是采用先进的技术通过数字流转来完成信息传输的，其各种支付方式都是采用数字化的方式进行款项支付的；而传统的支付方式则是通过现金的流转、票据的流转及银行的汇兑等物理实体的流转来完成款项支付的。

（2）电子支付的环境是基于一个开放的系统平台（即互联网）之中；而传统支付则是在较为封闭的系统中运行的。

（3）电子支付使用的是最先进的通信手段，如互联网，而传统支付使用的则是传统的通信媒介。电子支付对软、硬件设施的要求很高，一般要求有联网的计算机、相关的软件及其他一些配套设施；而传统支付则没有这么高的要求。

（4）电子支付具有方便、快捷、高效、经济等优势。用户只要拥有一台上网的 PC 机，便可以足不出户，在很短的时间内完成整个支付过程。支付费用仅相当于传统支付的几十分之一，甚至几百分之一。

（5）电子支付目前也还存在一些需要解决的问题，主要是安全问题。例如，防止黑客入侵、内部作案与密码泄露等涉及资金安全的问题。

三、支付服务组织

1. 中国人民银行

中国人民银行是中国的中央银行，肩负"维护支付、清算系统正常运行""推进支付工具创新"等法定职责，是中国支付体系建设的运行者、促进者和法定监督管理者。

2008 年，《国务院办公厅关于印发中国人民银行主要职责内设机构和人员编制规定的通知》（国办发〔2008〕83 号）进一步明确了中国人民银行支付结算工作职责：制定全国支付体系发展规划，统筹协调全国支付体系建设，会同有关部门制定支付结算规则，负责全国支付、清算系统的正常运行。

2. 银行业金融机构

银行业金融机构是支付清算结算服务组织的主体，主要依靠遍布城乡的服务网点，面向单位和个人提供各类支付产品和支付服务。银行业金融机构主要包括政策性银行、大型商业银行、股份制商业银行、城市商业银行、农村中小金融机构、邮政储蓄银行和外资银行等。

3. 非金融服务组织

我国支付服务市场中逐渐兴起了专业化从事支付清算服务的非金融支付服务组织。这些机构直接面向广大企事业单位和个人提供灵活多样的零售支付服务，方便了日常支付活动。目前，非金融支付服务组织主要有中国银联股份有限公司、中央债券登记结算公司、中央债券登记结算公司、中国证券登记结算公司、互联网支付服务组织（支付宝、财富通、中金等）、集中代收付中心等。

四、电子支付系统的组成

支付系统是指由提供支付服务的中介机构、管理货币转移的法规以及实现支付的技术手段共同组成的，用来清偿经济活动参加者在获取实物资产或金融资产时所承担债务的一种特定方式与安排。因此，支付系统是重要的社会基础设施之一。

法定货币的出现则是支付工具发展史上的第一次飞跃，银行存款作为支付手段是货币制度的一大进步。用电子形式的支付工具完全取代纸质凭证形式的现金和非现金支付工具在技术上是完全可以实现的。人们把电子支付工具看成是支付工具发展史上第二次飞跃或革命。

基于互联网的电子交易支付系统由客户、商家、认证中心、支付网关、客户银行、商家银行和金融专用网络七个部分组成，如图 6-2 所示。

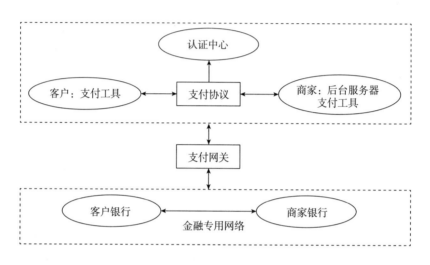

图 6-2 电子支付系统的基本构成

（1）客户。客户一般是指利用电子交易手段与企业或商家进行电子交易活动的单位或个人。它们通过电子交易平台与商家交流信息，签订交易合同，用自己拥有的网络支付工具进行支付。

（2）商家。商家是指向客户提供商品或服务的单位或个人。在电子支付系统中，它必须能够根据客户发出的支付指令向金融机构请求结算，这一过程一般是由商家设置的一台专门的服务器来处理的。

（3）认证中心。认证中心是交易各方都信任的公正的第三方中介机构，它主要负责为参与电子交易活动的各方发放和维护数字证书，以确认各方的真实身份，保证电子交易整个过程的安全稳定进行。

（4）支付网关。支付网关是完成银行网络和互联网之间的通信、协议转换和进行数据加、解密，保护银行内部网络安全的一组服务器。它是互联网公用网络平台和银行内部的金融专用网络平台之间的安全接口，电子支付的信息必须通过支付网关进行处理后才能进入银行内部的支付结算系统。支付网关的建设关系着整个电子支付结算的安全和银行自身的安全，关系着电子商务支付结算的安全及金融系统的风险。这就要求支付网关必须由商家和第三方银行或委托的信用卡发行机构来建设相应的支付结算服务。

（5）客户银行。客户银行是指为客户提供资金账户和网络支付工具的银行，在利用银行卡作为支付工具的网络支付体系中，客户银行又被称为发卡行。客户银行根据不同的政策和规定，保证支付工具的真实性，并保证对每一笔认证交易的付款。

（6）商家银行。商家银行是为商家提供资金账户的银行，因为商家银行是依据商家提供的合法账单来工作的，所以又被称为收单行或接收行。客户向商家发送订单和支付指令，商家将收到的订单留下，将客户的支付指令提交给商家银行，然后商家银行向客户银行发出支付授权请求，并进行它们之间的清算工作。

（7）金融专用网络。金融专用网络是银行内部及各银行之间交流信息的封闭的专用网络，通常具有较高的稳定性和安全性。我国国家金融通信网上，运行着中国国家现代化支付系统、中国人民银行电子联行系统、工商银行电子汇兑系统、银行卡授权系统等。我国传统商务中的电子支付与结算应用如信用卡 POS 机支付结算、ATM 资金存取、电话银行系统，均运行在金融专用网上。

五、中国现代化支付系统

中国现代化支付系统（China National Advanced Payment System，CNAPS）是中国人民银行按照我国支付清算需要，并利用现代计算机技术和通信网络自主开发建设的，能够高效、安全地处理各银行办理的异地、同城各种支付业务及其资金清算和货币市场交易的资金清算的应用系统。它是各银行和货币市场的公共支付清算平台，是中国人民银行发挥其金融服务职能的重要的核心支持系统。

1. 现代化支付系统的体系结构

中国人民银行通过建设现代化支付系统，将逐步形成一个以中国现代化支付系统为核心，商业银行行内系统为基础，各地同城票据交换所并存，支撑多种支付工具的应用和满足社会各种经济活动支付需要的中国支付清算体系。

中国现代化支付系统建有两级处理中心，即国家处理中心（NPC）和全国省会（首府）及深圳城市处理中心（CCPC）。国家处理中心分别与各城市处理中心连接，其通信网络采用专用网络，以地面通信为主，卫星通信备份。

政策性银行和商业银行是支付系统的重要参与者。各政策性银行、商业银行可利用行内系统通过省会（首府）城市的分支行与所在地的支付系统 CCPC 连接，也可由其总行与所在地的支付系统 CCPC 连接。同时，为解决中小金融机构结算和通汇难问题，允许农村信用合作社自建通汇系统，比照商业银行与支付系统的连接方式处理；城市商业银行汇票业务的处理，由其按照支付系统的要求自行开发城市商业银行汇票处理中心，依托支付系统办理其银行汇票资金的移存和兑付的资金清算。

为有效支持公开市场操作、债券发行及兑付、债券交易的资金清算，公开市场操作系统、债券发行系统、中央债券簿记系统在物理上通过一个接口与支付系统 NPC 连接，处理其交易的人民币资金清算。为保障外汇交易资金的及时清算，外汇交易中心与支付系统上海 CCPC 连接，处理外汇交易人民币资金清算，并下载全国银行间资金拆借和归还业务数据，供中央银行对同业拆借业务的配对管理。

2. 中国现代化支付系统的主要参与者

（1）直接参与者。中国人民银行地市以上中心支行（库）、在人民银行开设清算账户的银行和非银行金融机构与城市处理中心 CCPC 直接连接。

（2）间接参与者。中国人民银行县（市）支行（库）、未在人民银行开设清算账户而委托直接参与者办理资金清算的银行和经人民银行批准经营支付结算业务的非银行金融机构。不与城市处理中心直接连接，其支付业务提交给其清算资金的直接参与者，由该直接参与者提交支付系统处理。

（3）特许参与者。经中国人民银行批准通过支付系统办理特定业务的机构。在人民银行当地分支行开设特许账户，与当地城市处理中心连接。

六、电子货币

电子货币的产生是货币史上的一次飞跃。现在，电子货币已经广泛地渗透到现代生活中，它在完成交易支付时比纸币更加便利和快捷。使用电子货币，既可以存款、取款、转账、消费结算，也可以向银行办理消费信贷，还可以办理异地汇兑。电子货币的使用，大大省去了印制纸币必须花费的昂贵成本。此外，电子货币比纸币更不易伪造，使用起来更安全便利。

1. 电子货币的定义

所谓电子货币，是指用一定金额的现金或存款从发行者处兑换并获得代表相同金额的数据，通过使用某些电子化方法将该数据直接转移给支付对象，从而能够清偿债务。

电子货币具有简便、安全、迅速、可靠、小额支付等特征。

2. 电子货币的类型

目前，我国流行的电子货币主要有以下四种类型：

（1）储值卡型电子货币。一般以磁卡或 IC 卡形式出现，其发行主体除了商业银行之外，还有电信部门（普通电话卡、IC 电话卡）、IC 企业（上网卡）、商业零售企业（各类消费卡）、政府机关（内部消费 IC 卡）和学校（校园 IC 卡）等。发行主体在预收客户资金后，发行等值储值卡，使储值卡成为独立于银行存款之外新的"存款账户"。同时，储值卡在客户消费时以扣减方式支付费用，也就相当于存款账户支出货币。储值卡中的存款目前尚未在中央银行征存准备金之列，因此，储值卡可使现金和活期储蓄需求减少。

（2）信用卡应用型电子货币。它是指商业银行、信用卡公司等发行主体发行的贷记卡或准贷记卡。可在发行主体规定的信用额度内贷款消费，之后于规定时间还款。信用卡的普及使用可扩大消费信贷，影响货币供给量。

（3）存款利用型电子货币。主要有借记卡、电子支票等，用于对银行存款以电子化方式支取现金、转账结算、划拨资金。该类电子化支付方法的普及使用能减少消费者往返于银行的费用，致使现金需求余额减少，并可加快货币的流通速度。

（4）现金模拟型电子货币。主要有两种：一种是基于互联网的网络环境使用的且将代表货币价值的二进制数据保管在微机终端硬盘内的电子现金；另一种是将货币价值保存在 IC 卡内并可脱离银行支付系统流通的电子钱包。该类电子货币具备现金的匿名性，可用于个人间支付、可多次转手等特性，是以代替实体现金为目的而开发的。该类电子货币的扩大使用，能影响到通货的发行机制、减少中央银行的铸币税收入、缩减中央银行的资产负债规模等。

第二节　基于网络的电子支付

一、电子现金

1. 电子现金

电子现金是一种以数据形式流通的货币，是以电子方式存在的现金货币。它将现金的数值转换为一系列加密序列数，然后应用这些序列来表示各种金额的币值。

电子现金在经济领域起着与普通现金同样的作用，对正常的经济运行至关重要。电子现金应具备以下性质：

（1）独立性。电子现金的安全性不能只靠物理上的安全来保证，必须通过电子现金自身使用的各项密码技术来保证电子现金的安全。

（2）不可重复花费。电子现金只能使用一次，重复花费能被容易地检查出来。

（3）匿名性。银行和商家互通也不能跟踪电子现金的使用，就是无法将电子现金用户的购买行为联系到一起，从而隐蔽电子现金用户的购买历史。

（4）不可伪造性。用户不能造假币，包括两种情况：一是用户不能凭空制造有效的电子现金；二是用户从银行提取 N 个有效的电子现金后，也不能根据提取和支付这 N 个电子现金的信息制造出有效的电子现金。

（5）可传递性。用户能将电子现金像普通现金一样，在用户之间任意转让，且不能被跟踪。

（6）可分性。电子现金不仅能作为整体使用，也应能被分为更小的部分多次使用，只要各部分的面额之和与原电子现金面额相等，就可以进行任意金额的支付。

2. 电子现金的支付流程

电子现金流程一般包括五步。

（1）购买电子现金。买方在电子现金发放银行开立电子现金账号并购买电子现金。要从网上的货币服务器（或银行）购买电子现金，首先要在该银行建立一个账户，将足够的资金存入该账户以支持今后的支付。目前，多数电子现金系统要求买方在一家网络银行上拥有一个账户。这种要求对全球性和多种现金交易非常严格，买方应该能够在国内获得服务并进行国外支付，但需要建立网络银行组织，作为一个票据交换所。

（2）存储电子现金。使用专用软件从电子现金银行取出一定数量的电子现金存在特定的设备上。一旦账户被建立起来，买方就可以使用电子现金软件产生一个随机数，它是银行使用私钥进行了数字签名的随机数，再把货币发回给买方。

（3）用电子现金购买商品或服务。买方与同意接收电子现金的卖方订货，用卖方的公钥加密电子现金后，传送给卖方。

（4）资金清算。接收电子现金的卖方与电子现金发放银行之间进行清算，电子现金银行将买方购买商品的钱支付给卖方。这时可能有两种支付方式：双方的和三方的。双方支付方式是涉及两方，即买卖双方。在交易中卖方用银行的公共密钥检验电子现金的数字签名，如果对于支付满意，卖方就把数字货币存入它的机器，随后再通过电子现金银行将相应面值的金额转入账户。所谓三方支付方式，是在交易中，电子现金被发给卖方，卖方迅速把它直接发给发行电子现金的银行，银行检验货币的有效性，并确认它没有被重复使用，将它转入卖方账户。在许多情况下，双方交易是不可行的，因为可能存在重复使用的问题。为了检验是否重复使用，银行将从卖方获得的电子现金与已经使用电子现金数据库进行比较。像纸币一样，电子现金通过一个序列号进行标识。为了检验重复使用，电子现金将以某种全球同一标识的形式注册。

（5）确认订单。卖方获得付款后，向买方发送订单确认信息。

三方电子现金支付过程如图 6-3 所示。

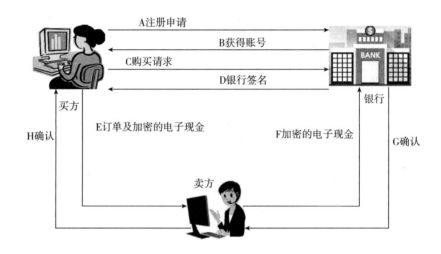

图 6-3　电子现金支付过程

3. 电子现金系统

电子现金系统最简单的形式包括三个主体（商家、客户、银行）和四个安全协议（初始化协议、提款协议、支付协议、存款协议）。电子现金在其生命周期中要经过提取、支付和存款三个过程，涉及客户、商家和银行三方，如图 6-4 所示。

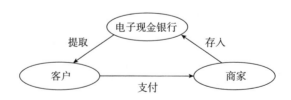

图 6-4　电子现金系统的基本流通模式

（1）提取。用户与银行执行提取协议从银行提取电子现金。

（2）支付。用户与商家执行支付协议支付电子现金。

（3）存款。商家与银行执行存款协议，将交易所得的电子现金存入银行。

二、电子钱包

电子钱包（E-Wallet）是一个可以由顾客用来进行安全电子交易和储存交易记录的特殊计算机软件，就像生活中随身携带的钱包一样，类似一个"虚拟钱包"。电子钱包本身并不能用于支付，而是选择存放在电子钱包里面自己的各种电子货币（如数字现金）或电子金融卡（信用卡、智能卡）等来进行支付结算。

1. 电子钱包的功能

（1）个人资料管理。消费者成功申请钱包后，系统将在电子钱包服务器为其开立一个属于个人的电子钱包档案，消费者可在此档案中增加、修改、删除个人资料。

（2）数字证书的管理。包括电子证书的申请、存储、删除等。

（3）安全电子支付。进行安全电子交易协议（Secure Electronic Transaction，SET）交易时辨认商户的身份并发送支付信息。

（4）交易记录的保存。保存每一笔交易记录以备日后查询。

值得注意的是，顾客开始使用电子钱包时一般要进行注册，在以后每次使用钱包时都要进行"登录"，进行电子钱包的身份确认，所以电子钱包持有者对自己的用户名及口令应该严格保密，以防电子钱包被人窃取，否则就会像生活中钱包丢失一样有可能会带来一定的经济损失。

2. 电子钱包的特点

（1）提高购物效率。随着消费者网上购物次数增多，他们开始厌倦每次采购都要输入送货地址、信用卡信息、个人身份信息等，如果只需在网上单击一个个人的"钱包图标"，就能把这些每次重复的个人交易信息都安全发送给商家网站，加快购物过程，提高购物效率，这就是电子钱包的作用。

（2）比较适用于小额购物。电子钱包将网上购物的有关信息，如信用卡信息、电子现金、钱包所有者身份证、所有者地址及其他信息等集成在一个数据结构里，需要时整体调用。电子钱包是在小额购物或购买小商品时常用的新式虚拟钱包。

（3）电子钱包支付时通常采用 SET 协议安全机制，安全可靠。

（4）使用电子钱包购物，通常需要在电子钱包服务系统中进行（需要商家支持）。

（5）顾客需要使用电子钱包客户端软件（通常对顾客免费）才可以使用电子钱包进行电子支付。

三、电子支票

电子支票是纸质支票的电子替代物，电子支票将纸质支票改变为带有数字签名的电子报文，或利用其他数字电文代替纸质支票的全部信息。电子支票与纸质支票一样是用于支付的一种合法方式，它使用数字签名和自动验证技术来确定其合法性。支票上除了必需的收款人姓名、账号、金额和日期外，还隐含了加密信息。

1. 电子支票的支付

电子支票的支付目前一般是通过专用网络、设备、软件及一套完整的用户识别、标准报文、数据验证等规范化协议完成数据传输，从而控制安全性。这种方式已经较为完善。电子支票支付发展的主要问题是今后将逐步过渡到公共互联网络上进行传输。电子资金转账（Electronic Fund Transfer，EFT）或网上银行服务（Internet Banking）方式，是将传统的银行转账应用到公共网络上进行的资金转账。一般在专用网络上应用具有成熟的模式（如 SWIFT 系统）；公共网络上的电子资金转账仍在实验之中。大约80%的电子商务仍属于贸易上的转账业务。只有美国银行支持的支票才能在互联网上被接受，因为在线检验需要依赖美国的支票兑现基础设施。因此，尽管电子支票可以大大节省交易处理的费用，但是，对于在线支票的兑现，人们仍持谨慎的态度。电子支票的广泛普及还需要有一个过程。

2. 电子支票的优势

（1）电子支票可为新型的在线服务提供便利。它支持新的结算流；可以自动证实交易各方的数字签名；增强每个交易环节上的安全性；与基于 EDI 的电子订货集成来实现结算业务的自动化。

（2）电子支票的运作方式与传统支票相同，简化了顾客的学习过程。电子支票保留了纸制支票的基本特征和灵活性，又加强了纸制支票的功能，因而易于理解，能得到迅速采用。

（3）电子支票非常适合大额结算，电子支票的加密技术使其比基于非对称的系统更容易处理。收款人和收款人银行、付款人银行能够用公钥证书证明支票的真实性。

（4）电子支票可为企业市场提供服务。企业运用电子支票在网上进行结算，可比现在采用的其他方法降低成本；由于支票内容可附在贸易伙伴的汇款信息上，电子支票还可以方便地与 EDI 应用集成起来。

（5）电子支票要求建立准备金，而准备金是商务活动的一项重要要求。第三方账户服务器可以向买方或卖方收取交易费来赚钱，它也能够起到银行作用，提供存款账户并从中赚钱。

（6）电子支票要求把公共网络同金融结算网络连接起来，这就充分发挥了现有金融结算基础设施和公共网络作用。

3. 电子支票的支付流程

用户利用网络生成一个电子支票，然后通过互联网将电子支票发送给商家，同时把电子付款通知单发送给银行。像纸质支票一样，电子支票需要经过数字签名，被支付人数字签名背书，使用数字凭证确认支付者/接收者身份、支付银行及账户，金融机构就可以根据签过名和认证过的电子支票把款项转入商家的银行账户。电子支票的支付流程包括以下若干步骤：

（1）申请电子支票。用户首先在提供电子支票服务的银行注册，申请电子支票。注册时需要输入信用卡和银行账户信息以支持开具支票。电子支票应具有银行的数字签名。用户需要下载称作"电子支票簿"的软件用于生成电子支票。

（2）电子支票付款。用户和商家达成购销协议选择用电子支票支付。用户在计算机上填写电子支票，电子支票上包含支付人姓名、支付人账户名称、接收人姓名、支票金额等。同时，用自己的私钥在电子支票上进行数字签名，用卖方的公钥加密电子支票，形成电子支票文档。用户通过网络向商家发出电子支票，同时向银行发送付款通知单。商家收到电子支票后进行解密，验证付款方的数字签名，背书电子支票，填写账单，并对进账单进行数字签名。

商家将经过背书的电子支票及签名过的进账单通过网络发给收款方开户银行。收款方开户银行验证付款方和收款方的数字签名后，通过金融网络发给付款方开户银行。付款方开户银行验证收款方开户银行和付款方的数字签名后，从付款方账户划出款项，收款方开户银行在收款方账户存入款项。

四、微支付

微支付是指在互联网上进行的一些小额的资金支付。这种支付机制有特殊的系统要求，在满足一定安全性的前提下，要求有尽量少的信息传输、较低的管理和存储需求，即速度和效率要求比较高。这种支付形式就称为微支付。现在大家所说的微支付，主要是指微信支付。

1. 微支付的特点

（1）交易金额小。微支付的首要特征是能够处理任意微小的交易额。一般交易中所购买的商品价格通常在几分到几元，不像传统支付通常一次交易的金额比较大。

（2）安全性需求不高。微支付本身的交易额一般都很小，在这种情况下即使交易过程中有关的支付信息被非法截获、窃取或者是篡改，对交易双方的损失也不大。对安全性的需求就不如其他电子支付（如宏支付）那么严格。

（3）交易效率高。也正因为微支付交易额小，交易量很小，要求微支付系统比传统电子商务的交易效率高，使消费者的交易请求得到即时满足。

（4）交易成本低。由于小额交易的价值本身就很小，如果采用传统的支付方式，那么商家根本就无法盈利，这就要求采用微支付机制的交易费用非常低。

2. 微支付的模型

微支付模型一般涉及客户（Consumer，C）、经纪人（Broker，B）和商家（Vendor，V）三方。客户是使用微电子货币购买商品的主体，商家为用户提供商品并接收支付，经纪人是作为可信第三方存在的，用于为客户和商家维护账号、通过证书或其他方式认证客户和商家的身份、进行货币销售和清算，并解决可能引起的争端。它既可以是一些中介机构，也可以是银行。微支付的货币可以由票据（Scirp）或散列（Hash）链等组成，既可以由商家产生，也可以由经纪人和客户产生。由商家或经纪人代理产生的微电子货币一般与特定的商家有关，经纪人作为可信机构，也可以独立产生电子货币，它一般与特定的商家类型无关，另外，客户也可以根据 B 的授权（如通过颁发证书）来独立制造货币，它一般是基于 Hash 链形式的，既可以与特定的商家有关，也可以无关，并具有灵活的扩展形式。在进行支付之前，客户一般通过离线方式获取微电子货币或交易中使用的数字证书，一般情况下，客户和经纪人之间可以通过宏支付或其他方式建立联系，以在经纪人处建立账号。客户通过在线方式同商家进行联系，浏览选择商品和进行支付。商家一般可以在本地验证电子货币的真伪，但一般不能判断是否客户在重复消费（除非对特定商家的货币）。每隔一定的时间，如一天或一周等，商家会把客户支付的微电子货币提交给经纪人进行兑现，经纪人可以对电子货币进行验证，以防止商家欺骗和客户的重复消费，这个步骤一般通过离线方式完成。另外，还有其他的微支付模型，如建立在宏支付基础之上，利用宏支付协议和消息来完成微支付过程。有些微支付机制更简单，甚至不需要经纪人的参与，交易中只涉及客户和商家。

3. 微支付系统分析

目前，主流微支付系统有以下四种：

（1）基于公钥机制的微支付系统。为了提供认证和支付的不可否认性，宏支付系统采用了耗时的公钥技术。一些微支付机制为了提高效率，没有完全消除公钥计算，而是减少了各方公钥计算次数。这种微支付机制很大程度上可称为小额支付，包括 NetBILL、Mini – Pay 和 NetCents 等。但由于大量采用公钥算法，其效率受到较大影响。

（2）基于宏支付的微支付系统。宏支付交易额一般比较大，为了保证安全性，其交易的协议格式和步骤较复杂，且大量采用了公钥技术，因而，宏支付的交易成本较高，不适合于微支付环境。借助宏支付机制，或在宏支付基础上，通过对消息格式和交易步骤的改进，在保证一定安全性的前提下，可大大提高宏支付的效率，从而应用于小额支付和微支付领域，其中最为典型的有 MSET 和 LITESET 等。但其效率比较低，可以作为宏支付的一种附加业务。

（3）基于共享密钥机制的微支付系统。由于对称加密算法的效率远高于公钥加密算法，为了消除使用公钥密码所带来的计算消耗，提出了基于共享对称密钥微支付机制。对称算法除能够采用 MAC 码提供消息的认证性和完整性外，还采用加密以提供传输信息的机密性，但不能提供类似公钥算法中的不可否认性。此外，对于大型系统而言，对称算法也存在密钥管理问题。

（4）基于 Hash 链的微支付系统。采用 Hash 函数的目的是因为它比公钥的签名与验证有更高的执行速度。所谓 Hash 链就是对于某个机密信息连续取 Hash 值后所组成的序列，用户用其表示自己的信用。每一个 Hash 值被称为支付字据，用以交付给商家作支付凭证。每个支付字据链是与零售商相关的，为了保证兑现用户还要签承保书。

基于 Hash 链的典型微支付机制就是 PayWord。在 PayWord 微支付系统中，消费者利用所谓"付款串列"（PayWord）作为和商家交易时，进行付款的"金钱"，而付款串列是由消费者在想要和商家进行交易时自己所产生出来的，这一点和其他的付款系统相比是最大的不同，要产生"付款串列"，消费者必须随机选出一个数字 W_n，用它当作是产生付款串列的种子（seed），然后利用下面的规则来产生付款串列：

$$W_{i-1} = H(W_i) \quad (i = 1, 2, \cdots, n)$$

其中，H 是单向杂凑函数，如 SHA。利用上式计算出来的每一个函数都可以用来付钱，就称为一个"PayWord"，每一个"PayWord"的面值可以有固定的单位，如一元。而计算出来的串列的最后一个值 W_0 不是整个付款串列的一部分，而是整个串列的根（Root），目的是在验证这一付款串列的正确性时将其作为验证的依据。

4. 微支付的发展趋势

生活方式的改变，决定了微支付的盛行。当下人们生活水平提高，收入水平上升，已经有越来越多的人通过微端的方式进行消费与支付。微支付已经成为时下最为流行的一种支付方式。人们在进行外出消费时，携带的现金越来越少，并且希望从传统的支付方式之中解放出来。微支付非常适合消费能力强，接受能力强的年轻人，未来发展势头明显，将引领移动端支付市场。

从社会发展趋势可以看出，微支付已经成为生活中便捷的消费方式，不仅最大限度地方便了人们的生活，而且还符合人们渴望简单化的生活需求。如若想要从最初的现金支付，银行排队交易模式之中解脱出来，相信微支付是最佳的选择。

五、移动支付

1. 移动支付的相关概念

（1）移动支付。移动支付就是通过移动设备利用无线通信技术转移货币价值以清偿债权债务关系的一种支付方式。其中"移动设备"包括手机、PDA、移动 PC 等，无线通信技术包括各种近距离无线通信技术（如红外线、射频识别技术、蓝牙等）和远距离无线通信技术（如短信、WAP 等）。

手机是目前移动支付中使用最普遍的移动设备，利用手机进行的支付方式通常称为手机支付。手机支付最早出现在美国，但是，美国和欧洲的移动运营商都没有给予太多重视与关注。相反，在日本和韩国，手机支付的发展最为迅速。无论是在业务量上，还是在业务模式上，我国的手机支付都处于发展的初期，但发展势头非常迅猛，尤其在最近几年，手机电子钱包应用快速发展。

另外，以电子钱包方式支付的各种智能储值卡在交通、购物、校园等领域也日益普及，我国一些大城市已经开始运行一卡通项目，智能储值卡应用也成为移动支付领域的一个重要分支。

移动支付具有方便、快捷、安全、低廉等优点，日益受到电子商务商家和广大消费者的青睐，成为一种具有光明发展前途的电子支付结算方式。

（2）手机银行。手机银行就是通过移动通信网络与移动通信技术实现手机与银行的对接，通过手机界面操作或者发送短信完成各种金融服务的电子银行创新业务产品，是手机支付的一种实现方式，也是目前移动支付中使用比较普遍的一种支付方式。手机银行作为一种结合货币电子化与移动通信的服务，不仅可以使人们随时随地处理多种金融业务，而且极大地丰富了银行服务的内涵，使银行能以便利、高效而又较为安全的方式为客户提供传统和创新服务。

随着智能手机的不断改进和无线通信技术的发展，手机银行跟网上银行在功能上的差距越来越小，甚至有人将手机银行称为"网上银行的手机版"或"移动银行"。

（3）手机钱包。手机钱包是手机与电子钱包的结合。电子钱包包括智能储值卡式电子钱包和纯软件式电子钱包。手机既可以通过与智能储值卡的物理融合成为电子钱包，也可以作为移动终端通过使用电子钱包软件成为手机钱包。但目前人们所称的手机钱包多指前者，即手机与智能储值卡的融合。

目前，人们直接刷手机乘坐公交车、地铁，出入门禁等现象在城市已经随处可见，这种智能卡式手机钱包的发展呈现出勃勃生机。

2. 移动支付的分类

根据不同的分类标准，移动支付可以分为不同的种类：

（1）按用户支付的额度，可以分为微支付和宏支付。根据移动支付论坛的定义，微支付是指交易额少于 100 元，通常是指购买移动内容业务，如游戏、视频下载等。宏支付是指交易金额大于 100 元的支付行为，如在商场购物或者进行银行转账。

（2）按完成支付所依托的技术条件，可以分为近场支付和远程支付。远程支付是指通过移动网络，利用短信、GPRS 等空中接口，与后台支付系统建立连接，实现各种转账、消费等支付功能。近场支付是指通过具有近距离无线通信技术的移动终端实现本地化通信进行货币资金转移的支付方式。

（3）按照可实现的业务种类，移动支付可以分为狭义支付和广义支付两种。狭义支付主要指通过手机实现的现金类商业活动，包括手机购物、手机订票、手机缴费等。广义支付主要指通过手机实现的交易类商业活动，包括移动拍卖、移动银行、移动股票、移动保险等。

（4）手机与银行卡绑定后，按照是否有资金的流动，移动支付可以分为信息类服务和支付类服务两大类。信息类服务包括用户银行卡信息（余额）查询、银行卡账户变化短信通知、对账通知、到账通知、话费查询等，主要实现对银行卡资金变动情况的监控；支付类服务包括公共事业费缴纳、话费缴纳、购买各种卡、网上购物、彩票投注等，主要通过手机完成交易。

3. 移动支付的产业链构成

移动支付属于典型的技术驱动型业务，这类业务成功的基础是建立一个基本成型的产业链。

移动支付产业链是指为了满足消费者对移动支付的基本服务和增值服务的需求，由移动支付服务提供商（发卡机构）、移动支付应用服务商、移动支付平台运营商、收单机构等多个产业环节共同组成（见图 6-5），实现相关资源从上游到下游的不断转移并到达消费者的链条。只有建立并完善移动支付产业链，才能使产业链中各成员获得最大的利益，实现多赢，从而推动我国移动支付市场的健康发展。

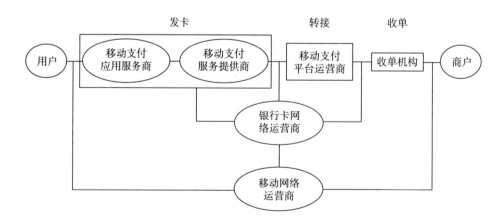

图 6-5 移动支付产业链构成

（1）移动支付服务提供商（发卡机构）。此处的发卡机构包括银行卡、储值卡（公交卡等）和虚拟卡（如 QQ 币）的发卡主体以及移动运营商。移动支付服务提供商向用户提供用于移动支付的载体。

（2）移动支付应用服务商。移动支付应用服务商向移动支付服务提供商提供支付产品的销售和管理平台，向用户提供挑选合适支付产品的卖场，如移动设备提供商。因此，从某种意义上说，移动支付应用服务商可以视为移动支付服务提供商和用户之间的桥梁。移动支付应用服务商是面向用户的直接接口，能够快速、及时地掌握用户对支付产品的需求及变化等信息，并将这些变化向上游企业传递。

（3）移动支付平台运营商。移动支付平台运营商的直接客户是各类发卡机构和收单机构，而最终客户则是用户和商户。其主要职责是跨行信息的转接和清算。目前，移动网络运营商和银行卡网络运营商凭借现有的网络基础都可以进行移动支付平台的运营，成为移动支付平台运营商。

（4）收单机构。收单机构主要为特约商户（包括实体商户和网上商户）受理支付产品（包括银行卡）提供授权和结算、交易后的对账查询和差错处理、监控收单交易等。收单机构包括金融机构以及有资质的专业化收单机构。对于远程移动支付而言，发卡、转接和收单的界限并不那么明显，尤其是收单环节可以和转接环节合为一体。

4. 移动支付的商业运营模式

移动支付商业运营的主要模式有以下四种：

（1）以金融机构为主导的运营模式。提供支付服务的金融机构主要是银行（支付平台）。在该种运营模式下，银行独立提供移动支付服务，消费者和银行之间利用手机借助移动运营商的通信网络传递支付信息。移动运营商不参与运营管理，只负责提供信息通道。用户将手机与银行账户进行绑定，直接通过语音、短信等形式将货款从消费者银行账户划转到商家银行账户，完成支付（见图 6-6）。

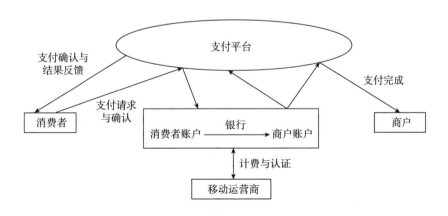

图 6-6　以金融机构为主导的运营模式

（2）以移动运营商为主导的运营模式。这种运营模式以移动运营商代收费业务为主，银行完全不参与其中。消费者对其话费账户预先充值，当采用手机支付形式购买商品或服务时，将话费账户作为支付账户，交易费用直接从话费账户中扣除。这样货款支付先由电信话费进行扣除，最后由商家和移动运营公司进行统一结算。典型的例子是中国移动公司推出的"移动影音书刊俱乐部"购物的支付方式（见图6-7）。

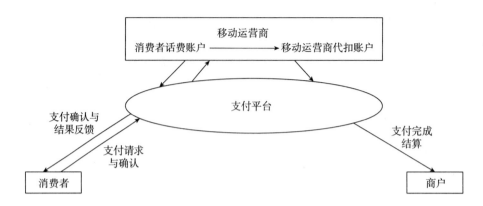

图6-7 以移动运营商为主导的运营模式

（3）以第三方支付服务提供商为主导的运营模式。这里的第三方支付服务提供商指独立于银行和移动运营商，利用移动通信网络和银行的支付结算资源进行支付的身份认证和支付确认的机构。第三方支付服务提供商既可以是银联，也可以是别的手机支付平台，它们需要构建移动支付平台，并与银行相连完成支付，同时充当信用中介，并且为交易承担部分担保责任。货款通过第三方提供的移动支付账号进行划转。例如，通过上海捷银支付、联动优势科技的移动门户支付、手付通等平台进行的支付（见图6-8）。

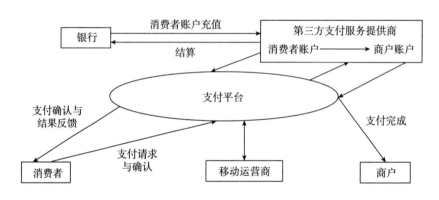

图6-8 以第三方支付服务提供商为主导的运营模式

（4）金融机构与移动运营商合作的运营模式。在这种模式下，金融机构和移动运营商发挥各自的优势，在移动支付技术安全和信用管理领域强强联手，综合了以金融机构为主导和以移动运营商为主导的两种运营模式（见图6-9）。

随着中国人民银行对电子支付服务提供商实行"牌照制"，移动支付的市场秩序将得到规范和整顿。在产业利益的驱动下，最好的运营模式将是以金融机构和移动运营商紧密合作为基础，以第三方支付服务提供商的协助支持为推动力的整合商业模式。

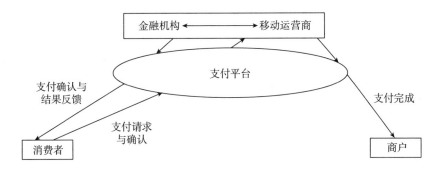

图6-9 金融机构与移动运营商合作的运营模式

第三节 基于银行卡的电子支付

一、银行卡

银行卡是指经批准由商业银行（含邮政金融机构）向社会发行的具有消费信用、转账结算、存取现金等全部或部分功能的信用支付工具。银行卡减少了现金和支票的流通，使银行业务突破了时间和空间的限制，发生了根本性变化。银行卡自动结算系统的运用，使这个"无支票、无现金社会"的梦想成为现实。

一般情况下，银行卡按是否给予持卡人授信额度分为信用卡和借记卡。

1. 借记卡

借记卡按功能不同分为转账卡、专用卡、储值卡。借记卡不能透支。转账卡具有转账、存取现金和消费功能。专用卡是在特定区域、专用用途（是指百货、餐饮、娱乐行业以外的用途）使用的借记卡，具有转账、存取现金的功能。储值卡是银行根据持卡人要求将资金转至卡内储存，交易时直接从卡内扣款的预付钱包式借记卡。

借记卡（Debit Card）可以在网络或POS消费或者通过ATM转账和提款，不能透支，卡内的金额按活期存款计付利息。消费或提款时资金直接从储蓄账户划出。借记卡在使用时一般需要密码（PIN）。借记卡按等级可以分为普通卡、金卡和白金卡；按使用范围可以分为国内卡和国际卡。

2. 信用卡

信用卡又分为贷记卡和准贷记卡。

（1）贷记卡。贷记卡（Credit Card），常称为信用卡，是指发卡银行给予持卡人一定的信用额度，持卡人可在信用额度内先消费后还款的信用卡。它具有的特点是：先消费后还款，享有免息缴款期（最长可达56天），并设有最低还款额，客户出现透支可自主分期还款。客户需要向申请的银行交付一定数量的年费，各银行不相同。

（2）准贷记卡。准贷记卡是一种存款有息、刷卡消费以人民币结算的单币种单账户信用卡，具有转账结算、存取现金、信用消费、网上银行交易等功能。当刷卡消费、取现账户存款余额不足支付时，持卡人可在规定的有限信用额度内透支消费、取现，并收取一定的利息。不存在免息还款期。

准贷记卡是一种具有中国特色的信用卡种类，国外并没有这种类型的信用卡。20 世纪 80 年代后期，中国银行业从国外引入信用卡产品。因为当时中国个人信用体制并不是很完善，中国银行业对国外的信用卡产品进行了一定的更改，将国外传统的信用卡存款无利息，透支有免息期更改为存款有利息、透支不免息。

准贷记卡兼具贷记卡和借记卡的部分功能，一般需要缴纳保证金或提供担保人，使用时先存款后消费，存款计付利息。持卡人购物消费时可以在发卡行核定的额度内进行小额透支，但透支金额自透支之日起计息，欠款必须一次还清，没有免息还款期和最低还款额，其基本功能是转账结算和购物消费。

综合起来，准贷记卡的特点主要有：①申请准贷记卡一般需要缴纳保证金或提供担保人。②在准贷记卡内存款是计算利息的。③准贷记卡可以透支，但是透支款项没有免息还款期，从透支当日就可以计算利息，且必须一次还清，没有最低还款。

准贷记卡作为中国信用卡产业发展过程中的过渡产品正在逐步退出历史舞台，在我们现实生活中准贷记卡的使用量、使用意义都在逐步减小。

3. 多功能发展趋势

目前，信用卡和智能卡的作用正在朝多功能方向发展。银行发行的金融交易卡，在金融界主要用于与电子银行系统有关的作业处理，包括无现金购物、使用 ATM 系统、企业银行联机、家庭银行联机、在互联网上进行电子商务活动、银行柜台交易和个人资产管理等。

（1）无现金购物。使用银行卡，可利用 POS 系统进行购物。近代的 POS 系统一般都提供立即转账和信用挂账两种购物方式。因此，顾客既可用借记卡购物，并立即转账，也可用信用卡购物，做挂账处理。

（2）使用 ATM 系统。CD/ATM 机通常都处于等待服务状态，当持卡人插入银行卡之后，立即启动 ATM 机，使之进入服务状态。持卡人可用借记卡在 ATM 机上进行存款、取款、转账和查询等操作，也可用信用卡预支现金。

（3）企业银行联机。各企事业单位的计算机同银行主机联机之后，就可用本单位内部的终端同银行进行日常的业务交易。为此，企业要事先申领银行卡，建立相应账户，才能启动联机系统。

（4）个人资产管理。银行卡在前述各种应用领域里，磁卡和 IC 卡都可用，以 IC 卡为优。在个人资产管理领域，多用 IC 卡。银行卡用于个人资产管理时，需在 IC 卡上存储与个人资产有关的各种数据，以便能够提供有关资产管理方面的咨询服务，协助持卡人对资产进行有效管理。

二、自助银行

1. 自助银行定义

自助银行（Self-service Banking）又称"无人银行"，属于银行业务处理电子化和自动化的一部分，它利用现代通信和计算机技术，借助现代化的自助服务设备，采用"人机对话"方式，为客户提供智能化程度高、不受银行营业时间限制的全天候金融服务。其全部业务流程在没有银行人员协助的情况下完全由客户自己完成，极其方便、快捷。

自助银行有狭义和广义之分。中国人民银行制定的《商业银行设立同城营业网点管理办法》第三条规定："自助银行是指商业银行在营业场所以外设立的自动取款机（ATM）、自动存款机（CDM）等通过计算机、通信等科技手段提供存款、贷款、取款、转账、货币兑换和查询等金融服务的自助设施。自助银行包括具有独立营业场所、提供上述金融业务的自助银行和不具有独立营业场所、仅提供取款、转账、查询服务的自动取款机两类。"上述是狭义的自助银行定义。广义上的自助银行除此以外还包括网上银行、电话银行以及手机银行等主要以自助方式实现金融服务的方式。我们一般所指的自助银行是指狭义的自助银行。

自动取款机又称 ATM，是 Automatic Teller Machine 的缩写，意思是自动柜员机，因大部分用于取款，又称自动取款机。它是一种高度精密的机电一体化装置，利用磁性代码卡或智能卡实现金融交易的自助服务，代替银行柜面人员的工作。可提取现金、查询存款余额、进行账户之间资金划拨、余额查询等工作；还可以进行现金存款（实时入账）、支票存款（国内无）、存折补登、中间业务等工作。持卡人可以使用信用卡或储蓄卡，根据密码办理自动取款、查询余额、转账、现金存款、存折补登、购买基金、更改密码、缴纳手机话费等业务。

2. 自助银行的发展趋势

20 世纪 90 年代开始，出现了一些利用信息技术的、安全性能高的自助银行，主要发展趋势如下：

（1）开发功能更加齐全的自助（无人）银行。如 NCR 研发的一种"无人银行"新产品。通过战略性的系统解决方案，它可以作为自助服务终端，帮助用户进行各种银行交易，包括快速提款、取款、付账、打印月结单、IC 卡业务、补登存折、兑现支票，还可以购买彩券、邮票或电话卡等。

（2）提供安全性更高的自助（无人）银行。如将视网膜识别系统与新颖的 ATM 系列终端集成的自助银行。该产品以用户的视网膜信息识别取代常规密码验证方式，由于全球几十亿人的视网膜都不相同，从而这种设备较 PIN 对用户更安全、可靠。用户只需把卡插入，安装在终端上的照相机即可照出眼睛的色彩部分，即视网膜。如果视网膜数据与银行的记录相符，则 ATM 将允许即时存取个人银行账户而无须个人识别号。

（3）提供"个性化"服务的自助（无人）银行。如 NCR 与合作伙伴挪威联合银行联合策划、设计和设置的"明日银行"。客户一旦步入这家银行，便被作为特殊的个人对待。通过终端扫描其银行卡，便会给出一个特别编号的排队票，该票直接与银行的数据仓库连接，瞬时识别用户，并送出一条是谁在等待的信息，根据对用户的分析，在视频屏幕上显示出按照用户特点剪辑的广告。"明日银行"的目标就是让一个银行成为更靠谱的上百万个银行。这是在传统银行再无潜力可挖，而且运营成本太高的情况下的一项新创意。通过提供"个性化"的服务，区别对待客户，银行就有光明的前景，成本就会降低，从而继续保持强大的竞争力。

三、POS

按照自助银行交易方式的不同,客户既可以通过自助终端进行交易,也可以进行销售点终端 POS 交易。

1. POS 系统简介

POS 系统是利用计算机技术和现代通信技术把商户的 POS 设备与银行计算机系统相连接,实现持卡消费资金与银行卡账户自动清算的系统。POS 设备包括主控机、凭条打印机和密码输入器三个部分。POS 设备可同多个银行的计算机系统通信,客户购物时,将银行卡插入终端内,从键盘输入个人标识码和交易额,POS 系统将这些数据以封包形式传送到相关的银行计算机系统,经核实确认无误后,即可成交。银行计算机系统将货款从持卡人账户转入商家账户,POS 系统终端为顾客打印账单收据,同时自动修改商店的存货清单和有关的数据库文件,全过程仅需 5 秒钟左右。

POS 系统的使用,对持卡人来说,出门购物、消费无须携带大量的现金,只需输入密码就可以进行交易,而且,一旦设置了密码,即使信用卡丢失或被盗,他人也无法使用,从而增强了资金的安全性。

对商户来说,则大大缩短了资金周转过程,提高了收款效率,实现了资金在流动中的增值。商户通过 POS 机可以及时掌握商品销售情况,有利于商户进行商品购销的分析和管理,减轻了销售人员在汇总、盘库和清点时的劳动量;可以减少以往用现金或支票付款时的差错及风险,同时提高了信息处理效率,减少了各类实物票据的流通量和处理量,确保信息处理的准确及时。商户具有了现代化的形象,从而吸引更多的客户。

对银行来说,为商户提供 POS 服务,可使银行业务深入流通领域的各个环节,让"现金流""票据流"转化为"电子流",使人们更加相信电子货币,提高用卡率,增加了银行的用卡结算手续费收入,提高了银行的信誉和竞争力,从而赢得更多新的客户。

2. POS 系统交易流程与环节

POS 系统涉及多个实体对象,包括持卡人、成员金融机构、特约商户、清算中心和国外信用卡集团。各实体对象间的交易处理关系如图 6 - 10 所示。

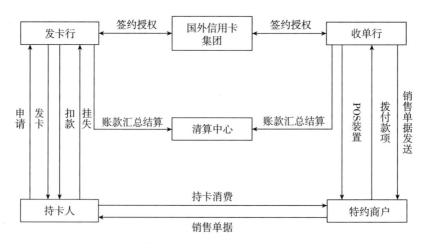

图 6 - 10　POS 系统各实体对象间的交易处理关系

（1）持卡人，即消费者，他们持有可用于消费的银行卡。

（2）成员金融机构，即参与 POS 系统的金融机构。按执行业务的功能，可将成员金融机构进一步分为发卡行和收单行。发卡行是将其银行卡发行给消费者的银行。收单行是同特约商户签约，处理 POS 转账及相关事项的银行。参与 POS 系统的成员行，可同时兼具发卡行和收单行二者的功能。

（3）特约商户，即与收单行签约提供 POS 服务的商家。POS 系统终端就安装在商家的商场内。

（4）清算中心。它是负责执行参与 POS 系统成员行间跨行账务清算的金融机构。

（5）国外信用卡集团，如发行 Visa 卡、MasterCard 卡等的国际知名信用卡机构。国内金融机构若经过签约授权，就可以在国内发行和使用它们的银行卡。

涉及跨行 POS 系统业务的联网方式主要有直连和间连两种模式。

直连模式是指 POS 系统终端直接与银联相连，数据直接由当地银联分公司经由银联总中心进行转接，经跨行清算后再返回商业银行，机具由各发卡行投放。

间连模式是指 POS 系统终端连接收单银行主机系统。本行卡交易时，交易信息不通过银联，直接传送到收单行主机；跨行交易时，交易信息先传送到收单行主机系统，判断为跨行信息后传送至银联区域中心（区域中心是指银联在各地所属的负责进行当地银行卡跨行交易清算的部门）主机系统，区域中心再将相关信息传送到发卡行然后信息流沿原路返回。

以间接模式为例，POS 系统支付流程主要有以下五个步骤：

（1）消费者在特约商户持卡消费，操作员签到，将消费者的消费金额输入 POS 系统。

（2）读卡器读取银行卡磁条或芯片中的认证数据，如果银行卡设置了相应密码，则消费者输入密码。

（3）将前两步输入的数据送往收单银行 POS 服务器。

（4）POS 服务器收到请求信息后，区分银行卡为本行卡还是他行卡分别进行处理。如果为本行卡，则上送本行业务平台，验证银行卡的合法性、消费者密码等，并将处理结果数据实时返回 POS 系统终端。如果为他行银联卡，则将数据转发给相应的发卡行或银联区域中心（区域中心再将相关信息送到发卡行）；发卡行验证银行卡的合法性、消费者密码等，并将处理结果数据沿原路返回 POS 系统终端。在信息验证过程中，如果银行卡不合法，则返回 POS 系统终端提示要求做压卡处理。当消费者输入的密码同主机系统数据库中的密码不匹配，累计出错超过规定次数，则通过 POS 系统终端做压卡处理；如果密码有误，但累计不到规定次数，则返回信息要求客户重新输入密码；如果密码正确，就进行相应的财务处理。

（5）交易成功后，POS 系统自动打印凭证，请持卡人在凭证上的签名条内签名，核对卡号，签名后，将客户联退还顾客。

第四节 第三方支付

一、第三方支付平台的发展

我国最早的第三方支付企业是成立于1999年的北京首信（现更名为北京首信易支付）和上海环迅，两家公司主要面向B2C的支付业务。2004年下半年，第三方支付开始受到市场的极大关注，国内各商家纷纷涉足。之后，各大C2C购物网站如淘宝网、易趣网都分别推出了各自的第三方支付工具——支付宝、安付通。2005年，PayPal与上海网付易公司合作建立了本土化支付产品——贝宝。与此同时，快钱、银联电子支付等国内专营第三方支付平台的公司纷纷出现，共同来分享这块市场。

目前，我国第三方支付市场集中度较高，银联商务、支付宝、财付通占据了大部分市场份额。根据统计数据，2018年第一季度支付宝与财付通两大巨头占据中国第三方移动支付交易市场份额的90.6%，市场集中度高。艾媒咨询分析师认为，中国第三方移动支付市场进入成熟期，支付宝、财付通双寡头市场格局已经形成。虽然财付通发展晚于支付宝，但微信支付凭借其社交属性获得更多用户的青睐，整体市场交易规模占比紧跟支付宝。随着国家对互联网金融安全日益重视，银联推出云闪付APP，其制度优势会对支付宝和财付通造成一定的冲击。表6-1比较了五个第三方支付平台的竞争优势和劣势。

表6-1 五个第三方支付平台的竞争优势和劣势

支付工具	优势	劣势
支付宝	具有良好的信用度和网站品牌支撑 货款托管 在线支付手续费全免 付款到账发货，快速高效 全额先期赔偿损失	流程有漏洞，有欺诈行为 偏向卖家，发生纠纷时听卖家解释
安付通	有良好的网站品牌支撑 验货后放款，安全系数高 首付无上限卖家保障金，卖家安心 帮助卖家管理交易，卖家省心	没有明确的纠纷解决方案 收取注册费用 网速慢，沟通不便
首信易支付	提供统一接口及自动对账功能 7×24小时实时结算，日清月结 可查看实时订单明细，结算款项 业务广，多种支付手段 接入简便，适用范围广	先付款后交货 信用度低 知名度低，营销欠佳

支付工具	优势	劣势
云网支付	挂单率为0，不流失商机 实时购买，订单响应，转账结算 高度自定义结算机制 多维度单据查询，提供业务决策支持 量身定制的行业解决方案	对商户收费，不利竞争 模式简单，易被复制 防御信用风险能力有待加强
易宝支付	独立的第三方支付提供商，跟商家不会产生冲突 融合了互联网、手机、电话以及银行卡和充值卡等多元化的支付方式 提倡绿色支付理念，安全、便捷、低成本、高效率、创新、公益 量身定制的行业解决方案	在单个领域缺乏用户优势 知名度低

二、第三方支付的支付模式和流程

第三方支付按照不同的维度，有不同的分类。按服务对象分为独立第三方支付和非独立第三方支付；按服务特色分为网关支付模式、账户支付模式和特殊的第三方支付。

从服务对象角度来看，支付宝（淘宝）、财付通（拍拍）、安付通（易趣）和银联在线等第三方支付机构属非独立第三方支付机构，目前在我国的第三方支付市场中占据绝对主流的地位。其他的则为独立第三方支付机构，不隶属于任何电子商务网站，不为特定的电子商务平台服务。

从服务特色来看，目前市场上的第三方支付企业都倾向于建立综合服务平台，提供的产品有属于网关支付模式的，也有属于账户支付模式的，因此，从服务特色角度对第三方支付进行分类时，针对的是具体的第三方支付产品。

1. 网关支付模式

网关支付模式是指第三方支付平台仅作为支付通道将买方发出的支付指令传递给银行，银行完成转账后，再将信息传递给支付平台，支付平台将支付结果通知商户并进行结算。支付网关位于互联网和传统银行专网之间，其主要作用是安全连接互联网和银行专网，将不安全的互联网上交易信息通过安全转换传给银行专网，起到隔离和保护银行专网的作用。在网关支付模式下，第三方支付平台只提供了银行到用户的简单支付通道，把银行和用户连接起来。

该模式的典型应用有首信易支付网关支付、易宝支付网关支付等。网关支付模式下的支付流程如图6-11所示。

网关支付模式下的资金流向如图6-12所示。

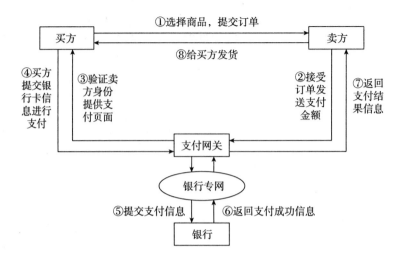

图6-11 网关支付模式支付流程

图6-12 网关支付模式资金流向

2. 账户支付模式

（1）直付支付模式。直付支付模式支付流程与传统转账、汇款流程类似，只是屏蔽了银行账户，交易双方以虚拟账户资金进行交易付款。

这种模式的典型应用有易宝账户支付、快钱账户支付等。直付支付模式下的支付流程如图6-13所示。

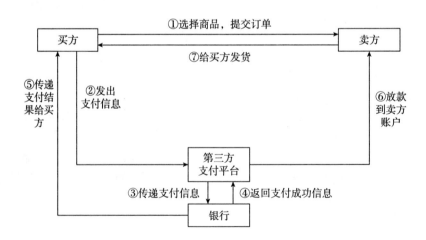

图6-13 直付支付模式流程

直付支付模式下的资金流向如图6-14所示。

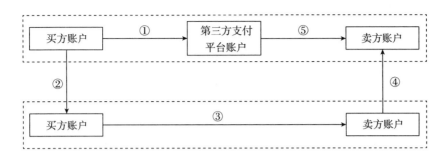

图 6 - 14　直付支付模式资金流向

直付支付模式下：

1）买方向支付平台账户充值，实体资金流向。此时实体资金是从买方银行账户转移到第三方支付平台用户清算银行账户。

2）买方向支付平台账户充值，平台虚拟资金流向。在买方充值成功后，第三方平台增加买方虚拟账户资金。

3）进行交易时，买方向卖方支付货款资金流向。在买方向卖方支付货款时，实体资金不发生变化，发生的是支付平台虚拟资金的转移，减少了买方虚拟账户资金，增加了卖方虚拟账户资金。

4）卖方取现时，平台虚拟资金流向。卖方取现成功后，第三方支付平台减少卖方虚拟账户资金。

5）卖方取现时，实体资金流向。卖方发出取现指令时，实体资金从第三方支付平台用户清算银行账户转移到卖方银行账户。

（2）间付支付模式。间付支付模式的支付平台是指由电子商务平台独立或者合作开发，同各大银行建立合作关系，凭借其公司的实力和信誉承担买卖双方中间担保的第三方支付平台，利用自身的电子商务平台和中介担保支付平台吸引商家开展经营业务。买方选购商品后，使用该平台提供的账户进行货款支付，并由第三方通知卖家货款到达、进行发货；买方检验物品后，就可以通知第三方支付平台付款给卖家，第三方再将款项转至卖方账户。

这种模式的典型应用有支付宝账户支付等。间付支付模式下的支付流程如图 6 - 15 所示。

间付支付模式下的资金流向如图 6 - 16 所示。

间付支付模式下：

1）买方向支付平台账户充值，实体资金流向。此时实体资金是从买方银行账户转移到第三方支付平台用户清算银行账户。

2）买方向支付平台账户充值，平台虚拟资金流向。在买方充值成功后，第三方平台增加买方虚拟账户资金。

3）进行交易时，买方向卖方支付货款资金流向。在买方向卖方支付货款时，实体资金不发生变化，而是支付平台虚拟资金发生转移，减少买方虚拟账户资金，增加第三方支付平台担保账户虚拟资金。

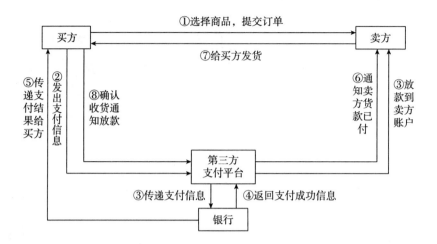

图 6-15　间付支付模式流程

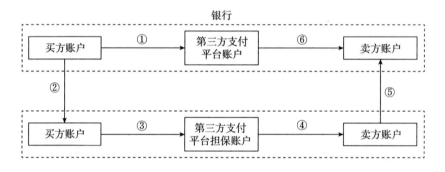

图 6-16　间付支付模式资金流向

4) 当买方收到货物，通知第三方支付平台放款时，实体资金同样不发生变化，只是虚拟资金从第三方支付平台担保账户移至虚拟账户。

5) 卖方取现时，平台虚拟资金流向。卖方取现成功后，第三方支付平台减少卖方虚拟账户资金。

6) 卖方取现时，实体资金流向。卖方发出取现指令时，实体资金从第三方支付平台用户清算银行账户转移到卖方银行账户。

3. 特殊的第三方支付——银联电子支付

银联电子支付平台（ChinaPay）是中国银联旗下的银联电子支付有限公司提供的第三方支付平台。作为非金融机构提供的第三方支付平台，ChinaPay 依托于中国银联，而且在中国人民银行及中国银联的业务指导和政策支持下迅速发展，因此它是特殊的第三支付平台。

ChinaPay 拥有面向全国的统一支付平台，主要从事以互联网等新兴渠道为基础的网上支付，企业 B2B 账户支付、电话支付、网上跨行转账、网上基金交易、企业公对私资金代付、自助终端支付等银行卡网上支付及增值业务。

ChinaPay 的专业产品 OneLinkPay 是银联电子支付专门研发的针对个人网上支付的在

线支付平台方案。它可以一次性连接多家商业银行和金融机构，支持国内主要商业银行发行的各类银行卡，可以实现跨银行、跨地区的实时支付。同时，它针对不同的业务模式，可量身定制支付结算方案。它采用了先进的安全数据加密技术，可以同时为商户提供安全有效的网络连接、多种支付操作平台和支付工具。OneLinkPay 的支付交易流程如图 6-17所示。

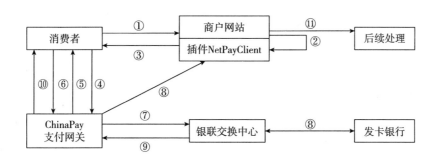

图 6-17　OneLinkPay 支付交易流程

银联电子支付模式下：

1）消费者浏览商品网站，选购商品，放入购物车，进入收银台。

2）网上商户根据购物车内容，生成付款单，并调用 ChinaPay 支付网关商户端接口插件对付款单进行数字签名。

3）网上商户将付款单和商户对该付款单的数字签名一起交消费者确认。

4）一旦消费者确认支付，则该付款单和商户对该付款单的数字签名将自动转发至 ChinaPay 支付网关。

5）支付网关验证该付款单的商户身份及数据一致性，生成支付页面显示给消费者，同时在消费者浏览器与支付网关之间建立 SSL 连接。

6）消费者填写银行卡卡号、密码和有效期（适合信用卡），通过支付页面将支付信息加密后提交支付网关。

7）支付网关验证交易数据后，按照银联交换中心的要求转换数据格式后封装支付信息，并通过硬件加密机加密后提交银联交换中心。

8）银联交换中心根据支付银行卡信息将交易请求路由到消费者发卡银行，银行系统进行交易处理后将交易结果返回到银联交换中心。

9）银联交换中心将支付结果回传到 ChinaPay 支付网关。

10）支付网关验证交易应答，并进行数字签名后，发送给商户，同时向消费者显示支付结果。

11）商户接收交易应答报文，并根据交易状态码进行后续处理。

图 6-17 中的 NetPayClient 是一个安装在 ChinaPay 商户会员一方的应用编程接口函数库（APLLIB），它与商家网上柜面系统相集成，可以实现消费者、商户和银行间的网上安全支付。它提供的功能主要有：商户对订单进行数字签名；验证加以应答；按订单号查询交易；核对交易明细；核对交易总账等。

4. 网联支付新模式

网联全称"网联清算有限公司",是由中国支付清算协会发起的一个线上支付统一清算平台。网联成立的主要目的是应对和解决目前第三方支付市场由支付清算混乱、信息透明度不高而产生的问题,对第三方支付公司资金流向进行严厉监管。目前,第三方支付机构直接与银行相连,进行线上线下的支付业务,资金在其内部进行清算。网联运营后,支付机构与银行之间必须通过网联进行对接,使监管机构能够了解到非银行支付机构的资金流向,整顿各种各样的监管漏洞和备付金风险的一系列问题,从而能够更好地规范第三方支付市场,促进第三方支付业务的稳健发展。

当前,网联模式处于逐步推广过渡的阶段,2017 年 3 月 31 日,第三方支付领域中的四大巨头(支付宝、财付通、百度百付宝、京东网银在线)成为第一批接入网联的第三方支付平台。网联的首笔签约交易和跨行清算交易分别由京东旗下的网银在线和腾讯的财付通完成。支付宝也已经完成了相关的开发和联合调试工作。从 2018 年 6 月 30 日开始,支付宝和微信各大第三方支付软件将接入网联,整个第三方支付的流程将会由国家监管,加强了资金的安全性。

网联的成立,将对支付清算产业链产生一定的影响。虽然随着网联的出现,产业链被进一步拉长,但是支付清算的效率却会进一步加强,支付产业链将会更加稳定。网联的成立给整个产业链的结构和交互模式都带来了一些变化。网联成立之前的交互模式和网联成立之后的交互模式分别如图 6 – 18 和图 6 – 19 所示。

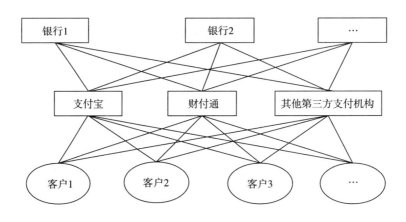

图 6 – 18 网联成立之前的交互模式

三、第三方支付平台的安全问题

概括起来,第三方支付的安全问题主要涉及信息的安全问题、信用的安全问题、安全的管理问题以及安全的法律法规保障问题。下面从宏观层次和微观层次分别进行分析。

1. 第三方支付宏观层次存在的安全问题

(1)信息不对称带来的违约风险。网络经济是一种虚拟的经济形态,交易者无法确切知道交易对手的真实情况和身份。在交易过程中,商品和资金的流动从时间上、空间上

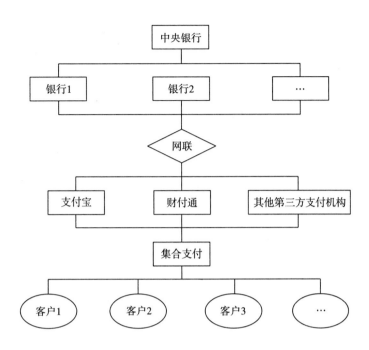

图 6 - 19　网联成立之后的交互模式

都存在不对称的情况，这些都增加了人们鉴别信息的成本，使买卖双方的博弈更加复杂，导致了交易双方的安全感不足。

（2）安全技术风险。一方面，第三方支付服务的核心是在线提供支付服务，产业链中的任何一个环节出现了安全隐患，都有可能转嫁到支付平台上；另一方面，网络技术的变化日新月异，对于提供钱包支付的服务商，其安全级别不及银行的安全级别，需要不断投入，时刻监控，对各种纠纷进行应急处理等。根据国外已经取得的实际经验，支付的经营预算中有相当的收入比例是用来解决安全纠纷的。国内第三方支付机构在几乎没有盈利的背景下，对这种不确定风险的抵御能力不足，经营压力增大。

如何保障交易数据安全是用户关注的焦点，也应是法律关注的焦点。当前，各第三方支付平台使用不同的技术方法拥有庞大的用户数据，如个人档案、交易记录、银行授权资料等，这些数据极其隐私却也处于极大的风险中，没有相应的风险防范与救济手段。提供支付的服务商应对其提供的支付服务采取相当于银行的安全级别，但事实上，目前没有法律做出这种规定，也无专门部门对此进行管理。

（3）道德信用风险。在虚拟空间内完成物权和资金的转移，信用问题就显得尤为突出。第三方支付平台存在的信用风险主要是买卖双方对对方信用的怀疑和商家担心来自第三方支付平台的欺诈。买卖交易双方的行为受到必要的约束和控制，是交易顺利执行的前提。

（4）涉及银行业务带来的安全问题。

1）沉淀资金。在传统第三方支付系统中，支付流程是资金先由买方到第三方支付平台，等买方确认授权付款或到一定时间默认付款后，再经第三方平台转给收款方。这样的支付流程决定了支付资金无论如何都会在第三方支付平台做一定时间的支付停留。在当下比较流行的第三方支付平台中，一般都有一个结算周期，时间从一周到一个月不等，无形之中加大了第三方支付平台中的资金沉淀，如果缺乏有效的流动性管理，则可能存在资金安全问题，并可能引发支付风险和道德风险。除支付宝等少数几个支付平台不直接经手和管理来往资金，而是将其存在专用账户里，其他公司大多代行银行职能，可直接支配交易款项，这就可能出现非法占有和挪用往来资金的风险。

2）洗黑钱、信用卡套现等。第三方支付机构提供的非交易型支付平台账户资金划拨，以及交易型支付平台账户支付模式中的虚拟交易支付平台账户资金划拨，很可能成为资金非法转移、套现以及洗钱等违法犯罪活动的工具。此外，在税收方面也存在黑洞。如何加强风险监督、打击网上洗钱等犯罪行为，也是第三方支付市场面临的一个挑战。

（5）监督体系不健全。目前，对第三方支付的监管配套法规不健全、不完备，造成查处问题后定性难、执行难、处罚不严，甚至"以罚代管"等问题，使其监管执法大打折扣，难以产生应有的法律威慑力，明显弱化了监管的功效。此外，我国目前银行的监管内容主要是机构的审批和经营的合法性，对第三方支付日常经营的风险性监管相对较弱，在此方面的立法严重滞后，给依法规范和管理市场、保护当事人合法权利、严惩支付违法和违规行为带来一定的困难。

2. 第三方支付微观层次存在的安全问题

（1）卖家面临的安全问题。

1）入侵者的破坏。入侵者假冒成合法用户来改变用户数据（如商品送达地址）、解除用户订单等。

2）竞争者的信息窃取。恶意竞争者以他人名义订购商品，从而了解有关商品的递送状况和货物的库存情况，或者冒名该企业，损害其名义。

3）买家的恶意退货。尽管不存在产品质量问题，但部分买家收货后对货物不满意，找各种理由退货。卖家为了自己的信誉不得不接受退货，有时还要承担运费。部分买家虽然顺利收到货物，但在确认收货后却不给卖家好评。

4）虚假交易及交易诈骗。在 B2C 和 C2C 模式下，最常见的违约方式是个人在网上注册信息不真实，下虚拟订单，或进行虚拟拍卖，操纵交易结果。由于网站无法对个人的真实信息进行核实，最后的确认信息也只是依托于用户已经申请的电子邮箱，而提供电子邮箱的网站也不会进行用户的真实信息确认，所以给一些居心不良的交易者以可乘之机，致使商家遭遇无效订货（查无此人）或送货地址不符等问题。另外，有一部分交易者由于不信任网站对于隐私性的保障，也不会完全把自己的真实信息提供给网站，这也为个人日后取消不想要的交易创造了条件。

（2）买家面临的安全问题。

1）虚拟信息。网络经济是一个新兴媒体，发布信息不像传统媒体有很多制约，一些不良卖家肆无忌惮地在网上发布各种虚假信息，对商品做虚假宣传，欺骗买家下订单。部分商家还制造虚拟的商品排行榜、让利促销活动等，以此吸引买家或创造更多的点击率，以扩大自己的商业影响，谋求经济效益。因此，一般消费者即使已经觉察到信息有误，也很难向发布信息的商家进行追究，甚至根本就不知道商家的地址。

2）卖方不履行服务承诺。交易中买家付款后收不到商品，或者即使卖方履行了交易承诺，但是在送货时间、方式或者售后服务、退货等方面没有按照网上的条款或承诺进行。

　　3）机密性丧失。买家可能将用户个人信息发送给冒名为销售商的机构。同时，这些信息在传递过程中也有可能受到窃听的威胁。

四、第三方支付平台的保障措施

　　1. 宏观层面的安全保障措施

　　（1）制度安全规范。第三方支付平台掌握了大量的用户数据，相关监管部门与行业自律组织应对数据的采集、加密、存储、查询、使用、删除、备份等环节制定严格的制度规范或行业标准，确保用户信息不被非法收集与使用，其安全级别应与银行相当。《电子签名法》中指出：逐步推行第三方认证，通过权威的第三方认证中心对数据传输过程进行加密，保证用户数据不仅在服务器上不会被窃取或非授权使用，而且在开放网络传输过程中也不会被监听被破译。2005年颁布的《国务院办公厅关于加快电子商务发展的若干意义》第十四条规定：要建立健全我国电子商务的安全认证体系，并按照有关法律规定制定电子商务安全认证管理办法，进一步规范对密钥、证书、认证机构的管理，注重责任体系建设，发展和采用具有自主知识产权的加密和认证技术；整合现有资源，完善安全认证基础设施，建立布局合理的安全认证体系，实现行业、地方等安全认证机构的交叉认证，为社会提供可靠的电子商务安全认证服务。2010年6月21日，中国人民银行正式公布了《非金融机构支付服务管理办法》，进一步规范支付服务，中国人民银行还同公安部等有关部委拟定相关配套措施，组织开展相关专项检查，形成合力，对非金融机构支付服务实施有效监管，切实维护支付服务市场的健康发展。

　　（2）完善社会信用体系。个人诚信调查和网上商户的诚信调查都是开展电子商务的前提条件。作为支付过程中公正的第三方，第三方支付机构多少都起到一个信用担任保的作用。建立合理的信用评价指标和评价体系，根据第三方支付业务中涉及的资金和货物的转移，提供和公布的公允的信用评定方法，可以在一定程度上约束买卖双方的诚信意识。

　　同时，加强对银行卡的管理。我国应加快个人征信系统的建设，加强对发卡执行制度和服务准入的管理，注重对银行卡信息安全、数据加密、系统安全等方面的调研，对银行卡网络及其终端设备采取安全措施，堵塞漏洞。

　　此外，还需建立和完善社会信用体系。运用法律、经济、道德等各种手段来提升整个社会的信用水平，设立完善的信用体系，并制定和完善与之相适应的信用激励和惩罚制度。

　　（3）加强风险准备。第三方支付承担着保障交易安全与资金安全的责任，其风险不仅仅是企业的经营风险，而是国家的金融风险与经济风险，甚至会演变为社会风险。因此，第三方支付应建立风险准备制度，以作为防范风险损失的最后防线和对生存的保障。例如，按照其注册资本的百分比提取保证金存入监管部门指定的银行，保证金清算时用于清偿债务，不得挪作他用。

　　（4）加强资金监管。对滞留在第三方支付机构内部的客户资金，通过法规明确其所有权属于客户，实行银行专户存放和定向流动，禁止将客户资金用于第三方支付公司运营或其他目的，明确第三方支付机构在破产等退出市场的情况下对客户资金的保全责任。通过立法明确商业银行在第三方支付市场中的代位监管义务。

（5）严格市场准入。在网联模式逐步推行的情况下，第三方支付不再是无人监管的灰色地带，行业发展逐渐正规化，国家会严格规范和监管行业，加强市场准入的审核。严格的市场准入制度有利于网上支付市场环境的形成和对消费者权益的保护，但中国人民银行在第三方支付机构市场准入的审批过程中也应该把握一定的审批标准。

2. 微观层面采取的安全保障措施

（1）卖家诚信经营。卖家履行诚信经营时，应做到以下两点：

1）落实承诺。在第三方支付交易中，卖家履行承诺的能力就是对诚信最好的诠释。卖家应按照与客户签订的电子合约履行交易，在规定时间内将商品送达客户手中，妥善处理投诉和退货，并在此过程中保证客户私人信息不被泄露。

2）提高网络技术水平。良好的安全技术保障措施也是促进信任建立的重要影响因素。企业应该建立良好的导航系统，增加页面的友好度，吸引消费者选择其网站商品。同时，可靠的安全保障技术也能增强客户的安全感。

（2）买家诚信消费。消费者除了要求卖家在交易中诚信经营外，自身也应遵守诚信消费的原则，不注册虚假信息，不下虚假订单，注意保持自己良好的信用记录。在网络购物过程中，要养成为卖家信用评分的习惯，将诚信信息传递给更多的消费者。当受到不法侵害时，保留电子证据，及时投诉，让失信者受到应用的惩罚。

五、第三方支付平台举例

目前，获得第三方支付牌照的企业已达 233 家，知名度较高的有 20 多家，主要集中在北京、上海、杭州、广东等发达城市和地区。其中，比较知名的第三方支付平台有支付宝、首信易支付、云网支付、贝宝（PalPal）支付、银联电子支付、财付通、安付通等。我们以支付宝为例介绍第三方支付平台。

1. 支付宝简介

支付宝网络科技有限公司是国内领先的提供网上支付服务的互联网企业，由全球领先的 B2B 网站——阿里巴巴公司创办。支付宝致力于为电子商务提供各种简单、安全、快捷的支付解决方案。

针对国内网络购物市场中买卖双方互不信任的情况，支付宝在全球首创了担保交易模式，由买家先打款给支付宝，支付宝通知卖家发货，买家收到货后确认付款，支付宝才将货款打给卖家。通过这样的居中担保方式，支付宝成功解决了困扰国内网络购物发展的诚信问题。

支付宝交易是互联网发展中的一个创举，也是电子商务发展的一个里程碑。支付宝品牌以安全、诚信赢得了用户和业界的一致好评。

2. 支付宝的服务功能

借助支付宝平台，客户可以完成以下服务功能：

（1）付款。只需要知道对方的支付宝账户就可以通过支付宝账户或网上银行账户给对方付款。既可以为网上购物付款，也可以为线下购物付款，还可以代为同事、朋友或家人付款。

（2）信用卡还款。目前，通过支付宝可以为中国工商银行和招商银行等 39 家银行的信用卡进行还款。

（3）自助缴费。目前，通过支付宝可以缴纳水、电、煤气费，部分城市的固话、宽带、手机话费，以及房租等。

（4）收款。客户通过支付宝既可以为网上交易收款，也可以为线下交易收款；既可以向客户收取货款，也可以向同事、朋友或家人收款。客户只要知道对方支付宝账户就可以向对方收款，支付宝会发邮件和短信通知对方付款到客户的支付宝账户。

（5）短信、邮件提醒。如果客户的账户金额发生变动，将收到支付宝发送的免费短信提醒。

在以下情况下可以收到邮件提醒：支付宝账户信息变更时；使用"即时到账交易"时；当交易即将"超时"时；当卖家发货、卖家修改交易价格时，买家将收到信息；当买家付款时，卖家将收到信息。另外，需要提醒邮件服务，可以登录"支付宝信使"定制接收的提醒信息项目。

（6）账户管理。对支付宝账户余额、交易信息等进行集中管理。

（7）共享单车。支付宝 2018 年加入了有关哈罗共享单车的功能，芝麻信用分 650 分以上者，可通过支付宝"扫一扫"车身二维码，在全国免押金骑行哈罗单车。

（8）校园服务。目前，支付宝与国内的大部分高校达成了相关服务的协议，学生可以通过支付宝对校园内的一卡通进行充值，并且可以通过支付宝了解实习和工作等信息。

（9）小额贷款。支付宝开通了"蚂蚁借呗"和"蚂蚁花呗"，以满足消费者对短期小额借款的需求。

（10）投资理财。用户除了可以通过支付宝对"余额宝"项目进行投资以外，还可以通过支付宝对其他的基金、股票等金融产品进行投资。

（11）公益活动。用户可以通过支付宝参与其推出的"蚂蚁森林""蚂蚁庄园"等公益活动。另外，用户还可以通过支付宝的爱心捐赠功能进行直接捐赠。

3. 支付宝的安全措施

支付宝的安全中心对客户账户进行实时安全检查，根据账户的资金情况进行安全性评估，并给出相应的安全设置建议。另外，支付宝还提供了以下安全措施：

（1）设置双重密码。分别设置登录密码和支付密码，只有在涉及确认付款时，才需要输入支付密码，保证资金安全。

（2）设置安全问题。忘记密码也可以通过回答安全问题找回密码。

（3）免费短信提醒。账户信息和资金信息一旦发生变动，可以即时通过短信提醒客户。

（4）安装数字证书或支付盾。即使密码被盗，数字证书也能确保客户的账户资金安全，支付盾是数字证书的升级，具有更高的安全性。

4. 支付宝支付流程

使用支付宝进行支付的流程如下：

（1）登录支付宝网站（或淘宝、阿里巴巴网站），用手机或 E－mail 注册支付宝账户。如果已经注册，则登录支付宝账户。

（2）支付准备。根据自己的实际情况，做好支付的准备工作：开通网上银行服务，或者开通支付宝卡通，或者开通信用卡的网上支付功能，或者为支付宝账户进行充值。

（3）到淘宝网或支付宝的合作网站挑选喜欢的商品，并单击"立即购买"或"去收银台"等按钮，进入支付宝支付进程。

（4）选择支付方式，将货款先支付到支付宝；支付宝通知商家发货。

（5）收货付款。收到货物后，经检验无误，则在支付宝中确认收货，输入支付宝支付密码，支付宝真正将货款划给商家。

第五节　网上银行

互联网的迅猛发展和网民数量的急剧增加极大地促进了电子商务的发展，而网上银行正是银行业满足不断发展的电子商务活动对在线支付的需求、吸引更多客户、努力获取市场竞争优势所取得的创新成果。

一、网上银行的概念与特点

1. 网上银行的概念

网上银行（I - bank），又称网络银行、在线银行，是金融机构利用计算机和互联网技术在互联网上开设的银行，是一种不受时间、空间限制的全新的银行客户服务系统。

与网上银行容易混淆的另一个概念是电子银行（E - bank）。电子银行是指商业银行利用计算机技术和网络通信技术，通过语音或其他自动化设备，以人工辅助或自助形式，向客户提供方便快捷的金融服务。呼叫中心（Call Center）、ATM、POS、CDM、无人银行等多种多样的金融服务形式都在电子银行的范畴之内，而网上银行则主要指金融机构基于互联网平台所提供的各种金融服务。

2. 网上银行的特点

网上银行是电子商务迅速发展、银行业竞争加剧、人们生活需求提高、金融不断创新的结果。它源自传统银行并逐步得到了扩展与延伸。相对于传统银行，网上银行在其发展中表现出以下几方面的特点：

（1）服务方便、快捷、高效。通过网上银行，用户可以享受到方便、快捷、高效和可靠的全方位服务，在任何需要的时候都可以使用网上银行的服务，不受地域、方式、时间的限制，即实现"3A"（Anywhere，Anyhow，Anytime）服务。

（2）成本低廉。相对于传统银行，网上银行具有一定的成本优势。首先，网上银行的创设费用较低，无须铺设物理的营业网点，无须昂贵的装修费用；其次，网上银行可以节省日常经营所需的费用，如水电费、办公用品费用以及人员工资支付费用；最后，网上银行利用互联网的优势，摆脱了地域限制，实现了业务的自动化处理，大大降低了单笔业务的交易费用。

（3）服务更标准、更规范。网上银行具有标准、规范的业务处理流程，与营业网点相比,避免了因工作人员业务素质高低以及情绪好坏不同所带来的客户满意度的差异,并且网上银行还能够利用其低成本的优势为客户提供一对一的专业服务,客户可以根据自身的需求,自行挑选网上银行所提供的多样化金融服务,形成对客户的差异化服务,从而提高客户的满意度和忠诚度。

(4)私密性强。网上银行通过对称与非对称两种加密系统对客户信息进行加密保护,具有很强的私密性。用户足不出户就可以办理绝大部分银行业务,避免了在传统银行柜台办理业务时与柜员交流、输入密码、打印回执单等环节中隐私被泄露的可能性。

二、网上银行与传统银行的区别

与传统银行相比,网上银行有许多较为显著的特征,如运行环境从有形转向了虚拟,地理位置、网点布局、网点形象等这些对传统银行来说十分重要的因素,对网上银行的业务发展来说已变得无足轻重。利用便利、迅速和覆盖面极广的互联网,网上银行不仅使传统银行业务更贴近客户,成为客户家中的银行、办公室的银行,而且增加的相关信息服务、咨询服务和其他综合服务所需的成本也极大降低,这大大提高了业务服务的增值能力。

1. 服务业务的区别

除传统银行业务外,网上银行还提供:公共资讯服务,为客户提供利率、汇率、股票指数等金融市场信息资讯;投资理财服务,为客户提供综合理财咨询和服务,通过网上银行办理证券、保险、基金等业务。但是现金收付业务目前仍需要通过传统金融机构才能完成;银行金融产品宣传,客户交互服务的平台。网上银行除了可以提供交易服务外,还可以向客户推介银行其他的金融产品知识,同时还通过论坛、邮件等方式为客户提供交互服务,客户可以提出建议讨论甚至投诉。

2. 市场营销方式的区别

传统银行主要依靠网点和柜员采取"推出去"的方式进行宣传和营销,但是网上银行能够充分利用网络与客户进行沟通交流,及时了解分析客户需求,掌握市场所需,从而促使营销活动由传统金融服务的以产品为中心向以客户为中心的方式转变,采取"拉进来"的营销方式进行宣传和营销。营销方式的转变能根据客户的具体要求创新具有鲜明个性特征的金融产品,最大限度地满足客户利益多样化、利润最大化的金融需求。

3. 经营管理模式的不同

传统银行的经营管理重点是资产和负债的统一与协调,在保持流动性和安全性的前提下增加盈利,而在电子银行中,客户规模替代了资产负债匹配的重要性,只有客户规模达到了一定的水平,实现了规模经济,电子银行才能获取盈利。同时,电子银行的发展会导致银行市场竞争的加剧,因为客户不再像以前那样固定,银行要想方设法挖掘客户,甚至从对手那里抢客户。银行业必须对传统的银行经营理念做出调整,把发展电子银行提高到银行业发展战略的角度去认识,将传统银行业依靠实体分支机构服务客户的经营模式,逐步向依靠互联网深入客户的经营模式转变,将过去的"千家万户进银行",转变为"银行进入千家万户",为客户提供全方位服务。

4. 金融产品竞争力的区别

网上银行使银行在产品、服务及应用方面有了创新的机会，增强了服务客户的能力，银行的盈利能力也得到进一步提高。传统金融服务产品的形式和内容将被进一步延伸，并通过网上银行不断拓宽其服务空间。随着网上银行业务的发展，信息将可能取代资金而成为金融业最重要的资源。当前，银行业的竞争，既是服务手段的竞争，也是网上银行的竞争。

5. 目标客户群体的区别

电子银行为银行吸引主力优质客户创造了重要条件。因为，最频繁使用电子银行业务的是那些已经成为网民的年轻人，他们受过良好的教育，是创造社会财富的主力军，收入水平远远高于社会平均水平，是一个正在成长的优质客户群体，能为金融服务业带来优厚的利润。牢牢抓住这个客户群体，将为银行拓展各类业务创造有利条件，也将是银行降低成本，提高经营效益的重要途径之一。

三、网上银行的基本功能

随着互联网技术的不断发展创新，网上银行提供的服务种类、服务深度都在不断地丰富、提高和完善。从总体上讲，网上银行的服务一般包括两类：一类是传统商业银行业务的网上实现；另一类产完全针对互联网多媒体互动特性提供的创新性业务品种。从业务品种细分的角度来讲，网上银行一般包括以下五个方面的功能：

（1）发布公共信息。网上银行通过互联网发布的公共信息一般包括银行的历史背景、经营范围、机构设置、网点分布、业务品种、利率和外汇牌价、金融法规、经营状况、招聘信息以及国内外金融新闻等。

（2）受理客户咨询、投诉。网上银行一般以 E - mail、BBS 为主要手段，向客户提供业务疑难咨询以及投诉服务，并以此为基础建立网上银行的市场动态分析反馈系统。通过收集、整理、归纳、分析客户的各式各样的问题和意见以及客户结构，及时地了解客户关注的焦点以及市场需求走向，为决策层提供决策依据，便于银行及时调整已有业务及经营模式或设计创造新的经营方式和业务品种，更加体贴周到地为客户服务，并进一步扩大市场份额，获取更大收益。

（3）服务查询。网上银行可以充分利用互联网一对一服务的特点，向企事业单位或个人客户提供其账户状态、账户余额、账户一段时间内的交易明细清单等事项的查询功能，同时为企业集团提供所属单位的跨地区多账户的账务查询功能。

（4）申请和挂失。这项功能主要包括存款账户、信用卡账户，电子现金、空白支票申请，企业财务报表、国际收支申报单报送，各种贷款、信用证申请，预约服务申请、账户挂失和预约服务撤销等。客户通过网上银行可以清楚地了解有关业务的章程条款，并在线直接填写，提交各种银行表格，简化了手续，方便了客户。

（5）网上支付。网上支付功能主要向客户提供互联网上的资金实时结算功能，是保证电子商务正常开展的关键性的基础功能，也是网上银行的一个标志功能。没有网上支付功能的银行站点，充其量只能算一个金融信息网站，或称作"网上银行"。网上支付按照交易双方客户的性质分为 B2B、B2C 和 C2C 等交易模式。目前，在 B2B、B2C 和 C2C

网上支付功能的提供上各家银行一致，B2B 交易功能也已经成熟完善，各大银行均提供
B2B 网络在线支付功能。

四、网上银行的类型

1. 按照服务对象分类

按照服务对象，我们可以把网上银行分为个人网上银行和企业网上银行两种。

（1）个人网上银行。个人网上银行主要适用于个人和家庭的日常消费支付与转账。
客户可以通过个人网上银行服务，完成实时查询、转账、网上支付和汇款功能。个人网上
银行服务的出现，标志着银行的业务触角直接伸展到个人客户的家庭 PC 桌面上而方便使
用，真正体现了家庭银行的风采。

（2）企业网上银行。企业网上银行主要针对企业与政府部门等企事业客户。企事业
组织可以通过企业网上银行服务实时了解企业财务运作情况，及时在组织内部调配资金，
轻松处理大批量的网上支付和工资发放业务，并可处理信用证相关业务。

2. 按经营组织形式分类

按经营组织形式不同，网上银行可分为分支型网上银行和纯网上银行。

（1）分支型网上银行是指现有传统银行将互联网作为新的服务平台，建立网上银行
站点，提供在线金融服务而设立的网上银行。分支型网上银行的优点是：充分利用银行现
有技术、人员和客户资源，有效地帮助主体银行改善银行形象和客户服务手段，迅速开发
新的银行服务产品，扩大市场空间和渠道，满足客户需求，降低成本，提高效率。

（2）纯网上银行，又称虚拟银行，是为专门提供在线银行服务而成立的独立银行，
因而也被称为"只有一个站点的银行"。纯网上银行一般只有一个办公地址，既无分支机
构，又无营业网点，几乎所有业务都通过网络进行。

目前中国挂牌的纯网上银行一共有三家，分别是微众银行、网商银行和新网银行。

五、网上银行的发展趋势

网上银行是现代银行业的发展方向，指引着银行未来的发展趋势。网上银行的发展趋
势将主要呈现以下三个方面特征：

1. 个性化

随着网上银行的快速发展，信息的收集、传递、保存、分析工作简便快捷，人机交互
实时方便，加深了银行和客户的相互了解，人们更希望按照自己的需求获得个性化的产品
和服务。为了提高竞争力，吸引更多的新客户，提高客户的忠诚度，各银行越来越重视个
性化产品和服务的经营。

2. 合规与标准化

网上银行以虚拟化方式方便快捷地为客户提供丰富的金融产品和服务。与传统银行的
传统业务相比，网上银行具有新渠道、新产品、新特性，但也面临新问题、新风险、新环
境。过去制定的相关法律法规、流程规则已不能满足需要，制定和完善适宜的行业标准、业
务流程、法律法规，采用标准的网络和软硬件平台与工具将是网上银行的一大发展方向。

3. 强化安全性与风险管理

安全问题是网上银行的一个突出问题。机密交易资料被盗用或改变、客户账户密码被窃取或非法篡改、账户资金被挪用等情况时有发生，诸如此类的安全问题已经成为网上银行风险防范的重点。目前各银行虽然都采取了各种安全手段，如设立防火墙、采用数字证书、CA 认证等加强身份识别，使用密码数字键盘、验证码、加密狗等加强信息传输安全，但是安全事故仍无法杜绝，因此，采用比如高复杂度加解密算法、指纹识别等更加安全的技术措施和风险管理方案，进一步加强安全风险监控，仍将是各网上银行的重要关注点。

六、网上银行的支付流程

1. 应用个人网上银行进行网上购物的支付流程如图 6 - 20 所示

（1）客户申请并开通网上支付功能。客户在个人网上银行开设个人账号，并在其中存入一定金额的现金；也可以凭借自己的信用卡或者借记卡，开通网上支付功能。

（2）客户获取数字证书。客户到认证中心申请一个数字证书，并将其安装在个人计算机上。

（3）网上购物。在网上商店进行购物，并检验商家服务器证书，验证商家身份。

（4）选择网上银行支付方式。挑选好商品后，选择网上银行支付方式，自动进入网银支付页面，客户利用之前申请的账号进行支付。

（5）通过指定的网上银行付款。在支付页面中输入客户支付卡号和密码，系统将付款资料传入银行网络完成验证并反馈回来，如果成功，则支付款项已经在客户账户中扣除，商家则可以组织发货。

（6）银行后台结算。通常从银行客户中扣除的货款并不是实时划转到商家的账户上，而是采取批处理方式，进行批量金额划转。

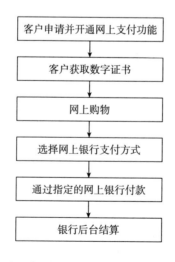

图 6 - 20　应用个人网上银行进行网上购物的支付流程

2. 应用企业网上银行进行网上采购的支付流程

企业网上银行支付一般分为四个阶段，即准备阶段、买方购物阶段、买方支付阶段及银行后台清算兑付阶段。具体来说，基本流程如图 6 – 21 所示。

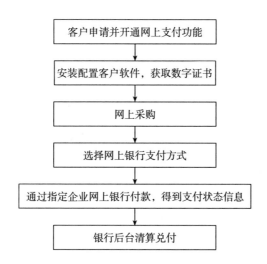

客户申请并开通网上支付功能

安装配置客户软件，获取数字证书

网上采购

选择网上银行支付方式

通过指定企业网上银行付款，得到支付状态信息

银行后台清算兑付

图 6 – 21　应用企业网上银行进行网上采购的支付流程

（1）客户申请并开通网上银行支付功能。

（2）安装并配置客户软件，获取数字证书。

（3）网上采购。买方浏览网上商品→与卖方达成购物意向→签订电子合同→选择使用企业网上银行进行支付→进入支付页面。

（4）选择网上银行支付方式。

（5）通过指定的企业网上银行付款，得到支付状态信息。系统自动启动企业网上银行的应用页面，客户在登录窗口中输入账号和密码，进入网上银行支付表单。填写相关信息，然后确认支付。网上银行支付表单直接提交给买方开户行，经其确认真实有效后，直接在后台利用电子汇兑系统进行资金转账处理。

（6）银行后台清算兑付。企业网上银行收到买方提交的支付表单后，通过 CA 中心对买方身份、支付表单内容的真实性与有效性进行认证，如果验证通过，则企业网上银行向买方发出支付表单确认通知，利用后台系统，向卖方开户行划出相应资金金额。卖方开户行确认资金到账后，向买方企业网上银行发送确认信息，同时向卖方发出到款通知。买方企业网上银行收到卖方开户行的收款通知后，向买方发出付款通知。

3. 非网上购物交易的网上银行支付流程

如果要利用网上银行完成非网上购物交易的支付，如电子转账、缴费、理财等，大体需要如图 6 – 22 所示的五个步骤。

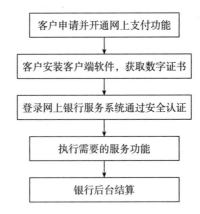

图 6 – 22　非网上购物交易的网上银行支付流程

 思考题

1. 什么是电子现金？它具有哪些特点？
2. 什么是电子支付？简述电子支付系统的构成。
3. 什么是网上银行？网上银行的特点是什么？
4. 什么是第三方支付？第三方支付的类型有哪些？
5. 以支付宝为例说明第三方支付的交易流程。

第七章

移动电子商务

┌─────────────────────────────────────┐

📀 【学习要点及目标】

1. 了解移动电子商务主要实现技术。

2. 理解移动电子商务的概念、特点。

3. 掌握移动电子商务模式。

4. 了解移动电子商务的应用。

5. 了解移动电子商务存在的问题及解决办法。

└─────────────────────────────────────┘

引导案例 　　　　　　　**微信的微商城**

　　微信的微商城是腾讯公司从移动通信这一核心需求出发而衍变出的一个具有巨大延展性的电子商务平台，采取的是"社会化、开放式移动电子商务平台"的商业模式，通过移动通信服务所积累起来的庞大用户群及社交网络，为企业用户提供品牌推广、促销、销售、支付等移动商务服务。

　　微信平台自上线以来，用户数量增长迅速。截止到 2018 年微信和 WeChat 的合并月活跃账户数达到 10.58 亿，微信公众账号总数已经超过 2000 万个。推出 58 万个小程序，日活跃账户超过 1.7 亿个。庞大的用户基数能够为企业带来可观的流量，构成了微信商城的核心竞争力，使微信微商城成为企业在移动互联网时代进行品牌推广、销售产品的重要选择。

　　微信商城的核心竞争力更多地体现在腾讯公司所建立的移动商务生态系统，"商家店铺＋基础交易系统＋第三方服务商＋微信支付＋微信广告＋大数据"的生态链已经逐步形成，在移动商务交易的每个环节都拥有众多合作伙伴。微信商城采用了开放式平台战略，微信商城提供基础的支付、广告、营销、大数据等基础设施，将互联网从业者、创业者、创新者聚拢到自己的平台上，包括 B2C 电子商务企业、传统企业、O2O 商户、自媒体等众多细分领域的合作伙伴。2014 年 3 月，腾讯入股京东，成为京东的重要股东，并在微信中为京东提供了一级入口，也将京东的电商业纳入微信商城的生态系统。随着微信商城基础设施的完善，将有更多的商品与服务通过微信商城的通道与用户建立连接。

微信商城所建立的移动电子商务生态系统开启了移动电商的新模式，微信电商时代已经到来。微信商城所建立的"标准入口＋微信支付＋线下核销＋线下场景"的闭环模式具有更广阔的应用空间，向传统 PC 端电商巨头淘宝发起挑战。

（资料来源：https：//baike. baidu. com/item/微商城/9800353？fr = aladdin，经删减整理。）

第一节　移动电子商务主要实现技术

一、无线应用协议

1. 无线应用协议概述

无线应用协议（Wireless Application Protocol，WAP）是一个开放式标准协议，利用它可以把网络上的信息传送到移动电话或其他无线通信终端上。

WAP 是由爱立信、摩托罗拉、诺基亚和无线星球通信业巨头在 1997 年成立的无线应用协议论坛（WAP Forum）中所制定的。可以把网络上的信息传送到移动电话或其他无线通信终端上。它使用一种类似于 HTML 的标记式语言 WML（Wireless Markup Language，无线标记语言），相当于国际互联网上的 HTML（超文件标记语言）并可通过 WAP Gateway 直接访问一般的网页。通过 WAP，用户可以随时随地利用无线通信终端来获取互联网上的即时信息或公司网站的资料，真正实现无线上网。它是移动通信与互联网结合的第一阶段性产物。

WAP 能够运行于各种无线网络之上，如 GSM、GPRS、CDMA 等。WML 是无线注标语言（Wireless Makeup Language）的英文缩写。支持 WAP 技术的手机能浏览由 WML 描述的 Internet 内容。

WML 是以 XML 为基础的标记语言，用在规范窄频设备，如手机、呼叫器等如何显示内容和使用者接口的语言。因为窄频使 WML 受到部分限制，如较小型的显示器、有限的使用者输入设备、窄频网络联机、有限的内存和资源等。

WML 支持文字和图片显示，内容组织上，一个页面为一个 Card，而一组 Card 则构成一个 Deck。当使用者向服务器提出浏览要求后，WML 会将整个 Deck 发送至客户端的浏览器，使用者就可以浏览 Deck 里面所有 Card 的内容，而不需要从网络上单独下载每个 Card。

通过 WAP 这种技术，就可以将互联网的大量信息及各种各样的业务引入移动电话、PALM 等无线终端之中。无论在何时、何地只要需要信息，打开 WAP 手机，用户就可以享受无穷无尽的网上信息或者网上资源，如综合新闻、天气预报、股市动态、商业报道、当前汇率等。电子商务、网上银行也将逐一实现。通过 WAP 手机用户还可以随时随地获得体育比赛结果、娱乐圈趣闻等，为生活增添情趣，也可以利用网上预定功能，把生活安排得有条不紊。

WAP 协议包括以下几层：Wireless Application Environment（WAE）；Wireless Session Layer（WSL）；Wireless Transport Layer Security（WTLS）；Wireless Transport Layer（WTP）。

其中，WAE 层含有微型浏览器、WML、WMLSCRIPT 的解释器等功能。WTLS 层为无线电子商务及无线加密传输数据时提供安全方面的基本功能。

2. 无线应用协议的应用

WAP 应用主要分为以下四类：

（1）增强的移动电话服务。不再只是简单的语音通话，它还可以进行视频电话、多方通话、来电转移、通话的同时进行图片传输等数据业务。

（2）基于位置信息的服务。可以在手机上显示当地的电子地图，确定自己的位置，查询某个人的位置，获得到某个地方怎么走的提示等。比如韩国电讯公司 SKTelecom 于 2002 年 6 月开始提供公共汽车位置信息服务，用手机连接 SK 的服务访问点，由此就可以知道自己要乘坐的公共汽车线路，从而选择离自己最近的公共汽车站，还可以知道驶向这里的最近一班车离目前位置有多远、多长时间后到达、目前在哪一站、还剩几站等公共汽车的相关位置信息。

（3）基于互联网的服务。包括搜索、手机支付、即时消息、在线游戏、在线音频、视频播放、电子邮件收发、企业专用网接入、远程监控和网页浏览等。

（4）推送服务。由服务器主动把消息发送到移动客户端，如天气预报、邮件提示、股市行情等信息的推送服务。

作为互联网技术和无线网络技术的有机结合，WAP 不但使现有的许多应用得到了突飞猛进的改变，同时也催生出更多崭新的增值业务，它使广泛应用于网上的信息服务，逐渐由纯信息的提供向更加交互化与最终电子商务化发展。可以断定解决了 WAP 通信中的安全问题后，WAP 的发展与应用将是无可限量的。

二、移动 IP

移动 IP 是移动通信和 IP 的深层融合，也是对现有移动通信方式的深刻变革，它将真正实现话音和数据的业务融合，它的目标是将无线话音和无线数据综合到一个技术平台上传输，这一平台就是 IP 协议。

1. 移动 IP 的基本原理

使用传统 IP 技术的主机使用固定的 IP 地址和 TCP 端口号进行相互通信，在通信期间它们的 IP 地址和 TCP 端口号必须保持不变，否则 IP 主机之间的通信将无法继续。而移动 IP 的基本问题是 IP 主机在通信期间可能需要在网路上移动，它的 IP 地址也许经常会发生变化，而 IP 地址的变化最终会导致通信的中断。

如何解决因节点移动（即 IP 地址的变化）而导致通信中断的问题？蜂窝移动电话提供了一个非常好的解决问题的先例。因此，解决移动 IP 问题的基本思路与处理蜂窝移动电话呼叫相似，它将使用漫游、位置登记、隧道技术、鉴权等技术。从而使移动节点使用固定不变的 IP 地址，一次登录即可实现在任意位置［包括移动节点从一个 IP（子）网漫游到另一个 IP（子）网时］上保持与 IP 主机的单一链路层连接，使通信持续进行。

2. 五个重要概念

（1）移动代理（Mobility Agent）。移动代理分归属代理（Home Agent）和外区代理（Foreign Agent）两类，它们是移动的 IP 服务器或路由器，能知道移动节点实际连接在何处。

其中，归属代理是归属网上的移动 IP 代理，它至少有一个接口在归属网上。其责任是当移动节点离开归属网，连至某一外区网时，截收发往移动节点的数据包，并使用隧道技术将这些数据包转发到移动节点的转交节点。归属代理还负责维护移动节点的当前位置信息。

外区代理位于移动节点当前连接的外区网络上，它向已登记的移动节点提供选路服务。当使用外区代理转交地址时，外区代理负责解除原始数据包的隧道封装，取出原始数据包，并将其转发到该移动节点。对于那些由移动节点发出的数据包而言，外区代理可作为已登记的移动节点的缺省路由器使用。

（2）移动 IP 地址。移动 IP 节点拥有两个 IP 地址。一是归属地址，是移动节点与归属网连接时使用的地址，不管移动节点移至网络何处，其归属地址保持不变。二是转交地址，就是隧道终点地址，转交地址可能是外区代理转交地址，也可能是驻留本地的转交地址。通常用的是外区代理转交地址。在这种地址模式中，外区代理就是隧道的终点，它接收隧道数据包，解除数据包的隧道封装，然后将原始数据包转发到移动节点。

（3）位置登记（Registration）。移动节点必须将其位置信息向其归属代理进行登记，以便被找到。有两种不同的登记规程。一种是通过外区代理，移动节点向外区代理发送登记请求报文，然后将报文中继到移动节点的归属代理；归属代理处理完登记请求报文后向外区代理发送登记答复报文（接受或拒绝登记请求），外区代理处理登记答复报文，并将其转发到移动节点。另一种是直接向归属代理进行登记，即移动节点向其归属代理发送登记请求报文，归属代理处理后向移动节点发送登记答复报文。

（4）代理发现（Agent Discovery）。一是被动发现，即移动节点等待本地移动代理周期性的广播代理通告报文；二是主动发现，即移动节点广播一条请求代理的报文。

（5）隧道技术（Tunneling）。当移动节点在外区网上时，归属代理需要将原始数据报转发给已登记的外区代理。这时，归属代理使用 IP 隧道技术，将原始 IP 数据包封装在转发的 IP 数据包中，从而使原始 IP 数据包原封不动地转发到处于隧道终点的转交地址处。在转交地址处解除隧道，取出原始数据包，并将原始数据包发送到移动节点。当转交地址为主流本地的转交地址时，移动节点本身就是隧道的终点，它自身进行解除隧道，取出原始数据包的工作。RFC 2003 和 RFC 2004 中分别定义了两种隧道封装技术。

3. 工作原理

（1）归属代理和外区代理不停地向网上发送代理通告（Agent Advertisement）消息，以声明自己的存在。

（2）移动节点接到这些消息，确定自己是在归属网还是在外区网上。

（3）如果移动节点发现自己仍在归属网上，即收到的是归属代理发来的消息，则不启动移动功能。如果是从外区重新返回的，则向归属代理发出注册取消的功能消息，声明自己已回到归属网中。

（4）当移动节点检测到它移到外区网，它则获得一个关联地址，这个地址有两种类型：一种即是外区代理的 IP 地址；另一种是通过某种机制与移动节点暂时对应起来的网络地址，也即是移动节点在外区暂时获得的新的 IP 地址。

（5）然后移动节点向归属代理注册，表明自己已离开归属网，把所获的关联地址通知归属代理。

（6）注册完毕后，所有通向移动节点的数据包将归属代理经由"IP 通道"发往外区代理（如使用第一类关联地址）或移动节点本身（如使用第二类关联地址），外区代理收到后，再把数据包转给移动节点，这样，即使移动节点已由一个子网移到另一个子网，移动节点的数据传输仍能继续进行。

（7）移动节点发往外地的数据包按一般的 IP 寻径方法送出，不必通过归属代理。

三、无线个域网

无线个域网（Wireless Personal Area Network，WPAN）是为了实现活动半径小、业务类型丰富、面向特定群体、无线无缝的连接而提出的新兴无线通信网络技术。WPAN 能够有效地解决"最后的几米电缆"的问题，进而将无线联网进行到底。

在网络构成上，WPAN 位于整个网络链的末端，用于实现同一地点终端与终端间的连接，如连接手机和蓝牙耳机等。WPAN 所覆盖的范围一般在 10m 半径以内，必须运行于许可的无线频段。WPAN 设备具有价格便宜、体积小、易操作和功耗低等优点。

蓝牙是大家熟知的无线联网技术，也是目前 WPAN 应用的主流技术。蓝牙标准是在 1998 年，由爱立信、诺基亚、IBM 等公司共同推出的，即后来的 IEEE 802.15.1 标准。蓝牙技术为固定设备或移动设备之间的通信环境建立通用的无线空中接口，将通信技术与计算机技术进一步结合起来，使各种 3C 设备（通信产品、电脑产品和消费类电子产品）在没有电线或电缆相互连接的情况下能在近距离范围内实现相互通信或操作。蓝牙可以提供 720kb/s 的数据传输速率和 10m 的传输距离。不过，蓝牙设备的兼容性不好。

四、无线局域网

1. 无线局域网

无线局域网（Wireless Local Area Networks，WLAN）利用无线技术在空中传输数据、话音和视频信号。作为传统布线网络的一种替代方案或延伸，无线局域网把个人从办公桌边解放了出来，使他们可以随时随地获取信息，提高了员工的办公效率。

2. 技术特色

（1）高数据速率。无线局域网技术能够提供高速数据速率，其中 IEEE 802.11b 能提供在 2.4GHz 频段上的 1~11Mbit/s 的数据速率，IEEE 802.11a 能提供在 5GHz 频段上的 6~54Mbit/s 数据速率，IEEE 802.11g 能提供在 2.4GHz 频段上的 22~54Mbit/s 数据速率。

（2）开放的频段。IEEE 建议对 IEEE 802.11a 和 IEEE 802.11b 使用开放的频段，即无须执照即可部署。各国在实施时做法不同，在中国，IEEE 802.11b 的 2.4GHz 频段是开放的，而 IEEE 802.11a 的 5GHz 频段需要执照。

（3）局部覆盖与移动。无线局域网技术提供局部无线覆盖能力，其中 IEEE 802. 11b 提供在开阔地 150～300m 范围的无线覆盖，IEEE 802. 11a 提供在开阔地 75～150m 范围的无线覆盖，IEEE 802. 11g 提供介于两者之间的覆盖范围。

（4）经济。由于有些无线局域技术（如 IEEE 802. 11b）的使用频段是免费的，同时网络设备价格低廉，和其他移动网络（如 GPRS）比较，无线局域网的部署和建设成本比较低。

（5）高逻辑端口密度。无线局域网理论上一个信道可以支持多个用户共享，大大提高了设备的逻辑端口密度，更适合在用户密集的热点地区（如会场、机场等场所）部署。从以上特点可以看出，无线局域网是一种宽带无线接入技术，能较好地解决小范围内用户终端接入的问题，是用户驻地网的一部分。

五、通用分组无线业务

GPRS 是通用分组无线业务（General Packet Radio Service）的英文简称，是在现有的 GSM 系统上发展出来的一种新的分组数据承载业务。

GPRS 与现有的 GSM 语音系统最根本的区别是，GSM 是一种电路交换系统，而 GPRS 是一种分组交换系统。相比于 GSM 电路交换系统（CSD），GPRS 特别适用于间断的、突发性的或频繁的、少量的数据传输，也适用于偶尔的大数据量传输。

GPRS 采用与 GSM 同样的无线调制标准、同样的频带、同样的突发结构、同样的跳频规则以及同样的 TDMA 帧结构。这种新的分组数据信道与当前的电路交换的话音业务信道极其相似，因此现有的基站子系统（BSS）从一开始就可提供全面的 GPRS 覆盖。GPRS 允许用户在端到端分组转移模式下发送和接收数据，而不需要利用电路交换模式的网络资源。从而提供了一种高效、低成本的无线分组数据业务。

GPRS 网络是基于现有的 GSM 网络来实现的。在 900/1800MHz GSM 数字蜂窝移动通信系统中完成 GPRS 业务的网络设备及其相应的连接，网络设备主要包括：

（1）GPRS 交换设备。如 GPRS 服务支持网关 GGSN（Gate GPRS Supporting Node）和 GPRS 服务支持节点 SGSN（Serving GPRS Support Node），以及其他一些功能实体（域名服务器 DNS、计费网关 CG 和边界网关 BG）。

（2）GPRS 基站子系统附加设备主要包括引入 GPRS 业务后，在基站子系统 BSS 或基站收发信机 BTS 中新增加的硬件单元（PCU）。

（3）其他设备如本地位置寄存器 HLR、访问位置寄存器 VLR、移动交换中心 MSC、SMS - GMSC 和 SMS - IWMSC 等 GSM 系统原有设备被升级以支持相应的与 GPRS 有关的功能。

（4）要实现 GPRS 网络，移动台也必须是 GPRS 移动台或 GPRS/GSM 双模移动台。

六、二维码制作

二维码又称二维条码，常见的二维码为 QR Code，QR 全称 Quick Response，是一个近几年来移动设备上超流行的一种编码方式，它比传统的 Bar Code 条形码能存更多的信息，也能表示更多的数据类型。

二维条码/二维码（2 - dimensional bar code）是用某种特定的几何图形按一定规律在平面（二维方向上）分布的黑白相间的图形记录数据符号信息的。在代码编制上巧妙地利用构成计算机内部逻辑基础的"0""1"比特流的概念，使用若干个与二进制相对应的几何形体来表示文字数值信息，通过图像输入设备或光电扫描设备自动识读以实现信息自动处理。它具有条码技术的一些共性：每种码制有其特定的字符集；每个字符占有一定的宽度；具有一定的校验功能等。同时还具有对不同行的信息自动识别功能及处理图形旋转变化点。

1. 功能

（1）信息获取（名片、地图、Wi - Fi 密码、资料）。

（2）网站跳转（跳转到微博、手机网站、网站）。

（3）广告推送（用户扫码，直接浏览商家推送的视频、音频广告）。

（4）手机电商（用户扫码，手机直接购物下单）。

（5）防伪溯源（用户扫码，即可查看生产地；同时后台可以获取最终消费地）。

（6）优惠促销（用户扫码，下载电子优惠券，抽奖）。

（7）会员管理（用户手机上获取电子会员信息、VIP 服务）。

（8）手机支付（扫描商品二维码，通过银行或第三方支付提供的手机端通道完成支付）。

2. 二维码支付

二维码支付是一种基于账户体系搭起来的新一代无线支付方案。在该支付方案下，商家可把账号、商品价格等交易信息汇编成一个二维码，并印刷在各种报纸、杂志、广告、图书等载体上发布。

用户通过手机客户端扫描二维码，便可实现与商家账户的支付结算。最后，商家根据支付交易信息中的用户收货、联系资料，就可以进行商品配送，完成交易。同时，由于许多二维码扫码工具并没有恶意网址识别与拦截的能力，腾讯手机管家的数据显示，这给了手机病毒极大的传播空间，针对在线恶意网址、支付环境的扫描与检测极易造成二维码扫描渠道染毒。

3. 应用前景

尽管二维码应用渐趋广泛，但与日韩等国相比，中国的二维码发展还远远不够。制约因素除了运营商的支持度外，还有技术、终端适配、盈利模式等方面。炒得很火热的是二维码与 O2O（Online To Offline）模式的结合，即利用二维码的读取将线上的用户引流给线下的商家。腾讯很看好这个模式，马化腾称"二维码是线上线下的一个关键入口"。尽管有些人不看好二维码的应用，但无可否认，只要培养了足够多的用户群，再结合良好的商业模式，二维码将成为桥接现实与虚拟最得力的工具之一。

七、移动终端

移动终端或者叫移动通信终端是指可以在移动中使用的计算机设备，广义地讲包括手机、笔记本、平板电脑、POS 机甚至车载电脑。但是大部分情况下是指手机或者具有多种应用功能的智能手机以及平板电脑。

1. 移动终端特点

移动终端，特别是智能移动终端，具有如下特点：

（1）在硬件体系上，移动终端具备中央处理器、存储器、输入部件和输出部件，也就是说，移动终端往往是具备通信功能的微型计算机设备。另外，移动终端可以具有多种输入方式，诸如键盘、鼠标、触摸屏、送话器和摄像头等，并可以根据需要进行调整输入。同时，移动终端往往具有多种输出方式，如受话器、显示屏等，也可以根据需要进行调整。

（2）在软件体系上，移动终端必须具备操作系统，如 Windows Mobile、Symbian、Palm、Android、iOS 等。同时，除个别操作系统外，这些操作系统越来越开放，基于这些开放的操作系统平台开发的个性化应用软件层出不穷，如通信簿、日程表、记事本、计算器以及各类游戏等，极大程度地满足了个性化用户的需求。

（3）在通信能力上，移动终端具有灵活的接入方式和高带宽通信性能，并且能根据所选择的业务和所处的环境，自动调整所选的通信方式，从而方便用户使用。移动终端可以支持 GSM、WCDMA、CDMA2000、TDSCDMA、Wi-Fi 以及 WiMAX 等，从而适应多种制式网络，不仅支持语音业务，更支持多种无线数据业务。

（4）在功能使用上，移动终端更加注重人性化、个性化和多功能化。随着计算机技术的发展，移动终端从"以设备为中心"的模式进入"以人为中心"的模式，集成了嵌入式计算、控制技术、人工智能技术以及生物认证技术等，充分体现了以人为本的宗旨。由于软件技术的发展，移动终端可以根据个人需求调整设置，更加个性化。同时，移动终端本身集成了众多软件和硬件，功能也越来越强大。

2. 移动终端操作系统

（1）iOS。iOS 是由苹果公司开发的移动操作系统。苹果公司最早于 2007 年 1 月 9 日的 Macworld 大会上公布这个系统，最初是设计给 iPhone 使用的，后来陆续套用到 iPod touch、iPad 以及 Apple TV 等产品上。iOS 与苹果的 Mac OS X 操作系统一样，属于类 Unix 的商业操作系统。原本这个系统名为 iPhone OS，因为 iPad、iPhone、iPod touch 都使用 iPhone OS，所以 2010WWDC 大会上宣布改名为 iOS（iOS 为美国 Cisco 公司网络设备操作系统注册商标，苹果改名已获得 Cisco 公司授权）。

iOS 的系统架构分为四个层次：核心操作系统层（the Core OS Layer）、核心服务层（the Core Services Layer）、媒体层（the Media Layer）、可轻触层（the Cocoa Touch Layer）。系统操作占用大概 1.1GB 的存储空间。

iOS 由两部分组成：操作系统和能在 iPhone 和 iPod touch 设备上运行原生程序的技术。由于 iPhone 是为移动终端而开发，因此要解决的用户需求就与 Mac OS X 有些不同，尽管在底层的实现上 iPhone 与 Mac OS X 共享了一些底层技术。如果你是一名 Mac 开发人员，你可以在 iOS 发现很多熟悉的技术，同时也会注意到 iOS 的独有之处，比如多触点接口（Multi-Touch Interface）和加速器（Accelerometer）。

（2）Android。Android 是一种基于 Linux 的自由及开放源代码的操作系统，主要使用于移动设备，如智能手机和平板电脑，由 Google 公司和开放手机联盟领导及开发。尚未有统一中文名称，中国大陆地区较多人使用"安卓"或"安致"。Android 操作系统最初由 Andy Rubin 开发，主要支持手机。2005 年 8 月由 Google 收购注资。2007 年 11 月，Google 与 84 家硬件制造商、软件开发商及电信营运商组建开放手机联盟共同研发改良 Android 系统。随后 Google 以 Apache 开源许可证的授权方式，发布了 Android 的源代码。第一部 Android 智能手机发布于 2008 年 10 月。Android 逐渐扩展到平板电脑及其他领域上，如电视、数码相机、游戏机、智能手表等。2011 年第一季度，Android 在全球的市场份额首次超过塞班（Symbian）系统，跃居全球第一。2013 年第四季度，Android 平台手机的全球市场份额已经达到 78.1%。

2013 年 9 月 24 日谷歌开发的操作系统 Android 在迎来了 5 岁生日后，全世界采用这款系统的设备数量已经达到 10 亿台。

2014 年第一季度 Android 平台已占所有移动广告流量来源的 42.8%，首度超越 iOS。但运营收入不及 iOS。

（3）Windows Phone。Windows Phone（WP）是微软于 2010 年 10 月 21 日正式发布的一款手机操作系统，初始版本命名为 Windows Phone 7.0。基于 Windows CE 内核，采用了一种称为 Metro 的用户界面（UI），并将微软旗下的 Xbox Live 游戏、Xbox Music 音乐与独特的视频体验集成至手机中。

Windows Phone 具有桌面定制、图标拖拽、滑动控制等一系列前卫的操作体验。其主屏幕通过提供类似仪表盘的体验来显示新的电子邮件、短信、未接来电、日历约会等，让人们对重要信息保持时刻更新。它还包括一个增强的触摸屏界面，更方便手指操作；以及一个最新版本的 IE Mobile 浏览器——该浏览器在一项由微软赞助的第三方调查研究中，和参与调研的其他浏览器和手机相比，可以执行指定任务的比例超过 48%。很容易看出微软在用户操作体验上所做出的努力，而史蒂夫·鲍尔默也表示："全新的 Windows 手机把网络、个人电脑和手机的优势集于一身，让人们可以随时随地享受到想要的体验。"

Windows Phone 力图打破人们与信息和应用之间的隔阂，提供适用于人们包括工作和娱乐在内完整生活的方方面面，最优秀的端到端体验。

第二节　移动电子商务概述

移动电子商务 MB（Mobile Business）或 MC（Mobile‐Commerce），也称无线电子商务 WB（Wrieless Business），是在无线平台上实现的电子商务。从互联网电子商务的角度看，移动电子商务是电子商务的一个新的分支，但是从应用角度来看，它的发展是对有线电子商务的整合与扩展，是电子商务发展的新形态，也可以说是一种新的电子服务。

一、移动电子商务

1. 移动电子商务的概念

移动电子商务是指通过手机、个人数字助理（PDA）等移动通信设备与互联网有机结合进行的电子商务活动。它是无线通信技术和电子商务技术的有机统一体。移动电子商务因其灵活、简单和方便等优势，已经成为电子商务发展的新方向。移动电子商务能提供的服务有 PIM（Personer Information Manager）、银行业务、交易、购物、基于位置的服务（LBS）、娱乐等。

移动电子商务是电子商务的一个新的分支，但是从应用角度来看，它的发展是对互联网电子商务的整合与发展，是电子商务发展的新形态。移动电子商务将传统的商务和已经发展起来的但是分散的电子商务整合起来，将各种业务流程从有线向无线转移和完善，是一种新的突破。

随着移动互联网的快速发展，出现了通过移动终端进行的电子商务形式——移动电子商务。移动设备通常是隶属于个人，可以为其所有者随时随地提供信息，商家可以通过移动电子商务将市场目标定位到个人，而传统的基于互联网连接的电子商务只能将市场细分到一个小群体，比如一个家庭或一台计算机。从这一点来说，移动电子商务是电子商务发展的高级形式。

2. 移动电子商务的特点

与传统电子商务相比，移动电子商务具有以下特点：

（1）全天候。移动交易不受时间和地点的限制，因而移动电子商务具有无所不在的特点，移动终端如手机便于人们携带，可随时与人们相伴。这将使用户能够更有效地利用碎片时间来从事商业活动。移动电子商务市场从长远看具有超越传统电子商务规模的潜力，这是因为移动电子商务具有一些无可匹敌的优势，因为只有移动电子商务才能在任何地方、任何时间真正解决交易的问题。

（2）个性化。移动终端的身份固定，能够向用户提供个性化移动交易服务。开展个性化的短信息服务活动，依赖于包含大量活跃客户和潜在客户信息的数据库。数据库通常包含了客户的个人信息，如喜爱的体育活动、喜欢的歌曲、生日信息、社会地位、收入状况、前期购买行为等。能完全根据消费者的个性化需求和喜好定制服务，设备的选择以及提供服务与信息的方式完全由用户自己控制。移动电子商务将用户和商家紧密联系起来，而且这种联系将不受计算机或连接线的限制，使电子商务走向了个人。

（3）精准性。由于移动电话具有比微型计算机更高的贯穿力，因此移动电子商务的生产者可以更好地发挥主动性，为不同顾客提供精准化的服务。要提供精确化服务，其内容传送模式的关键在于准确的个人信息。如用户的前期交易或偏好，与交互的时间及地点相关的当前选择。然而，精准化将意味着顾客暴露自己的偏好及行为。如果对他们自己有利，顾客是愿意向他们公司提供个人信息的。

（4）安全性。尊重消费者隐私是移动电子商务的优势，由于移动电话具有内置的 ID，在增加交易安全性的同时，也增加了消费者对隐私保护问题的关注。为了防止宣传活动在第一声手机铃声响起之前就被搞砸，商家必须强调保护消费者的隐私，要有配套的、详尽的自愿选择加入邮件列表计划。同时，为了发送定制化的信息，商家需要收集数据，这也会涉及消费者的隐私问题。因此，公司要明确强迫顾客接受与顾客有用之间的界限。定制化战略可用于缓解移动交易中对安全及隐私问题的担忧。

（5）定位性。移动电子商务可以提供与位置相关的交易服务。以定位为中心不仅使移动电话可到任意位置，GPS 也可以识别电话所在地，从而为用户提供相应的个性化服务。准确确定互联网用户的地理位置，给移动电子商务带来有线电子商务无可比拟的优势。利用这项技术，移动电子商务提供商将能够更好地与特定地理位置上的用户进行信息交互，这将是今后移动电子商务领域比较有前途的产业化方向。

（6）快速性。确保可靠的传输速度，从互联网诞生开始，数据的传输速度就是一个关键因素。随着用户的增加，传输速度变得更为重要。在移动通信中，对于需额外交费的服务，传输必须是可靠的。假如用户通过固定线路可以定制的服务比通过移动网络更快捷、方便，那么移动应用的存在也就无优势可言。在不久的将来，会存在一定程度的网络专业化、视频点播或网上冲浪将通过固定网络，而地区交通信息或交通新闻的发送将会成为移动网络的业务。

（7）便利性。移动电子商务的接入方式更具有便利性，使人们免受日常烦琐事务的困扰。例如，消费者在排队或陷入交通拥堵时，可以进行网上娱乐或通过移动电子商务来处理一些日常事务。消费的舒适体验将带来生活质量的提高。移动服务的便利性使顾客更忠诚。因此，移动电子商务中的通信设施是传送便利的关键。使用的简单性是交易模式的关键成功要素。

（8）可识别性。移动电话利用内置的 ID 来支持安全交易。移动设备通常由单独的个体使用，这使商家基于个体的目标营销更易实现。通过 GPS 技术，服务提供商可以十分准确地识别用户。随着时间和地理位置的变更而进行语言、视频的变换，移动提供了为不同的细分市场发送个性化信息的机会。

（9）应急性。应急性是指面对突发事件如自然灾害、重特大事故、环境公害及人为破坏等所需的应急管理、指挥、救援等。实践证明，移动通信和移动电子商务在我国紧急公共卫生事件、地震、冰雪、紧急社会事件中都发挥了巨大作用，移动通信和移动电子商务在应急组织管理指挥、应急工程救援保障、综合协调备灾的保障供应等方面发挥着重要的作用。

（10）广泛性。移动电子商务的用户与电子商务不同。截至 2018 年 6 月 30 日，我国互联网用户有 8.02 亿，移动用户已突破 9 亿。电子商务的用户大部分是那些教育和收入水平较高，较早拥有个人计算机的人。相比之下，移动电子商务的用户有许多是那些从未拥有过个人电脑，收入处于中低层次，经常处于移动工作状态的人群。移动电话的使用让电子商务摆脱了地理位置的限制，使商家对客户的服务无处不在。

二、移动电子商务的发展和未来趋势

1. 移动电子商务的发展

随着移动通信技术和计算机的发展，移动电子商务的发展已经经历了三代。

第一代移动商务系统是以短讯为基础的访问技术，这种技术存在许多严重的缺陷，其中最严重的问题是实时性较差，查询请求不会立即得到回答。此外，由于短讯信息长度的限制也使一些查询无法得到一个完整的答案。这些令用户无法忍受的严重问题也导致了一些早期使用基于短讯的移动商务系统的部门纷纷要求升级和改造现有的系统。

第二代移动商务系统采用基于 WAP 技术的方式，手机主要通过浏览器的方式来访问 WAP 网页，以实现信息的查询，部分地解决了第一代移动访问技术的问题。第二代的移动访问技术的缺陷主要表现在 WAP 网页访问的交互能力极差，因此极大地限制了移动电子商务系统的灵活性和方便性。此外，WAP 网页访问的安全问题对于安全性要求极为严格的政务系统来说也是一个严重的问题。这些问题也使第二代技术难以满足用户的要求。

新三代的移动商务系统采用了基于 SOA 架构的 Web Service、智能移动终端和移动 VPN 技术相结合的第三代移动访问和处理技术，使系统的安全性和交互能力有了极大的提高。第三代移动商务系统同时融合了 3G 移动技术、智能移动终端、VPN、数据库同步、身份认证及 Web Service 等多种移动通信、信息处理和计算机网络的最新前沿技术，以专网和无线通信技术为依托，为电子商务人员提供了一种安全、快速的现代化移动商务办公机制。

2. 移动电子商务的未来趋势

（1）企业应用将成为热点。移动电子商务的快速发展，必须是基于企业应用的成熟。企业应用的稳定性强、消费力大，这些特点个人用户无法与之比拟。而移动电子商务的业务范畴中，有许多业务类型可以让企业用户在收入和提高工作效率上得到很大帮助。企业应用的快速发展，将会成为推动移动电子商务的最主要力量之一。

（2）获取信息成为主要应用。在移动电子商务中，虽然主要目的是交易，但是实际上在业务使用过程当中，信息的获取对于带动交易的发生或是间接引起交易是有非常大的作用的，如用户可以利用手机，通过信息、邮件、标签读取等方式，获取股票行情、天气、旅行路线、电影、航班、音乐、游戏等各种内容业务的信息，而在这些信息的引导下，有助于诱导客户进行电子商务的业务交易活动。因此，获取信息将成为各大移动电子商务服务商初期考虑的重点。

（3）安全问题仍是关注重点。由于移动电子商务依赖于安全性较差的无线通信网络，因此安全性是移动电子商务中需要重点考虑的因素。与基于 PC 终端的电子商务相比，移动电子商务终端运算能力和存储容量更加不足，如何保证电子交易过程的安全，成了大家最为关心的问题。

在这样的大环境下，有关安全性的标准制定和相应法律出台也将成为趋势。同时，相关的供应商和服务商也就大行其道。

（4）移动终端的机会。随着终端技术的发展，终端的功能越来越多，而且考虑人性化设计的方面也越来越全面，比如显示屏比过去有了很大的进步，而一些网上交易涉及商品图片信息显示的，可以实现更加接近传统 PC 互联网上的界面显示。又如智能终端的逐渐普及或成为主流终端，如此一来，手机更升级成为小型 PC，虽然两者不会完全一致，也不会被替代，但是手机可以实现的功能越来越多，对于一些移动电子商务业务的进行，也更加便利而又不失随身携带的特点。以后终端产品融合趋势会愈加明显，你很难清楚地界定手上这个机器是手机还是电子书抑或是 MP4，在你手上它就是一个有应用价值的终端，就看消费者的需求方向。

（5）移动支付将成为最有潜力的支付手段。移动的发展离不开完善的支付方式和支付手段。移动支付可以简单定义为借助手机、掌上电脑、手提电脑等移动通信终端和设备，通过手机短信息、IVR、WAP 等方式所进行的银行转账、缴费和购物等商业交易活动。使用手机小额支付方式时，费用一般会直接加到用户的话费中。大额支付时，手机和信用卡一般是绑定的，由于数据是通过无线的方式传送的而且还有用户确认的过程，因此安全性能较高。在电子商务中，支付手段一直是令消费者和在线销售商十分关注的事情，移动支付提供了一种很好的解决方案。

第三节　移动电子商务模式

一、O2O 模式

移动互联网同传统的电子商务相比，具有用户量大、贴近市场需求等优势，O2O 模式的出现是消费方式与服务模式的变化，使传统电子商务面临着更大的挑战。随着 O2O 模式和移动电子商务的有效结合，让广大商家及企业可以以更低的成本及更高的效率满足广大消费者的需求，获得消费者的信任。所以，O2O 模式将成为电子商务发展的核心力量。

1. O2O 模式的概念

O2O 模式引入国内时间还比较短，在短短的几年时间内，就得到了社会认可，目前，已经广泛地运用于电子商务中，其中团购运用得最多。所谓的 O2O 模式是线上与线下商务模式的结合，每家实体店或企业都可以在移动互联网上发布自己的终端应用，消费者在线上购买或者是预约商品，线下商家或企业提供各种预约服务，甚至还能去体验线下实体店。在网络信息时代，消费者获得信息的渠道越来越多。不管是消费方式还是观念等从未停止更新。但是，O2O 模式的出现给移动电子商务带来了全新的营销、服务模式，这是其他营销模式所不能及的。

2. O2O 模式的特点

（1）对于广大商家或企业来说，O2O 模式的出现，使他们能够低成本地对线下实体店在线上进行宣传，吸引了广大消费者的注意，更新实体店的经营服务模式，增强了实体店的市场竞争力。通过线上预约，便于商家快速的统计推广的效果，利于商家及时了解营销中存在的优势和不足，从而能够更新自身的营销模式，提高经济效益。

（2）站在广大客户角度看，足不出户就能及时了解商家所提供产品信息，通过查看其他客户的评价，就商家提供的商品和服务有一个更加全面的了解，从而降低了客户的购买风险，同时，还能通过在线购买获得相应的优惠及折扣价格。

（3）站在 O2O 电商角度看，能够从广大客户的生活情况出发，收集各类优惠信息，同时，还可以通过线上统计营销效果，引起线下实体商家的注意。有了商家和客户群体，就能为电商提供更多的营销渠道，获得更多盈利机会。

3. 移动电子商务 O2O 模式的发展趋势

（1）二维码移动支付。在我们的生活中二维码随处可见，它是按照一定比例排列的黑白色图形，其主要工作分为读取与被读取两种。事实上，二维码就是变相的一种电子凭证，只是这个凭证中包含很多的信息，如个人信息、商品信息、业务类型等。由于电商 O2O 模式需要消费者、线下商家实体店、线上购买支付平台三方，不管是哪一方都要有管理信息系统，二维码的出现很好地解决了这一问题。因此，在电商 O2O 模式中应用二维码，可以确保线上支付的安全性。

（2）社交化趋势不断加快。信息网络技术的发展，为移动电商的发展提供了条件，而移动电商的发展为 O2O 提供了更多的用户和网络平台，吸引了广大消费者的注意，各种手机应用非常多，特别是和人们生活息息相关的手机地图、手机购物等，丰富了人们的娱乐、休闲方式，增加了手机网民使用量。手机上网的迅速发展，为中国互联网的普及创造了条件，特别是为那些受到网络终端限制等不能进入的人群创造了利用互联网的机会。同时，手机上网数量的增多，促使互联网经济得到了快速增长，为传统各项互联网业务提供了更广阔的商业发展空间，如各类打车软件的应用、微博商业化等都是互联网创新的典范。

（3）4G 技术的应用。随着网络信息技术的发展和普及，4G 技术也得到了广泛运用。4G 技术的发展，对于电商 O2O 模式来说，有非常重要的作用，4G 技术集 3G 与 WLAN 于一体，视频传输质量极高，将其运用到 O2O 模式中，可以有效提高信息传输效率。

总而言之，随着网络信息技术的快速发展，相关网络应用及技术已经融入人们生活、学习、工作的各个方面，因此，相信未来移动电商 O2O 模式将会取得更大的发展进步。

二、平台模式

1. 平台的概念

网络的基本功能是提供连接，连接的可以是人（通信网）、物（物联网）和产品服务（商业网）等。一些产品和服务把两个不同的用户群联系起来，形成的市场称为"双边市场"。例如，金融领域的信用卡就是一个典型的双边市场产品，它提供了消费者和商家两个群体之间的联系。而在双边市场中将不同用户群连接起来的产品和服务，常被称作"平台"。平台既可以指实体产品，如消费者的信用卡和商家的刷卡终端，也可以指信用卡整套全新的支付服务体系。平台还可以提供服务的场所，如证券交易所。在商业界，平台实质上是指一系列商业能力。这些能力可以建立、连接、扩展其他等能力，通过这种方式来满足客户的需求及对各种需求关系进行匹配。

2. 移动电子商务平台组成模块

（1）搜索模块。搜索模块是基于 Elastic Search 构建的分布式，RESTful 搜索引擎。设计用于云计算中，能够达到实时搜索、稳定、可靠、快速、安装使用方便。支持通过 HT-TP 使用 JSON 进行数据索引。各检索服务器之间相互共享资源，站点只向本自治区域内的信息搜索机器人提供信息，减轻了网络及各站点的负载；与 Web 本身的分布式特性相适应，具有良好的可扩充性，便于维护；索引信息划分到各自的索引数据库中，使索引数据库相对较小，查询的响应时间相对较短；各代理之间的相互协作及查询定向使提供的服务更完善。

（2）通信模块。通信模块是移动电子商务平台集成原有的电子商务平台的所有功能并使之适应移动终端的特殊需要，系统提供 PC 到 PC、PC 到 Android/iOS、Android/iOS 到 Android/iOS 多种平台交流方式，让用户随时随地跟踪掌握电子商务平台客户访问情况，及时沟通交流。

3. 移动电子商务平台

（1）移动电子商务基础平台。

第一，移动网络接入平台。WAP 平台是开展移动电子商务的核心平台之一。通过 WAP 平台，手机可以方便快捷地接入互联网，真正实现不受时间和地域约束的移动电子商务。WAP 是一种通信协议，它的提出和发展是基于在移动中接入互联网的需要。WAP 提供了一套开放、统一的技术平台，用户使用移动设备很容易访问和获取以统一的内容格式表示的互联网或企业内部网信息和各种服务。同时 WAP 提供了一种应用开发和运行环境，能够支持当前最流行的嵌入式操作系统。

WAP 可以支持目前使用的绝大多数无线设备，包括移动电话、PDA 设备等。在网络方面，WAP 也可以支持目前的各种移动网络，如 GSM、CDMA、PHS 等。目前，许多电信公司已经推出了多种 WAP 产品，包括 WAP 网关、应用开发工具和 WAP 手机等，向用户提供网上资讯、机票订购、移动银行、游戏、购物等服务。

第二，IVR 平台。IVR（Interactive Voice Response），即自动语音应答，是指自动与用户进行交互式操作的业务。用户可以通过电话等通信终端拨号呼叫 IVR 平台，根据 IVR 平台的语音提示进行互动操作，从而完成交易、娱乐等业务。比较典型的 IVR 有电话银行等。

移动 IVR 就是利用手机等移动终端设备拨打 IVR 进行交互，与普通电话不同的是手机等移动终端能够随时随地拨打 IVR、浏览语音互联网、电话聊天、信息查询、收听歌曲文艺节目等。移动 IVR 还能够利用手机终端独有的短信息收发功能，通过自动语音识别、语音合成等技术，实现语音和短信息的互动。

第三，Linkwise 移动电子商务综合平台。Linkwise 电子商务综合服务平台是一个统一的开放平台，连接传统的固定电话网、移动网、数据网。目前，接入方式包括语音接入、SMS 和 STK 短信接入、WEB/WAP/GPRS 接入等。平台通过与银行、商家、证券等各种电子商务服务提供商的互连，开展多元化的电子商务业务。平台上可以开放的业务有电子证券、电子银行、电子报税等。

（2）行业移动电子商务解决方案——保险业移动电子商务解决方案。

第一，内部通信服务。建立统一的 VPMN 移动虚拟专网，可实现集团内更为便捷的专用通信；综合 VPMN 还可实现固话与移动手机的统一和内部短号互拨，并利用中国移动通信 VoIP 技术实现预埋 IP，拨打长途更经济。

第二，移动办公助理。①会议通：可实现随时随地召开内部会议。②集团短信：实现集团内的短信群发、各类通知发布以及个性化短信应用。③随 e 行 + 虚拟拨号专用网：远程访问内部办公网络的安全通道。④综合邮件和统一消费服务：中国移动通信可以提供电信级综合邮件服务以及统一消息服务。任何时间、任何地点、多种设备收发信息，最大化提高员工工作效率，并提供语音邮件、传真邮件、彩信 PUSH – MAIL 等特色服务。⑤各级机构互连：利用中国移动通信的城域网、GSM 传输网络、采用光纤、微波、LMDS 等方式，建立属于自己的专用的数据通信网络连接，可以进行数据、语音、视频的传输，同时还可实现高速快捷的互联网接入。

第三，行业核心应用。①保险通服务系统。功能包括：业务管理，保险业务人员可以实时地查询保险业务条款，还可以查询、管理客户信息，实时报告保险业务信息。业务通知，发送理赔、催缴通知。客户服务，保险业务人员则可以通过短信等方式提供客户服务，手机客户可以查询保险业务信息。渠道管理，对保险代理业务人员进行管理，发送催缴通知接入手段。②手机投保服务系统。功能包括：目标客户即为大众提供手机投保服务；服务描述：投保、支付及客户资料获取。③保险服务移动专线。客户拨打服务专线咨询服务。

第四节　移动电子商务的应用

一、移动金融

随着移动终端设备的普及，以及移动通信技术的成熟和广泛商业化，人们越来越多地利用手机等通信终端进行充值缴费、查询银行账户、办理转账汇款、申购赎回基金、进行股票交易、实现移动投保和理赔等。这些活动就属于我们要讨论的移动金融。

1. 移动金融的概念

移动金融（Mobile Finance）是指借助移动通信网络技术，使用移动通信终端所进行的有关金融服务的总称。其中，移动通信网络技术是进行移动金融的核心技术，包括全球移动通信系统、通用分组无线服务系统、第四代无线通信系统等移动通信系统，以及无线保真技术、蓝牙技术、无线射频识别技术等无线网络技术；而移动通信终端是进行移动金融的前提，包括智能手机、个人数字助理、掌上电脑等。可以说，移动是手段，金融是目的，移动金融将金融服务与移动通信相结合，具有成本低廉、携带便捷的优势，能够使人们不受时间和空间的限制享受优质的金融信息和服务。

在概念上人们常把移动金融与时下日渐成熟的网络金融相混淆，或者说不能明确分辨两者的区别。网络金融（Network Finance）指的是在国际互联网上实现的金融活动。它不同于传统以物理形态存在的金融活动，而是存在于电子空间中，其存在形态是虚拟化的，运行方式是网络化的。它是互联网广泛应用的产物，是适应电子商务发展需要而产生的网络时代的金融运行模式。随着移动互联网的快速发展，出现了通过移动终端进行金融服务的形式——移动金融。从某种角度上讲，移动金融可以看作移动电子商务的一项行业应用模式，即移动电子商务在金融领域的应用。由于移动设备通常隶属个人，可以为其所有者随时随地提供信息和服务，因此移动金融服务的提供者可以将其目标市场定位到个人；而传统的基于互联网连接的网络金融服务只能将市场细分到一个个的小群体（如一个家庭或一台电脑的使用者群体），而非个人。从这一点来说，移动金融是网络金融发展的高级形式。移动金融对基于互联网的网络金融进行整合与发展、扩展与延伸，将各种金融业务流程从有线网络向无线网络转移和完善，属于更加领先的金融服务平台，是一种新的突破，代表了金融服务的发展方向。

2. 移动金融的特点

移动金融的特点突出体现在其移动性、可识别性、精准性、定位性和广泛性等方面。

（1）移动性。这是移动金融区别于传统金融实体网点服务与网络金融服务的最显著特点，也是移动金融的最大卖点。移动金融是针对那些不在电脑前却有联网需求的细分市场而产生的。由于手机等移动终端设备便于人们携带，可随时与人们相伴，这就满足了现代人工作和生活中对移动金融服务的需求。通过移动通信设备，金融机构提供的服务内容可在任何时间、任何地点到达顾客手中。移动终端用户也可以在任何时间、任何地点通过无线通信技术从事有关金融活动。

（2）可识别性。可识别性指的是用户的个人配置不仅容易被分辨，而且易于收集和处理。与个人计算机的匿名接入不同的是，手机用户在一开始注册手机号码时，其填写的有关个人信息档案已经储存在了手机的内置卡上。也就是说，一个移动终端是具有唯一标识的，它可以确定一个用户的身份，甚至可以作为一个人的信用认证来使用，其具体应用如移动银行、移动支付等。

（3）精准性。基于上述可识别性，移动金融服务提供者很容易地确定每个手机用户的身份，更好地为不同客户提供定制化的服务，实现基于目标个体的精准营销。开展具有个性化的移动金融服务活动依赖于无线服务提供商拥有的客户信息数据库，数据库中一般存有活跃客户和潜在客户的详尽信息。这样，利用无线服务提供商提供的人口统计信息和基于移动用户当前位置的信息，移动金融服务提供者就可以通过个性化短信服务进行更有针对性的广告宣传和业务提醒与办理。

（4）定位性。移动金融服务提供者可以通过移动运营商无线网络和手机内置 GPS 接收机为用户提供与位置相关的服务。移动金融服务提供者一旦可以了解某用户的地理位置情况，就能与该用户进行信息的交互。这种定位性也是为了给用户提供个性化、精准化的贴身服务，使移动金融具有传统金融或网络金融所无可比拟的优势。例如，当某家银行的 VIP 客户接近该银行营业网点时，该银行可以用短信或彩信的形式向其发出针对贵宾客户的专享服务活动信息等。移动金融定位服务可通过短信、彩信、交互式语音应答等方式加以承载，而且能和具体的业务进行捆绑，手机用户可自主选择接收感兴趣的金融信息或进行相关金融信息订制。

（5）广泛性。我国幅员辽阔，地区发展不平衡，金融机构的实体网点往往难以覆盖不发达地区特别是边远地区；而网络金融受制于电脑价格偏高、有线网络和居民上网习惯，无法涵盖那些从未拥有个人电脑，收入处于中低层次，或是经常处于移动工作状态的人群。移动金融能够借助无线通信技术和手机的高普及率，弥补商业银行实体网点不足和基于互联网的网络金融所无法回避的问题，满足民众的金融需求。因此，移动金融的用户（包括潜在用户）具有广泛性的特点。

3. 移动金融的应用类型

（1）移动支付业务。移动支付业务是一种允许移动用户使用其移动终端对所消费的商品或服务进行账务支付的服务方式，包括手机订购、手机缴费、刷手机消费等业务。目前，使用手机进行移动支付已经在很多领域开展。由于移动支付具有操作简单、支付快捷、手机终端携带方便且私密性强等优势，必将在为相关产业带来巨大商业价值的同时大幅度提升用户的消费体验，对加速我国零售及公共服务产业的信息化进程具有非常重要的意义。

现阶段移动支付市场主要有两种形式：一是通过手机话费直接扣除，因为受到金融政策管制的限制，目前只能提供微支付和小额支付解决方案；二是通过手机将信用卡与银行卡进行绑定，支付过程中直接从用户的银行账户扣款，这种情况下移动支付对于移动运营商而言仅相当于一般的移动数据业务。随着移动支付技术的不断发展，手机直接大额支付将是移动支付系统一个引人关注的发展方向。

（2）移动银行业务。移动银行业务是利用以手机为代表的移动终端设备办理有关银行业务的简称。作为一种结合了货币电子化与移动通信的崭新服务，移动银行业务不仅可以使人们在任何时间、任何地点处理多种金融业务，而且极大地丰富了银行服务的内涵，使银行能以便利、高效且较为安全的方式为客户提供创新服务。

移动银行业务可以为用户提供以下三类服务：一是缴费业务，包括账户查询、余额查询、账户的明细、转账、银行代收的水电费、电话费等；二是购物业务，就是客户将手机信息与银行系统绑定后，通过移动银行平台直接购买商品；三是理财业务，包括炒股、炒汇等。移动银行业务以小额支付为主，这种服务极大地方便了人们的日常生活。

（3）移动证券业务。移动证券业务是指证券行业以移动通信网络为媒介为客户提供证券服务的一种移动金融业务类型。客户可以通过手机证券业务随时随地查询沪深股市A、B股和基金等产品的实时行情，浏览股市资讯、专家股评和 Level 2 深度数据，接收股市异动提醒，及时准确地把握证券市场脉搏，并通过客户端软件提供的在线交易功能进行实盘操作，掌握股市先机。

移动证券作为一项全新模式的证券应用服务，其优势在于：首先，移动证券用户在开市时间可随时随地交易，不受空间限制。其次，可视化操作不易出错，且发生错误后可以方便快捷地更正，不需要拨电话；可及时查询委托情况，具有账户预设、银证转账等功能。再次，移动证券更具安全性，其信号及携带的信息不易被窃取，交易信息的内容只会被股民和证券营业部的电脑系统所见，任何第三方的个人或设备都无法破译加密的数据；而且系统数据在专用的内部网络上传输，外界互联网上的各种不安全因素无法侵入本系统。最后，移动证券还具有操作界面简单实用等特点，可以实时传送财经资讯和在线交易，超越了短信炒股和 WAP 炒股，实现了手机炒股质的飞跃。

（4）移动保险业务。移动保险业务是保险公司通过移动终端设备，利用移动通信技术，为客户提供移动投保、移动理赔、保险信息查询等创新服务的业务形式。

保险业可以通过让业务移动起来以提升自己的竞争力：一方面，手机用户进行移动投保可避免因投保地域限制和保险公司营业时间限制带来的不便；另一方面，保险代理也可随时随地根据需要查询各种规定、标准、保单、客户信息等，并能够直接进行业务处理和操作。此外，在移动信息系统中可以规范整个保险业务的标准操作规程（Standard Operation Procedure，SOP），并能够要求代理人按照 SOP 规定进行业务操作。这样，不同用户都能够接受到一致的服务内容。随着移动保险业务的发展，这种以移动和在线形式完成保险交易的能力创造了保险行业新的业务形态，他们可以为保险代理人的客户提供更加个性化的、有针对性的服务。

二、移动支付

1. 移动支付的概念

移动支付是指借助手机、掌上电脑、笔记本电脑等移动通信终端和设备，通过手机短信息、IVR、WAP 等多种方式所进行的银行转账、缴费和购物等商业交易中的支付行为或支付活动。当前，移动支付已成为移动电子商务一个重要的组成部分，具有十分巨大的市场空间。由银行、移动运营商、移动支付服务提供商、商家和用户构成的产业链已形成。

从本质上说，移动支付就是将移动网络与金融网络系统相结合，利用移动通信网络的快捷、用户分布范围广和数量众多的特点来实现一系列金融服务。移动支付属于电子支付与网络支付的范畴，是在它们基础上的支付手段和方式的创新。移动支付可以提供的金融业务种类繁多，包括商品交易、缴费、银行账户管理等，使用的终端可以是手机、具有无线功能的 PDA、移动 POS 机或者笔记本电脑等设备。由于目前国内外的移动支付业务基本上都是在手机终端上开展，并且用户数量占绝大多数，因此，也有人将移动支付与手机支付等同。

2. 移动支付的特点

（1）移动性。随身携带的移动性，消除了距离和地域的限制。结合了先进的移动通信技术的移动性，随时随地获取所需要的服务、应用、信息和娱乐。

（2）及时性。不受时间地点的限制，信息获取更为及时，用户可随时对账户进行查询、转账或进行购物消费。

（3）定制化。基于先进的移动通信技术和简易的手机操作界面，用户可定制自己的消费方式和个性化服务，账户交易更加简单方便。

（4）集成性。以手机为载体，通过与终端读写器近距离识别信息并进行交互，运营商可以将移动通信卡、公交卡、地铁卡、银行卡等各类信息整合到以手机为平台的载体中进行集成管理，并搭建与之配套的网络体系，从而为用户提供十分方便的支付和身份认证渠道。

3. 移动支付分类

（1）按用户支付的额度，可以分为微支付和宏支付。微支付是根据移动支付论坛的定义，微支付是指交易额少于 10 美元，通常是指购买数字内容业务，如游戏、视频下载等。宏支付是指交易金额较大的支付行为，如在线购物或者近距离支付（微支付方式同样也包括近距离支付，如交停车费等）。

（2）按完成支付所依托的技术条件，可以分为远程支付和近场支付。远程支付是指通过移动网络，利用短信、GPRS 等空中接口，和后台支付系统建立连接，实现各种转账、消费等支付功能。近场支付是指通过具有近距离无线通信技术的移动终端实现本地化通信进行货币资金转移的支付方式。

（3）按支付账户的性质，可以分为银行卡支付、第三方支付账户支付、通信代收费账户支付。银行卡支付就是直接采用银行的借记卡或贷记卡账户进行支付的形式。第三方账户支付是指为用户提供与银行或金融机构支付结算系统接口的通道服务，实现资金转移和支付结算功能的一种支付服务。第三方支付机构作为双方交易的支付结算服务的中间商，需要提供支付服务通道，并通过第三方支付平台实现交易和资金转移结算安排的功能。通信代收费账户是移动运营商为其用户提供的一种小额支付账户，用户在互联网上购买电子书、歌曲、视频、软件、游戏等虚拟产品时，用手机发送短信等方式进行后台认证，并将账单记录在用户的通信费账单中，月底进行合单收取。

（4）按支付的结算模式，可以分为及时支付和担保支付。及时支付是指支付服务提供商将交易资金从买家的账户即时划拨到卖家账户。一般应用于"一手交钱一手交货"的业务场景（如商场购物），或应用于信誉度很高的 B2C 以及 B2B 电子商务。担保支付是指支付服务提供商先接收卖家的货款，但并不马上支付给卖家，而是通知卖家货款已冻结，卖家发货；买家收到货物并确认后，支付服务提供商将货款划拨到卖家账户。支付服务商不仅负责资本的划拨，同时也要为不信任的买卖双方提供信用担保。担保支付业务为开展基于互联网的电子商务提供了基础，特别是对于没有信誉度的 C2C 交易以及信誉度不高的 B2C 交易。

（5）按用户账户的存放模式，可分为在线支付和离线支付。在线支付是指用户账户存放在支付提供商的支付平台，用户消费时，直接在支付平台的用户账户中扣款。离线支付是用户账户存放在智能卡中，用户消费时，直接通过 POS 机在用户智能卡的账户中扣款。

4. 移动支付的应用

移动电子商务非常适合大众化的应用，移动电子商务不仅能提供互联网上的直接购物，还是一种全新的销售与促销渠道。下面介绍六种移动支付应用。

（1）销售终端服务。用户只要将手机对着收款机的电子扫描设备晃一晃，收款机就可以通过无线射频身份识别技术将费用从手机中扣除。使用的过程像是在使用信息卡，完全不需要按键操作。

（2）移动订票。这种服务可以通过定位技术将距离手机用户最近的餐馆、电影院或者戏院的消息发送到移动手机上，用户通过手机订电影票或者就餐消费。手机订票具有成为大规模市场的潜力，将在商品及票据销售中获得广泛应用，而且成本十分低廉，风险小，消费者愿意尝试。

（3）移动博彩。移动博彩出现在 20 世纪 90 年代末的欧洲，流行于荷兰、德国、瑞典、英国、奥地利等国，在这些国家，一般的手机都能用来购买彩券、下注、加入抽彩赌博。2003 年，西门子移动业务发展公司与某博彩公司合作开发出赛马博彩专用 UMTS 平台 Scaraboo，以使用户能通过移动设备进行赛马博彩下注活动，它做到了数字下注和实时赛场状况和结果传输。这一赛马博彩平台为用户带来了全新的互动感受，同时博彩公司和网络运营商也从中受益匪浅。

（4）手机银行。手机银行也称移动银行，是利用移动电话办理有关银行业务的简称。它可以认为是金融机构借助移动通信运营商的新技术平台开展的一种便民业务。使用这种业务的银行用户可以利用手机办理多种金融业务，突破时空限制，只需使用手机，依照屏幕提示信息，即可享受手机银行提供的个人理财服务，实现账户信息查询、存款账户间转账、银证转账、证券买卖、个人实盘外汇买卖、代缴费、金融信息查询等功能。

（5）小额移动支付。随着移动通信用户的增多，手机逐渐成为很多人必须随身携带的通信工具，因此利用移动手机来补充甚至替代类似信用卡、钱包等其他功能的概念自然产生。对用户来说，移动支付业务提供了随时随地通过移动手机购买多种数字或者物理商品的机会。移动电子商务的推动者对小额支付寄予了极大的希望。目前全球最成功的移动付费业务在欧洲。移动娱乐将是这些业务的关键动力，而通过移动手机来获取业务必将涉及支付方面的问题。

（6）捆绑信用卡的移动支付。通过与信用卡的捆绑，移动支付业务有了更广阔的商品空间，一方面支付的额度可以加大；另一方面，企业避免了很多的呆账风险。目前银行拥有的客户资源比较丰富：第一类资源是有银行账户的个人用户，他们是移动付费的主动方；第二类资源是商家用户，他们是受支付方；第三类资源是因为银行作为清算中心已经进行过交易处理，拥有支付交易处理方面经验。因此银行可以通过与移动公司的合作，为自己的信用卡用户提供另外一种更方便的服务，而由移动公司统一与商家打交道。

三、移动医疗

1. 移动医疗的概念

移动医疗指不受固定位置因素的影响、能够随时随地地传递患者信息的远程医疗模式。特指借助现代通信技术实现的对于远距离对象的医疗服务。移动医疗就是通过使用移动通信技术，如移动电话、Wi-Fi、卫星通信等技术来提供医疗信息和服务。

移动医疗包括无线查房、移动护理、药品管理和分发、条形码病人标志的应用、无线语音、网络呼叫、视频会议和视频监控。可以说，病人在医院经历过的所有流程，从住院登记、发放药品、输液、配液/配药中心、标本采集及处理、进急救室/手术室，到出院结账，都可以用移动技术予以实现。

2. 移动医疗与传统医疗的差异

（1）模式差异。

1）诊断模式不相同。在传统医疗中，医生获取病人病症的渠道都是通过面对面的诊疗。而在移动医疗中，可以采取视频诊疗，病人和医生通过视频通话，医生可以获取病人的病症，并给病人下达医嘱。而对于一些慢性病的病人，患者可以佩带无线生理信息采集设备，而患者的即时生理信息将被医生掌握，从而时刻监控患者的生理状态。如果出现异常，医生可通过短信等形式通知病人服药或复查等。

2）护理模式不相同。在传统医疗中，护士护理病人必须定时查看病人的生理状态，而对于输液的病人，需要病人或家属在输液即将结束时呼唤护士来拔针。而在移动医疗中，患者的生理状态时刻显示在操控主机上，护士可在电脑前看到所有病人的状态，从而对患者实施护理。

（2）技术差异。传统医疗所需的技术，主要是医疗保健技术。而移动医疗则需要无线通信技术、电子信息技术、医疗保健技术的结合。其中，电子技术和无线通信技术作为基础，使医疗信息有了稳定的传输。病人的生理信息通过移动终端设备传递给医院，而医院的医疗保健信息也可以通过同样的方式传递给病人。

（3）效率差异。移动医疗比传统医疗有更高的效率。主要体现为人力资源占用少，误诊、药物误用的情况少，节省诊疗时间。使用移动医疗之后，将不需要过多的人力和设备来测量和收集病人的生理信息。很大程度上消除了在对病人护理过程中，有可能出现的护理人员交接环节的失误，以及在发药、药品有效期管理、标本采集等执行环节的失误。诊疗远程化之后，患者可以省下去医院中途的时间。

3. 移动医疗的技术与条件

（1）移动医疗的技术。

移动医疗的实施技术包括以下环节：①采集器将用户生理信息通过手机传输给业务管

理平台。②业务管理平台作为中枢，将用户与医疗专家联系起来。③业务管理平台和保健中心可以通过 IP 承载网与移动网络运营商的其他相关增值服务系统相连。

从结构上看，移动医疗分为三个部分：

第一，生理信息的采集。通过生理信息采集器，采集用户的生理信息，包括体温、血压、血氧、心跳、心电等。主要运用传感器技术，测量用户的生理数据。生理采集器可以通过不同用户的需要，匹配不同的功能。而生理信息采集器与用户的手机之间可以进行数据交换，通过蓝牙或者 USB 数据线。

第二，信息的传递。手机在获得了用户的生理信息之后中，将用户的生理信息通过移动通信网传递给业务管理平台。另外，业务管理平台和保健中心可以通过 IP 承载网与移动网络运营商的其他相关增值业务系统相连，将用户与医疗机构联系起来。这里运用了无线通信技术和信息管理技术。

第三，用户信息的管理。业务管理平台收集并管理用户信息，对用户建立档案，将用户信息发送给医疗机构，也将医院的健康建议等信息作为增值服务发送给用户。

（2）实施移动医疗的条件。

第一，通信服务平台。移动医疗离不开高速可靠的通信服务平台。移动医疗应用场景丰富，适用范围也覆盖了室内室外甚至高移动的各种场景，而医疗应用对稳定可靠方面的性能要求非常高，这对网络 QoS 能力提出了相当大的挑战。以体征监控并反馈类的应用为例，无论用户走到哪里，用户体征的上行数据需要随时随地传送出去，才能达到随时体征监控的目的。这就要求无线网络覆盖达到相当好的程度，并满足相应的带宽需求。另外，如果是报警类的医疗应用，因为关系到用户的生命安全，在优先级和稳定性上的要求也会比其他的服务更高，需要用冗余、差错恢复等技术保证传输的质量。

第二，信息服务和产品平台。业务管理平台是整个系统的中枢，其功能主要包括：信息存储/转发、认证鉴权、用户管理、话单生成、设备管理、网络管理、网络安全，并可提供门户网络界面供医疗专家根据客户提供的生理信息做出保健建议，然后医疗专家可以通过业务平台把健康信息回馈给用户。用户也可通过门户网络界面上网查询，随时了解自己的健康状况并得到医疗专家的保健信息。

医疗设备和技术服务提供商近年来投入大量力量进行医疗保健信息产品和技术的开发和应用，如 HIS/CPP/CIS/PACS 和远程医疗方面形成的大批医疗服务信息产品，以及相关的技术服务的平台。

（3）三大技术。移动医疗是远程通信技术、信息科学技术和医疗保健技术的结合，它们构成了移动医疗的三大支撑技术。

第一，通信技术。移动医疗系统采用的通信技术有无线局域网、电子设计自动化、中间件、条码和射频等技术，将在台式（固定）医师、护士工作站上采集、录入、查询临床信息，延伸至患者的床旁（通过无线技术与医疗的 HIS 相连）。

第二，信息学技术。用户生理信息采集器采集用户的生理信息，通过手机将用户的生理信息通过移动通信网传递给业务管理平台。业务平台的设备管理模块可以根据终端管理系统提供的用户终端的能力、当前网络状况等信息，对保健中心发给用户的信息进行转换适配，确保用户终端的正确呈现。

第三，医疗保健技术。移动医疗由于实时采集传输数据的特点，使高血压、心脏病等慢性病患者的生理状态时刻得到医生监护。医生可以针对患者的生理状况给患者提供建议，制订出最佳的服药及复查时间表，并通过移动业务平台给患者发送通知，保障了患者时刻处在监护的状态下。

四、移动教育

1. 移动教育的产生

高速发展的科技与教育相结合，不断地创造出更多新的教育方法与教育体系，改变着传统的教育模式。从移动教育的发展来看，经历了三个阶段：第一阶段是远程教育（D – learning）；第二阶段是电子学习（E – learning）时代；随着教学内容电子化及移动通信技术的发展，产生了移动教育（Mobile Learning），此时为第三阶段。

（1）远程学习。远程学习是指学习者利用各类学习资源在没有助学者（教师）连续面授指导情景下的学习行为活动。远程学习是远程教育的核心。远程学习对全日制在职的纳税者来说，是理想的学习方式，也可作为大学校园中面授学习一种适当的扩展。

（2）电子学习。电子学习即在线学习或网络化学习，即在教育领域建立互联网平台，利用固定的有线虚拟学习环境或其他数字化内容开展教与学的活动。它充分利用现代信息技术所提供的全新沟通机制与丰富资源的学习环境，实现一种全新的学习方式。

（3）移动教育。移动教育是一种在移动设备帮助下能够在任何时间、任何地点发生的学习，移动学习所使用的移动设备必须能够有效地呈现学习内容并且提供教师与学习者之间的双向交流。移动教育被认为是未来学习不可缺少的一种学习模式。

移动学习促进了各种学习方式的交织、融合、创新与发展，移动学习、远程学习、电子学习、传统学习共同构建未来的教育体系。

2. 移动教育的特点

（1）基于数字化的学习，融合了多种先进技术。移动教育是将移动无线通信、计算技术、互联网技术和移动通信设备技术等多种先进技术整合在一起。它是数字化学习的扩展，代表了继互联网后教育技术的发展方向。

（2）不仅受众广泛，而且拓宽了教育范围。移动学习提供了更灵活和更方便的学习方式，具有受众的广泛性，增加了学习机会，拓宽了教育范围。为很多潜在的学习者提供了学习机会，使有限的教育资源辐射到了更多的人员和地区。

（3）具有学习的开放性，拥有更多的自由。移动学习拥有更多的自由性、选择性和开放性，开辟了远程教育的新纪元。移动学习提供的是更灵活、更柔软而有弹性的学习方式，学习环境可随人的移动而移动，带来了随时、随地、随身的信息交流和服务手段。

（4）具有高度的双向交流和互动性。学习者通过使用无线移动设备获得教师和学习者或学习者之间的即时、无线的双向交流机会和实时双向互动。移动学习提供丰富、平等的交互活动，适宜学习者开展自主学习和协作学习。学习者能够在更真实的环境中开展学习，信息传递快、反馈及时，能够动态地评价学生学习进展。

（5）学习资料的获取更加方便。移动学习实现技术主要是利用移动设备和移动互联网，从而方便地访问互联网上的教育资源。信息获取便捷，信息处理实时、高效。因此移动学习具有获取学习资源的便利性和学习的高效性。

（6）以学习者为中心，满足个性化学习的需要。学习者根据自身需求选定学习内容，进而选择合适的学习方式，安排合理的学习进度，可以重复使用学习资料，达到复习、巩固的效果。

五、OTT

1. OTT 的概念

OTT 是指互联网公司越过运营商，发展基于开放互联网的各种视频及数据服务业务。OTT 是"Over The Top"的缩写，在通信行业是非常流行的一个词语，这个词语来源于篮球等体育运动，是"过顶传球"的意思，指的是篮球运动员（player）在他们头之上来回传送而到达目的地。OTT 即互联网公司越过运营商，发展基于开放互联网的各种视频及数据服务业务，强调服务与物理网络的无关性。

互联网企业利用电信运营商的宽带网络发展自己的业务，如国外的谷歌、苹果、Skype、Netflix，国内的 QQ 等。Netflix 网络视频以及各种移动应用商店里的应用都是 OTT。不少 OTT 服务商直接面向用户提供服务和计费，使运营商沦为单纯的"传输管道"，根本无法触及管道中传输的巨大价值。

2. OTT 应用

应用商店是典型 OTT 应用，苹果开通 App Store 后，Google 开通了 Android Market，诺基亚、微软等以及一些运营商均开通了自己的应用商店，应用商店得到迅速普及，是移动互联网最重要的发展趋势。应用商店最大的特点是开放性，一些原来由基础运营商、增值运营商提供的业务现在开始在应用商店提供，对原有的电信行业商业模式形成了重大影响，也对行业监管带来了挑战。

3. OTT 业务

OTT 服务也称为 OTT 业务。OTT Service 是指 Over – The – Top 式服务，通常指一种架构在网络运营商提供的网络之上的服务业务，如 Skype、Google Voice、QQ 等。它可以是网络运营商提供，也可以是第三方提供。目前第三方提供的更多，网络运营商由于 OTT 业务的兴起，日益被管道化。它被称为 OTT 服务，是因为它运营在用户已经获得的网络之上，而且不需要网络运营商额外的商业/技术支撑。

OTT 业务的鼻祖来源于 Skype 公司，当时 Skype 发明了网络电话，可让人们免费高清晰地与其他用户语音对话，也可以拨打国内国际电话。后来谷歌等互联网企业也都效仿，利用运营商的宽带网络发展自己的免费语音通话业务。在国内，Skype 公司早就被当年的信息产业部叫停，但腾讯的微信后来崛起，并以社交业务的形式出现，但仍是典型的 OTT 业务，因为微信可以实现免费语音通话，如今很多中国人出国只要能免费上网就立刻用微信通话，原因正是可免去国际漫游通话。

4. OTT TV

（1）概念。OTT TV 是"Over The Top TV"的缩写，是指基于开放互联网的视频服务，终端可以是电视机、电脑、机顶盒、PAD、智能手机等。

（2）OTT TV 三种发展模式。从世界范围来看，全球 OTT TV 有三种发展模式：第一种是欧洲的兼顾传统广播电视与 OTT 服务的 HBBTV 模式；第二种是完全以互联网架构为基础的美国开放式 OTT 模式；第三种则是中国所形成的强调内容监管的可管可控模式。

第一，HBBTV 模式是 Hybrid Broadcast/Broadband TV 的简称，作为一种混合广播技术，它是一种与 DVB 兼容的内容发布平台的应用功能，除最基本的广播之外，HBBTV 在联网服务方面则有 VOD、时移电视、互动广告、在线购物等应用。

第二，美国开放式 OTT 模式，则以 Google TV、Hulu、Netflix 和 iTV 为代表。中广互联 CEO 曾会明认为，美国 OTT 模式是一种以开放互联网服务为核心的观点，其核心目标是寻求将家庭设备也互联起来，视频服务不再成为广电运营商的专利，电信运营商、互联网企业、硬件设备商以及内容生产商等都将自身定位于视频产业的参与者并获取相应价值。在这一进程中，除 PC 终端外，OTT 视频服务逐渐向 iPhone、iPad 及互联网电视等多终端覆盖。

第三，中国可管可控模式。对中国 OTT 行业而言，内容的可管可控是必须正视的问题，相对于国外的技术驱动模式，中国的行业政策对一个产业发展有深刻的影响。

国家广电总局采取了牌照制方式来实现对 OTT 的可管可控，由国家广电总局认可的集成牌照方负责提供内容播控，且互联网电视与牌照方客户端完全绑定，通过牌照方的集成播控平台对客户端实行控制和管理。业内人士认为，这一管制思路与欧洲的 HBBTV 与美国的开放式 OTT 均存在本质区别。

当前我国互联网电视牌照有七张，分别是 CNTV、百视通、华数、南方传媒、湖南广电、中央人民广播电台、中国国际广播电台。

六、移动娱乐

1. 移动娱乐定义

移动娱乐即移动数字娱乐服务，是指充分利用目前以及未来的移动数据通信技术，如短信、WAP、GPRS、CDMA 通道等，为移动用户提供随时随地全方位的数字娱乐服务。

2. 移动娱乐业务分类

（1）基于内容的移动娱乐。通过获取信息内容达到娱乐的目的，其所涵盖的范围相当广泛，包括媒体业者、内容提供商等，具体包含了移动阅读、移动音乐、移动视频等。

（2）信息资讯服务。其表现形式为短信、彩信、手机广播、电子邮件、电子书等，通过连接互联网或者下载后进行阅读，内容可以是商业信息、娱乐八卦、新闻资讯、天气交通信息等。

（3）交易服务。主要是指使用者可通过手机下单、订位或购买行为的服务，如小额手机支付、信用卡支付、预定、银行、购物等。

（4）纯娱乐服务。包含短信、在线游戏、WAP 游戏、文字、下载音乐、影像传输等。

（5）GPS 服务。包括方位追踪、提供 LBS 服务、物流、交通工具服务等。

（6）通信监控。在不久的将来，通过技术方式实现手机等移动设备与家庭安全装置、数码电子产品、电子仪表等网络联系并进行控制。

3. 移动娱乐的应用

（1）基础增值业务。移动娱乐的基础业务包括短信/彩信、彩铃、电子邮件、语音互动等移动增值业务。移动增值业务就是电信运营商除了移动基本业务外，针对不同的用户群和市场需求开通的可供用户选择使用的业务。短信/彩信、彩铃服务是目前最成熟的基础无线数据业务。电子邮件系统的应用领域在不间断地扩展，它正朝着与各种通信手段互相结合的方向发展，它现在已经演变成为一个更加复杂并丰富得多的系统，可以传达声音、图片、图像、文档等多媒体信息。随着移动通信技术的进步，用户的个性化娱乐需求在不断变化，基础业务也需要不断推陈出新，并且跟其他业务进行结合才能迎合市场的需求。

（2）移动阅读。移动阅读作为一种新型的阅读模式，具有旺盛的生命力和广阔的发展前景。它在将传统的纸质媒体、网络媒体和移动终端有机地结合起来的同时，也改变着人们的生活习惯，把人们日常生活中的碎片化时间有效地拼接起来。而运用 Mobile Widget、HTML5、XML、CSS、JavaScript、DOM 等技术开发的移动端阅读软件进一步丰富着移动阅读体验。

（3）移动音乐和视频。移动音乐是指能在移动终端设备上直接接受的音乐服务，包括移动通信网络在内的移动互联网和移动增值业务都是能使移动音乐得以实现的数据传输方式，是包含于数字音乐范畴的。增值业务中包含移动音乐的业务有手机铃声下载、彩铃下载、IVR 音乐点播及整曲下载。无线互联网环境下实现移动音乐传输的途径包括通过商城在线购买音乐作品、通过移动应用程序在线听歌或下载音乐产品、通过移动互联网浏览器在线听歌或下载音乐产品。

随着 4G 商用日益成熟及 5G 时代的到来，移动视频用户飞速增长。由于碎片化阅读、观看的日益流行，手机视频凭借随时随地可得的优势迅速成为人们使用频率最高的手机应用之一。从终端设备的使用趋势来看，目前移动音乐、视频用户增量主要来自 PC 端用户的迁移，用户移动端音乐、视频消费习惯的逐步培育将继续推动移动音乐、视频用户的增长和基于内容的业务平衡发展。

（4）移动游戏。移动游戏业务正在成为运营商迅速创收的新渠道，并成为语音呼叫和短信息之外又一个巨大市场。运营商通过收取游戏下载费用来增加 ARPU 值并同时拉动数据服务消费量。服务和内容提供商则通过出卖游戏下载版权和提供下载服务平台赚取更多的利润提成。从某种角度来说，手机游戏是 PC 游戏和网络游戏的延伸和发展，它比 PC 游戏拥有更大用户群和发展空间。

第五节　移动电子商务存在的问题

一、我国移动电子商务发展存在的问题

1. 技术面临的主要问题

无线通信网络是发展移动电子商务的必要技术，但人们在享用无线通信带来便利的同时，移动电子商务同样面临多种安全威胁，主要包括以下四个方面：

（1）无线窃听。在无线通信过程中，因为信道开放的原因，所有的通信内容，如通话信息、设备信息、身份信息等都有可能被拥有一定信号接收设备的人窃听。除此之外，还可以利用无线定位技术实行位置追踪，这样会对企业或个人造成非常大的安全隐患。

（2）冒充和篡改。冒充和篡改是指由于无线网络通信信道的开放性，当攻击者掌握了通信的密码或者截获了使用者的身份信息，就可以利用这个身份在网络中自由活动。另外，攻击者通过使用截获的使用者身份信息，进入网络中心控制网络最高控制权，从而达到窃取机密的目的。

（3）恶意破坏。当攻击者侵入网络后，可以在正常通信的信息基础上进行修改或者恶意地插入一些数据和指令，造成服务器工作异常。

（4）黑客和病毒。与有线网络一样，无线移动通信网络和移动终端也会面临着黑客和病毒的威胁。随着移动智能终端的普及和移动互联网技术的不成熟性，移动互联网电子商务应用软件和网站已成为黑客攻击的首选。

2. 管理上面临的主要问题

（1）移动终端的安全管理问题。移动终端因其可以随身携带、数据信息查找便捷等特点使很多用户将比较机密的个人资料或商业信息存储在移动设备当中，如重要通信录、银行账号甚至密码等，但是由于移动终端便携性，没有第三方物理保护措施，因此很容易损坏或者丢失。很多用户没有备份重要信息和设置安全密码保护的习惯，一旦遭窃往往造成严重的后果。

（2）工作人员的安全管理问题。在移动电子商务安全方面，人们往往从技术角度出发，从而忽略了人员的安全管理问题，事实上，安全管理同样重要，受过良好技术训练却缺乏职业道德的员工往往是企业巨大的安全隐患。我国企业对员工的保密培训不够重视，而且缺乏强有力的监督控制和追诉机制，在这样的环境下难免造成部分企业不择手段获取竞争对手的商业机密。

3. 法律上面临的主要问题

面对国内移动安全领域诸多的问题，我国政府和相关主管部门也相继出台了相关法律法规，但是因为电子商务产业自身存在的较多的特殊性和快速发展等原因，导致政策法规的实用性存在问题，在一定程度上阻碍了我国电子商务的发展，比如：

（1）有些法律法规设置的门槛过高，使之失去了存在的实际意义。执法人员很难确定其违法行为，更难对这些违法行为进行处理。

（2）某些法律法规急于强化管理，却没有充分考虑现实情况。既达不到约束效果，还造成了一定的负面作用。

（3）某些政策措施不能充分估计移动电商的特殊性，不利于移动电子商务的长远发展。

（4）某些政策措施涉嫌与民争利等问题。研究与制定相关的法律法规，采取相应的法律保障措施是电子商务系统健康发展的一个必不可少的条件。

二、我国移动电子商务发展对策及建议

1. 技术措施

在维护移动电商企业内部安全的技术方面可以更新和改进传统的用户密码权限管理技术，积极引进新的身份识别技术。例如，生物特征方面的指纹锁、声音锁和面部特征识别等，提升安全性。

基于云计算的互联网时代，企业在维护交易数据安全传输的技术方面，可以充分利用虚拟服务器中的实用计算架构和管理服务提供商 MSP 架构来优化改良传统企业安全防范模式。

另外，为了保障移动电子商务交易活动中最为关键的资金流动特别是移动支付的安全，可以通过透明安装和智能监控机制保证手机 APP 支付接口安全。

2. 管理措施

首先是高层管理人员，要提高对移动互联网安全的重视程度，改变过去重技轻管的局面，然后与技术开发人员一起商定企业安全防御方案，制定企业安全标准和条例。

技术开发人员也应该重新培训或进行深造，学习掌握更多更全面的安全技术，有利于应对新的病毒程序和恶意攻击。

对于普通员工的企业信息安全意识培训也是不能忽视的，员工危机意识的培养不仅有利于平时防范企业机密泄露，而且也有利于企业危机突发时候快速有效地进行处理。

此外，要特别注意企业安全防御方案执行保障，只有企业从管理人员到普通员工都树立了危机与安全意识，整个企业的安全水平才能有效提升。

3. 法律措施

移动电商的安全不单单是依靠技术创新和增强管理就能解决的，更需要技术、管理、法律等方面多管齐下共同解决。其涉及的主要法律要素如下：

（1）有关移动电子商务交易各方合法身份认证的法律。互联网时代移动电子商务立法的重中之重是电子身份认证中心的建立，这也是移动电子商务最根本的保护措施，它负责保证移动电子商务的安全与公正。因此，国家法律应该规定电子身份认证中心的权限和功能，同时要立法明确规定对电子身份认证中心的监督管理以及违规后的处罚措施。

（2）有关保护交易者个人以及交易数据的法律。本着最小限度收集用户个人信息，最大限度保护用户隐私的原则制定法律，除了建立信息收集保护用户的安全规范条例，也要建立泄密追责制度，以消除用户对个人隐私数据无法得到安全保护的担忧，从而吸引更多的人参与移动商务。

（3）有关移动电子商务中合同法及如何进行认证的法律。移动电子商务的电子合同，电子商务凭证的法律效力，以及电子签名的合法性都需要立法确认，还应该对于窃取、伪造电子商务凭证的违法行为做出相应的处罚规定。

（4）有关网络知识产权保护的法律。移动互联网电子商务模式的出现对网络知识产权的完善既是机遇也是挑战，因此对网络知识产权方面的立法也是刻不容缓的事情，保护合法网络知识产权，打击仿冒欺诈违法行为对于移动互联网时代电子商务健康发展具有重要意义。

思考题

1. 简述移动电子商务的定义、特点。
2. 简述移动电子商务的应用。
3. 简述移动医疗与传统医疗的不同。
4. 从你自身的实际出发，简述移动电子商务给你的日常生活带来的便利。

第八章

客户关系管理

【学习要点及目标】

1. 理解客户关系管理的概念与内涵。
2. 掌握客户关系的价值。
3. 理解 CRM 系统的功能与分类。
4. 了解客户关系管理的新发展。

引导案例　　　　　　希尔顿酒店 CRM 案例分析

　　希尔顿国际酒店集团（HI），为总部设于英国的希尔顿集团公司旗下分支，拥有除美国外全球范围内"希尔顿"商标的使用权。希尔顿国际酒店集团经营管理着 403 间酒店，包括 261 间希尔顿酒店，142 间面向中端市场的"斯堪的克"酒店，以及与总部设在北美的希尔顿酒店管理公司合资经营的、分布在 12 个国家的 18 间"康拉德"（亦称"港丽"）酒店。它与希尔顿酒店管理公司组合的全球营销联盟，令世界范围内双方旗下酒店总数超过了 2700 间，其中 500 多间酒店共同使用希尔顿的品牌。希尔顿国际酒店集团在全球 80 个国家内有逾 71000 名雇员。

　　希尔顿（Konrad Hilton, 1887～1979），美国旅馆业巨头，人称旅店帝王。1887 年生于美国新墨西哥州，是曾控制美国经济的十大财阀之一。第一次世界大战期间曾服过兵役，并被派往欧洲战场，战后退伍，之后经营旅馆业。希尔顿经营旅馆业的座右铭是："你今天对客人微笑了吗？"

　　希尔顿帝国除了到处都充满了微笑外，在组织结构上，希尔顿尽力创造一个尽可能完整的系统，成为一个综合性的服务机构。希尔顿饭店除了提供完善的食宿外，还设有咖啡室、会议室、宴会厅、游泳池、购物中心、银行、邮局、花店、服装店、航空公司代理处、旅行社、出租汽车站等一套完整的服务机构和设施。客房分为单人房、双人房、套房和为国家首脑级官员提供的豪华套房。餐厅也有高级餐厅和方便的快餐厅。所有的房间都有空调设备。室内设备，诸如酒柜、电话、彩色电视机、收音机、电冰箱等应有尽有，使到希尔顿饭店寄宿的旅客真正有一种"宾至如归"的感觉。

客户分级可以有效地与客户进行沟通、实现客户满意的前提，酒店根据客户的不同价值做出针对性的客户服务策略，实现双方利益最大化。希尔顿酒店将顾客分为四类：

1. 钻石卡会员（忠诚度客户）

这类客户非常有利可图值得花大量时间来服务。酒店通过沟通和感情交流，来不断提高服务质量，进而密切双方的关系。对于此类客户的优惠政策是返还一定消费金额；住宿享受75%折扣优惠，用餐85%折扣优惠；优先安排用房；会员生日可免费获赠生日贺卡及酒店自制的生日蛋糕；提供专业的管家服务；享受延迟退房；优先安排停车位；免费使用酒店健身房。

2. 白金卡会员（重要客户）

尽可能满足他们的需求，提高他们的忠诚度，努力培养使其成为忠诚客户。此类客户住宿享受80%折扣优惠，用餐85%折扣优惠；定期邮寄最新活动资料或礼品；会员推荐的会议/团队/宴会/婚宴可享受特殊优惠；优先安排停车位；免费使用酒店健身房；可在商务中心享受十张以内免费接收传真、打印或复印。

3. VIP（新客户）

针对这类客户，酒店筛选出潜在的重要客户，与其建立良好合作关系，利于今后长期合作。而那些没有潜质的新客户可减少服务，降低成本。此类客户享受会员折扣；可参与会员大抽奖活动；可在商务中心享受十张以内免费接收传真、打印或复印。

4. 潜在客户

针对这类客户，当他们进入酒店的网站并有所关注就可获得积分优惠；在新浪、腾讯微博加大宣传力度，挖掘潜在客户，吸引他们与酒店合作。此类客户往往锱铢必较，忠诚度很低，针对这些客户酒店会提供在服务之时亲切主动，细心聆听，借力宣传，提高酒店的知名度。

当今社会需求变化快速，是各种信息充斥的时代，客户关系管理以满足顾客需求为目标，通过一系列的顾客互动、建立完善的信息系统或网络，发展及利用先进的科学技术，提供更为周全及高质量的服务，从而保持原有的顾客，挖掘潜在的顾客，获取更多的顾客。最终与顾客建立长远的联系，增加顾客的满意度，提高顾客忠诚度，实现顾客价值的最大化。

（资料来源：https：//www.docin.com/p－2133540647.html 经删减整理。）

第一节 客户关系管理理念

一、客户关系管理的概念与内涵

1. 客户关系管理的概念

客户关系管理（Customer Relationship Management，CRM）属于管理范畴，但管理重点是如何处理好企业和客户之间的关系。它通过在企业的销售、服务、技术支持等与客户相关的范围内，为企业的市场营销人员和相关技术人员提供全面、个性化的客户资料，强化跟踪服务及信息服务的能力，更有效地建立和维护好企业与客户及生意伙伴之间的关系，从而提高客户满意度和忠诚度，吸引和保持更多的客户，增加销售额。

客户关系管理的概念很多，表8-1列举了其中最有代表性的几项。

表8-1　客户关系管理概念

公司名称	概　念
Gartner Group	客户关系管理就是为企业提供全方位的管理视角，赋予企业更完善的客户交流能力，将客户的收益率最大化
Carlson Marketing Group	客户关系管理是一种营销策略，它通过培养公司的每一位员工、经销商或客户对该公司更积极的偏爱或偏好，留住他们并以此提高公司业绩
Hurwitz group	客户关系管理既是一套原则制度，也是一套软件和技术。它的焦点是实现自动化并改善与销售、市场营销、客户服务和支持等与客户关系有关的商业流程
IBM	客户关系管理包括企业识别、挑选、获取、发展和保持客户的整个商业过程。IBM把客户关系管理分为三类：关系管理、流程管理和接入管理
SAP 公司	客户关系管理系统的核心是对客户数据的管理。客户数据库是企业最重要的数据中心，记录着企业在整个市场营销及销售的过程中和客户发生的各种交互行为，以及各类有关活动的状态，并提供各类数据的统计模型，为后期的分析和决策提供支持。SAP公司的客户关系管理系统主要具备了市场管理、销售管理、销售支持与服务及竞争对象的记录与分析等功能

综合以上观点，认为客户关系管理是以树立客户为中心的理念为重点，并将这种理念集成在软件上，将现代管理思想与信息技术相结合、围绕"以客户为中心"设计及管理企业的战略、流程、组织和技术系统，通过提供更快速和更加周到的优质服务吸引和保持更多客户，以及通过对业务流程的全面管理降低企业成本，从而提高客户满意度和忠诚度，最终实现企业效益提高和利润增长。

2. 客户关系管理的内涵

综合众多国外研究机构和跨国公司对客户关系管理的理解，可以从以下三个层面理解客户关系管理的内涵：首先，理念是客户关系管理成功的关键，是客户关系管理实施应用的根基和土壤；其次，信息系统、IT 技术是客户关系管理成功的手段和方法；最后，模式是决定客户关系管理成功与否、效果如何的直接因素。

（1）客户关系管理是一种管理理念。客户关系管理首先体现的是一种管理理念，其核心思想是以客户为中心，将企业的客户，包括最终客户、分销商和合作伙伴视为最重要的企业资产，通过不断完善客户服务和愈加深入的客户分析来满足客户的个性化需求，提高客户的满意度和忠诚度，从而保证客户的终身价值和企业利润增长的实现。

（2）客户关系管理是一种技术系统。客户关系管理是信息技术、软硬件系统集成的管理办法和应用解决方案的总和。它既是帮助企业组织管理客户关系的方法和手段，又是一系列实现销售、营销、客户服务流程自动化的软件乃至硬件系统。客户关系管理将最佳的商业实践与数据挖掘、工作流程、呼叫中心、企业应用集成等信息技术紧密结合在一起，为企业的营销、销售、客户服务和决策支持等领域提供了一个智能化的解决方案。

（3）客户关系管理是一种管理模式。客户关系管理也是一种新型管理模式，目的在于改善企业与客户之间的关系。这种管理模式通过向企业的销售、市场营销和客户服务的专业人员提供全面的、个性化的客户资料，强化其跟踪服务与信息分析的能力，帮助他们与客户和生意伙伴之间建立和维护一种亲密信任的关系，从而为客户提供更便捷和周到的优质服务。在提高服务质量的同时，还通过信息共享和优化商业流程来有效降低企业经营成本。

综上所述，客户关系管理是一种以信息技术为手段，对客户资料进行集中管理的经营策略，可从战略和战术两个角度来看待它：从战略角度看，客户关系管理将客户看成是一项重要的企业资源，通过完善的客户服务和深入的客户分析来提高客户的满意度和忠诚度，从而吸引和保留更多有价值的客户，最终提升企业利润；从战术角度来看，客户关系管理将最佳的商业实践与数据挖掘、数据仓库、网络技术等信息技术紧密结合在一起，为企业的销售、客户服务和决策支持等领域提供业务自动化解决方案。

二、客户关系管理的思路

互联网和电子商务正使传统经营模式发生改变，尤其是彻底改变了企业与客户之间的关系。在越发激烈的市场竞争中，企业的核心经营理念从"以产品为中心"转向"以客户为中心"显得至关重要。谁能把握住客户需求并以最快速度做出响应，谁就能吸引更多的新客户并维持老客户，从而赢得意想不到的利润。

1. 以客户为中心

"客户就是上帝"。客户类型很多，他们都有各自的利益和目的。世界顶级数字营销公司 HUGE 的首席执行官亚伦·夏皮罗研究发现：在当今的商业环境中，客户是企业最强大的增长引擎。比如 Facebook 和谷歌，它们在开始赚钱之前，就在实施客户战略，并注重拓展客户基础，从而取得了巨大成功。

企业必须足够重视客户，利用有效的决策方式去吸引客户，与之不断沟通、互动并保持长期合作关系。保留住客户，才称得上得到了客户。"以客户为中心"的精髓，就是告诫企业，在处理一切业务时，都要把广大而极具影响力的客户群体作为第一考量因素。

2. 提高客户满意度

激烈的市场竞争大大缩小了许多商品或服务在品质方面的区别，这种同质化使客户消费选择的重要标准，从商品品质转移到了企业能否满足其个性化需求和能否为其提供及时高效的服务。当企业越来越重视客户这一市场竞争的至关重要的资源时，客户满意度和客户忠诚度就显得越来越重要。

客户满意度是指客户通过对一个产品或服务的可感知效果与他自己的期望值相比较后，所形成的愉悦或失望的感觉状态。较高的客户满意度能使客户在心理上对产品品牌产生稳定的依赖和喜爱，从而加大客户对该产品品牌高度忠诚的可能性。对于企业来说，不仅要了解客户是否对企业的产品和服务满意，更要通过研究客户满意度，掌握客户对企业产品的信任和满意程度，全面提高有价值客户的满意度，这样才有利于企业发掘客户潜在的需求，扩大未来销售市场。

3. 增加客户忠诚度

企业追求客户满意的目的在于增加客户忠诚度，因为忠诚客户的重复消费和口碑推介效应能给企业带来无法估量的收益。首先，企业要完整认识客户生命周期，提供统一的与客户沟通的技术平台，提高员工与客户的接触效率和客户的反馈率，建立多样化的沟通渠道和灵活高效的激励机制，形成一个完整的反馈流，从而既能将高品质的服务提供给客户，又可以使企业掌握实时的市场动态，方便企业抓住客户需求，开发出新的市场。其次，提供个性化产品和服务或根据客户的不同需求提供不同的产品或服务也可有效提高客户忠诚度，这样可以使客户再次光顾的可能性大大增加。此外，在保证客户服务，让客户满意并建立良好信誉的基础上，通过适当的方法实施客户忠诚度计划将为企业带来意想不到的利益。

4. 开发新客户，保持老客户

在企业经营过程中，无论企业付出多少努力，客户仍然是不断流失的，只是在不同阶段有不同的速度而已，所以不断开发新客户以扩大客户群来补充流失的客户，是企业终身要做的工作。而保持老客户的意义在于其再次营造成本会明显降低，而且老客户也能通过示范和推荐给企业带来新客户。因此，客户关系管理的核心思想包括不断地开拓新客户和保持老客户。

一方面，企业通过客户关系管理来整合客户信息资源，从而帮助企业捕捉、跟踪、利用所有的客户信息。在企业内部实现资源共享，从而使企业更好地进行销售、服务和客户资源管理，为客户提供快速周到的优质服务。另一方面，客户可以选择自己满意的方式与企业进行相关的信息交流，这样更方便客户获取信息和得到更好的服务。客户满意度得到提高的结果是能帮助企业保留更多的老客户，并有效地吸引更多的新客户。

5. 鉴别把握关键客户

无数市场实践表明，不同客户价值观不同。最常见的是"二八效应"，客户也是如此。经常是20%甚至更少的客户可以带给企业80%的利润，而绝大多数客户只带来很少的利润，甚至是负利润。但是公司对他们的服务却没有太大的差别。这就需要企业合理区分客户并做出科学的判断。

客户关系管理能将企业与客户在市场、销售和服务各个环节中的每一次接触准确地记录下来，并能提供科学分析和遴选的工具和方法，从接触的历史记录中帮助企业鉴别出关键客户。同时，由于客户关系管理贯穿企业整个销售服务，因此它可以为关键客户提供定制化的个性服务，自然可以有效把握住关键客户。

6. 客户关系管理自始至终贯穿企业市场营销的全过程

最初，客户关系管理主要体现在服务业，这是由于服务具有无形的特点，企业注重客户关系管理可以明显增强对客户服务的效果，从而为其带来更多的利益。随后，觉察到这一特点的企业不断将客户关系管理向实物产品的销售等其他领域扩展。企业将向客户提供售后服务作为对其特定产品的一种支持，认为产品如果有了售后服务就会增值，事实也确实如此。那些在售后服务方面做得好的公司的市场销售确实处于上升趋势；反之，那些不注重售后服务的公司的市场销售情况则不容乐观。到目前为止，客户关系管理已经贯穿企业市场营销的所有环节，即从客户购买前到购买后的全过程之中。

三、客户关系管理与电子商务的关系

关于 CRM 与电子商务的关系，有人认为 CRM 是电子商务的一个子集，也有将 CRM 与电子商务、ERP（Enterprise Resources Planning，企业资源计划）、SCM（Supply Chain Management，供应链管理）等并列看成是企业信息化的一个组成部分。而不管 CRM 包含于电子商务，还是并列于电子商务，这种范畴上的关系并不重要，真正重要的是两者之间的相互作用关系，即电子商务的出现对 CRM 产生了怎样的影响，而 CRM 反过来又如何促进电子商务。

1. 电子商务对 CRM 影响

电子商务对 CRM 的影响可以说是"恩威并施"。一方面，电子商务为 CRM 提供了"e"化的渠道和手段，使电子商务环境下的 CRM，即 e-CRM 具备了传统 CRM 所不具备的能力和优势，如 7×24 小时的跨地域服务、自动化的客户数据收集、实时的消费导购、无障碍的客户沟通和支持等，促进了 CRM 效能和客户响应速度的全面提升。另一方面，电子商务的出现打破了时空界限，使交易的主动权转移到客户手中，大大增加了 CRM 的复杂性和困难性。首先，客户选择权的空前增大和操作手段的极度便捷使客户在短短几秒钟就能决定去留，客户保持在电子商务环境下变得极其不易。其次，电子商务应用大大扩展了客户的规模和范围，对企业客户关系和渠道关系的同步化、精确化管理提出了更高要求。最后，客户的个性化特征、实时交互需求、自我服务意识等在电子商务环境下越来越鲜明，对于企业客户服务和支持的能力提出了新的预期。

电子商务这种建立在互联网之上的"非接触经济"，增强了 CRM 的能力，提升了 CRM 的地位，但同时也提高了 CRM 的起点，将 CRM 推进到了一个全新高度。

2. CRM 对电子商务的作用

图 8-1 为 IBM 公司早期提出的企业电子商务模型。该模型很明确地显示出了 CRM 对电子商务的支撑作用。

CRM 作为与 ERP、SCM 并列的企业信息系统，为企业电子商务提供了一个面向客户的前端应用工具。CRM 利用先进的信息技术手段建立自动化的商务处理流程，整合多种渠道和方式来获取客户数据，并通过对海量客户数据的分析、预测与挖掘来积累客户知识，为企业理解客户资源，满足客户需求，在电子商务环境下实施一对一的个性化服务和营销，创造更加人性化的客户体验提供了重要手段。

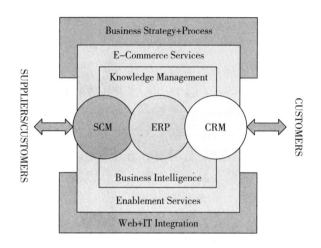

图 8 - 1 IBM 提出的企业电子商务模型

更重要的是，CRM 为企业电子商务提供了一种全新的商业战略思维，使企业能够从客户的视角去审视、开发电子商务策略和全新的商务模式，保证企业的组织文化、业务流程、技术支持与客户服务等都能以客户为中心来协调和统一与客户之间的关系，从而使企业的电子商务在风云变幻的环境中得以不断深化、发展。

综观现代快速崛起的众多创新型企业，如亚马逊、阿里巴巴、谷歌和雅虎等，它们的成功都离不开对客户的关注及对客户关系的运营和管理。只有将"以客户为中心"的理念贯彻始终，并成功实施 CRM，才能促进企业在网络经济和电子商务时代快速、持续成长。

第二节 客户关系价值管理

作为企业的重要资源，客户具有价值和生命周期。客户生命周期理论也称客户关系生命周期理论，是指从企业与客户建立业务关系到完全终止关系的全过程，是客户关系水平随时间变化的发展轨迹。它动态地描述了客户关系在不同阶段的总体特征。

一、客户关系生命周期

客户与企业的关系，也有一个从建立到消亡的变化过程。一般认为，一个完整的客户生命周期包含考察期、形成期、稳定期和退化期四个阶段。

1. 考察期

考察期，关系的探索和试验阶段。在这一阶段，双方考察和测试目标的相容性、对方的诚意、对方的绩效，考虑如果建立长期关系双方潜在的职责、权利和义务。双方相互了解不足、不确实性都是考察期的基本特征，评估对方的潜在价值和降低不确定性是这一阶段的中心目标。在这一阶段客户会下一些尝试性的订单，企业与客户开始交流并建立联系。因客户对企业的业务进行了解，企业要对其进行相应的解答。某一特定区域内的所有客户均是潜在客户，企业投入是对所有客户进行调研，以便确定出可开发的目标客户。此时企业有客户关系投入成本，只能获得基本的利益，而客户尚未对企业做出大的贡献。

2. 形成期——快速发展阶段

形成期，关系的快速发展阶段。在这一阶段，双方从关系中获得的回报日趋增多，相互依赖的范围和深度也日益增加，逐渐认识到对方有能力提供令自己满意的价值和履行其在关系中担负的职责。随着双方了解和信任的不断加深，关系日趋成熟，双方交易不断增加。此时已进入客户成长期。此时客户已经开始为企业做出贡献，企业从客户交易中获得的收入已经大于投入，开始盈利。

3. 稳定期——最高阶段

稳定期，关系发展的最高阶段。这一阶段有如下明显特征：双方对对方提供的价值高度满意；为能长期维持稳定的关系，双方都做了大量有形和无形投入；大量的交易。因此，在这时期双方的相互依赖水平达到整个关系发展过程中的最高点，双方关系处于一种相对稳定的状态。此时企业的投入较少，客户为企业做出较大的贡献，企业与客户交易量处于较高的盈利期。

4. 退化期——逆转阶段

退化期，关系发展过程中关系水平逆转的阶段。实际上，在任何一阶段关系都可能退化。退化期主要特征有：交易量下降；一方或双方正在考虑结束关系甚至物色候选关系伙伴；开始交流结束关系的意图等。当客户与企业的业务交易量逐渐下降或急剧下降，客户自身的总业务量并未下降时，说明客户已进入衰退期。当企业客户不再与企业发生业务关系，且企业与客户之间的债权债务关系已经理清时，意味客户生命周期的完全终止。此时企业有少许成本支出而无收益。

根据对客户生命周期各阶段的描述可以看出，从考察期、形成期直到稳定期的客户关系水平依次有所提高，企业所希望达到的理想阶段是稳定期。因为客户关系的发展是循序渐进的过程，不可能跳跃式发展，所以企业要想尽快达到理想状态，最大限度地延长稳定期，以使企业获得更多客户价值，就需要尽量缩短考察期和形成期。

二、客户忠诚度

1. 客户忠诚度的定义

客户忠诚是指客户对企业产品或服务一种长久的忠心，并且一再指向性地重复购买该企业的产品或服务。客户忠诚度是消费者对产品感情的量度，反映出一个消费者转向另一品牌的可能程度。尤其是当该产品在价格上和产品特性上有变动时，随着对企业产品忠诚程度的增加，基础消费者受到竞争行为的影响程度降低。所以客户忠诚度是反映消费者的忠诚行为与未来利润相联系的产品财富组合的指示器，因为对企业产品的忠诚能直接转变成未来的销售。

2. 客户忠诚度衡量指标

客户忠诚度是客户忠诚的量化指数，为了了解企业的客户忠诚状况，企业可以运用以下指标来对客户忠诚度进行衡量。

（1）客户的重复购买次数及重复购买率。一定时间内，客户对某一产品或服务重复购买的次数越多，说明客户忠诚度越高；反之，则越低。企业为了便于识别和纳入数据库管理，一般将忠诚客户量化为 3 次或 4 次以上的购买行为，但现实中，不同消费领域，不同消费项目有很大区别，因此不能一概而论。

（2）产品或服务购买的种类、数量与购买百分比。这是指客户经常购买某一产品或服务的种类、数量，以及在最近几次购买中，客户购买各种品牌所占的比例。一般来说，客户经常购买的品牌数量越少，或者在最近的几次购买中，某一品牌产品所占比例越高，说明客户对该品牌越青睐，对该品牌的忠诚度也就越高。

（3）客户购买挑选时间。一般而言，客户对某企业或品牌产品挑选时间越短，说明他对这个企业或品牌产品越偏爱，忠诚度就越高；反之，则越低。

（4）客户对价格的敏感程度。客户在选择产品或服务时，价格是一个重要的考量因素，而且对于不同产品或服务价格的敏感程度是不同的。通常对价格敏感程度高的客户，说明客户对品牌的忠诚度较低；反之，则较高。但是我们在使用此标准判断客户忠诚度时，需要注意排除该产品或服务对于客户的必需程度、产品供求情况、产品竞争程度这三个因素的影响。

（5）客户对竞争产品的态度。客户如果转换产品供应商，那一定是经过对相关企业的产品或服务比较之后决定的。一般来说，对某种品牌忠诚度高的客户会自觉排斥其他品牌的产品或服务，因而可以通过客户对竞争产品的态度来判断其对某一品牌产品的忠诚度。如果客户对竞争产品的促销活动或降价与促销行为越不敏感，则客户对现有企业品牌的忠诚度就越高；反之，则越低。

（6）客户对产品质量事故的承受能力。产品出现质量问题时，客户的态度可以表现其对产品或企业的忠诚度。一般来说，客户对出现的质量事故越宽容，其对产品或品牌的忠诚度越高；相反，若客户对出现的产品质量问题强烈不满，并要求企业给予足够补偿，甚至可能会通过法律途径来解决，则表明客户对企业忠诚度较低。

（7）客户对产品的认同度。客户对产品的认同度可以通过向身边的人士推荐产品，或通过间接地评价产品表现出来。如果客户经常向身边的人推荐产品，或在间接地评价中表示认同，则表明忠诚度高。

3. 提高客户忠诚度的方法

（1）提高客户满意度。如果想让客户忠诚，就必须先让客户满意；如果想让客户满意，就必须实现企业承诺。企业提供的产品和服务是客户需要的，而且是超值的。只有在客户满意的情况下，才有可能实现客户忠诚。

（2）提高转移成本。经验表明，客户购买一家企业的产品越多，对这家企业的依赖性就越大，客户流失可能性就越小，就越可能保持忠诚。因此，企业在为客户提供物质利益的同时，还可通过向客户提供更多、更宽、更深的服务来建立与客户结构性的联系或纽带，如为客户提供生产、销售、调研、资金、技术、培训等方面帮助，为客户提供更多的购买相关产品或服务的机会。企业要不断地让客户感觉到：只有购买我们的产品，他们才会获得额外价值，而其他企业是办不到的。所以当客户转换成本很高，而让客户使用企业产品或服务的成本最低，这样就可以建立起客户流失的壁垒。

（3）塑造企业品牌，提高创新力。只有塑造品牌的企业才能让客户保持忠诚度，因为品牌代表了品质、品牌代表了信任、品牌代表了承诺、品牌代表了差异化、品牌更代表了客户体验。当然客户也是喜新厌旧的，如果产品或服务不能够给客户带来新的体验，他们一定会投入竞争对手或替代者的怀抱。所以持续的创新力是提高客户忠诚度的法宝，也是企业基业长青的源泉。

（4）及时主动地提供服务。主动定期与客户对话，了解客户的不满、抱怨和建议；询问他们是否将公司的产品或服务积极推荐给朋友；询问企业是否能对他们关心的问题快速进行应答。通过服务差异化来提升客户满意度，特别是在产品同质化的今天，企业更应该把服务作为企业的核心竞争优势。服务关键是做到"四心"，即爱心、用心、细心、专心。服务没有最好，只有更好，服务追求的目标是完美。

（5）增加与客户沟通。企业管理者如果想要顾客忠诚，必须了解他们并同他们形成互动，让他们成为主人而不仅仅是消费者。对最终用户分析所有的客户接触点和机会，以增加互动。让客户教你怎样去迎合他们的要求，怎样服务客户并与他们沟通，给他们多种选择。实践证明，与企业一起发展成长的中间商是"最忠诚的客户"。同时，企业与经销商建立"双赢"和"双输"的战略合作伙伴关系，共同投入，并公开企业一年内的经营计划，避免把风险全部转嫁到中间商身上，给渠道以信心。

三、客户关系价值

1. 界定客户价值

（1）客户价值的界定。20世纪90年代以来，企业界普遍认为，增加客户价值是实现利润增长和提高企业总体价值的关键，但是对客户价值的理解存在分歧，体现在对客户价值流向、方向性和所有者认定等方面存在差异。

罗杰·卡特怀特（R. Cartwright）认为客户价值的方向是"客户→企业"，即客户为企业创造价值，其受益者和所有者是企业，称为客户终身价值。客户终身价值是企业从与其具有长期稳定关系的并愿意为企业提供产品和服务承担合适价值的客户中获得的利润，也即顾客为企业的利润贡献。

伍德罗夫（Woodruff）认为客户价值的方向是"企业→客户"，即企业为客户创造价值，其受益者和所有者是客户，称为客户让渡价值。肖恩·米汉（seán Meehan）教授认为，客户价值是客户从某种产品或服务中所能获得的总利益与在购买和拥有时所付出的总代价的比较，也即顾客从企业为其提供的产品和服务中所得到的满足。

为了统一这两个方向的价值衡量，我们使用客户让渡价值（Customer Delivered Value, CDV）来衡量企业为客户创造的价值，用客户终身价值（Customer Lifetime Value, CLV）来衡量客户为企业创造的价值。

（2）客户让渡价值与终身价值的区别与联系。客户让渡价值与客户终身价值相互区别又相互联系，具体分析如下：

1）客户让渡价值与客户终身价值的区别。客户让渡价值与客户终身价值的区别可以从价值发生方向、提供者和受益者三个方面来反映。客户让渡价值是客户从企业提供给客户的产品与服务中获得的，价值大小由客户对价值的认知程度、客户对该类产品和服务与竞争对手进行比较后决定的，价值的感受主体是客户，受益者也是客户。而客户终身价值则是企业通过在为客户提供让渡价值的基础上，努力实现该客户与企业保持足够稳定的关系，在关系中不只是实现一次性交易，而是实现多次交易所能给企业带来的价值。

2）客户让渡价值与客户终身价值的联系。客户让渡价值与客户终身价值既存在区别，又有联系。客户让渡价值与客户终身价值是一个价值创造过程中的两种活动结果。在这个价值创造过程中，企业与客户同时既是创造者又是受益者，缺少任何一方，这个价值创造过程都不存在；客户让渡价值的提供是客户终身价值收益的前提，客户终身价值的获得则是客户让渡价值创造的结果；客户是客户终身价值的源泉，企业为客户让渡价值的创造提供了支持和帮助。良好关系的维持是所有价值实现的媒介，因此，客户让渡价值是在关系互动过程中由双方创造出来并交付对方的。

3）客户让渡价值与客户终身价值的互动性。客户让渡价值与客户终身价值之间存在互动，这种互动关系反映了客户让渡价值最大化和客户终身价值最大化之间的平衡与互动。对客户终身价值的管理，能够使企业将资源和能力集中在客户终身价值最高的客户身上，为其提供高质量的产品和服务，满足其需要，进而实现客户让渡价值的最大化。从客户角度讲，客户让渡价值是客户满意的根源，能够促进客户对企业的忠诚，使关系质量得到全面提高，增加该客户的客户终身价值。

2. 客户价值分析方法

根据"二八原则"，在企业管理中，企业80%的利润源于20%的客户。这一结果表明，客户天生并不是相同的。因而知道哪些客户可以为企业带来更多的价值，有利于合理安排其有限资源。企业要重点培养能给其带来高利润和销售额的客户，增强客户忠诚度，最大限度地为企业带来更多价值。客户价值分析方法我们介绍ABC分析法。

ABC分析法是基于"二八原则"，根据客户为企业创造的价值，将客户区分为关键客户（A类客户）、主要客户（B类客户）和普通客户（C类客户）三个类别，即ABC客户分类法。对不同类别的客户采取不同的管理方法，并建立科学动态的分类管理机制。

关键客户是企业的优质关键客户群，数量仅占客户总数的5%，他们对企业的贡献最大，能给企业带来长期稳定的收入，值得企业花费大量时间和精力来提高该类客户的满意度。

主要客户，一般来说是企业的大客户，占客户总数的15%，但不属于优质客户，他们对企业经济指标完成情况构成直接影响。因此，企业应倾注相当的时间和精力提供针对性服务。

普通客户，是除了前述两类之外剩余的客户。由于数量众多，具有成长潜力，企业应一方面提供方便、及时的大众化服务，另一方面发掘具有潜力的客户，使其发展成为B类或A类客户。

虽然企业想向所有客户提供优质服务，但实际上是不现实的，也是不经济的。在资源有限的情况下，企业往往优先考虑关键客户的需求，为他们提供专属的、定制化的服务。

第三节　客户关系开发管理

一、客户识别

1. 客户识别的内涵

客户识别就是通过一系列技术手段，根据大量客户的特征、购买记录等可得数据，找出谁是企业的潜在客户，客户的需求是什么、哪类客户最有价值等，并把这些客户作为企业客户关系管理的实施对象，从而为企业成功实施 CRM 提供保障。

客户识别的目的在于每一次企业与客户联系的时候，能够认出每一个客户，然后把那些不同的数据、不同特征连接起来，构成企业对每一个具体客户的完整印象。最终判断客户为企业提供价值的大小以及企业获得这些价值的可能性。

2. 客户识别的重要性

（1）客户识别有助于企业获取新客户。通过了解客户的具体情况，根据客户的特征来制定相应的策略，将大大提高企业获取新客户的能力，从而降低企业获取新客户的成本，并提高新客户获取的成功率。

（2）客户识别有助于企业与客户更好地沟通和互动。根据客户的特性、偏好、消费习惯等，有针对性地与客户进行正式与非正式的沟通，有利于拉近企业与客户间的距离。

（3）客户识别能够提升客户满意度，增强客户对企业的忠诚度。通过对客户的了解与认识，根据客户的喜好推出产品，满足客户独特的需求，从而提升客户的满意度和忠诚度，尽可能多地留住客户。

3. 客户识别的步骤

客户识别是贯穿整个客户关系管理运作流程的一条主线，也是企业判断是否进行以及如何进行客户获取、客户保持、关系终止活动的根本依据。这里把客户识别可以分为定位客户、客户分类、调整客户和发展客户四个步骤。

（1）客户的定位。要准确定位客户，必须知道企业和客户之间的关系是什么性质，还必须对客户进行差异性分析。不同客户的差异性主要表现为对企业贡献价值和产品需求两方面的不同。对客户进行差异性分析可以辨识客户的种类，详细需求和价值取向，使企业清楚地知道其利润形成所主要依赖的经营业务范围，客户对企业的依赖动力以及客户的分布情况。

（2）客户分类。在进行客户识别与调整后，下一步就是对客户进行分类。因为不同的客户有不同的特征，由于在一定范用内所存在的共同点而形成差异较大的不同群体，企业可以据此来进行客户群的划分，这也正是企业选择客户、客户保持以及关系终止策略过程中的必要步骤。

（3）客户的动态调整。市场环境是瞬息万变的，所以必须用动态的、发展的眼光看待客户。随着企业核心业务的变化，有可能过去的客户已经流失，而过去的竞争对手已变为今天的核心客户。所以，寻找客户是一个长期的工作，它会一直伴随着企业生产经营的全过程，应根据企业的发展不断更新补充企业的核心客户。

（4）客户发展。对不同的客户进行分类之后，更好地了解当前客户的价值并采取相应的客户维系政策将变成工作的重心。企业需要通过合适成本采取有针对性的营销方案来发展客户，从而降低成本、增加企业活动的效用。如果企业对所有的用户采取相同的维系政策，既不利于激励客户更多地消费，还有可能导致高价值客户的不满。

二、客户开发

1. 客户开发

客户开发就是企业让目标客户产生购买欲望并付诸行动，促使他们成为企业现实客户的过程。对新企业来说，首要任务就是吸引和开发客户，对老企业来说，企业发展也需要源源不断地吸引和开发新客户。因为根据一般经验，每年客户流失率为10%～30%。所以，老企业在努力培养客户忠诚度的同时，还要不断寻求机会开发新客户，尤其是优质客户的开发。这样，一方面可以弥补流失客户的缺口，另一方面可以壮大企业的客户队伍，提高企业综合竞争力，增强企业盈利能力，实现企业可持续发展。

2. 客户开发的步骤

客户开发是企业营销的重点，但在层出不穷的商品面前，客户的眼光也会越来越挑剔，这也给企业营销人员开发客户增加了难度。企业营销管理者应当在变化迅速的营销环境中，指导下属实现顺利有效的客户开发。一般来说，客户开发分为以下八个步骤。

（1）寻找客户。寻找客户就是找到对本企业产品或服务感兴趣、有需求的潜在客户，了解客户相关信息，并了解客户单位与主要联系人的相关信息，为筛选、联系与拜访客户做准备。

（2）联系客户。联系客户的方式有很多，现在最常用的是打电话，其他许多方式如发邮件、拜访、写信等，最终也常常要通过打电话来建立联系。

（3）开发准备。开发准备主要包括：资料准备、客户异议预测和应对准备、仪表修饰和个人心态准备。

（4）接近客户。接近客户最重要的是要给客户留下好印象。应注意以下三点：一是要有良好的外表，良好外表并不是指容貌漂亮，而是指服饰整洁得体，与自己身份相称，与自己的产品和公司形象相符。二是要有良好的身体语言，包括握手、目光接触、微笑、交换名片等。三是要营造一个轻松愉快的氛围，这可以避免与客户对立和过于商务化的环境对客户造成压力。

（5）了解需求。客户开发人员一般通过提问了解客户需求，并能有效控制谈话局面。同时，注意提问要与聆听相结合，首先要有目的地听并捕捉到客户关于需求的真实意愿。其次，要把握谈话重点，有效吸引客户的谈话方向，让客户提供你想要了解的信息。最后，收集有效信息，采用心记加笔记的方法，同时通过发问、点头等方式来传递自己认可的态度，及时给客户一些反馈。

（6）开发陈述。客户开发人员陈述的内容和步骤如下：一是产品基本情况介绍，包括产品生产企业、性能、服务、功能、包装等；二是产品特点、优点介绍，在同类产品中，本企业特点与优点是什么；三是给客户带来的利益，客户开发人员在作陈述时，要考虑对各种信息作相应取舍，重点介绍客户必须知道的信息。

（7）克服异议。首先要采取积极态度。当客户提出一些反对意见时，这对企业来说是一件好事，可以激发客户产生强烈的购买意愿。其次要认同客户的感受，认同不等于同意对方的看法，认同的作用是淡化冲突，提出双方要共同面对的问题，以便进一步解决异议。再次要使反对意见具体化，了解客户反映的细节是什么，是哪些因素导致客户反对，提出异议的真正原因是什么。最后要给予补偿，掌握了客户异议的真实原因后，给予客户补偿是解决问题、达成交易的有效途径。

（8）达成协议。达成协议的方法有三种：一是直接法，是指客户开发人员得到客户购买信号后，直接提出交易的方法；二是选择法，是客户开发人员给客户提供一些备选方案，并引导客户从备选方案中选择一个；三是总结利益法，是客户开发人员把客户与自己交易带来的实际利益都展示在客户面前，从而促使客户最终与自己达成协议。

3. 客户开发的关键

客户开发的关键在于潜在客户的开发。潜在客户开发是客户开发人员工作流程中非常重要的环节，客户开发人员需要不断开发新客户，弥补流失的老客户，提高客户质量和数量。

在潜在客户的开发工作中，客户开发人员应注意以下三个关键点：

（1）潜在客户开发要补充流失客户。在实际开发过程中，无论服务做得多么周到，产品质量多么好，都会面临销售额的波动和客户流失。在这种情况下，必须不断开发新客户，有新资源补充进来，才会取得稳定的销售额。同时，客户开发人员要随时关注市场上的客户情况，不断选择那些有价值的潜在客户进行开发，这样才不会受市场波动的影响。

（2）潜在客户开发要吸收新的需求。随着市场的变化，随时都可能产生新的潜在客户，或者形成新的需求市场。客户开发可以使我们随时把握市场需求变化，获得新商机。

（3）潜在客户开发要更新客户结构，拥有更多好客户资源。客户质量差异很大，如果客户资源短缺，为了完成销售额，对小客户也尽心尽力地服务，每个小客户服务量可能不少，但产单量很低，这不仅使客户开发人员工作很辛苦，而且销售额也不会很多。但是不断进行客户开发，就会发现更多好客户，通过把工作重点转移到这些好客户身上，减少他们的流失，就会比用同样的时间和工作量获得更多的订单事倍功半。

三、流失客户的赢回

1. 流失客户概述

客户流失是指企业的客户由于某些原因，不再购买企业产品或服务，与企业终止业务关系的行为。客户流失也就意味着客户不再忠诚，客户放弃购买原企业产品，而转向购买其他企业的产品或服务。随着科学技术的发展和企业经营水平的不断提高，产品和服务差异化程度越来越低，有些企业会过于看重在产品投放初期吸引客户，而在售后方面做得较差，使客户购买成为一次性交易，进而导致客户流失。调查表明，当前我国企业普遍存在客户交易流失的特点。

2. 客户流失的原因

客户可能会由于种种原因而终止与企业的关系，一般来说，这些原因往往来自两个方面：企业自身的原因和客户的原因。

（1）企业自身的原因。当产品或服务质量没有达到标准或经常出现故障时，容易导致客户流失。产品质量是企业的生命线。如果产品质量存在问题，企业便无法满足客户最基本的要求，进而损害客户利益。一旦客户利益遭到侵犯，必然导致客户流失。服务是客户购买产品的重要附加值，如果企业的服务不能令客户满意，同样会导致客户流失。由于企业的诚信问题导致客户流失。一个企业如果出现诚信问题，将很难保持原有客户，这往往会导致客户流失。企业销售人员为追求销售业绩的随意承诺也是导致企业诚信问题的另一个重要原因。客户管理疏忽导致客户流失。有些企业过分关注一些对企业提供较大利润的大客户，从而忽略一些中小客户，导致中小客户在心里存在落差和不满情绪，这往往会导致一部分客户流失。当企业产品或服务落伍时，容易导致客户流失。任何产品或服务都有自己的生命周期，随着市场成熟及产品或服务的同质化，产品或服务带给客户的利益空间往往越来越小。若企业不能进行产品或服务创新，客户自然就会另寻他路，这也是直接导致客户流失的重要因素。企业内部员工跳槽导致客户流失。很多企业看重销售额、销量，不注重企业与员工的关系管理，有时会造成企业与客户的关系转变成企业员工与客户的关系，企业对客户便会缺乏影响力。此时，企业员工跳槽离开时，客户也会随着员工而离开，由此将会导致竞争对手实力增强。

（2）客户的原因。被竞争者吸引导致客户流失。有些有价值的客户是企业之间竞争的首要对象，竞争对手很可能为了争取这种有价值的客户而提供更好的优惠政策、更高质量的服务，以及对产品的优化创新，进而吸引客户，从而导致本企业客户流失。需求变化导致客户流失。客户需求不是一成不变的，随着社会环境的变化，客户的消费观念和消费习惯都会发生变化。这些会导致客户需求变化，从而客户会将目标转到满足自己消费需求的产品或服务上，这也会导致客户流失。客观原因导致客户流失。在某些情况下，客户离开并不是由于自身原因，而是由于一些客户条件发生变化，如客户的搬迁、死亡，企业客户的破产等，这些原因是企业无法避免的。

3. 防范客户流失

（1）实施全面质量管理。客户关系管理的中心内容就是最大限度地达到客户满意，为企业创造最大价值。提供高质量的产品或服务，是创造价值和达成客户满意的前提。而实现全面质量管理，有效控制影响产品和服务质量的各个环节、各个因素，是创造优质产品和服务的关键。

（2）重视对客户抱怨的处理。很多企业对客户抱怨持敌视态度，对客户抱怨感到厌恶和不满，认为会有损企业的声誉，这是不对的。客户抱怨是推动企业发展的动力，也是企业创新的信息源泉。

（3）建立内部客户体制，提升员工满意度。员工满意度增加会使员工提供给客户的服务质量增加，并最终使客户满意度增加。

（4）建立以客户为中心的组织机构。客户关系营销要求企业的各个部门、每一位员工都以客户为中心，所有员工都建立在让客户满意的基础上，为客户增加价值，以客户满意为中心，加强客户体验，让客户达到长期满意。

（5）建立正确的客户关系评价体系。一般采用一系列的可能影响客户满意度的指标来进行衡量，然后对每一项指标的得分进行相加，最后得出结论，看看客户在多大程度上信任企业，企业在很大程度上对客户需求做出了适当反应。通过评价，可以分辨客户关系中最牢固的部分和最薄弱的部分，还可以分辨出最容易接纳的客户关系和有待加强的客户关系。

（6）建立客户流失防范体系。针对由于不同原因流失的客户，企业可以建立客户流失防范体系来预防客户流失，其主要措施有：①树立"客户至上"的观念，切实提高产品或服务质量，以保证客户最基本利益不受侵害。②增强与客户之间的互动，注重与客户的沟通。③确定客户流失预警点。

第四节　CRM 系统

一、CRM 系统概述

CRM 系统是以实现企业以客户为中心的理论为目的，运用先进的管理思想和各种技术对客户数据信息进行管理的一种信息系统。CRM 系统对企业营销时与客户发生的交互行为中所产生的信息进行记录、分析和管理。CRM 系统的建立是为了使企业更进一步了解客户、满足客户的需求，与客户建立长期稳定的关系。CRM 系统本质上是一套计算机化的网络系统软件，是企业成功实施客户关系管理的技术保障。

客户管理系统具有综合性、智能化、安全性和集成性等特点。

二、CRM 系统的功能与分类

1. CRM 系统的功能

CRM 系统的功能包括销售、营销和客户服务三部分。因此 CRM 系统的功能模块包括：销售管理子系统、营销管理子系统和客户服务管理子系统。

（1）销售管理子系统。销售管理子系统主要是对商业机遇、销售渠道等进行管理，并将企业所有的销售环节结合起来，形成一个整体。销售管理子系统设计的业务流程主要包括客户获取、签订合同、订单管理、财务管理、销售分析等环节，如图 8-2 所示。

客户获取是通过分析已有的或潜在的客户信息来发现客户、联系客户、保持客户和实现客户增值。签订合同是在对客户进行报价达成协议之后，与客户制订销售合同，创建订单。订单管理包括订单信息输入、订单信息查询、订单跟踪。财务管理是订单完成后对订单费用进行收账，并进行财务核查。销售分析包括客户反馈、产品收入分析和销售利润分析。

（2）营销管理子系统。营销管理子系统获取大量的客户和市场信息，并对获取的信息进行全面的分析，对市场进行细分，产生高质量的市场策划活动，指导销售队伍更有效

地工作，并拓展客户。营销管理子系统的业务流程主要包括市场信息分析及管理、客户信息分析及管理、营销管理等环节，如图 8-3 所示。

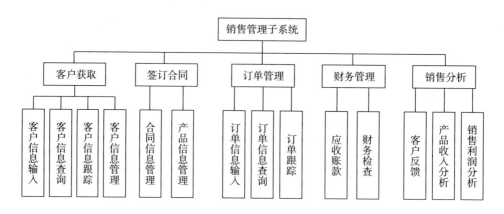

图 8-2　销售管理子系统功能结构

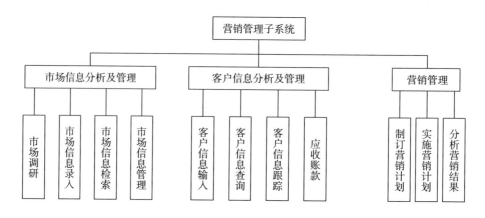

图 8-3　营销管理子系统功能结构

市场信息分析是通过市场调研、营销活动等渠道将市场进行划分，并获取不同的市场类型、容量、偏好、趋势、竞争对手等信息。客户信息分析及管理将客户分为已有客户和潜在客户。对已有客户进行客户跟踪，对潜在客户进行信息挖掘和获取。营销管理是根据销售活动、市场调研、服务反馈等活动，制订营销计划、管理营销活动。

（3）客户服务管理子系统。客户服务管理子系统为客户服务人员提供易于使用的工具和有用的信息，为用户提供定制的"桌面"，综合客户的信息，可提高客户服务人员的服务效率、增强服务能力，帮助企业延长每个客户的生命周期。客户服务管理子系统的业务流程主要包括客户沟通、客户服务处理、客户服务记录、客户服务分析等环节，如图 8-4所示。

客户沟通获取客户的需求、客户信息、客户问题；客户服务处理是针对客户的信息、需求和问题，为客户提供服务，分析客户需求，解决客户问题；客户服务记录是将对客户需求、客户问题提出解决方案等服务的过程和结果进行记录；客户服务分析是对客户记录的信息进行分析和处理，提高对客户服务的质量。

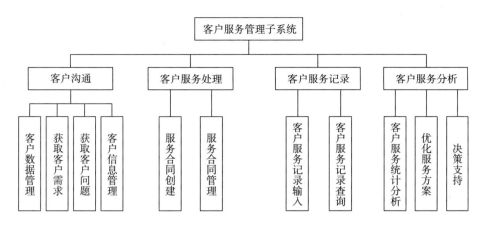

图8-4 客户服务管理子系统功能结构

2. CRM 系统的分类

CRM 系统根据功能来划分可分为运营型 CRM 系统、分析型 CRM 系统和协作型 CRM 系统。

（1）运营型 CRM 系统。也称"前台"CRM 系统，包括销售自动化、市场自动化、服务自动化、前端办公室等应用，以及与客户直接发生接触的各个方面。运营型 CRM 系统是让部门业务人员在日常工作中能共享客户资源，减少信息流动滞留点，整合多渠道的客户"接触点"、前台和后台运营，保证所有业务流程的流线化自动化，如销售自动化、营销自动化和客户服务自动化。

（2）分析型 CRM 系统。分析型 CRM 系统侧重在分析客户数据上，能够使企业更为清晰地了解客户类型，把握不同类型客户的准确需求，从而能够最大限度地挖掘客户以及更好地服务客户。一般来说，分析型 CRM 系统具有客户行为分析、客户建模、客户沟通、个性化、接触管理、数据优化等功能。

（3）协作型 CRM 系统。协作型 CRM 系统让企业客户服务人员与客户能够协同工作，实现全方位为客户提供交互式服务和收集客户信息，实现多种客户交流渠道（呼叫中心、面对面交流、互联网、传真）的集成，使各种渠道信息相互流通，保证企业和客户都能得到完整、准确、一致的信息。

协作型 CRM 系统由呼吸中心、传真/信件、电子邮件、网上互动交流（如 Web 站点服务、网络会议）和现场接触（亲自访问）等几部分服务组成，实现企业与客户、客户与客户全面交流。

三、CRM 系统的实施

企业想要在短时间内自主开发并实施 CRM 系统，难度较大。因此，选择一个适合自身情况的 CRM 系统是最佳选择。企业在选择 CRM 系统后，可以采用九个阶段来实施。

1. 系统实施准备

在系统实施的准备阶段，首先要确定系统实施目标。每个系统实施都必须有明确目标，即需要利用系统达到什么样的目的，只有明确了系统实施的目标才能够确定实施方案。其次是确定系统实施范围。在目标明确之后需要确定系统实施范围，可以通过了解相关行业现状和目前正在使用的系统来确定。CRM 系统主要应用在企业的前台业务部门。最后，需要中、高层经理的相关培训。想要成功实施 CRM 系统，就必须得到高层管理人员的支持，因此，需要对高层管理人员进行培训，让他们能够真正理解 CRM 系统的原理。

2. 系统实施启动

这一阶段的主要任务是进一步确定系统实施目标、建立系统实施组织、制订阶段性系统实施目标和培训计划，每个阶段的交付成果都要有相应文档加以记录和整理。本阶段主要任务包括以下四个方面：

（1）这一阶段的主要任务首先是建立系统实施组织，并明确组织中人员的权责。系统实施组织人员包括企业高级管理层、企业业务部门员工和企业外部合作伙伴。

（2）制订系统实施计划。CRM 系统是一个复杂的系统工程，需要将任务进行分解。因此，为了保证系统实施的顺利完成，必须制订贯穿系统实施各个阶段的计划，在每个阶段都有自己的任务、目标和交付成果。

（3）制订培训计划。培训是系统实施中非常重要的因素，是成功的关键。针对不同的培训对象，制订不同的培训计划，进行的时间和地点也不同，因此培训需要贯穿于整个系统实施的各个阶段。另外，培训应该从高级管理层开始。

（4）确定系统实施目标和评价方法。系统实施目标的确定对于整个系统的成功实施至关重要，因此在制订系统实施目标时，应遵循以下四个原则：①必须产生效益。客户关系管理系统的实施，要能够提高企业销售收入，降低企业销售成本，增加利润。同时对于企业外部，能够提高客户满意度和忠诚度。对于企业内部，能够增加企业员工的满意度和工作热情，加强部门之间的团队合作。②目标必须可以衡量。使用 CRM 系统所带来的效益需要用数字来表示。③目标必须可以完成。不能制订空想的目标，目标必须要符合实际情况。④在评价 CRM 系统的实施情况时，可以将实际实施的效果与所制订目标进行对比，找出差距和不足，进行改进。

3. 系统实施诊断

系统实施诊断是对企业现有政策和业务流程进行分析和诊断。分析诊断后能够全方位地了解企业现状，并制订系统实施的完整计划在这一阶段，通过分析诊断，了解企业在客户关系管理上所处的位置，分析行业经验和企业实际情况，制定出总体战略和实施策略。

CRM 系统的管理模式是以客户为中心，但各个企业对客户关系管理的理解不同，因此，企业要通过分析和诊断，确定流程需求和实现客户价值程度，分析现有流程和政策中存在的问题，并加以改进。在诊断过程中，针对企业问题提出有效实施方案，为企业制订一套完整、有效的 CRM 系统实施框架。

4. 业务蓝图描绘

所谓业务蓝图是改进后的企业流程模型。这一阶段的主要任务是通过对现有政策和业务流程的分析和诊断，结合业务流程再造的思想和方法，设计出符合客户关系管理思想和目标的新的业务流程。

5. 系统实施测试

这一阶段的主要任务是基础数据准备、原型测试准备和原型测试。通过对 CRM 系统的测试，比较和分析系统与业务蓝图的差异，根据企业实际情况和信息技术特点，寻求解决方案。

6. 系统实施确认

本阶段的主要任务就是根据上一阶段的测试结果，对不同情况进行系统更改和其他更改。

系统更改主要是对系统中的软件功能更改，目的在于通过修改软件程序和客户化报表的开发来满足企业业务蓝图需求。软件的修改由软件供应商按照特定的软件质量标准进行，开发后的软件功能还要根据特定标准进行测试，审核后确认。

其他更改主要包括业务流程、制度和组织结构的更改。更改的原因是由于运用信息技术潜能，进一步改进了业务蓝图以及信息技术限制，无法支持合理的新业务流程。

7. 会议室导航和人员培训

会议室导航仍然是 CRM 系统的测试，涉及各个相关部门，因此需要系统实施小组人员以及职能组和前台部门的实际应用人员都要参加，测试结果要经指导委员会审批。

人员培训是根据已确认的系统及修正的业务流程、制度，编制客户使用手册，对最终 CRM 系统的具体操作和中高层管理人员进行培训。

8. 系统实施切换

首先是选择切换方法，要根据企业和系统实际情况来选择切换方法。切换方法包括交钥匙法、新旧系统并行法和试点法等，既可以是一次性切换方法，也可以是分阶段切换的方法。其次是要进行切换准备，切换准备工作必须非常认真仔细，要先核对流程、人员、数据和规则是否就绪，在将各种数据装入后，正式切换至新的系统。

9. 新系统运行

新系统运行后，需要不断调整、检测和评估新系统的运行绩效，确定是否满足预订目标，还要根据实际情况对系统运行进行不断调整，确定更改控制流程，同时确认已取得的效益，审核和批准系统实施备忘录。系统运行时还要进行实时监控，检测评估系统运行的状态，根据预设的目标来审核相应成果，最后审核和批准业绩评估备忘录。

第五节　客户关系管理的新发展

在云计算、移动设备、社交网络日益普及，商业智能技术逐渐成熟的今天，无论是 CRM 的后台支持、交付模式还是 CRM 的功能都在发生重大变化。基于云的服务、移动互联应用以及社交网络搭配销售的 CRM 工具正在迅速被企业所接受。

一、在线 CRM

1. 在线 CRM 的概念

在线 CRM 是基于互联网模式，专为中小企业量身打造的在线营销管理、销售管理、完整客户生命周期管理工具，通过整合多种网络化、低成本营销手段和沟通方式，帮助企业建立与客户之间通畅的交流平台，全方位管理客户资源，多角度查询和分析客户特征、客户业绩贡献、客户获取和客户维持的成本。

在线 CRM 的核心内容主要是通过不断地改善与管理企业销售、营销、客户服务和支持等与客户关系有关的业务流程并提高各个环节的自动化程度，从而缩短销售周期、降低销售成本、扩大销售量、增加收入与盈利、抢占更多市场份额、寻求新的市场机会和销售渠道，最终从根本上提升企业的核心竞争力，使企业在当前激烈的竞争环境中立于不败之地。在线 CRM 将先进的思想与最佳的实践具体化，通过使用当前多种先进的技术手段最终帮助企业来实现以上目标。

2. 在线 CRM 的优势

作为一种在线交付使用的创新型软件应用模式，在线 CRM 成功地实现了由 CRM 软件产品到 CRM 软件服务的转型，为中小型企业提供了一种快速部署和实施 CRM 的方法，也为它们采用先进技术提供了一个最好的途径。与传统 CRM 系统相比，在线 CRM 具有如下优势：

（1）低成本、高效率地实施 CRM。由软件服务提供商将 CRM 应用软件部署在统一的服务器上。企业无须投入大量资金购买软件授权许可、网络基础设施和硬件平台，无须投资建设机房，无须招聘和培训 IT 人员，无须经过漫长的项目实施周期，只需在前期支付一次性的项目定制费和定期的软件租赁服务费，就可通过互联网使用所需要的 CRM 产品和服务。因此，在线 CRM 大大降低了中小企业实施 CRM 的门槛，使中小企业能够降低成本、高效率地部署和应用 CRM。

（2）免除系统的管理和维护问题。采用在线 CRM，由服务供应商负责软、硬件的全权管理和维护，企业不需要再防范计算机病毒和黑客的攻击，不用过多地进行数据的备份和存储，不用担心系统性能的优化，也不再需要专门的 IT 维护和管理人员。这不仅在很大程度上缓解了中小企业的人才和资金压力，更重要的是，它使中小企业能够集中有限的资源专注于其核心业务，打造企业特有的核心竞争优势。

（3）快速体验最新的 IT 技术。在线 CRM 系统使用过程中，服务提供商会定期统一升级相关的软、硬件系统，使企业总能体验到最领先的 IT 技术和最新系统应用服务。

（4）更专业的服务和更高的系统可靠性。无论是软件平台本身的质量，还是人员配备、管理制度和客户服务响应方面，在线 CRM 系统提供商都远比企业自身的 IT 部门具有更高、更专业化的水平。而且，在线 CRM 系统提供商通过技术创新和应用先进的系统解决方案，能够确保在线 CRM 系统的稳定性和安全性。

3. 目前代表性的在线 CRM 产品

下面对目前市场上四款较具代表性的在线 CRM 产品进行简要介绍。

（1）Salesforce CRM。Salesforce CRM 是 CRM 按需软件的领袖，在全球范围内拥有用户数最多的在线客户关系管理平台。用于销售、服务、营销和呼叫中心运营的简单易用的基于 Web 的 CRM 解决方案，可以简化客户关系管理并提升客户满意度。借助 Salesforce CRM，组织可以获得空前的生产力、收入增长以及企业智慧。适用行业：教育科研、服务业、制造行业、金融行业、电信行业、政府行业、能源行业、交通运输行业、医保行业、流通行业等。

（2）SAP CRM RDS。SAP CRM RDS 是 SAP 公司通过 Verizon 公司的旗舰"云"产品为企业提供的一款能够与 SAP 后台系统集成并支持端到端流程的 CRM 快速部署解决方案。该套方案包含标准的销售、营销和客户服务功能，在短短 6 ~ 8 周内就能够成功部署。

（3）800APP CRM。作为中国最大的在线企业管理软件供应商和全球领先的下一代企业管理系统供应商，八百客致力于向客户提供以 PaaS（平台即服务）管理自动化平台为核心的服务和企业云计算解决方案，为客户创造长期的价值和潜在的增长。800APP CRM 界面简洁，功能强大，有超强的定制功能、任何时间任何地点上网即用。

（4）XTools CRM。XTools 公司提出每人每月 60 元的低价，让中国的中小企业趋之若鹜。XTools CRM 全面多维度的客户管理、商务逻辑严谨的销售管理，多角度的产品管理，更适用于中国人自己风格的日报体系。目前已经整合了 50 多个行业的特征，可谓是真正的"万家企业的智慧结晶"，目前已经形成了客户管理 + 人员管理 + 库存管理 + 财务简单管理的全面的中小企业业务运营平台。

二、移动 CRM

随着移动电子商务的发展，移动 CRM 也受到了越来越多企业的青睐。如今，企业中多数直接面向客户的员工的工作重心都由室内转向了室外，如销售人员拜访客户。这种趋势直接催生了企业对移动 CRM 的需求。

1. 移动 CRM 主要功能

移动 CRM 软件是利用现代科技实现以人为本，帮助企业进行客户管理及销售人员管理，外勤销售考勤定位等，帮助企业了解客户需求、提高销售服务及售后服务，从而提高销售达到率，实现利润最大化。同时能够支持 PC 端和移动端办公，使业务摆脱时间和场所局限，随时随地与企业系统协同办公。下面介绍一下移动 CRM 软件的主要功能及优势。

（1）移动考勤管理。随着企业的不断壮大，不少企业都会面临着如何有效管理外勤人员，从表面上看，企业只是想了解销售人员在外面是否干了什么，但进一步想的是，销售带回的业绩有可能会影响企业的收益。所以，利用移动 CRM 软件中的考勤实时定位，既可以考核考勤，又可以"名正言顺"地了解员工是否在为企业办公。

（2）移动流程审批。在激烈竞争的时代，讲究的就是速度，销售人员最害怕的就是遇到客户的需求不能及时解决，导致大客户单流失，而利用移动 CRM 软件可以将公司日常行政管理、业务审批流程，全部电子化、实现无纸化，通过移动设备就可以提交审批，而领导也可以随时随地审批业务，进一步提高内部效率，提升销售业绩。

（3）移动售后服务。在 21 世纪服务的时代里，服务是至关重要的，买卖不是一次性，而是需要长期维护，才能持久发展。而利用移动 CRM 软件，不管企业人员走到哪里，都可以做到第一时间为客户解决疑问，有利于维护好客户，对发展新客户，提高企业效益，客户不流失，成为企业的忠实客户等帮助。

（4）协同办公。利用移动 CRM 软件可以实现企业从售前、售中到售后的线上一体化管理，大大提高各部门之间的协同效率，打造企业高效的业务协同管控体系。目的是让所有销售人员均可随时随地查找客户、联系客户、汇报客户情况，提高工作效率，从而提高自身销售业绩。

（5）客户信息及时更新、增加销售机会。在传统的销售模式里，很多信息都需要销售人员见完客户回到公司进行更新，而利用移动 CRM 软件可以实现实时上传客户基本信息、购买信息等，从而打造企业客户数据库，集中、分类管理客户资源，使客户档案更规范、更全面。因此，销售人员有更多的时间去销售，寻找"新商机"等。

总体来说，移动 CRM 软件是顺应社会的发展，现代社会追求低成本、高效率，也只有这样才有可能在社会上占有一席之地。而移动 CRM 软件是融合工作汇报、项目任务、客户管理、知识分享、审批流程、数据协作等应用于一体的移动办公云平台，对企业的发展起着至关重要的作用。

2. 移动 CRM 对企业的价值

移动 CRM 与传统 CRM 的目的一样，两者唯一的不同是移动 CRM 采用了一个与传统 CRM 完全不同的渠道来达到这一目的。然而，正是这种渠道上的差异使移动 CRM 在如下三个方面给企业带来了更大的价值：

（1）一对一营销。移动设备一般都是"专人所有，专人使用"。因此，通过移动设备为客户推送的企业产品或服务都具有"专属"特性，客户也可以通过回应与企业进行一对一的互动。可以说，移动 CRM 通过建立企业和客户个体之间的直接对话实现了真正意义上的"一对一"营销。

（2）即时服务。"无处不在，无时不在"是移动媒介的另一个重要特性。通过移动 CRM，销售和服务人员可以随时随地接收来自客户的最新请求，随时随地获取满足客户请求的必要信息，并且只要客户愿意，可以随时随地向客户汇报其需求的满足情况，并聆听客户的意见和建议。通过即时服务，移动 CRM 大大提高了企业对客户的响应速度和应变能力，为企业带来更多的销售机会和更少的客户流失。

（3）协同工作。客户与企业之间的互动横跨了多种渠道，如呼叫中心、服务台、销售与市场人员等。因此，在多个团队之间分享详细信息的重要性日益提高。移动 CRM 最有价值的方面之一就是它能够实时地将多个团队成员联系在一起，允许在外办公的业务人员把最核心的数据实时提交给企业，分享给企业内其他面向客户的工作人员，同时也收取企业内的信息更新。通过及时的信息共享，移动 CRM 提高了企业内部以及客户为导向的协同工作效率，让所有在外的工作成员都能够更快、更好地完成自己的任务。

三、社交 CRM

1. 社交 CRM 的产生与发展前景

近年来，社交网络服务（Social Networking Services，SNS）风靡全球，无论在国外还是国内，SNS 网站都在飞速发展。以 Facebook、Twitter、开心网、人人网等为代表的 SNS 网站创造了互联网的流量奇迹。SNS 的本质是社交，而企业最核心的工作——客户的获取和维系体现出的本质也是社交。因此，当越来越多的用户选择 SNS 时，企业也开始思考如何利用 SNS 这种新型的媒体互动形式和社交工具来加强客户关系管理，提高品牌知名度，扩大营销和销售。社交 CRM 由此应运而生。

作为 CRM 与 SNS 相融合的产物，社交 CRM 与传统 CRM 不同之处在于企业不是刻意地向客户营销，而是通过与客户的社交来保持与客户的关系，并通过客户的口碑效应来扩大品牌影响。因此，社交 CRM 为企业提供了一种新型的营销和客户关系维系工具。同时，社交 CRM 将 CRM 与社交网络相连接，形成客户与企业之间、客户与客户之间、企业与员工之间、员工与员工之间的协作团队和协作社区，将外部的销售管理、客户反馈、客户服务与内部的员工合作、协作管理集为一体，使社交 CRM 突破传统的管理模式和管理理念，成为 CRM 领域的一个巨大转型。

社交 CRM 已经成为一种不可忽略的趋势。IDC 公司的企业应用程序分析师 Mary Wardley 说："在利用社交媒体和社交网络方面，CRM 应用软件市场处于变革的第一线，在组织的 CRM 框架中，综合运用这些技术将促进市场份额的增长。"更有人提出，社交 CRM 将成为未来 5 年软件行业"主旋律"之一。由此可见，随着社交媒体的普及，社交 CRM 的发展浪潮已经到来，而如何利用这种新型的 CRM 帮助企业建立并维护客户关系，无疑将成为企业发展的新思路。

2. 社交 CRM 在企业中的作用

由于 SNS 的融入，社交 CRM 的管理能力得到了极大扩展，不仅能够更有效地管理外部的客户关系，而且对于企业内部的协作问题也能够轻松应对。

（1）利用社交网络优势管理员工关系，提高企业内部协作能力。社交 CRM 的出现让企业内部的员工关系管理不再是难题，它利用网络协作的便利性，发挥高水平的社交智能，帮助员工通过个人及职业联系来完成工作。越来越多的企业开始尝试使用社交网络作为企业内部交流的新平台，如 IT 巨头 IBM 已将自己的网站开放给社交网络，其公司员工已开始使用 Facebook 网页来讨论关于智能应用影响力的看法。而国内最大的校园网"校内网"上，也已开通了 7000 多家公司的群组。

（2）成为企业和客户协同沟通的平台，更有效地维护客户关系。社交 CRM 的出现把关系的管理权交到了客户手中，借助客户与客户之间的深度交流和深层互动来提高客户黏性并充分发挥客户的社会影响，从而提高客户忠诚度并实现口碑营销。

当然，社交 CRM 还可以利用 SNS 的即时性、互动性来为客户提供更好、更快捷的服务。例如，蒙牛基于 SNS 为"蒙牛未来星儿童牛奶"搭建了一个中国第一亲子社区。在未来星亲子社区，妈妈与孩子可以共同完成各种产品体验、在线小游戏、音乐、故事等，又有针对家长的蒙牛健康专家、相册分享、育儿经验等。蒙牛未来星以 SNS 的优势同时完成了对两个目标消费群的沟通，并通过 SNS 基本功能实现家长、孩子的多通道对话，在潜移默化的社区互动体验中，实现了产品售前、售中与售后的服务理念。

3. 社交 CRM 产品介绍

目前市场上的社交 CRM 产品还很不成熟，没有实现真正意义上的 CRM 与 SNS 的整合。但是不可否认，这些社交 CRM 产品的出现为现有的 CRM 产品市场注入了"新鲜血液"，对整个社交 CRM 应用的发展起到了积极的推动作用。下面就目前市场上三款比较有代表性的社交 CRM 产品进行介绍。

（1）Oracle Social CRM。甲骨文公司推出的 Oracle Social CRM 产品将社会交互引入 CRM 环境中，为企业提供了一个更精准和完整的客户视角，并扩展了 CRM 在提高企业内部协作和实时掌控企业内外相关信息方面的能力。目前，Oracle Social CRM 应用产品包含三个套件：Oracle CRM 销售探测器、Oracle CRM 销售计划以及 Oracle CRM 销售资料库，分别用来帮助销售人员锁定有价值的销售线索、开发有效的营销计划和快速、方便地创建成功的演示文档。三个套件均使用了丰富的社交网络工具或社交网络信息来帮助销售人员轻松分享、评价、改进和使用整个组织内与销售相关的方案和材料。

（2）Salesforce Community。Salesforce 的社交 CRM 产品 Community 由 Community Cloud 和 Chatter 两部分组成。企业通过社交网络平台 Community Cloud 创建个性化社区，将客户、合作伙伴和员工所需的信息、应用程序和专家直接整合在一起，通过任何设备登录社区，可实现数据录入、内容个性化推荐、主题讨论、文件共享、社区分组等功能，与社区成员随时开展交流互动。Chatter 则构建了企业内部的社交网络，提供了企业内部成员交流、协作、文件共享等不同功能，所有数据实时更新，让团队成员能够实现亲密无间的协同办公。

（3）800APP wCRM。wCRM 是国内在线 CRM 的开创者八百客推出的社交 CRM 产品。该产品包含社交云（Chat）和微信云（WeiXin Cloud）两个平台。前者以企业微博为核心构建企业内部的社交网络，每位 CRM 使用者都可以随时跟踪自己权限范围内的客户最新动态、事件进展、同事的工作动态；而后者则实现企业微信的功能集成，以微信为入口，零资费、跨平台沟通、显示实时输入状态的信息交流反馈。在 wCRM 应用下，企业内部员工间能高效、透明、便捷地沟通和协作，人员、文档和数据三者可以完美地结合在一起。决策者可以在第一时间纵览企业的所有动态，以便及时做出正确的决策。

思考题

1. 什么是客户关系管理？如何全面地理解其真正内涵？
2. 什么是客户生命周期，它由哪些阶段组成？
3. 你认为在电子商务环境下，影响客户满意的因素有哪些？
4. 调研一家电子商务网站，分析 CRM 在其售前、售中和售后的应用。

第九章
电子商务安全技术

 【学习要点及目标】

1. 了解电子商务的主要安全威胁。

2. 理解电子商务安全体系结构。

3. 熟悉并掌握信息加密技术、认证技术及身份认证技术。

4. 理解 SSL、SET、HTTPS 协议。

引导案例　　　　　　钓鱼网站骗走消费者23万元

网络钓鱼是互联网常用的欺诈手段。

2014年2月23日《羊城晚报》报道：2014年1月10日，宇龙计算机通信科技有限公司在其"酷派商城"网站上，发布电商品牌"大神"系列手机产品，产品一上线便被抢购一空。但此后陆续接到60名客户的电话投诉，称在其商城上付钱购买了手机却迟迟没收到货。

接到客户投诉后，该公司立刻调取后台数据进行核查，结果发现公司从未接到这些投诉客户的购买信息。进一步调查显示，这些客户均是通过一个仿冒其公司官网的钓鱼网站购买的。2014年1月底，该公司正式向南山公安分局高新派出所报案。

接到报案后，专案组前往钓鱼网站服务器以及该网站使用的第三方交易平台服务器所在地湖北省鄂州市和北京市开展侦查工作。调查发现，该案犯罪嫌疑人刘某利用网络技术，模仿受害公司的电子商城，除了网站域名不同之外，界面相似度达100%。同时，犯罪嫌疑人又花了4000元通过百度推广将其假冒网站推送到搜索排名的第一个。而另一位犯罪嫌疑人曾某利用虚假信息购买第三方交易平台账号，以此进行钓鱼诈骗。根据警方统计，通过该钓鱼网站购买手机的网民多达360人。

从钓鱼网站活动规律来看，钓鱼网站的活动遵循网民的上网习惯，并且紧追热点，每逢节日必然是钓鱼网站的高发期。从钓鱼手段来看，近年来，由于微博影响力的扩大和使用率的增加，利用微博抽奖、中奖为名进行网络钓鱼的案例大大增加。

（资料来源：http://it.people.com.cn/n/2014/0224/c1009-24446880.html，经删减整理。）

第一节　电子商务安全概述

一、电子商务的主要安全威胁

作为互联网的应用，电子商务正如雨后春笋般蓬勃发展，但由于技术不完善和管理不到位，安全隐患还很突出。我们从电子商务环境和电子商务交易两方面进行分析。

1. 电子商务环境所面临安全威胁

（1）计算机硬件系统的安全问题。计算机系统硬件和通信设施极易遭受到自然的影响，如各种自然灾害：地震、泥石流、水灾等所构成的威胁。还有一些偶发性因素：物理损坏，如硬盘损坏、设备使用寿命到期、外力破坏等；设备故障，如停电断电、电磁干扰等；意外事故。此外还有操作失误，如删除文件、格式化硬盘等；意外疏漏，如系统掉电、死机等系统崩溃等都会对计算机硬件系统造成威胁。

（2）计算机软件系统的安全问题。计算机软件是电脑运行的重要组成部分，离开计算机软件很难满足人们对电脑的实际需要，然而受到技术因素与外界条件的影响，当前计算机软件仍然有部分安全隐患存在。软件设计人员在设计计算机软件的同时由于受到技术及设计条件等方面因素制约，不能保证计算机软件安全性万无一失，总是或多或少地存在一些漏洞和缺陷，使软件安全性能降低，影响了电脑正常运行。

（3）电子商务网络系统的安全问题。

第一，计算机病毒的危害。随着计算机技术的不断发展，越来越多的计算机病毒令我们头疼不已。由于病毒的入侵导致计算机系统瘫痪、程序和数据遭到严重破坏，使网络效率和作用大大降低，许多功能无法使用或不敢使用。

第二，黑客攻击。随着网络的快速发展，黑客攻击事件不断发生。他们以各种方式有选择地破坏信息的有效性和完整性。有许多工具可以远程控制、检查、监控目标用户的所有信息，它们使用目标设备像合法用户一样向网络发送信息。一些木马程序可以破坏任何类型的加密系统，它在数据还没有被加密以前就捕获要加密的数据信息。这些工具一般通过 E - mail 安装到目标用户的电脑上。黑客利用这些工具可以完全控制被攻击者的电脑系统，进而截获传输的机密信息，破坏了信息的保密性，如窃取政治、军事、商业秘密、消费者的银行账号、密码等；可以修改和删除文件，破坏信息的完整性；可以假冒合法客户发送商品订单，接收订货单；发送大量伪造电子邮件，穷尽商家资源，使合法用户不能正常访问网络资源；或窃取商家的商品信息和用户信息等；假冒他人身份，将伪造的报文注入系统、假冒合法人接入系统、重放截获的合法报文实现非法目的。网络黑客事件层出不穷，就连 Yahoo、Amazon 等一些世界知名大型网站也未能幸免。

（4）数据安全隐患。在网络上传输的数据，如果不采用任何安全措施，就会受到各种各样的攻击，如数据被截获，甚至数据被恶意篡改和破坏。数据安全主要是考虑防止数据被截获或截获后被破译，以及防止数据被恶意篡改和破坏。

2. 电子商务交易方面的安全隐患

（1）交易信息的安全隐患。交易信息包括商家的产品信息和订单确认信息、客户的订单信息。交易信息具有机密性，不能被篡改。交易信息安全主要是防止交易信息被截获或截获后被破译以及防止数据被恶意篡改和破坏。

（2）电子支付的安全隐患。支付信息主要是客户的银行账号、交易金额以及个人识别码和电子货币信息。支付过程中必须保证这些信息的安全。同时，对商家来说，可能存在虚拟订单，假冒者以客户名义订购货物，然后要求客户付款；对客户来说，可能存在欺骗性网站，盗取客户敏感信息，导致资金被窃取。如何保证客户支付信息安全以及买卖双方身份的真实性，是支付安全主要考虑的问题。

（3）电子商务管理安全隐患。严格管理是降低网络交易风险的重要保证，特别是在网络商品交易的过程中，客户进入交易中心，买卖双方签订合同，交易中心不但要监督买方按时付款，还要监督卖方按时提供符合合同要求的货物。在这些环节上，都存在大量的管理问题。防止此类问题的发生需要有完善的制度保证。人员管理常常是在线商店安全管理最薄弱的环节。近年来我国计算机犯罪大都呈现内部犯罪的趋势，其原因主要是因工作人员缺乏职业道德修养、安全教育缺失和管理松懈所致。一些竞争对手还利用企业招募新人的方式潜入该企业，或利用不正当的方式收买企业网络交易管理人员，窃取企业的用户识别码、密码、传递方式以及相关的机密文件资料。

（4）法律方面的隐患。电子商务的技术设计是先进的、超前的，具有强大的生命力。但必须清楚地认识到，在目前的法律法规还很不完善，在网上交易可能会承担由于法律滞后而造成的风险。

二、电子商务安全需求

概括起来，电子商务对安全的需求体现在以下六个方面：

1. 真实性

真实性是指网上交易双方身份信息和交易信息要真实有效。双方交换信息之前通过数字签名、身份认证以及数字证书来辨别参与者身份的真伪，防止伪装攻击。交易时，对提供的交易信息也要保证其真实性，防止欺诈的交易行为。

2. 保密性

交易中的商务信息均有保密的要求，其信息代表着个人、集体或国家的商业机密。交易信息一旦泄露，将直接影响到双方的利益。如信用卡的账号和用户名等不能被他人知悉，因此在信息传播中一般均有加密的要求。

3. 完整性

完整性指数据信息未经授权不能进行改变的特性，也就是要求保持信息的原样，要预防对信息的随意生成、修改、伪造、插入和删除，同时要防止数据传输过程中的丢失、乱序和重复。

4. 不可否认性

交易信息的传输过程中参与交易的个人、企业或国家提供可靠的标识，这种标识信息用来保证信息的发送方不能否认已发送的信息，接收方不能否认已收到的信息，这就是电子商务交易的不可否认性的需求，身份的不可否认性常用数字签名来实现。

5. 有效性

由于电子商务的无纸化，交易环境的虚拟性，互联网的开放性，造成电子商务交易信息的不确定，因此保证交易数据确定时间、确定地点的有效性成为电子商务安全性保证的前提。

6. 及时性

及时性是防止延迟或拒绝服务，及时性安全威胁的目的就在于破坏正常的计算机处理或完全拒绝服务。电子商务交易中，延迟一个消息可能带来不可想象的后果。

三、电子商务安全体系结构

典型的电子商务系统的安全体系结构如图 9 – 1 所示。

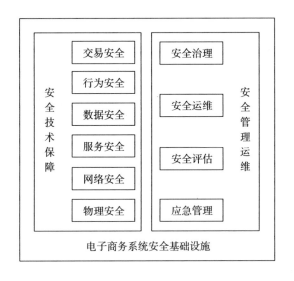

图 9 – 1 电子商务安全体系结构

电子商务系统安全体系结构从安全技术与安全管理两个层面为电子商务系统提供深度、多级、主动的安全防护，包括安全技术保障与安全管理运维两个部分。

1. 安全技术保障

安全技术保障包括物理安全、网络安全、服务安全、数据安全、行为安全和交易安全。物理安全包括防台风、防雷击、防火、防水、防静电、防鼠害、防辐射、防盗窃、火灾报警及消防等设施和措施；网络安全包括防火墙、虚拟专用网、防垃圾邮件、拒绝服务攻击、入侵检测、入侵防护、防恶意代码、网络接入、网络隔离、内容过滤、网络审计等；服务安全包括双机热备、运行容器隔离技术、容侵与容错技术、在线监控与自动恢复技术、多租户隔离技术等；数据安全包括数据库安全、数据加解密、数据备份与恢复技术等；行为安全包括行为监控技术、入侵防护技术、安全审计技术、应急响应技术等；交易安全包括安全电子支付协议、电子支付网关安全、电子支付接口安全等。综合这些技术，确保电子商务系统的业务连续性。

2. 安全管理运维

安全管理运维包括安全治理、安全运维、安全评估与应急管理。为了确保电子商务系统的安全，需要建立完善的安全管理制度，对信息安全基础设施进行治理、运维、评估和应急管理。安全管理制度的建立包括确定信息安全管理范围、制定信息安全方针、明确管理职责、以风险评估为基础选择控制目标与控制方式等。建立信息安全管理运维体系，首先必须建立安全管理机构，全面负责企业电子商务系统信息安全工作。其次，信息安全管理机构对企业电子商务系统管理范围进行调查评估，依照企业和地方相关信息安全法律、法规和规范，针对企业电子商务系统的各类系统应用，建立完善的信息安全管理制度，规范电子商务系统应用安全建设、安全运维的制度，对管理人员和操作人员的日常管理建立操作流程。最后，由安全监理人员对安全规范的执行行为进行持续性的审计和评估，确保信息系统安全风险保持在可接受范围内。

第二节　电子商务主要安全技术

一个安全的电子商务系统，主要是由电子商务安全技术来实现和保证的，电子商务安全技术主要有信息加密技术、认证技术、访问控制技术等。

一、信息加密技术

信息加密技术是电子商务安全交易的核心，这种技术主要用来实现电子商务交易的保密性、完整性、授权、可用性和不可否认性等。在电子商务交易系统中包括有三个实体：购买方、销售方和金融机构。在一次网上购物的过程中，消费者通常要将卡号和口令提供给商家，申请购物，消费者带有卡号和口令的订单在传送到商家的过程中，保证消费者敏感信息的保密性任务要由加密技术来完成；同时在支付时还要对交易双方的身份进行认证，这要用到数字签名和认证技术，这些都是借助于加密技术来实现的。

信息加密技术是实现网络和信息安全的重要技术和方法。"加密"就是使用数学方法将原始信息（明文）重新组织，变换成只有授权用户才能理解的密码形式（密文）。这样，如果信息不幸落入非授权用户手中，由于是密文，非授权用户无法解读，信息将无任何意义。"解密"就是将密文重新恢复成明文。加密技术分为对称加密和非对称加密两类。

1. 对称加密

对称加密又称为单密钥加密，是传统的加密形式。对称加密只用一个密钥对信息进行加密和解密。发送方使用密钥将明文数据加密成密文，然后发送出去，接收方收到密文后，使用同一个密钥将密文解密成明文读取。其加密和解密过程如图 9-2 所示。它的优点是算法简单，密钥较短，加密和解密的速度快，适合对大数据量进行加密。但是密钥管理困难。密钥必须通过安全可靠的途径传递，如果通信双方能够确保密钥在交换阶段未曾泄露，则可以采用对称加密方法对信息进行加密。目前常用的对称加密算法包括 DDS、3DES、AES 和 IDEA 等。

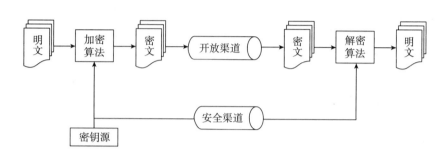

图 9 - 2　对称加密技术的加密和解密过程

2. 非对称加密

非对称加密又称公开密钥加密，加密和解密使用不同的密钥。非对称密钥技术加解密过程如图 9 - 3 所示。每个用户拥有唯一的一对密钥：公钥和私钥。公钥是公开的，存放在公共区域；私钥是保密的，必须存放在安全保密的地方。如果用公钥对数据进行加密，那么只有用对应的私钥才能解密；如果用私钥对数据进行加密，那么只能用对应的公钥才能解密。

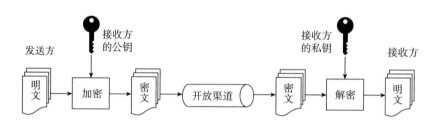

图 9 - 3　非对称加密技术的加密和解密过程

非对称加密技术的基本步骤如下：

（1）每个用户都生成一对加密和解密时使用的密钥。

（2）每个用户的公钥都记录在作用类似于电话号码本的密钥本上，并且会定期更新，所有用户都可以访问它。这样，每一个用户都可以得到其他用户的公开密钥。同时，每一个用户的解密密钥将由用户保存并严格保密。

（3）如果发送方想要向接收方发送私有信息，发送方可以用接收方的公钥加密信息。

（4）当接收方收到信息时，可以用自己的私钥进行解密。其他接收方不能解密信息，因为只有接收方知道自己的私钥。

非对称加密技术算法中，无论用户与多少个客户交互，都只需要两个密钥：公钥和私钥。公钥即加密密钥，解决了对称加密算法中密钥传递的问题。私钥即解密密钥，只有一个，解决了对称加密算法中用户管理众多私钥的问题。非对称加密算法的保密性比较好，因为最终用户不必交换密钥。但其加密和解密花费时间长、速度慢，不适合于对文件加密，只适用于对少量数据进行加密。常用的非对称算法有 RSA、ECC 等。

3. 加密技术应用

数字信封是公钥密码体制在实际中的一个应用，是用加密技术来保证只有规定的特定收信人才能阅读通信的内容。数字信封工作过程如图 9 - 4 所示。

（1）在发送文件时，发送方先产生一个通信密钥，并用这一通信密钥对文件明文进行加密，再通过网络将加密后的文件传送到接收方。

（2）发送方再把对文件加密时使用的通信密钥用接收方的公开密钥进行加密，即生成数字信封，然后通过网络传送到接收方。

（3）接收方收到发送方传来的经过加密的通信密钥后，用自己的私钥对其进行解密，从而得到发送方的通信密钥。

（4）接收方再用发送方的通信密钥对加密文件进行解密，从而得到文件的明文。

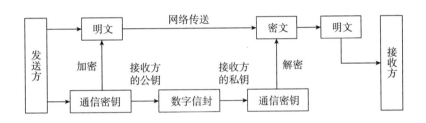

图 9 - 4　数字信封工作过程

数字信封的功能类似于普通信封，普通信封在法律的约束下保证只有收信人才能阅读信件内容；数字信封则采用加密技术保证了只有规定的接收人才能阅读信息的内容。数字信封中采用了对称密码体制和公钥密码体制。信息发送者首先利用随机产生的对称密码加密原文，再利用接收方的公钥加密对称密码，被公钥加密后的对称密码被称为数字信封。在传递信息时，信息接收方若要解密信息，必须先用自己的私钥解密数字信封，得到对称密钥，再用对称密码对密文解密得到原文。这样就保证了数据传输的真实性、完整性。

二、认证技术

认证是信息安全中的一个重要内容，也是电子商务安全的重要保障，认证可分为消息认证和身份认证。消息认证用于保证信息的完整性与不可否认性，身份认证则用于鉴别用户身份。在电子商务系统中有时认证技术比信息加密技术本身更为重要。

1. 身份认证

身份认证技术在信息安全中处于非常重要的地位，是其他安全机制的基础。只有实现了有效的身份认证，才能保证访问控制、安全审计、入侵防范等安全机制的有效实施。

目前，常用的身份认证技术有基于口令的身份认证、基于硬件的认证方式和生物特征识别认证等。

（1）基于口令的身份认证。口令也称密码，是用户与计算机之间以及计算机与计算机之间共享的一个秘密，在通信过程中其中一方向另一方提交口令，表示自己知道该秘密，从而通过另一方的认证。

用户名/密码是最简单也是最常用的身份认证方法。每个用户的密码由该用户自己设定，因此只要能够正确输入密码，计算机就认为该用户是合法的。电子商务的身份认证采用最多的就是静态口令的"用户名＋密码"的方式，现在很多领域还在沿用。这种静态口令认证方式存在很多问题，如用户口令简单、口令明文传输等。对该认证方式最常见的攻击有网络数据流窃听、暴力破解等。

动态口令是为解决静态口令安全隐患而出现的一种认证技术，动态口令验证的主要思路是在登录过程中加入不确定因素，使每次登录传送的认证信息都不同，以提高登录过程的安全性。

（2）基于硬件的认证方式。采用硬件令牌进行身份认证的技术是指通过用户随身携带身份认证令牌来进行身份认证的技术。主要的硬件设备有智能卡和目前流行的 USB Key 等。智能卡内部包含有 CPU 和存储器，能够进行特定运算并且存储数据。智能卡是一种接触型的认证设备，需要与读卡设备进行对话。智能卡自身安全一般受 PIN 码保护，PIN 码是由数字组成的口令，只有读卡机将 PIN 码输入智能卡后才能读出卡中保存的数据。智能卡对微电子技术的要求相当高，所以成本较高。

（3）生物特征识别认证、生物认证技术是一种以人类所固有的、随着生命的成长持续稳定、能够唯一标识个人身份的特征来表征个人身份的技术。生物特征认证又称为生物特征识别，是指通过计算机利用人体固有的物理特征或行为特征鉴别个人身份。在信息安全领域，推动基于生物特征认证的主要动力来自基于密码认证的不安全性，即利用生物特征来替代密码认证。

生物识别包括指纹识别、虹膜识别、脸像识别、声音识别等诸多种类。其中，虹膜识别和指纹识别被公认是最可靠的生物识别方式。

上面介绍的身份认证方法既可以单独使用，也可以结合起来使用，使用一种方法进行认证时，称为单因素认证，多种方法结合使用时，称为双因素或多因素的身份认证。

2. 消息认证

消息认证是指消息的接收者能够检验收到的消息是否真实的方法。消息认证具有两层含义：一是检验消息来源的真实，即对消息的发送者的身份进行认证；二是检验消息的完整性，即验证消息在传送或存储过程中是否被篡改、重放或延迟等。

在某些情况，信息认证比信息保密更为重要。例如，买卖双方发生一般商品交易业务时，可能交易的具体内容并不需要保密，但是交易双方应当能够确认是对方发送或接收了这些信息，同时接收方还能确认接收的信息是完整的，即在通信过程中信息没有被修改或替换。

（1）消息认证机制。在对消息提供完整性检验时，根据所使用的密码算法的不同，可以分为基于对称密码体制的消息认证和基于非对称密码体制的消息认证。

1）基于对称密码体制的消息认证。基于对称密码体制的消息认证是一种传统的消息认证方法。这种方法采用对称加密算法，信息交换的双方共同约定一个口令或一组密码，建立一个通信双方共享的密钥。信息的发送方将要发送的信息用共享密钥加密后传给接收方，接收方用相同的密钥解密后得到明文信息。基于对称密码体制的信息认证过程如图 9-5 所示，接收方可以根据解密后的明文是否具有合理的语法结构来进行消息认证。这种方法存在很多问题，如密钥的安全传输、密钥的管理等。

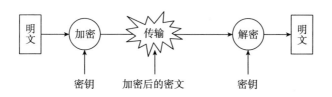

图 9-5　基于对称密码体制的消息认证

2）基于公开密钥体制的消息认证。与对称加密算法不同，公开密钥加密体制采用的是非对称加密算法。使用公开密钥算法需要两个密钥：公钥和私钥。如果用公钥对数据进行加密，只有用对应的私钥才能进行解密；如果用私钥对数据进行加密，则只有用对应的公钥才能解密。图 9-6 是使用公钥加密和对应的私钥解密的示意图。要验证消息的完整性只需用接收方的私钥对消息解密即可，如果是有意义的明文，则认为消息的完整性得到了保证。

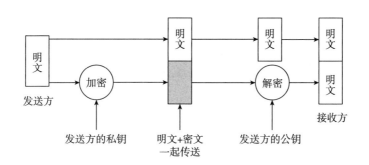

图 9-6　基于非对称密码体制的消息认证

这里的认证实际上包括两个方面——实体身份的认证和消息的完整性验证。

不管是采用对称密码算法还是非对称密码算法，对信息加密以达到信息的完整性校验都存在各自的弊端，不管是从安全的角度，还是处理代价，效率都不高。

消息完整性检验的一般过程为：无论是存储还是传输文件，都需要同时存储或发送该文件数字指纹；验证时，对于实际得到的文件重新产生其数字指纹，再与原数字指纹进行对比，如果一致，则说明文件是完整的，即未被篡改、删除或插入，否则是不完整的。完整性检验的流程如图 9-7 所示。

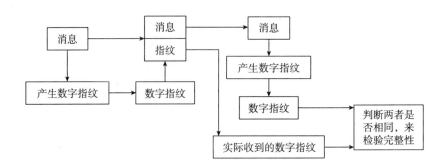

图 9-7　消息完整性检验的一般流程

（2）消息认证方法。

第一，数字签名。所谓数字签名就是附加在待发送信息上的一些数据，或是对信息所做的密码变换。这种数据或变换允许消息的接收者用来确认消息的来源和完整性，防止被人伪造。进行数字签名时最常见的处理方法是先提取信息的"指纹"，这个"指纹"一般长度都很短，然后通过对"指纹"加密实现信息的完整性校验。消息"指纹"也称为消息摘要。信息的"指纹"提取一般采用哈希函数（Hash Function）来实现。给信息添加数字签名的过程如图 9-8 所示。

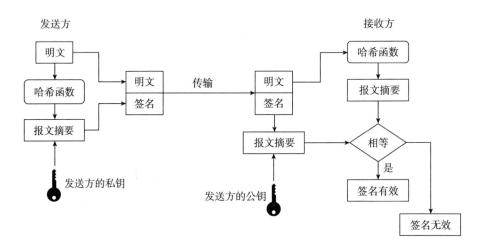

图 9-8　数字签名过程

文件的数字签名过程实际上是通过一个哈希函数来实现的。哈希函数将需要传送的文件转化为一组具有固定长度的单向 Hash 值，形成报文摘要（Message Digest）。发送方用自己的私有密钥对报文摘要进行加密，然后将其与原始的报文附加在一起，即合称为数字签名。数字签名机制提供一种鉴别方法，通过它能够实现对原始报文的鉴别和验证，保证报文完整性、权威性和发送者对所发报文的不可抵赖性，以解决伪造、抵赖、冒充、篡改等问题。数字签名代表了文件的特征，文件如果发生改变，数字签名的值也将发生变化。不同的文件将得到不同的数字签名。

第二，消息认证码。消息认证码（Message Authentication Code，MAC）是一种确认完整性并进行认证的技术，使用消息认证码可以确认自己收到的消息是否就是发送者的本意，也就是说可以判断消息是否被篡改，是否有人伪装成发送者发送了这条消息。消息认证码的输入包括任意长度的消息和一个发送者与接收者之间的共享密钥。输出固定长度的数据，输出的数据就是 MAC 值。

MAC 函数类似于加密函数，但不需要可逆性。因此在数学上比加密算法被攻击的弱点少。MAC 用于信息完整性检验的过程如图 9 - 9 所示。在图 9 - 9 中，发送方 A 和接收方 B 共享密钥 K，A 计算 MAC = C_k（M），并将明文和 MAC 连接后一起发送到 B，B 对收到的明文，计算 MAC，比较收到的 MAC 与计算的 MAC 是否相同。如果两个 MAC 相等，则可以得出结论：①接收方可以相信消息未被修改，因此如果攻击者改变了消息，由于不知道 K，无法生成 MAC。②接收方可以相信消息的确来自确定的发送方，因为其他人不能生成原始消息相应的 MAC。

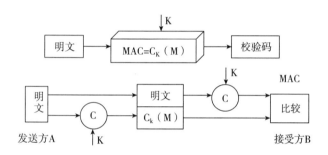

图 9 - 9　MAC 的完整性检验过程

（3）数字时间戳。数字时间戳服务（Digital Time Stamp Service，DTS）是网上电子商务安全服务项目之一，它能提供电子文件的日期和时间信息的安全保证。时间戳（Time Stamp）是一个经加密后形成的凭证文档，它包括需加时间戳的文件的摘要（Digest）、收到文件的日期和时间、数字签名三个部分。一般来说，时间戳产生的过程为：用户首先将需要时间戳的文件用 Hash 函数转化为报文摘要，然后将该摘要加密后发送到提供时间戳服务的机构，DTS 在加入了收到文件摘要的日期和时间信息后再对该文件加密（数字签名），然后送回用户。书面签署文件的时间是由签署人自己写上的，而数字时间戳则不然，它是由时间戳服务的机构 DTS 来添加的，以 DTS 收到文件的时间为依据。这样通过权威的时间戳服务机构认证，也为信息的完整性保护提供了安全保障。

三、访问控制技术

访问控制是在保障授权用户能够获取所需资源的同时拒绝非授权用户的安全机制。其基本工作原理是在用户身份认证和授权之后，访问控制机制将根据预设的规则对用户访问资源进行控制，只有规则允许的才可以访问。访问控制通常有以下三种策略：

1. 自主访问控制（Discretionary Access Control，DAC）

自主访问控制是基于对主体或主体所属的主体组的识别来限制对客体的访问。自主是指主体能够自主地将访问权的某一子集授予其他主体。即拥有资源的主体自己决定其他主体对该资源的访问权限。

为了完整地实现自主访问系统，主体、客体及相应的权限组成系统的访问矩阵，该矩阵以主体为行索引，以客体为列索引的矩阵，矩阵中的每一个元素表示一组访问方式，是若干访问方式的集合。系统实现时，访问矩阵内容必须以某种形式进行保存和管理，根据这一特点，往往基于矩阵与列来表达。下面简单介绍这两种方法。

（1）访问控制表（Access Control Lists，ACL）实际上是按列保存访问矩阵，它在一个客体上附加一个主体明细表来表示各个主体对这个客体的访问权限。访问控制表提供了针对客体的方便的查询方法，但是用它来查询一个主体对所有客体的所有访问权限是困难的。

（2）访问能力表（Access Capability Lists）是基于按行保存的访问矩阵。能力是为主体提供对客体具有特定访问权限的不可伪造的标志，它决定主体是否可以访问客体及以什么方式来访问。

2. 强制访问控制（Mandatory Access Control，MAC）

强制访问控制为所有的主体和客体指定安全级别。不同的级别标记了不同重要程度和能力的实体。不同级别的主体对不同级别的客体的访问是在强制的安全策略下实现的，常见的包括下读、上写、下写、上读四种。

下读（Read Down）：用户级别大于文件级别的读操作。

上写（Write Up）：用户级别低于文件级别的写操作。

下写（Write Down）：用户级别大于文件级别的写操作。

上读（Read Up）：用户级别低于文件级别的读操作。

上述读写方式都保证了信息流的单向性。显然，上读—下写方式保证了数据的完整性，上写—下读方式则保证了信息的秘密性。

当一个主体访问一个客体时，调用强制访问控制机制，比较主体和客体的安全级别，从而确定是否允许主体访问客体。在 MAC 机制下，即使是客体的拥有者也没有对自己客体的控制权，也没有权利向别的主体转授对自己客体的访问权；即使是系统安全管理员修改、授予或撤销主体对某客体访问权的管理工作，也要受到严格的审核与监控。有了MAC 控制后，可以极大地减少用户无意中泄露敏感信息的可能性。

3. 基于角色的访问控制（Role - Based Access Control，RBAC）

在 RBAC 中，系统定义各种角色，每种角色可以完成一定的职能，不同的用户根据其职能和责任被赋予相应的角色，一旦某个用户成为某角色的成员，则此用户可以完成该角色所具有的职能。RBAC 根据用户的工作角色来管理权限，其核心思想是将权限同角色关联起来，而用户的授权是通过赋予相应的角色来完成的，用户所能访问的权限由该用户所拥有所有角色的权限集合的并集来决定的。这里的角色充当着主体（用户）和客体之间的桥梁，角色不仅是用户的集合，也是一系列权限的集合。

当用户或权限发生变动时，系统可以很灵活地将该用户从一个角色移到另一个角色来实现权限的转换，降低了管理的复杂度。另外在组织机构发生职能改变时，应用系统只需要对角色进行重新授权或取消某些权限，就可以使系统重新适应需要。与用户相比，角色是稳定的。

基本角色的访问控制机制的优点是便于授权管理、可根据工作需要分级、方便赋予最小权限、可实现任务分担、便于文件分级管理以及大规模实现。RBAC 目前在大型数据库系统的权限管理中得到了普遍应用。而 RBAC 无法实现对未知用户的访问控制和委托授权机制，从而限制了 RBAC 在分布式网络环境下的应用。

四、虚拟专用网络

VPN 就是我们平时所说的虚拟专用网络，一般指利用公共 IP 网络设施建立的虚拟专用或者私有网络，可看作是从公用网络分隔出来的网络。所说的"虚拟"就是指用户没有实际的专线，而是利用公网的数据线路，形成一种逻辑形式的网络。所提到的"专用"是指用户为自己量身定制了符合自己需要的网络。VPN 仅为企业或用户服务。它的安全性能优良，可以保证 VPN 内信息不被外界干扰。

1. VPN 基本原理

VPN 技术采用了各种网络技术以及信息安全技术。VPN 技术为实现网络互联以 IP 隧道作为基础；使用安全协议和访问控制来提高网络安全性能；审计管理、密钥管理和安全管理等管理技术让 VPN 整个系统的维护、管理更加方便。VPN 采用的众多技术中，安全隧道技术（也称 IP 隧道技术）是核心。

IP 隧道技术利用安全协议把隧道技术、密码技术完美地结合起来，让网络互联更加安全，确保了通过公网通信时信息的完整性、机密性和可认证性。VPN 技术的原理如图 9-10 所示。

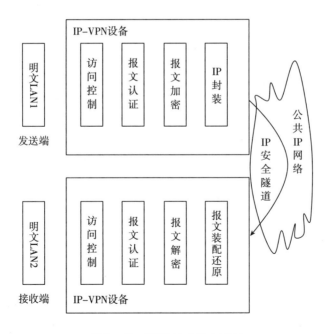

图 9-10 VPN 技术基本原理

（1）接收端—发送端。发送端到接收端允许是网络互联的所有形式，如端系统到子网、端到端，LAN 到 LAN，远程移动用户到 LAN，也可以是 LAN 或 CAN 的子网到子网。

（2）VPN 设备。VPN 设备是 IP 隧道的启动器和关闭器，从软硬件形态上分三类。①软件 VPN。网速很低，对安全性和性能没有什么要求时，可以使用软件 VPN 产品，如在代理服务器上安装 VPN 软件。想让端系统不受到攻击，可以安装软件 VPN 产品，这是一个明智选择，如在端系统上安装 VPN 安全插件。VPN 专用硬件平台的 VPN 产品。②专用硬件平台的 VPN 设备，它的性能符合企业和个人用户对通信及数据安全方面的要求，专用硬件平台能实现身份认证和数据加密等功能，如 VPN 网关。③辅助硬件平台同软件结合的 VPN 产品。一般是在现有网络硬件基础上，安装 VPN 软件来实现 VPN 功能。VPN 网络处理部分由软件完成，认证和加密部分用加密卡或芯片来实现，如端系统保护中就是利用安全中间件加上硬件加密卡来实现的。

（3）发送过程。①访问控制。VPN 设备使用的是基于安全策略的访问控制。发送端明文送入 VPN 设备，先由访问控制模块判断是否可以到公网，假如允许到公网，遵照既定安全策略，判定是明文外出，还是认证、加密后再由 IP 安全隧道传送到 VPN 的另一站点，这个站点允许是 CAN、LAN 或端系统。②报文认证和加密。允许进入 IP 安全隧道传送的报文，采用哈希算法来进行消息认证，为的是确保信息的完整性和可认证性。按照设定安全关联所选的安全协议来加密，确保报文机密性。③隧道封装。将认证和加密后报文，用目的端合法 IP 地址进行封装，封装后的 IP 分组在公网上通过隧道到达目的端。④入隧道在公网上传送。因为是按公网要求实施 IP 封装，因而可以自由地在公网上传送。数据包历经加密、认证和封装，因而数据包仿佛经过加密隧道送到接收方，安全隧道技术让信息在公网上实现安全传递。

（4）接收过程。接收与发送正相反，接收方对数据包进行解包，再进行认证、解密最后得到明文，再经过访问控制模块判定明文是不是达到安全访问控制要求，是不是可以送达接收端主机或 LAN。

从上述基本原理描述可看到，隧道技术和安全协议是 VPN 的核心，让信息在公网上传递更加安全，这也是实现 VPN 虚拟专用的根本。

2. 隧道技术

VPN 核心技术是隧道技术，通过公网创建私用网络隧道，这个网络隧道是加密的，隧道中传递的数据是发送方和接收方间交互的数据。隧道是依照隧道协议来建立的，从本质上来看，它就是封装，利用协议实现封装，层层加密，对公网来说它是透明的。

遵照隧道起始地点来分类，可分为自愿隧道、强制隧道两种。自愿隧道是在客户端和网络间创建的，在内网出口部署的有 VPN 设备，用户、客户端发起建立隧道请求，然后建立隧道。同时，用户的计算机是隧道的客户方，并成为隧道一个端点。强制隧道在两个网络出口同时部署了 VPN 设备，两个内网间传递信息是利用 VPN 创立的隧道进行传送。当 VPN 连接创建后服务器、客户端在信息传递过程中所扮演角色是相同的，两者间区别是由谁发起的，在自愿隧道中是用户发起，强制隧道中是由 VPN 设备发起的。

隧道技术在 VPN 技术中作用：隧道技术准许接收者隐藏个人信息来建立隧道连接；采用隧道技术访问内网，对于公网来说是不知道内网 IP 地址；隧道技术让远程用户透明地来到内网，成为内网的计算机。

五、防火墙的技术

防火墙是保护数据和网络设施免遭破坏的主要手段之一，既可用于防止未授权的用户访问企业内部网，也可用于防止企业内部的保密数据未经授权而发出。即使企业内部网络与互联网相连，也可用防火墙管理用户对内部网中某些部分的访问，保护敏感信息或保密信息。

1. 防火墙的实现技术

防火墙有很多种，当处在不同时期，技术水平会有差异。防火墙的实现技术大体有三种：包过滤技术、应用代理技术和复合型防火墙技术。

（1）包过滤技术。采用包过滤技术的防火墙称为"包过滤型"防火墙，它工作在网络层。建立一个访问规则表，常用的过滤规则是：主机名限制、主机用户组限制、高层协议限制、通信方向限制。包由两部分组成：数据和包头。防火墙对包过滤时，对包的数据部分不予理睬，主要针对包头信息。IP 包中有源地址、源端口、目的地址、目的端口等内容，对这中间的每一项，根据设定的访问规则进行过滤，对于符合访问规则的 IP 包允许通过且转发到目的地，否则将该 IP 包丢弃。如果没有找到对应的规则，那么就按照默认设置处理数据包。

一般采用包过滤技术时，设定的过滤规则如下：对所有进入局域网的数据包，它的源地址、目的地址必须是外部地址。对所有发往外部网络的数据包，它的源地址必须是内部地址且目的地址必须是外部地址。对流经防火墙的数据包，它的目的地址或者源地址不能是私有地址。阻塞多播地址。

包过滤防火墙规则简便，费用低廉，适合于对安全性能要求不高的小型系统。包过滤防火墙缺点是对于应用层的攻击无法拦截，对管理员专业知识有要求，用户不能进行连接认证，日志功能有限。

（2）应用代理技术。选择应用代理技术的防火墙工作在应用层，代理型防火墙完全断绝内部网与外部网之间的信息交流，内网用户请求访问外部网，先把请求发给代理防火墙，由代理防火墙来完成对外部网的访问，外部网返回的信息由代理防火墙传给内网用户。任何信息交流需经过代理防火墙转发，内部网用户禁止与外部网建立 TCP 连接，应用层的会话一定要满足代理防火墙的安全策略，否则不能实现对话。代理型防火墙安全系数高，把内部网与外面世界实现了分离，来自外部的攻击不容易对内部网进行破坏。代理型防火墙实现对应用层监视，对于来自应用层的攻击有较高的防御能力。代理防火墙不足之处是速度会慢一些，防火墙对于不同的服务建立不同的代理，所以对系统性能造成很大影响。

（3）复合型防火墙技术。采用复合型防火墙技术的防火墙称为"混合型"防火墙。前面介绍的两种防火墙都有一些缺点：包过滤型防火墙的安全系数低，代理型防火墙的速度不快。为了提高防火墙的性能，对两者存在的缺点稍加改进，把两者的优点保留下来，就是混合型防火墙，保留了安全系数高的优点，流经防火墙的信息速度影响不是太大。对于那些从内部网向外部网发出的请求，由于对内部网的安全不构成威胁，可以直接与外部网建立连接；相反，针对外部网访问内部网的请求，首先接受防火墙的检查，符合设定的访问规则接受访问请求，相反，就会被丢掉或做进一步处理。防火墙的发展倾向于同网络安全技术相融合，从而更好地发挥每种技术的优势，提高防火墙的灵活性和安全性。

2. 防火墙的优缺点

防火墙的优点：

（1）防火墙能强化安全策略，阻止易受攻击的服务。防火墙为了防止网络上的不良现象的发生，通过制定和执行网络的安全策略，仅仅允许符合规则的请求通过，过滤那些不安全的服务，拒绝可疑的访问，降低非法攻击的风险，成为安全问题的检查点，有效地提高了网络的安全系数。

（2）防火墙监视互联网的使用。对互联网的往返访问全部经过防火墙，防火墙记录了每次访问、网络情况的信息。

（3）防火墙可以控制对特殊站点的访问。内部网仅有 E – mail 服务器、Web 服务器和 FTP 服务器允许互联网访问，内部网的其他资源屏蔽起来，不允许外网访问。

（4）防火墙可以实现不同网段之间的隔离，这样网段之间相互影响就少了。防火墙实现了不同网段间的隔离，当一个网段不能正常工作，其他网段不会受影响。

防火墙的缺点：

（1）防火墙对于内部攻击无能为力。最初设计防火墙的初衷是抵御外部攻击，因而防火墙对于内部用户窃取和复制信息、针对硬件和软件进行破坏缺少保护。假设外网客户进入了防火墙内部，就是内网用户了，防火墙对此也是没有任何办法的。

（2）防火墙不能防范来自防火墙以外的其他途径所进行的攻击。

（3）防火墙不能防范地址欺骗。

（4）防火墙无法检测加密的网络流量。

（5）防火墙一般不具备 7 × 24 小时的入侵检测的能力。

（6）防火墙不能解决自身的安全问题。

（7）防火墙不能防范所有的威胁。

防火墙不能阻止病毒在网络上的传播，对已经有的病毒没有报警、杀毒功能。也就是说防火墙不是万能的，它仅仅是网络边界采取的一个防护措施。

第三节　电子商务安全技术协议

电子商务的运行需要一套完整的安全协议。目前，比较成熟协议有安全套接层（Secure Scokets Layer，SSL）、安全电子交易（Secure Electronic Transaction，SET）和安全超文本传输协议（S – HTTP）等。

一、SSL 协议

SSL 协议是一种国际标准的加密及身份认证通信协议，最初是由美国 Netscape 公司为互联网上保密文档传送而研究开发的，后来成为互联网上安全通信与交易的标准。

近年来 SSL 的应用领域不断被拓宽，许多在网络上传输的敏感信息（如电子商务、金融业务中的信用卡号或 PIN 码等机密信息）都纷纷采用 SSL 来进行安全保护。SSL 通过加密传输来确保数据的机密性，通过信息验证码机制来保护信息的完整性，通过数字证书来对发送和接收的身份进行认证。SSL 协议是一个中间层协议，它处于可靠的面向连接网络层协议（TCP）和应用层协议之间，在传输层的基础上，为应用层程序提供一条安全的网络传输通道。

SSL 协议使用通信双方的客户证书以及 CA 根证书，允许客户/服务器应用以一种不能被偷听的方式通信，在通信双方间建立起一条安全的、可信任的通信通道。该协议使用密钥对传送数据加密，许多网站都是通过这种协议从客户端接收信用卡编号等保密信息的，它被认为是最安全的在线交易模式，目前在电子商务领域应用很广。

1. SSL 协议提供的服务

SSL 安全协议主要提供以下三方面的服务：

（1）客户和服务器的合法性认证。认证包含两方面含义。第一是客户对服务器的身份确认：SSL 服务器允许客户的浏览器使用标准的公钥加密技术和一些可靠的认证中心的证书，来确认服务器的合法性（检验服务器的证书和 ID 的合法性）。对于客户来说，服务器身份的确认与否是非常重要的，因为客户可能向服务器发送自己的信用卡密码。第二是服务器对客户的身份确认：允许 SSL 服务器确认客户的身份，SSL 协议允许服务器使用软件通过公钥技术和可信赖的证书，来确认客户的身份，客户身份的确认与否对于服务器来讲是非常重要的，因为网上银行等网络应用可能向客户发送机密的信息。

（2）加密数据以防止数据中途被窃取。SSL 所采用的加密技术既有对称密钥技术，也有公开密钥技术。在客户机与服务器进行数据交换之前，交换 SSL 初始握手信息，在 SSL 握手信息中采用了各种加密技术对其加密，以保证其机密性和数据的完整性，并且用数字证书进行鉴别，这样就可以防止非法客户进行破译。

（3）保护数据的完整性。SSL 采用 Hash 函数和机密共享的方法来提供信息的完整性服务，建立客户机与服务器之间的安全通道，使所有经过 SSL 处理的业务在传输过程能全部完整准确无误地到达目的地。

SSL 协议的优点是与应用层协议无关。高层的应用协议能透明地建立于 SSL 协议之上。SSL 协议在应用层协议之前就已经完成加密算法、通信密钥的协商以及服务器的认证工作。在此之后应用层协议所传送的数据都会被加密，从而保证通信的安全性。

2. SSL 协议的工作过程

SSL 是一个保证计算机通信安全的协议，对通信会话过程进行安全保护，其工作过程如下：

（1）接触阶段：客户机通过网络向服务器打招呼，服务器回应。

（2）密码交换阶段：客户机与服务器之间交换双方认可的密码，一般选用 RSA 密码算法，也有选用 Diffie - Hellmanf 和 Fortezza - KEA 密码算法。

（3）会谈密码阶段：客户机与服务器之间产生彼此交谈的会谈密码。

（4）检验阶段：客户机检验服务器取得的密码。

（5）客户认证阶段：服务器验证客户机的可信度。

（6）结束阶段：客户机与服务器之间相互交换结束的信息。

发送时信息用对称密钥加密，对称密钥用非对称算法加密，再把两个包绑在一起传送过去。接收过程正好相反，先打开有对称密钥的加密包，再用对称密钥解密。

在电子商务交易过程中，由于有银行参与，按照 SSL 协议，客户的购买信息首先发往商家，商家再将信息转发银行，银行验证客户信息的合法性后，通知商家支付成功，商家再通知客户购买成功，并将商品寄送给客户。

SSL 是一个面向连接的协议，只能提供交易中客户与服务器间的双方认证，在涉及多方的电子交易中，SSL 协议并不能协调各方间的安全传输和信任关系。SSL 协议有利于商家而不利于客户。客户的信息先传到商家，商家阅读后再传到银行，这样客户资料的安全性得不到保证。整个过程缺少了客户对商家的认证。随着电子商务参与厂商的迅速增加，SSL 协议缺点暴露出现。SSL 协议逐渐被新的 SET 协议所取代。

3. 安全机制分析

SSL 协议可以被用来建立一个在客户和服务器之间安全的 TCP 连接。它可以鉴别服务器（有选择地鉴别客户）、执行密钥交换、提供消息鉴别、提供在 TCP 协议之上的任意应用协议数据的完整性和机密性服务。其安全机制包括以下四个方面：

（1）鉴别机制。SSL 协议通过使用公开密钥技术和数字证书可以实现客户端和服务器端的身份鉴别。采用 SSL 协议建立会话时，客户端（也是 TCP 的客户端）在 TCP 连接建立之后，发出一个 client_ hello 发起握手，这个消息里面包含了自己可实现的算法列表和其他一些需要的消息。SSL 的服务器端会回应一个 server_ hello，里面确定了这次通信所需要的算法，然后发过去自己的证书（里面包含了身份和自己的公钥）。默认情况下，客户端可以根据该证书的相关内容对其认证链路进行确认，最终实现对服务器端身份的鉴别，同样在需要时也可以采用类似的方法对客户端进行身份鉴别。

（2）加密机制。混合密码体制的使用提供了会话和数据传输的加密性保护。在进行 SSL 握手过程中，双方使用非对称密码体制协商出本次将要使用的会话密钥，并选择一种对称加密算法，并应用于此后数据传输的机密性保护。其中非对称密码体制的使用保证了会话密钥协商过程的安全，而对称加密算法的使用可以克服非对称加密的速度缺陷，提高数据交换的时效性。另外，由于 SSL 使用的加密算法和会话密钥可适时变更，如果某种算法被新的网络攻击方法识破，它只要选择另外的算法就可以了。

（3）完整性机制。SSL 握手协议还定义了共享的、可以用来形成信息验证码的密钥。SSL 在对所传输的数据进行分片压缩后，使用单向散列函数（如 MD5、SHA-1 等）产生一个信息验证码，加密后置于数据包的后部，并且再一次和数据一起被加密，然后加上 SSL 首部进行网络传输。这样，如果数据被修改，其散列值就无法和原来的 MAC 相匹配，从而保证了数据的完整性。

（4）抗重放攻击。SSL 使用序列号来保护通信方免受报文重放攻击。这个序列号被加密后作为数据包的负载，在整个 SSL 握手中，都有一个唯一的随机数来标记这个 SSL 握手，这样重放便无机可乘了。序列号还可以防止攻击者记录数据包并以不同的次序发送。

二、SET 协议

安全电子协议（Secure Electronic Transaction，SET）是由 VISA 和 MasterCard 两大信用卡公司联合推出的规范。SET 主要是为了解决用户、商家和银行之间通过信用卡支付的交易而设计的，以保证支付命令的机密、支付过程的完整、商户及持卡人的合法身份，以及可操作性。SET 的核心技术主要有公开密钥加密、数字签名、数字信封、数字安全证书等。SET 协议比 SSL 协议复杂，因为前者不仅加密两个端间的单个会话，它还可以加密和认定三方间的多个信息。

1. SET 协议的目标

SET 是一个基于可信的第三方认证中心的方案，它要实现的主要目标是：

（1）保证信息在互联网上安全传输，防止数据被黑客或被内部人员窃取。

（2）保证电子商务参与者信息的相互隔离。客户的资料加密或打包后通过商家到达银行，但是商家不能看到客户的账户和密码信息。

（3）解决多方认证问题。不仅要对消费者的信用卡认证，而且要对在线商店的信誉程度认证，同时还有消费者、在线商店与银行间的认证。

（4）保证网上交易的实时性，使所有的支付过程都是在线的。

（5）效仿 EDI 贸易的形式，规范协议和消息格式，促使不同厂家开发的软件具有兼容性和互操作功能，并且可以运行在不同的硬件和操作系统平台上。

2. SET 协议的主要服务

（1）机密性。SET 协议采用公开密钥算法来保证传输信息的机密性，以避免互联网上任何有关或无关的窥探。公开密钥算法允许任何人使用接收方的公钥把加密信息发送给指定的接收者，接收者收到密文后，使用私钥对加密信息进行解密，因此，只有指定的接收者才能解读这个信息，从而保证信息的机密性。SET 协议也可以通过双重签名的方法，将信用卡信息直接从持卡人通过商家发送到商家的开户行，而不容许商家访问客户的账号信息，这样客户在消费时可以确信其信用卡号没有在传输过程中被窥探，而接收 SET 交易的商家因为没有访问信用卡信息，故免去了其数据库中保存信用卡号的责任。

（2）数据完整性。通过 SET 协议发送的信息经过加密后，将为其产生一个唯一的报文消息摘要值，一旦有人企图篡改报文中包含的数据，接收方重新计算出的摘要值就会改变，从而被检测到，这就保证了信息的完整性。

（3）身份认证。SET 协议可使用数字证书来确认交易涉及的各方（包括商家、持卡人、收单银行和支付网关）的身份，为在线交易提供一个完整的可依赖环境。

（4）不可否认性。SET 交易中的数字证书的发布过程包含了商家和持卡人在交易中的信息。因此，如果持卡人用 SET 发出一个商品的订单，在收到货物后他不能否认发出过这个订单。同样，商家也不能否认收到过这个订单。

3. SET 协议的工作流程

（1）持卡人使用浏览器在商家的 Web 主页上查看在线商品目录，浏览商品，持卡人与商家协商后，选择要购买的商品。

（2）持卡人填写订单，包括项目列表、价格、总价、运费、搬运费、税费。订单可通过电子化方式从商家传过来，或由持卡人的电子购物软件建立。有些在线商场可以让持卡人与商家协商物品的价格（如出示自己是老客户的证明，或给出竞争对手的价格信息）。

（3）商家收到订单后，向持卡人的金融机构请求支付认可及审核。

（4）通过支付网关向收单银行提出请求。

（5）到发卡机构确认，获取批准交易。

（6）发行银行返回批准信息给收单银行。

（7）收单银行对第（4）步请求进行确认。

（8）支付网关对第（3）步请求进行确认。

（9）商家给顾客装运货物，或完成订购的服务。

到此为止，一个购买过程已经结束。商家既可以立即请求银行将钱从购物者的账号转移到商家账号，也可以等到某一时间，请求成批划账处理（如图9-11所示）。

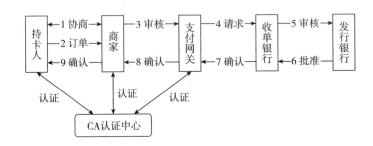

图9-11 SET 协议工作流程

4. SSL 协议与 SET 协议的比较

SSL 协议和 SET 协议都提供了在互联网上进行电子交易支付的手段，两者都被广泛使用，但两者也有明显的不同之处，如表9-1所示。

表9-1 SSL 协议与 SET 协议的比较

项目	SSL 协议	SET 协议
工作层次	传输层与应用层之间	应用层
是否透明	透明	不透明
过程	简单	复杂
效率	高	低
安全性	商家掌握消费者	消费者对商家保密
认证机制	双方认证	多方认证
是否专为 EC 设计	否	是

（1）协议层次和功能。SSL 属于传输层的安全技术规范，它不具备电子商务的商务性、协调性和集成性功能。而 SET 协议位于应用层，它不仅规范了整个商务活动的流程，

而且制定了严格的加密和认证标准，具备商务性、协调性和集成性功能。SSL 位于传输层和应用层之间，因此 SSL 可以很好地封装应用层数据，不用改变位于应用层的应用程序，对用户是透明的。同时，SSL 只需要通过一次"握手"过程就可以建立客户与服务器之间的一条安全通信通道，保证传输数据的安全。因此，SSL 被广泛地应用于电子商务领域中，但是，SSL 并不是专为支持电子商务而设计的，只支持双方认证，商家完全掌握消费者的账户信息。SET 协议是专为电子商务系统设计的，位于应用层，其认证体系十分完善，可以实现多方认证，SET 中消费者账户信息对商家来说是保密的。但是 SET 协议十分复杂，交易数据需要进行多次验证，用到多个密钥以及多次加密解密，规范了整个商务活动的流程，从持卡人到商家，到支付网关，再到认证中心及信用卡结算中心之间的信息流走向及必须采用的加密、认证都制定了严密的标准，从而最大限度地保证了商务性、服务性、协调性和集成性。

（2）安全性。安全性是网上交易中最关键的问题。SET 协议由于采用了公钥加密、信息摘要和数字签名可以确保信息的保密性、可鉴别性、完整性和不可否认性，且 SET 协议采用了双重签名来保证各参与方的相互隔离，使商家只能看到持卡人的订购数据，而银行只能取得持卡人的信用卡信息。SSL 协议虽也采用了公钥加密、信息摘要和 MAC 检测，可以提供保密性、完整性和一定程度的身份鉴别功能，但缺乏一套完整的认证体系，不能提供完备的防抵赖功能。因此，从网上安全结算这一角度来看，显然 SET 协议比 SSL 协议针对性更强，更受青睐。

（3）处理速度。SET 协议非常复杂、庞大，处理速度慢。一个典型的 SET 协议交易过程需验证电子证书 9 次、验证数字签名 6 次、传递证书 7 次、进行 5 次签名、4 次对称加密和 4 次非对称加密，整个交易过程需花费 1.5～2 分钟；而 SSL 协议则简单得多，处理速度比 SET 协议快。

（4）用户接口。SSL 协议已被浏览器和 Web 服务器内置，无须安装专门软件；而 SET 协议中客户端需安装专门的电子钱包软件，在商家服务器和银行网络上也需安装相应的软件。

（5）认证要求。SSL3.0 中可以通过数字签名和数字证书实现浏览器和 Web 服务器之间的身份验证，但仍不能实现多方认证，而且 SSL 协议中只有商家服务器的认证是必需的，客户端认证则是可选的。相比之下，SET 协议的认证要求较高，所有参与 SET 协议交易的成员都必须申请数字证书，并且解决了客户与银行、客户与商家、商家与银行之间的多方认证问题。

（6）加密机制。从加密机制来看，SET 协议和 SSL 协议除了都采用 RSA 公钥算法以外，两者其他技术方面没有任何相似之处。而 RSA 在两者中也被用来实现不同的安全目标。由于 SSL 协议对网上传输的所有信息都加密，因此每次传输速度相对较慢，尤其是当网页中图片较多时；而 SET 协议对网上传输的信息进行加密是有选择的，它只对敏感性信息加密。由于 SSL 协议是基于传输层加密，SSL 协议为高层提供了特定接口，使应用方无须了解传输层情况，对用户完全透明。SET 协议加密过程则不同于 SSL 协议。在很大程度上加密对它而言只是一种普及的技术手段。SET 协议中广泛使用了数字信封等技术，并采用严密的系统约束来保证数据传输的安全性。

三、HTTPS 协议

1. HTTPS 协议

S – HTTP 是 HTTP 的一个扩展，扩充了 HTTP 的安全特性，增加了报文的安全性。它的设计目的是实现在互联网上进行文件的安全交换。该协议能为互联网的应用提供完整性、不可否认性及机密性等安全措施。在特定情况下，S – HTTP 可以作为 SSL 协议的替代选择。

S – HTTP 为客户端和服务器提供了相同的性能（同等对待请求和应答，也同等对待客户机和服务器），同时维持 HTTP 的事务模型和实施特征。S – HTTP 客户机和服务器能与某些加密信息格式标准相结合。S – HTTP 支持多种兼容方案并且与 HTTP 相兼容。使用 S – HTTP 的客户机能够与没有使用 S – HTTP 的服务器连接；反之亦然，但是这样的通信明显不会利用 S – HTTP 安全特征。

S – HTTP 不需要客户端公钥认证，但它支持对称密钥的操作模式。这意味着即使没有要求用户拥有公钥，私人交易也会发生。虽然 S – HTTP 可以利用大多现有的认证系统，但 S – HTTP 的应用并不是必须依赖这些系统。

S – HTTP 被设计为请求/响应的传输协议——HTTP 的一种安全扩展版本，正是这一特点使 S – HTTP 与 SSL 协议有了本质上的区别，因为 SSL 协议是一种会话保护协议。S – HTTP 的主要功能是保护单一的处理请求或响应的消息，这在某种程度上与一个消息安全协议保护电子邮件消息的工作原理相似。

2. HTTPS 的工作原理

当客户端浏览器向服务器发出 HTTPS 请求后，服务器会响应该请求并提供相应内容给浏览器。其中，服务器响应该命令的文字和 HTML 文档会在 HTTP 提供的通道中，由会话层套接字（Socket）的连接来传送，Socket 使两台远程的计算机能通过互联网虚拟互连，并进行通话。服务器端的内容在传送出去前，通过本地的 SSL 协议自动加密，而在客户端接收后，在客户端浏览器上被解密。整个过程，对于没有解密钥的攻击者来说，其中的资料是无法阅读的。

第四节　银行业电子商务安全解决方案

1. 银行业目前存在的安全隐患

（1）信息传递的安全隐患。①网络硬件的安全缺陷，如可靠性差、电磁辐射、电磁泄漏等。②通信链路的安全缺陷，如电磁辐射、电磁泄漏、搭线、串音等。③技术被动引起的网络安全缺陷，计算机核心芯片依赖于进口，不少关键网络设备也依赖于进口。④缺乏系统的安全标准引起的安全缺陷，中国虽然已经有了一些网络安全标准，但还很不完善。

（2）业务系统的安全隐患。①据 ICSA 统计，来自计算机系统内部的安全威胁高达

60%。②非法用户进入系统及合法用户对系统资源的非法使用。③被非法用户截获敏感数据。④非法用户对业务数据进行恶意的修改或插入。⑤数据发送方在发出数据后加以否认或接收方在收到数据后篡改数据。⑥在不可信的计算机基础上建立可信点。

2. 银行业电子商务安全解决方案

（1）信息传递的安全解决方案。

对于物理层，主要通过制定物理层面的管理规范和措施来提供安全解决方案。

对于网络接口层，主要通过线路加密机对数据加密保护。它对所有用户数据一起加密，加密后的数据通过通信线路送到另一节点后解密。

对于网际层，主要通过 IP 密码机来保证网络层数据传输的安全性。

对于传输层，主要通过 SSL 协议和 VPN 技术来保证传输层安全。

对于应用层，可以采用节点式密码机来保证应用数据的保密性。

对于使用 ATM、DDN 等方式的主干连接，如在银行总行和省、地市分行之间的连接，建议采用与连接方式对应的线路加密机进行加密保护，加密机对线路中所传送的所有数据进行加密，而与协议无关。同时还有专门用于加密电话网的线路加密机可供配套使用。

对于连接方式比较复杂的情况，如县级支行和省、地市以及总行之间的数据传输，可能采用包括 ADSL、ISDN 或者直接拨号上网等多种连接方式，建议采用 IP 密码机进行加密保护，对 TCP/IP 协议中的 IP 数据包内容进行加密，能够灵活适应多种的网络连接方式，对基于 TCP/IP 协议的应用透明。

对于传输敏感数据比较少的连接，如在储蓄所或小型的银行之间的数据传输，建议采用节点加密机进行加密保护，敏感信息加密后，连同普通信息一起通过电信公网传输到目的地。

对于需要远程接入的情况，如出差在外的银行工作人员，建议采用基于 PKI 体系的 VPN 系统进行加密保护，远程接入方首先连入电信网络，然后通过 VPN 系统接入，此时传送的数据受数字证书加密保护，同时客户端数字证书采用 IC 卡或 USB 电子令牌进行保护。

（2）DDN 线路加密机的技术指标。

第一，性能指标：①网络协议严格按照 ITU－T 和 IETF 的相关技术标准，其本身不占用网络资源。②加/解密处理的最高速率为全双工 2Mbps。③当线路传输速率为 2Mbps 时，密码设备的延时小于 3ms，设备的加入几乎不影响网络的性能。④最大并发用户数为 4096 个。

第二，密码算法：①支持对称密码算法和非对称密码算法。②对称密码算法密钥长度为 128 位，支持 SSF09 算法。③RSA 算法密钥长度 1024 位。④HASH 算法为 MD5。

（3）业务系统的安全解决方案。

第一，数字证书登录：①先进的密码技术，保证登录用户的合法性。②登录过程对用户透明，无须记忆口令。③通过数字证书确认用户身份的合法性。④数字签名技术有效防止用户抵赖行为。⑤采用加密通信协议，保护机密信息不被泄露。

应用场景：一般是银行客户安全登录银行网站和银行员工登录管理系统。

第二，表单域签名加密：①确认填写人身份。②确保网页表单内容真实性。③确保网页表单内容完整性。④确保网页表单内容机密性。⑤确保网页表单内容不可抵赖。

应用场景：通常是银行客户在线支付和在线转账等。

第三，数字时间戳服务：数字时间戳是对时间信息的数字签名。数字时间戳主要用于实现以下两个功能：①确定在某一时间，某个文件确实存在；②确定多个文件在时间上的逻辑关系，即多个文件在逻辑上的时间先后顺序；多个文件是否属于逻辑上的同一时间。

应用场景：数字支票和在线转账。

数字时间戳服务使用注意事项：对于数字支票之类可以重复出现相同内容的电子数据，通常采用数字时间戳来创建过期标记。时间戳将电子数据的内容和产生时间相关联，相同内容的电子数据由于产生时间不同，时间戳也不会相同。所以当两份相同内容的电子数据出现时，可以根据时间戳判断它们是否出自同一个拷贝。

第四，文档电子签名与加密：①采用国际通用的 X.509 V3 证书和 PKCS 技术标准对文档及签名者的意见进行签名和验证。②确保签名文档的完整性。③防止对文档做未经授权的篡改。④确认签名者真实身份。⑤保证签名行为的不可否认性。⑥无纸化办公，提高办公效率。

应用场景：银行内部无纸化办公、客户账单电子签收等。

第五，安全电子邮件：①确认电子邮件发送者身份。②确保电子邮件内容真实性。③确保电子邮件内容完整性。④确保电子邮件内容机密性。⑤确保电子邮件内容不可抵赖。

应用场景：银行内部无纸化办公、客户账单安全发送。

第六，可信站点认证服务：①访问者向银行网站发送敏感信息时，确信其信息被发送到真实的目标站点。②防止第三方站点仿冒银行网站，骗取访问者向该站点提交敏感数据（比如信用卡号码、密码等）。

应用场景：防止克隆银行网站骗取银行客户信息。

第七，软件代码签名：银行使用代码签名证书对本行软件进行签名后放到互联网上，使其软件产品更难以被仿造和篡改，增强银行与用户间的信任度和软件商的信誉；用户知道该软件是安全的，并且没有被篡改过，用户可以安全地进行下载、使用。

优点：①有效防止代码的仿冒。②保证代码的完整性。③可追踪代码的来源。

应用场景：银行客户端软件的安全在线安装/更新。

第八，支持的业界标准：①加密标准：DES、IDEA、RSA、MD5、SHA-1 等。②证书标准：X.509v3、CRLv2、PKCS 系列标准。③LDAP 标准：LDAPv2。④智能卡标准：ISO7816、PC/SC、PCKS#11。⑤安全邮件标准：S/MIME。⑥VPN 协议：IP-Sec（RFC1825-1828）。⑦电子认证平台体系架构：Intel CDSA。

（4）整体的安全解决方案范例（网上银行），如图 9-12 所示。

第一，网上银行安全解决方案说明：①用户经 SSL 连接到银行网站，同时使用数字证书登录。②用户在银行网站进行在线转账或者在线支付，使用表单签名加密和数字时间戳等方式保护和确认操作。③用户指令到达银行内部业务系统，系统采用节点密码机对其进行解密。④银行内部业务系统对用户指令进行处理，同时通过加密链路将指令传送到各相关银行。⑤银行内部业务系统反馈指令处理结果，以安全电子邮件或电子账单（采用文档电子签名与加密）方式传递给用户。⑥用户获得反馈，网上银行业务完毕。

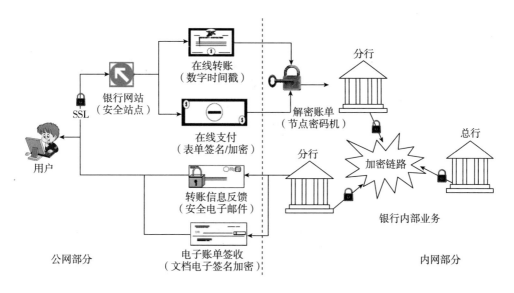

图 9 – 12 网上银行

第二,银行业网络安全建议:①系统要尽量与公网隔离,要有相应的安全连接措施。②为了提供网络安全服务,各相应的环节应根据需要配置可单独评价的加密、数字签名、访问控制、数据完整性安全机制,并有相应的安全管理。③远程客户访问重要的应用服务应严格执行鉴别过程和使用访问控制。④信息传递系统要具有抗侦听、抗截获能力,能对抗传输信息的篡改、删除、插入、重放、选取明文密码破译等主动攻击和被动攻击,保护信息的机密性,保证信息和系统的完整性。⑤涉及保密的信息在传输过程中,在保密装置以外不以明文形式出现。⑥其他需要考虑的安全问题有风险评估、防病毒、入侵检测、内容过滤(邮件、网站)和数据备份与灾难恢复。

思考题

1. 电子商务对安全有哪些需求?
2. 你在网上购物时采用的是哪种身份验证方式?
3. 数字时间戳的作用是什么?
4. 试述数字签名的原理。

第十章
电子商务法律法规

【学习要点及目标】

1. 了解我国电子商务的法律法规。
2. 了解国际电子商务立法情况。
3. 了解电子商务参与各方的法律关系。
4. 掌握电子商务中知识产权、隐私权、消费者权益保护等相关法律问题。

引导案例

一刚上小学二年级的男童，在某购物网站以他父亲李某的身份证号码注册了客户信息，并且订购了一台价值1000元的小型打印机。但是当该网站将货物送到李某家中时，曾经学过一些法律知识的李某却以"其子未满10周岁，是无民事行为能力人"为由，拒绝接收打印机并拒付货款。由此交易双方产生了纠纷。

李某主张，电子商务合同订立在虚拟的世界，但却是在现实社会中得以履行，也应该受现行法律的调控。而依我国现行《民法通则》第十二条第二款和第五十五条的规定，一个不满10周岁的未成年人是无民事行为能力人，不能独立进行民事活动，应该由他的法定代理人代理民事活动。其子刚刚上小学二年级，未满10周岁，不能独立订立货物买卖合同，所以该打印机的网上购销合同无效；其父母作为其法定代理人有权拒付货款。

对此，网站主张：由于该男童是使用其父亲李某的身份证登录注册客户信息的，从网站所掌握的信息来看，与其达成打印机网络购销合同的当事人是一个有完全民事行为能力的正常人，而并不是此男童。由于网站是不可能审查身份证来源的，也就是说网站已经尽到了自己的注意义务，不应当就合同的无效承担民事责任。

（资料来源：http://www.360doc.com/content/19/0202/09/2535528_ 812665232. shtml，经删减整理。）

第一节　电子商务法律概述

一、电子商务的法律问题

电子商务的突出特征是通过互联网实现重要的商业活动。来自世界各个角落的人和企业均可以只要打开一个网站进行搜索和点击，无须谋面和使用笔墨，瞬间即可以完成寻找交易对象、缔结合同、支付等交易行为。这种环境和手段的改变，使在传统交易方式下形成的规则难以完全适用于新环境下的交易，因此，需要有新的法律规范，创造适应电子商务运作的法制环境。这些新问题大致有以下 11 种：

1. 电子商务运作平台建设及其法律地位问题

在电子商务环境下，交易双方的身份信息、产品信息、意思表示（合同内容）、资金信息等均通过交易当事人自己设立的或其他人设立的网站上传递和储存，世界上不特定的人均可借助电脑发出和接受网络上的信息，并通过一定程序与其他人达成交易。在通过中介服务商提供平台进行交易的情形下，服务商的地位和法律责任问题就成为一个复杂的问题。网站与在网站上设立虚拟企业进行交易的人之间、网站与进入站点进行交易的消费者之间是什么法律关系，在网站传输信息不真实、无效或其他情形下引起的损失，网站承担什么责任，受损失的交易相对人如何救济就是电子商务法要解决的问题。

2. 在线交易主体及市场准入问题

在法律世界里，不存在虚拟主体，而电子商务恰恰偏离了法律的要求，出现了虚拟主体。电子商务法要解决的问题是在确保网上交易的主体是真实存在的，且能够使当事人确认它的真实身份。这要依赖工商管理和网上商事主体公示制度加以解决。而主体的管制实质上也是一个市场准入和网上商业的政府管制问题。

在现行法律体制下，任何长期固定地从事营利性事业的人（主体）必须进行登记。而网络具有开放性，电子商务因此也具有开放性，任何人均可以设立网站（主页）或设立在线商店或专卖店销售其生产或经销的商品。这样，哪些主体可以从事在线商务，如何规范在线商务行为等便成为电子商务法研究的问题。

3. 电子合同问题

在传统商业模式下，除即时结清的或数额小的交易无须记录外，一般要签订书面的合同，以免在对方失信不履约时作为证据追究对方的责任。而在在线交易情形下，所有当事人的意思表示均以电子化的形式储存于电脑硬盘或其他电子介质中，而这些记录方式不仅容易被涂擦、删改、复制、遗失等，而且不离开电脑或相关工具不易为人所感知，亦即不能脱离其特定的工具而作为证据存在，所有这些便是电子合同问题。电子合同与传统合同有很大的区别，突出表现在书面形式、电子签名的有效性、电子合同收到与合同成立地点、合同证据等方面的问题。

4. 电子商务中产品交付的特殊问题

在线交易的标的物分两种，一种是有形货物，另一种是信息产品。应当说，有形货物的交付仍然可以沿用传统合同法的基本原理，而对于物流配送中引起的一些特殊问题，也要作一些探讨。而信息产品的交付则具有不同于货物交付的特征，对于产品权利的转移、交付和退货等需要作详细的探讨。

5. 特殊形态的电子商务规范问题

在电子商务领域存在一些特殊的商务形式，如网络广告、网上拍卖、网上证券交易等，这些在传统法律领域受特殊规范的商业形式，转移至网上进行后，如何规范和管制，便是电子商务法必须探讨的问题。

6. 网上电子支付问题

在电子商务交易形式下，支付往往采用汇款或直接付款方式，而典型的电子商务则在网上完成支付。网上支付是通过虚拟银行的电子资金划拨来完成的，而实现这一过程涉及网络银行与网络交易客户之间的协议、网络银行与网站之间的合作协议法律关系以及安全保障问题。因此，需要制定相应的法律，明确电子支付的当事人包括付款人、收款人和银行之间的法律关系，制定相关的电子支付制度，认可电子签名的合法性。同时还应出台对于电子支付数据的伪造、变造、更改、涂销问题的处理办法。

7. 在线不正当竞争与网上无形财产保护问题

网络为企业带来了新的经营环境和经营方式，在这个特殊的经营环境中，同样会产生许多不正当的竞争行为。这些不正当竞争行为有的与传统经济模式下相似，但在网络环境下又会产生一些特殊的不正当竞争行为，这些不正当竞争行为大多与网上新形态的知识产权或无形财产权的保护有关，特别是因为域名、网页、数据库等引起一些传统法律体系中的不正当行为，需要探讨一些新规则。这便是在线不正当竞争行为的规制问题。实际上，保护网上无形财产是维持以一个有序的在线商务运营环境的重要措施。

8. 在线消费者保护问题

电子商务市场的虚拟性和开放性，网上购物的便捷性使消费者保护成为突出的问题，尤其是如何保障网上产品或广告信息的真实性、有效性，以及消费者信赖不实或无效信息发生交易的纠纷问题。特别是在我国商业信用不高的情形下，网上商品良莠不齐，质量难以让消费者信赖，而一旦出现质量问题，修理、退赔或其他方式的救济又很难，成为困扰电子商务发展的问题之一。加上支付手段、物流配送的落后，使方便的购物变得不方便甚至增加成本。寻求在电子商务环境下执行《消费者权益保护法》的方法和途径，制定网上消费者保护的特殊法律条文，既维护了消费者权益也是保障电子商务健康发展的法律制度的组成部分。

9. 网上个人隐私保护问题

计算机和网络技术为人们获取、传递、复制信息提供了方便，加上网络的开放性、互动性，凡是进行在线消费（购物或接受信息服务）均须将个人资料留给商家，而对这些信息的再利用成为网络时代普遍的现象。如何规范商家的利用行为，保护消费者隐私权，就成为一个新问题。这一问题实质上仍然是消费者利益、树立消费者信任的重要组成部分。

10. 网上税收问题

作为一种商业活动，电子商务是应当纳税的，但从促进电子商务发展的角度，在一定时期内实行免税是很有必要的。从网络交易的客观实际来看，由于其逐步发展为全球范围内的交易，因此管理十分困难。每天通过互联网所传递的资料数据相当大，其中某些信息就是商品，如果要监管所有的交易，必须对所有的信息都进行过滤，这在事实上是不可能的。如果按照现有的税法进行征税，必然要涉及税务票据问题，但电子发票的实际运用技术还不成熟，其法律效力尚有较大的争论。

11. 在线交易法律适用和管辖冲突问题

电子商务法只是解决在线交易中的特殊法律问题，在线交易仍然适用传统的法律框架和体系，因此，虽然交易在网络这个特殊的"世界"完成，但它仍然要适用现实的法律。由于互联网超地域性，这对法律的适用和法院管辖提出了难题。因此，对于网络环境引起的法律适用和管辖特殊问题的研究也就成为电子商务法的重要组成部分。

二、电子商务参与各方的法律关系

电子商务存在两种基本的交易流转程式：网络商品直销的流转程式和网络商品中介交易的流转程式。在这些交易过程中，买卖双方、客户与交易中心、客户与银行、客户、交易中心、银行与认证中心都将彼此发生业务关系，从而产生相应的法律关系。

1. 卖方的法律关系

在电子商务条件下，卖方应当承担三项义务：

（1）按照合同的规定提交标的物及单据。提交标的物和单据是电子商务中卖方的一项主要义务。为划清双方的责任，标的物实物交付的时间、地点和方法应当明确肯定。如果合同中对标的物的交付时间、地点和方法未做明确规定的，应按照有关合同法或国际公约的规定办理。

（2）对标的物的权利承担担保义务。与传统的买卖交易相同，卖方仍然应当是标的物的所有人或经营管理人，以保证将标的物的所有权或经营管理权转移给买方。卖方应保障对其所出售的标的物享有合法的权利，承担保障标的物的权力不被第三人追索的义务，以保护买方的权益。如果第三人提出对标的物的权利，并向买方提出收回该物时，卖方有义务证明第三人无权追索，必要时应当参加诉讼，出庭作证。

（3）对标的物的质量承担担保义务。卖方应保证标的物质量符合规定。卖方交付的标的物的质量应符合国家规定的质量标准或双方约定的质量标准，不应存在不符合质量标准的瑕疵，也不应出现与网络广告相悖的情况。卖方在网络上出售有瑕疵的物品，应当向买方说明。卖方隐瞒标的物的瑕疵的，应承担责任。买方明知标的物有瑕疵而购买的卖方对瑕疵不负责任。

2. 买方的法律关系

在电子商务条件下，买方同样应当承担三项义务：

（1）买方应承担按照网络交易规定方式支付价款的义务。由于电子商务的特殊性，网络购买一般没有时间、地点的限制，支付价款通常采用信用卡、智能卡、电子钱包或电子支付等方式，这与传统的支付方式也是有区别的。但在电子交易合同中，采用哪种支付方式应明确肯定。

（2）买方应承担按照合同规定的时间、地点和方式接受标的物的义务。由买方自提标的物的，买方应在卖方通知的时间内到预定的地点提取。由卖方代为托运的，买方应按照承运人通知的期限提取。由卖方运送的，买方应做好接受标的物的准备，及时接受标的物。买方迟延接受时，应负迟延责任。

（3）买方应当承担对标的物验收的义务。买方接受标的物后，应及时进行验收。规定有验收期限的，对表面瑕疵应在规定的期限内提出。发现标的物的表面瑕疵时，应立即通知卖方，瑕疵由卖方负责。买方不及时进行验收，事后又提出表面瑕疵，卖方不负责任。对隐蔽瑕疵和卖方故意隐瞒的瑕疵，买方发现后，应立即通知卖方，追究卖方的责任。

3. 网络交易中心的法律地位

网络交易中心在电子商务中介交易中扮演着介绍、促成和组织者的角色。这一角色决定了交易中心既不是买方的卖方，也不是卖方的买方，而是交易的居间人。它是按照法律的规定、买卖双方委托业务的范围和具体要求进行业务活动的。

网络交易中心的设立，根据《中华人民共和国计算机信息网络国际联网管理暂行规定》第八条，必须具备以下四个条件：

（1）是依法设立的企业法人或者事业法人。

（2）具有相应的计算机信息网络、装备以及相应的技术人员和管理人员。

（3）具有健全的安全保密管理制度和技术保护措施。

（4）符合法律和国务院规定的其他条件。

网络交易中心应当认真负责地执行买卖双方委托的任务，并积极协助双方当事人成交。网络中心在进行介绍、联系活动时要诚实、公正、守信用，不得弄虚作假，招摇撞骗，否则须承担赔偿损失等法律责任。

网络交易中心必须在法律许可的范围内进行活动。网络交易中心经营的业务范围、物品的价格、收费标准等都应严格遵守国家的规定。法律规定禁止流通物不得作为合同标的物。对显然无支付能力的当事人或尚不确知具有合法地位的法人，不得为其进行居间活动。

在国际互联网上从事居间活动的网络交易中心还有一个对口管理的问题。按照《中华人民共和国计算机信息系统安全保护条例》的规定，进行国际联网的计算机信息系统，有计算机信息系统的使用单位报省级以上的人民政府公安机关备案。拟建立接入网络的单位，应当报经互联单位的主管单位或者主管单位审批；办理审批手续时，应当提供其计算机信息网络的性质、应用范围和所需主机地址等资料。联网机构必须申请到经过国务院批准的互联网络的接入许可证，并且持有邮电部门核发的放开电信许可证，才可以面向社会提供网络连入服务。由于网络交易中心提供的服务性质上属于电信增值网络业（Value-added Network），其所提供的服务不是单纯的交易撮合，而是同时提供许多经过特殊处理的信息于网络之上，故而增加了单纯网络传输的价值。所以在业务上，网络交易中心还应接受各级网络管理中心的归口管理。

买卖双方之间各自因违约而产生的违约责任风险应由违约方承担，而不应由网络交易中心承担。因买卖双方的责任而产生的对社会第三人（包括广大消费者）的产品质量责任和其他经济（民事）、行政、刑事责任也概不应由网络交易中心承担。

4. 网络交易客户与虚拟银行间的法律关系

在电子商务中，银行也变为虚拟银行。网络交易客户与虚拟银行的关系变得十分密切。除少数邮局汇款外，大多数交易要通过虚拟银行的电子资金划拨来完成的。电子资金的划拨依据的是虚拟银行与网络交易客户所订立的协议。这种协议属于标准合同，通常是由虚拟银行起草并作为开立账户的条件递交给网络交易客户的。所以，网络交易客户与虚拟银行之间的关系仍然是以合同为基础的。

在电子商务中，虚拟银行同时扮演发送银行和接收银行的角色。其基本义务是依照客户的指示，准确、及时地完成电子资金划拨。作为发送银行，在整个资金划拨的传送链中，承担着如约执行资金划拨指示的责任。一旦资金划拨失误或失败，发送银行应向客户进行赔付，除非在免责范围内。如果能够查出是哪个环节的过失，则由过失单位向发送银行进行赔付，如不能查出差错的来源，则整个划拨系统分担损失。作为接收银行，其法律地位似乎较为模糊。一方面，接收银行与其客户的合同要求它妥当地接收所划拨来的资金，也就是说，它一接到发送银行传送来的资金划拨指示便应立即履行其义务。如有延误或失误，则应依接收银行自身与客户的合同处理。另一方面，资金划拨中发送银行与接收银行一般都是某一电子资金划拨系统的成员，相互负有合同义务，如果接收银行未能妥当执行资金划拨指示，则应同时对发送银行和受让人负责。

在实践中，电子资金划拨中常常出现因过失或欺诈而致使资金划拨失误或迟延的现象。如系过失，自然适用于过错归责原则。如系欺诈所致，且虚拟银行安全程序在电子商务上是合理可靠的，则名义发送人需对支付命令承担责任。

银行承担责任的形式通常有三种：

（1）返回资金，支付利息。如果资金划拨未能及时完成，或者到位资金未能及时通知网络交易客户，虚拟银行有义务返还客户资金，并支付从原定支付日到返还当日的利息。

（2）补足差额，偿还余额。如果接收银行到位的资金金额小于支付指示所载数量，则接收银行有义务补足差额；如果接收银行到位的资金金额大于支付指示所载数量，则接收银行有权依照法律提供的其他方式从收益人处得到偿还。

（3）偿还汇率波动导致的损失。对于在国际贸易中，由于虚拟银行的失误造成的汇率损失，网络交易客户有权就此向虚拟银行提出索赔，而且可以在本应进行汇兑之日和实际汇兑之日之间选择对自己有利的汇率。

5. 认证机构在电子商务中的法律地位

认证中心扮演着一个买卖双方签约、履约的监督管理的角色，买卖双方有义务接受认证中心的监督管理。在整个电子商务交易过程中，包括电子支付过程中，认证机构都有不可替代的地位和作用。

在网络交易的撮合过程中，认证机构（Certificate Authority，CA）是提供身份验证的第三方机构，由一个或多个用户信任的、具有权威性质的组织实体。它不但要对进行网络交易的买卖双方负责，还要对整个电子商务的交易秩序负责。因此，这是一个十分重要的机构，往往带有半官方的性质。

电子商务认证机构的法律地位，现行的法律中尚无涉及。许多部门都想设立这样一个机构，毕竟，这样一个机构对于买卖双方来说都是非常重要的。例如，工商行政管理部门是一个综合性的经济管理部门，在日常管理工作中所直接掌握的各类企业和个体工商户的登记档案及商标注册信息、交易行为信息、合同仲裁、动产抵押、案件查处、广告经营、消费者权益保护等信息，可以从多个方面反映电子商务参与者的信用情况。工商行政管理部门拥有全国最权威的经济主体数据库、覆盖面最广的市场信息数据库、最准确的商标数据库、最广泛的消费者保护网络。依靠这些数据库，可以很好地完成电子商务认证机构的各项任务。因此可以在工商部门设立一个认证中心。

第二节　电子商务中的权益保护

电子商务的发展要求建立清晰的、有效的网上知识产权保护体系，解决网上著作权、专利权、商标权和域名的保护问题，制止盗版行为。同时，给予消费者包括隐私权、知情权等的充分保护，避免电子商务的高速发展给消费者带来的损害。针对电子商务中出现的新的财产类型，也需要相关法律进行规制。

一、知识产权保护

1. 版权领域

计算机技术、网络技术和电子商务的发展，对版权保护提出了新的要求，如计算机程序、数据库、多媒体作品等的保护；数字化产品的暂时复制、网络传输应如何对待；网上版权、复制权的管理等。

（1）计算机软件的版权保护。1972年，菲律宾在版权法中，首先把"计算机程序"列为"文学艺术作品"中的一项，纳入版权管理范围。美国于1980年、匈牙利于1983年、澳大利亚和印度于1984年先后把计算机程序或软件列为版权法的保护客体。1985年之后，日本、法国、英国、德国、智利、多米尼加、新加坡等国以及我国台湾和香港地区，先后把计算机软件列入版权保护范围之内。1990年我国《著作权法》将计算机软件作为作品来加以保护，并制定了《计算机软件保护条例》和《计算机软件登记办法》。

（2）数据库的版权保护。根据《保护文学艺术作品伯尔尼公约》《世界知识产权组织版权条约》和世界贸易组织的《与贸易有关的知识产权协议》的有关规定，数据库应当纳入版权法的保护范围中，并对数据库提供版权保护以外的特别权利保护。1966年3月，欧盟通过欧洲议会与欧盟理事会《关于数据库法律保护的指令》，强化对数据库作为知识产权的保护。

（3）多媒体的版权保护。多媒体（Multi-media）是多种媒体的综合，一般包括文本、声音和图像等多种媒体形式。多媒体作品可以归属为计算机程序、视听作品或汇编作品等不同类别。

第一，多媒体的版权归属权。首先，多媒体制作者对自己所有的材料享有版权；其次，通过委托合同、转让合同和使用合同从他人那里获得的材料，享有合同所规定的版权权利；最后，对于公共领域的材料，人人可以自由利用，制作网页时可以对这类材料加以利用而不用征求任何人的同意。

第二，复制权。美国1995年9月制定的《知识产权和国家信息基础设施法案》和欧盟的《1991年计算机程序指令》和《1996年数据库指令》，都将暂时复制权规定在权利人的专有权之中。世界知识产权组织1996年通过《世界知识产权组织版权条约》和《世界知识产权组织表演和唱片条约》时，暂时复制权是争论的焦点之一。认定发行权属于向公众提供复制的专有权，发行就是经过权利人许可向公众提供复制件的行为。复制和传输权要保护作者的精神权利，如署名权利保护作品完整权，承认作者的智力劳动，防止轻易改变他人作品，并且广泛传播，保证社会公众从网络上获得真实可靠的信息资料。

2. 专利权领域

电子商务专利权领域的问题主要就是电子商务软件的专利权问题，以及商业方法和软件技术的可专利性问题。

多年来，计算机软件的最佳保护方式是版权。但是，软件的核心在于它的算法模型、组织结构和处理流程等设计构思，这是开发者所特有的创造性设计和技术构思。这种构思可以脱离计算机语言而独立存在。显然版权法不可能把这种设计构思纳入其调整的范围。如果有人掌握了软件的技术构思，编写具有同样功能的程序代码就不是难事，当这些程序代码以一种新的载体出现时，版权法就无能为力了。软件权利人不仅要求保护软件作品不被他人擅自复制、传播，而且希望软件的创造性设计构思不被他人擅自使用。因此，只有依靠专利法等法律的保护。20世纪80年代后期，美国的法庭采用判例的形式确认了计算机软件的专利保护方式，从而掀起了计算机软件保护新的历史篇章，日本和欧盟及其成员国也相继引进软件专利保护制度。我国国家知识产权局编的《商业方法相关发明专利申请的审查指南》，也给出严格的审查标准。

3. 商标领域

各国商标法规定可受保护的商标标识为"文字、图案或其组合"，而互联网上商标权保护面临的挑战之一就是网络域名与商标的冲突，另一个主要的挑战就是网络主页上的商标侵权行为。这主要包括将他人商标当作自己网页上的图标或者将他人注册商标设计为自己网页的一部分，以及在自己网页上将他人注册商标用作链接标志足以误导网络用户两种情形。这势必会损害商标权人的利益。

4. 域名领域

知识产权在域名领域存在如下问题：

（1）域名的唯一性与商标的相对不唯一性：造成同一商标的两个合法拥有者都试图以其商标做域名；造成多个商标文字可能与同一域名发生冲突。

（2）域名注册的不审查政策：造成域名与他人商标出现相同或近似的情形；出现专营抢注、囤积域名，然后转卖给商标权人。

二、隐私权保护

1. 隐私权

隐私权是指自然人享有的私人生活安宁与私人信息秘密依法受到保护，不被他人非法侵扰、知悉、收集、利用和公开的一种人格权，而且权利主体对他人在何种程度上可以介入自己的私生活，对自己的隐私是否向他人公开以及公开的人群范围和程度等具有决定权。隐私权是一种基本的人格权利。

网络隐私权是隐私权在网络中的延伸，是指自然人在网上享有私人生活安宁、私人信息、私人空间和私人活动依法受到保护，不被他人非法侵犯、知悉、收集、复制、利用和公开的一种人格权；也指禁止在网上泄露某些个人相关的敏感信息，包括事实、图像以及诽谤的意见等。

2. 网络环境下隐私权的主要内容

（1）知情权。知情权作为网络隐私权的基础性权利，公众有权对于有关网站收集、传播与己相关的隐私信息以及对于隐私信息的保护措施等方面进行详细了解，如果公众不能全面、及时地了解隐私信息在网络上的动态，就无法对隐私权进行及时有效的保护。

（2）选择权。隐私是否公开、如何公开以及公开程度等由权利人自行决定，同时他人是否可以收集以及使用隐私信息也由权利主体自行决定。但是，在现实生活中，大多数网站剥夺了用户的选择权，一旦用户不同意网站获取相关信息，用户则无法正常使用该网站。

（3）修改删除权。权利主体在遵守相关规定的基础上有权对网站中不真实、不正确等信息进行修改、补充等；同时，权利主体出于保护自身隐私信息安全或者出现其他约定的事项等，有权要求网站删除与自己相关的隐私信息。

（4）合理利用权。合理利用是指对公民的隐私信息进行合理利用必须严格遵守法律法规的相关规定以及社会公德。权利人对于自己隐私信息的合理利用涵盖了自己合理利用和允许他人合理利用，也就是权利人在不违法的前提下自行决定个人隐私信息的使用范围，他人对权利人隐私信息的使用也需要严格限制在权利人规定的范围内。

（5）安全保护请求权。当权利被不法侵害时，合理的救济方式是权利人维护自身权益的有力武器，是法律层面上对权利人权益的充分保护。网络隐私权主体有权要求相关网站对自己的隐私信息进行保护，以防止出现恶意篡改、恶意利用等情况的发生。

（6）赔偿请求权。当发生网络隐私权侵权问题时，隐私权主体有权依照法定程序通过诉讼等途径来请求侵权人承担相应的责任，对于造成损失的，网络隐私权主体有权要求其赔偿损失。赔偿请求权是维护网络隐私权安全的一项重要权能。

3. 隐私权保护的现状

美国在隐私权保护方面走在了世界的前列。1974年，美国正式制定《隐私权法》，这部法律可视为美国隐私保护的基本法，它规定了美国联邦政府机构收集和使用个人资料的权限范围，并规定不得在未经当事人同意的情况下使用任何有关当事人的资料。1982年，美国制定了《金融隐私知悉法》，进一步对金融机构的数据信息涉及客户隐私权的保护加以规定，使法律更加具有针对性。1986年，美国制定的《联邦电子通信隐私权法案》则针对通过计算机网络传送的消息，包括多种信息的隐私权进行保护。

我国关于隐私权的保护尚无全国性的立法，对隐私权的保护散见于各法规当中，没有形成完整、严密的法律保护体系。2013 年 10 月 25 日通过的《中华人民共和国消费者权益保护法》中规定了保护消费者个人信息的原则，第二十九条规定：经营者收集、使用消费者个人信息，应当遵循合法、正当、必要的原则，明示收集、使用信息的目的、方式和范围，并经消费者同意。经营者收集、使用消费者个人信息，应当公开其收集、使用规则，不得违反法律法规的规定和双方的约定收集、使用信息。经营者及其工作人员对收集的消费者个人信息必须严格保密，不得泄露、出售或者非法向他人提供。经营者应当采取技术措施和其他必要措施，确保信息安全，防止消费者个人信息泄露、丢失。在发生或者可能发生信息泄露、丢失的情况时，应当立即采取补救措施。经营者未经消费者同意或者请求，或者消费者明确表示拒绝的，不得向其发送商业性信息。

三、网上消费者权益保护

消费者权益是指消费者依法享有的权利及该权利受到保护时而给消费者带来的应得利益。消费者权益包括两个方面：消费者权利和消费者利益，其核心是消费者的权利。

我国网上消费者权益保护的原则体现在以下四个方面：

1. 消费者有信息知情权

我国《消费者权益保护法》第二十八条规定：采用网络、电视、电话、邮购等方式提供商品或者服务的经营者，以及提供证券、保险、银行等金融服务的经营者，应当向消费者提供经营地址、联系方式、商品或者服务的数量和质量、价款或者费用、履行期限和方式、安全注意事项和风险警示、售后服务、民事责任等信息。

消费者知情权的实施是与传统购物方式中的看货、演示、试用、交易、送货等一系列环节配套的，而这些环节在电子商务中往往变成了虚拟方式，消费者与供应者不见面，通过互联网广告了解商品信息，通过网络远距离订货及电子银行结算，由配送机构送货上门。在这样的情况下，经营者必须以较多方式使消费者获得充分、真实的商品信息，保证消费者的知情权的实现。

2. 消费者安全使用产品的权利

我国《消费者权益保护法》第七条规定：消费者在购买、使用商品和接受服务时享有人身、财产安全不受损害的权利。消费者有权要求经营者提供的商品和服务，符合保障人身、财产安全的要求。如果商家出售的商品给消费者造成人身或财产损害，商家要承担法律规定的责任。

3. 消费者退换货的权利

我国《消费者权益保护法》第二十五条规定：经营者采用网络、电视、电话、邮购等方式销售商品，消费者有权自收到商品之日起七日内退货，且无须说明理由，但下列商品除外：①消费者定作的；②鲜活易腐的；③在线下载或者消费者拆封的音像制品、计算机软件等数字化商品；④交付的报纸、期刊。除前款所列商品外，其他根据商品性质并经消费者在购买时确认不宜退货的商品，不适用无理由退货。消费者退货的商品应当完好。经营者应当自收到退回商品之日起七日内返还消费者支付的商品价款。退回商品的运费由消费者承担；经营者和消费者另有约定的，按照约定。

消费者在网购时难以见到实物，很难辨别产品真假。消费者和商家的信息不对称，因为商家可能隐瞒了商品的负面信息，但由于无法直接接触商品，消费者可能被蒙在鼓里遭受损失，对消费者权益保护不利，而"七日内无理由退货"能弥补这一缺陷，促进买卖双方的地位平等。但是在实践中对于家电等大件商品，其物流、安装等流程更为复杂，退换货的成本也更高，退换货执行起来有待考证。

4. 网络交易平台提供者的责任问题

我国《消费者权益保护法》第四十四条规定：消费者通过网络交易平台购买商品或者接受服务，其合法权益受到损害的，可以向销售者或者服务者要求赔偿。网络交易平台提供者不能提供销售者或者服务者的真实名称、地址和有效联系方式的，消费者也可以向网络交易平台提供者要求赔偿；网络交易平台提供者作出更有利于消费者的承诺的，应当履行承诺。网络交易平台提供者赔偿后，有权向销售者或者服务者追偿。网络交易平台提供者明知或者应知销售者或者服务者利用其平台侵害消费者合法权益，未采取必要措施的，依法与该销售者或者服务者承担连带责任。

网上购物方式不同于普通的购物，对于商家是否具有经营资质、信誉等情况，买家无从查证，这就需要网络平台加强审查和监管。但是，由于卖家众多，网购平台只是提供一个交易平台，买卖自由，双方自愿，要求网购平台进行直接监管也是不现实的。为此，此次修改后的《消费者权益保护法》对网购平台的责任进行了清晰定位，即网购平台不能提供销售者或者服务者的真实名称、地址和有效联系方式的，承担先行赔偿责任；且对于销售者或服务者利用其平台侵害消费者合法权益的行为具有主观过错，未采取必要措施的，依法与销售者或服务者承担连带责任。

四、虚拟财产的保护

1. 虚拟财产的定义

虚拟财产是指在互联网空间存在的非物化、数字化的一种财产形式。虚拟财产包括网络游戏账号、游戏货币、游戏账号拥有的各种装备以及网民的电子邮件、账号密码等一系列信息类产品。

2. 网络虚拟财产种类

随着互联网的发展，不断有更多的网络虚拟财产被创造出来。网络虚拟财产的范围处在一个不断扩张的动态过程中，十多年前的网络虚拟财产大多与网络游戏相关，但现今的网络虚拟财产除了存在于网络游戏之中，也广泛存在于电子商务平台、网络社区等网络平台中。一般认为，目前的网络虚拟财产可以分为三种类型：其一是自然人在网络上所拥有的个人账号信息，包括电子邮件、聊天工具、网络论坛等相关的账号信息；其二是涉及金钱的虚拟货币，如游戏装备、QQ 币、QQ 秀、宠物、网店等相关的虚拟财产；其三是自然人在网络上所产生的与知识产权相关的个人财产，如微博、照片、QQ 号、微信号、电子邮箱、音频、视频等数字资源作品。

3. 各国对虚拟财产的保护情况

美国明确规定了虚拟财产的遗产继承权，将虚拟财产纳入了遗嘱执行范围中。德国的虚拟财产是按照普通继承财产统一管理的，在认证有金钱价值时，死者死后 10 年内，其虚拟财产的财产权受到法律保护。韩国直接将虚拟财产认定为财产，属于物权法上的"物"，具有物的属性。

我国目前没有明确把虚拟财产列为财产的法定类型。司法实践中对于虚拟财产，法院的态度比较明确，判决支持虚拟财产属于财产，但没有明确法律依据，只能依靠当事人的合同可交易平台规定解决。

第三节　电子商务立法

一、国际电子商务立法情况

20 世纪 80 年代初，计算机和网络技术快速发展，同时带来了电子商务的萌芽和发展。一些国家和跨国公司开始大量使用计算机和网络处理数据，由此引发了一系列的法律问题，从而对网络和电子商务领域的立法有了更迫切的需要。

1. 国际组织的电子商务立法

在各种国际组织中，对电子商务进行立法的主要有联合国、世界贸易组织、国际商会、经济合作与发展组织和欧盟等。国际组织中最早开始关注和研究电子商务立法的是联合国。1996 年 12 月在联合国大会上通过《电子商务示范法》，该法旨在为各国电子商务立法提供基本框架和示范文本，为解决电子商务中出现的法律问题奠定了基础，促进了全球电子商务的发展。1999 年 9 月，联合国电子商务工作组制定了《电子签名统一规则》，2001 年又审议通过了《电子签名示范法》。

世界贸易组织主要是在 1997 年围绕信息技术先后达成了《全球基础电信协议》《信息技术协议》和《开放全球金融服务市场协议》三大协议，为全球电子商务的稳步发展扫清了不少障碍。国际商会 1997 年 11 月发布的《国际数字化安全商务应用指南》和 1998 年 10 月发布的《银行间支付规则草案》，进一步规范和促进了电子商务立法的发展。经济合作与发展组织 1998 年 10 月发布了《OECD 电子商务行动计划》《有关国际组织和地区组织的报告：电子商务活动和计划》和《工商界全球商务行动计划》三个文件，也在电子商务立法的发展中走出了坚实的一步。欧盟发布的和电子商务相关的法律法规主要有 1997 年的《欧洲电子商务行动方案》、1998 年的《关于信息社会服务的透明机制的指令》《欧盟电子签名法律框架之年》和《欧盟隐私保护指令》、1999 年欧盟制定了《数字签名统一规则草案》和《欧盟电子签名统一框架指令》等，这些法律为欧盟及世界的电子商务立法提供了强有力的保障。

2. 美国的电子商务立法

美国作为全球最发达的经济第一大国，其电子商务也最为发达，电子商务的立法也相对健全。美国出台了一系列的法律和文件，在不同的角度和程度上相互关联，从而在整体上构成了电子商务的法律基础和框架。其中包括以信息为主要内容的《电子信息自由法案》《个人隐私保护法》《公共信息准则》等；以基础设施为主要内容的《1996 年电信法》；以计算机安全为主要内容的《计算机保护法》《网上电子安全法案》等；以商务实践为主要内容的《统一电子交易法》和《国际国内电子签名法》；还有属于政策性文件的《国家信息基础设施行动议程》与《全球电子商务政策框架》等。2000 年 10 月 1 日，《全球电子签名法与国内贸易法案》正式在美国生效。美国作为联邦制国家，拥有二级立法体系，到 20 世纪末，美国已有 44 个州分别制定了与电子商务有关的法律。其中《国际与国内电子商务签章法》所要解决一些原则性和协调性的问题。

3. 其他国家（地区）的电子商务立法

继美国 1995 年颁布《数字签名法》，开创世界电子商务立法的先河之后，其他世界各国（地区）为了发展自身的电子商务，也纷纷开始了电子商务立法工作。1997 年，马来西亚制定的《数字签名法》，成为亚洲最早的电子商务法。1998 年新加坡为了推动本国电子商务的发展，颁布了一部有关电子商务的综合性法律文件，即《电子交易法》。1999 年，韩国制定了《电子商务基本法》。2000 年，日本制定了《数字化日本之发展行动纲领》，印度制定了《电子签名和电子交易法》。2001 年，日本制定了《电子签名与认证服务法》。这些国家（地区）相关电子商务的立法，极大地推动了全球电子商务的迅速发展。

二、国内电子商务立法现状

21 世纪的竞争是高新技术的竞争，发展电子商务已经成为国家生存发展的重要战略机遇。然而，我国电子商务立法的开展却比较晚，前期立法主要是行政法规和部门规章，以及发达地区的地方性法规。主要有《电信管理条例》《商用密码管理条例》《互联网信息服务管理办法》《网上证券委托暂行管理办法》和《网上银行业务管理暂行办法》等。这些法律法规只是对电子商务中的基础问题做了规定，而对电子商务的核心问题却基本没有涉及或涉及很少。目前来看，我国电子商务立法主要由《中华人民共和国电子签名法》《电子认证服务管理办法》和《国务院办公厅关于加快电子商务发展的若干意见》三部法律法规集中体现。

《中华人民共和国电子签名法》于 2004 年 8 月 28 日十届全国人大常委会一次会议表决通过，并于 2005 年 4 月 1 日起实施。该法的通过，标志着我国第一部真正意义上的信息化法律的诞生；该法的实施，已经对我国电子商务的发展起到了至关重要的推动作用。该法经过三年的艰难编撰才得以面世，全文 4500 字左右，共有 5 章 36 条内容，主要包括总则、数据电文、电子签名与认证、法律责任和附则。该法最终在我国信息化战略的指引下出台，可以说是电子商务业内人士期待已久的举措，也受到了政府部门和相关企业的高度关注。该法奠定了我国电子商务立法的坚实基础，为我国进一步开展商务方面的各种立法铺平了道路，也为我国电子商务的发展提供了强大的动力。

《电子认证服务管理办法》是为了强有力配合《中华人民共和国电子签名法》的有效实施，由我国信息产业部 2005 年 1 月 28 日第十二次部务会议审议通过，并于 2005 年 4 月 1 日起实施的一部电子商务部门规章。该办法虽然只是一部部门规章，但是因为它是由国家法律特别授权进行制定的，并且与《中华人民共和国电子签名法》同步配套实施，就使其有别于一般的部门规章，使其具有极其重要的法律效力和特殊作用。该办法以电子认证服务机构为主线，围绕电子服务行为规范等方面的具体内容作出了比较具体的规定，而其他的电子商务问题暂时还没有涉及，主要的目的在于尽快出台，从而保证《中华人民共和国电子签名法》的顺利实施。

《国务院办公厅关于加快电子商务发展的若干意见》是 2005 年 1 月 8 日颁布的我国第一个专门指导电子商务发展的政策性文件。该意见用政策性的文件形式解释了国家政府对我国电子商务发展的重要意见，确定了我国电子商务发展的指导思想和基本原则，提出了我国促进电子商务发展的重大举措。具体来说，该意见的颁布结束了我国电子商务发展长期以来缺乏明确指引的现状，在我国电子商务立法的历史上具有非常重要的现实意义。该意见的颁布实施必将极大地推动我国电子商务及其立法的迅速发展，为国际电子商务的进一步发展做出贡献。

2012 年 6 月，国家工商总局牵头发起《网络商品交易及服务监管条例》的立法工作全面启动，并已被列入国务院"二类立法"计划。这说明我国首部电子商务监管立法已进入制定阶段。

2013 年 12 月 27 日，全国人大财经委在人民大会堂召开电子商务法起草组成立暨第一次全体会议，正式启动电子商务立法工作。这标志着我国正式开启对电子商务进行专门立法活动，将改变当前指导电子商务发展主要依靠部门规章的局面。同时梳理、修改、补充现有法律法规，使它们能更好地保障电子商务持续健康发展。

2018 年 8 月 31 日，第十三届全国人大常委会第五次会议表决通过了《中华人民共和国电子商务法》，并定于 2019 年 1 月 1 日正式实施。它是我国电子商务领域的首部综合性法律立法，从 2013 年年底启动，经历三次公开征求意见、四次审议及修改、历时近五年，受到社会各界高度关注。从此，我国的电子商务领域有了专门的法律规范和法律依据，电商行业不再是法外之境，网络监管也将成为市场监管的重要组成部分。

第四节　电子商务交易的法律规范

一、电子交易合同规范

1. 电子合同

电子合同是平等主体的自然人、法人、其他组织之间以数据电文为载体，使用电子签名，并利用电子通信设立、变更、终止民事权利义务关系的协议。通过上述定义可以看出电子合同是以电子的方式订立的合同，其主要是指在网络条件下当事人为了实现一定的目的，通过数据电文、电子邮件等形式签订的明确双方权利义务关系的一种电子协议。

2. 电子合同与传统合同的区别

在电子商务中，合同的意义和作用没有发生改变，但其形式却发生了极大的变化。

（1）合同订立的环境不同。传统合同的订立发生在现实世界里，交易双方可以面对面进行协商；而电子合同的订立发生在虚拟空间中，交易双方一般互不见面，甚至不能确定交易相对人，交易双方的身份仅依靠密码的辨认或认证机构的认证。

（2）合同订立的各环节发生了变化。在网络环境下，要约与承诺的发出和收到的时间较传统合同复杂，合同成立和生效的构成条件也有所不同。

（3）合同的形式发生了变化。电子合同所载信息是数据电文，不存在原件与复印件的区别，无法用传统的方式进行签名和盖章。

（4）合同当事人的权利和义务也有所不同。在电子合同中，既存在由合同内容所决定的实体权利义务关系，又存在由特殊合同形式产生的形式上的权利义务关系，如数字签名法律关系。在实体权利义务法律关系中，某些在传统合同中不很重视的权利义务在电子合同里显得十分重要，如信息披露义务、保护隐私权义务等。

（5）电子合同的履行和支付较传统合同复杂。对合同履行产生影响的主要是电子支付方式采用后引起的一些变化，在信息产品交易中，订约、交付和支付都可能在网上完成，会对合同履行产生重大影响。履行涉及的问题主要是：①履行中的救济措施；②在信息产品交易中的电子自助权利的行使问题；③风险责任的界定；④电子支付中的法律问题等。

（6）电子合同形式上的变化对与合同密切相关的法律产生了重大影响，如知识产权法、证据法。电子合同形式的变化，给世界各国都带来了一系列法律新问题。电子商务作为一种新的贸易形式，与现存的合同法发生矛盾是非常容易理解的事情。但对于法律法规来说，就有一个怎样修改并发展现存合同法，以适应电子商务这种新的贸易形式的问题。

虽然在形式上两者存在本质的区别，但两者的效力是一样的，都对人们有一定的限制规范的作用。

3. 数据电文的法律效力

证据是用以证明某一事物存在与否或某一主张成立与否的有关事实材料。在诉讼法中，证据是指证明案件真实情况的一切事实。

电子证据可定义为以电子形式存在的、能够证明案件真实情况的一切材料及其派生物。所谓电子形式，依照印度《1999 年信息技术法》第二条第一款第十八项的规定，可将其概括为"由介质、磁性物、光学设备、计算机内存或类似设备生成、发送、接收、存储的任一信息的存在形式"。

我国《合同法》已将传统的书面合同形式扩大到数据电文形式。该法第十一条规定："书面形式是指合同书、信件以及数据电文（包括电报、电传、传真、电子数据交换和电子邮件）等可以有形地表现所载内容的形式。"这实际上已赋予了电子合同与传统合同同等的法律效力。

4. 电子合同的订立

（1）要约与承诺。订立合同一般要经过要约和承诺两个步骤，因此要约的确定具有重要法律意义。要约是希望和他人订立合同的意思表示，该意思表示应当符合两个条件：一是内容具体明确；二是要表明经受约人承诺，要约人即受该意思表示的约束。

（2）电子合同的承诺。所谓承诺是指受要约人同意要约的全部条件以缔结合同的意思表示，承诺的法律效力在于一经承诺并送达于要约人，合同即告成立。承诺应具备的条件：一是承诺应由受要约人做出。二是承诺必须在合理期限内做出，或要约规定了承诺期限，则应在规定期限内做出，若未规定期限，应在合同期限内做出。《合同法》第三十条规定，承诺的内容应当与要约的内容一致，承诺应符合要约规定的方式。

电子合同的承诺也应符合上述规定，由于网络的虚拟性，确定承诺的生效就成为判断电子合同非常重要的问题。

（3）电子合同的成立时间与成立地点。

第一，关于数据电文形式的承诺生效时间。在 EDI 合同中，当事人用电子数据发出电文即为要约，对方当事人用电子数据发出电文即为承诺。一般来说，承诺的生效时间为合同的成立时间。关于承诺的生效时间，有两种不同的做法，其一是中国和一些国际习惯所采用的到达主义。其二是英美等国所采纳的发信主义和送信主义。考虑到 EDI 方式交换双方当事人之间的意思表示的做出，实际上与对话者之间的对话一样瞬间到达，是以承诺的意思表示在发送和到达之间有一定的时间间隔为前提。因此，交易中的承诺生效问题不应采取送信主义，而应当采取到达主义。为了确保电子合同的收到与发出时间的准确，法律应当规定，提供服务器的网络服务，应当定期检查，调校服务器系统的设置和时间，并在一定时间内保存记录，以备查询。

第二，关于数据电文的发出与收到地点。联合国《电子商务示范》第十五条第四款规定："除非发端人与收件人另有协议，数据电文以发端人设有的营业地点视其为发出点，而以收件人设有营业地的地点视为其收到地点。如发端人或收件人有一个以上的工作地点，应以对基础交易具有密切联系的营业地为准；如无任何基础交易，则以主要的营业地为准；如发端人或收件人没有营业地，则以其惯常居住地为准。"因此，数据电文的发出与收到地点应以上述规定为准。

（4）意思表示的撤回与撤销。意思表示的撤回是指在意思表示到达对方之前或与之同时到达时，表意人向其发出通知，以否认前一意思表示效力的行为。在合同法中，意思表示的撤回包括要约的撤回和承诺的撤回。我国《合同法》第十七条规定："要约可以撤回。"撤回要约的通知应当在要约到达受要约人之前或要约同时到达受要约人。《合同法》第二十七条规定："承诺可以撤回。"撤回承诺的通知应当在承诺到达要约人之前或承诺同时到达要约人。

意思表示的撤销，是指意思表示到达对方之后，对方做出答复之前，表意人又向其发出通知以否认前一意思表示效力的行为。在合同法中，仅指要约的撤销；承诺没有撤销的问题，因为承诺根本不存在要求对方给予答复的问题。对于要约的撤销，大多数国家原则上是允许的，但一般也规定要约不可以撤销的条件。

在电子商务环境中，意思表示的撤回与撤销是一个复杂的问题。由于意思表示的撤回与撤销是不同的。因此，在电子商务中，应根据不同的电子传递方式做出较为灵活的规定，以适应电子商务发展的需要。

二、电子签名与电子认证

1. 电子签名的概念

《中华人民共和国电子签名法》第二条规定：电子签名是指数据电文中以电子形式所

含、所附用于识别签名人身份并表明签名人认可其中内容的数据。

2. 电子签名的法律效力

《中华人民共和国电子签名法》第十三条规定，电子签名同时符合以下条件的，视为可靠的电子签名：

（1）电子签名制作数据用于电子签名时，属于电子签名人专有；

（2）签署时电子签名制作数据仅由电子签名人控制；

（3）签署后对电子签名的任何改动能够被发现；

（4）签署后对数据电文内容和形式的任何改动能够被发现。当事人也可以选择使用符合其约定的可靠条件的电子签名。

我国《电子签名法》第十三条提出了认定可靠电子签名的四个基本条件，且四个条件需要同时满足。

我国《电子签名法》第十四条规定："可靠的电子签名与手写签名或者盖章具有同等的法律效力。"这是《电子签名法》的核心，确立了可靠的电子签名的法律效力。当一个电子签名被认定是可靠的电子签名时，该电子签名就与手写签名或者盖章具有了同等的法律效力。

我国《电子签名法》第十五条规定："行政机关在行政执法和查办案件过程中收集的电子数据等证据材料，在刑事诉讼中可以作为证据使用。"

由上可见，只要满足法律法规规定的电子签名形式，这样的电子签名便是合法、有效的。我们在签订相关合同的时候，一定要对电子签名的法律规范有所了解，只有这样才能更好地实现订立合同的目的。

3. 电子签名的适用前提

鉴于电子签名的推广需要有一个过程，我国《电子签名法》没有规定在民事活动中的合同或其他文件、单证等文书中必须使用电子签名，而是规定当事人可以约定使用或不使用电子签名、数据电文。但明确规定当约定使用电子签名、数据电文的文书后，当事人不得仅因为其采用电子签名、数据电文的形式而否定其法律效力。

《电子签名法》设定的适用范围有一定的前瞻性和包容性，即主要适用于商务活动，但又不限于商务活动，原则上涵盖使用电子签名的所有实际场合。

4. 适用范围

我国《电子签名法》第三条规定："民事活动中的合同或者其他文件、单证等文书，当事人可以约定使用或者不使用电子签名、数据电文。"

当事人约定使用电子签名、数据电文的文书，不得仅因为其采用电子签名、数据电文的形式而否定其法律效力。

前款规定不适用下列文书：

（1）涉及婚姻、收养、继承等人身关系的。

（2）涉及土地、房屋等不动产权益转让的。

（3）涉及停止供水、供热、供气、供电等公用事业服务的。

（4）法律、行政法规规定的不适用电子文书的其他情形。

在我国，婚姻、收养、继承在人们生活中发生频率较低，土地、房屋等不动产在人民整体收入中所占比例较大，而停水、停热、停气、停电等公用事业服务需要更明确的通知，所以《电子签名法》对此做出了限制。

5. 电子认证

电子认证是指国务院主管部门授权的机构对电子签名及其签名人的真实性进行验证的具有法律意义的服务。电子认证与电子签名都是电子商务安全保障机制的重要组成部分。电子签名主要是通过技术手段保障电子交易中数据电文的内容安全，而电子认证提供的则是对交易当事人身份确认的信用服务。我国关于电子认证的管理规定主要体现在《电子认证服务管理规定》和《电子签名法》之中。

三、电子支付法律规范

电子支付是指消费者、商家和金融机构之间使用安全电子手段把支付信息通过信息网络安全地传送到银行或相应的处理机构，用来实现货币支付或资金流转的行为。电子支付和电子商务密不可分，它构成了整个电子商务活动中心最核心、最关键的环节，是交易双方实现各自交易目的的重要步骤，也是电子商务得以进行的基础条件。

1. 电子支付的支付类型

电子支付的业务类型按电子支付指令发起方式分为网上支付、电话支付、移动支付、销售点终端交易、自动柜员机交易和其他电子支付。下面举例进行说明。

（1）网上支付。网上支付是电子支付的一种形式。广义地讲，网上支付是以互联网为基础，利用银行所支持的某种数字金融工具，发生在购买者和销售者之间的金融交换，而实现从买者到金融机构、商家之间的在线货币支付、现金流转、资金清算、查询统计等过程，由此电子商务服务和其他服务提供金融支持。

（2）电话支付。电话支付是电子支付的一种线下实现形式，是指消费者使用电话（固定电话、手机、小灵通）或其他类似电话的终端设备，通过银行系统就能从个人银行账户里直接完成付款的方式。

（3）移动支付。移动支付是使用移动设备通过无线方式完成支付行为的一种新型的支付方式。移动支付所使用的移动终端可以是手机、PDA、移动 PC 等。

2. 电子支付与传统支付的区别

与传统支付结算时普遍采用的"三票一卡"相比较，网上支付具有以下五个方面的特征：

（1）网上支付是采用先进的技术通过数字流转来完成信息传输的，其各种支付方式都是采用数字化的方式进行款项支付的；而传统的支付方式则是通过现金的流转、票据的流转及银行的汇兑等物理实体的流转来完成款项支付的。

（2）网上支付的环境是基于一个开放的系统平台（即互联网）之中；而传统支付则是在较为封闭的系统中运行的。

（3）网上支付使用的是最先进的通信手段，如互联网，而传统支付使用的则是传统的通信媒介。网上支付对软、硬件设施的要求很高，一般要求有联网的微机、相关的软件及其他一些配套设施；而传统支付则没有这么高的要求。

（4）网上支付具有方便、快捷、高效、经济等优势。用户只要拥有一台上网的 PC

机，便可以足不出户，在很短的时间内完成整个支付过程。支付费用仅相当于传统支付的几十分之一，甚至几百分之一。

（5）网上支付目前也还存在一些需要解决的问题，主要是安全问题。如防止黑客入侵、内部作案与密码泄露等涉及资金安全的问题。

3. 电子支付各方承担法律责任的方式

（1）银行承担责任的形式：返回资金，支付利息；补足差额，偿还余额；偿还汇率波动导致的损失。

（2）认证机构承担责任的方式：采取补救措施；继续履行；赔偿损失。

（3）其他参与主体（如付款人、认证用户）承担：终止不当行为、采取挽救措施；及时通知，防止损失扩大；赔偿损失。

第五节　电子商务交易纠纷的解决

由于互联网的跨地域性，从事电子商务的当事人常常是异地进行交易，他们可能相隔万里，一旦发生纠纷而使自身利益受到损害时，很可能不知道通过何种途径维护自己的权益。与传统法律制度相比，电子商务交易纠纷解决的特殊之处在于如何确定管辖权与法律适用，如何认定电子记录的证据效力，以及争议解决的替代方式。

一、网络环境下民事诉讼的管辖

1. 互联网中民事诉讼管辖的基本问题

互联网是一个世界范围内的计算机网络体系，在这个体系中，任何一个计算机网络中的任意一个用户都可以与任何其他网络用户进行信息交流，完成某种法律行为。就普通（非涉外）民事诉讼管辖而言，要解决的问题主要是在发生民事纠纷时，由哪一级或哪个地方的法院审理该案件。通常，除了基于案件的性质、影响范围和繁简程度的级别管辖外，影响管辖的主要因素是当事人住所地，诉讼标的地，引起法律关系发生、变更、消灭的法律事实所在地。最终管辖总是落脚在某地的法院。因此，对于基于互联网发生的民事纠纷而言，管辖问题也即是解决由哪一个地点的法院对涉及互联网的案件进行管辖。

互联网环境下发生的民事诉讼的管辖基本上适用民事诉讼法级别和地域管辖的基本原则。互联网不可能创造另一套法院和管辖规则。现在的主要问题是解析互联网环境下民事纠纷的当事人所在地、行为发生地等若干影响地域管辖的因素，而这些问题是与互联网的基本特征联系在一起的。

互联网不可能成为具有诉讼意义上的"地域"，但它具有虚拟现实的功能，使浏览者仿佛置身真实的"现实世界"中一般。互联网的出现使人们对空间范围和界限的主观认识发生了极大的变化。虽然互联网用户对地理位置的认识是模糊的，但却无法否认互动主体在不同地理位置中的实际存在。因此，对于管辖而言，在民商事诉讼中完全可以将互联网看做一种通信方式或信息传播方式。换句话说，对于行为人而言，互联网是行为工具。

互联网上所有法律行为仍然是由现实世界中的普通民事主体实施的，在虚拟世界中实施行为、从事活动的人肯定存在于现实世界中，也肯定与现实世界中的某一特定地理位置相对应和联系。基于这样的认识或事实，我们来分析互联网环境下的民事诉讼管辖问题。

2. 网上民事侵权纠纷的管辖地

不管是哪一类侵权人，按照我国《民事诉讼法》第二十九条确立的管辖规则，侵权纠纷由侵权行为地或者被告住所地的人民法院管辖。一般说来，在网络纠纷案件中，以被告住所地确定管辖争议不大，审判实践中也容易掌握，只是在确定被告住所地时存在一定困难。

（1）被告住所地。网站经营发生侵权行为的情况下，被告住所地是指网站所有者或经营者（侵权人）住所地。

对于经营性网站而言，网站是营利的工具。网站在现实案例中的地址即是网络服务器地址，网站在虚拟世界的地址即网址，也叫 IP 地址。在网络侵权纠纷中，因为互联网的跨地域性，我们既不能以域名注册地或以域名所反映的地址作为诉讼管辖的依据，也不可能以 IP 地址作为管辖依据。因此，网站在虚拟空间的地址在诉讼管辖中没有任何意义。

网站设立人即设立并经营网站的人，是网站的所有者或经营者，承担相应义务的主体。该主体是具有民事主体资格的人或组织。如果设立人是自然人，那么其地址为其住所地或经常居住地；如果是法人和其他组织，那么其注册地或主要办公地即为住所地。

当网站经营方面发生侵权行为时，网站所有者或经营者的住所地而不是服务器所在地应当成为管辖的依据。

（2）侵权行为地。网上侵权行为的管辖地首先是侵权人所在地亦即被告所在地，这种所在地既可能是被告住所地，也可能是实施侵权行为利用的服务器或终端设备所在地；其次是依据侵权结果发生地而导致受害人所在地。两地法院均有管辖权，受害当事人可以选择其一行使诉权。

3. 电子合同管辖地

（1）电子合同纠纷管辖的基本原则：约定优先于法定。我国《民事诉讼法》第三十四条规定："合同或者其他财产权益纠纷的当事人可以书面协议选择被告住所地、合同履行地、合同签订地、原告住所地、标的物所在地等与争议有实际联系的地点的人民法院管辖，但不得违反本法对级别管辖和专属管辖的规定。"这便是协议管辖，即当事人可以在合同中事先选择管辖法院。为了避免管辖权的不确定性，在合同中约定管辖法院是一种未雨绸缪的风险防范方法。

协议管辖只限于合同纠纷，如果电子合同中约定了管辖法院，且该约定又符合上述条件的规定，则是一个有效管辖权约定。根据约定优先于法定的原则，凡是遇到合同纠纷时，先看合同中有没有管辖约定，没有管辖约定或约定无效时，再依照法律规定确定管辖地。

（2）被告住所地。自然人适用户籍所在地或经常居住地；法人或其他组织以其注册地或某主要办事机构所在地为住所地。

（3）合同履行地。在线合同的履行分为不经由互联网的合同履行和经由互联网的合同履行两大类。在不经由互联网的合同履行的情形中，由于合同履行不依靠或不通过互联网，因此，此类合同履行地的确定与传统合同类似，可按我国《合同法》等法律规定来处理。

在经由互联网的合同履行的情况下，可以按照下列规则来确定：如果合同事先约定了履行地的，则该约定的履行地应为合同履行地。如果合同没有约定，则合同履行方的主营业地应为合同履行地；如果没有主营业地的，则经常居住地应为合同履行地。

4. 具有涉外因素的在线纠纷的管辖

我国《民事诉讼法》第二百六十五条对涉外民事关系进行了专门的规定："因合同纠纷或者其他财产权益纠纷，对在中华人民共和国领域内没有住所的被告提起的诉讼，如果合同在中华人民共和国领域内签订或者履行，或者诉讼标的物在中华人民共和国领域内，或者被告在中华人民共和国领域内有可供扣押的财产，或者被告在中华人民共和国领域内设有代表机构，可以由合同签订地、合同履行地、诉讼标的物所在地、可供扣押财产所在地、侵权行为地或者代表机构住所地人民法院管辖。"对于有涉外因素的在线合同纠纷，当事人可事先协议选择管辖法院，以免在发生纠纷时难以确定管辖法院。

二、电子商务纠纷的法律适用

1. 法律适用与管辖权的关系

法律适用与管辖权两者既有区别又有联系。管辖权是指应该由哪一个国家或地区法院审理案件，法律适用则是指应该适用哪一国或地区法律来审理案件。对于涉外民事案件，取得管辖权的法院并不一定就适用本国或本地区的国内法来审案件，它会根据本国的法律规定来确定应该适用的法律。这种被选择适用于审理涉外民事案件的法律在国际私法上叫作"准据法"，而用以确定准据法的法律规定叫做"冲突规范"。我国《民法通则》第一百四十四条规定："不动产的所有权，适用不动产所在地法律。"这就是一条冲突规范，不动产所在地法就是该冲突规范所确定的准据法。各国冲突规范的规定并不完全一致，因此不同管辖法院对准据法可能会有不同的选择，尤其是当冲突规范指向"法院地法"时，管辖地法院的国内实体法就成为审理案件的准据法了。可见，管辖权的确定会对法律适用产生相当大的影响。

2. 法律适用的原则

在选择准据法时最重要的一个因素就是连结点。所谓"连结点"，是指将特定的民事关系和某国法律连结在一起的媒介或纽带。冲突规范中的本国、物之所在、法院地、住所、合同缔结地、债务履行地等都属于连结点。在传统的国际私法中，连结点主要有三类：

（1）属地性连结点。这类连结点与一定的地理位置有关，如居所、住所、物之所在地、法院地、行为地等。

（2）属人性连结点。主要是指国籍。

（3）主观性连结点。主要是当事人的意思自治，即由当事人的合意决定。

一般的冲突规范中都有具体的连结点指向准据法，但是，也有一种特殊的法律选择方法并不规定具体的连结点，而是灵活地使用了"最密切联系原则"。我国《民法通则》第一百四十五条规定："涉外合同的当事人可以选择处理合同争议所适用的法律，法律另有规定的除外。涉外合同的当事人没有选择的，适用与合同有最密切联系的国家的法律。"此时，需要法官根据具体案情，在众多连结点之间进行衡量，找出与合同有最密切联系的国家，这种法律选择方法赋予法官很大的自由裁量权。

三、电子商务诉讼中的证据问题

1. 数据电文作为证据的可采纳性

联合国《电子商业示范法》第五条肯定了数据电文作为书面证据的效力："不得仅仅以某项信息采用数据电文形式为理由而否定其法律效力有效性或可执行性。"该条被认为数据电文的功能等同原则。

联合国《电子商业示范法》第八条对原件做了规定：

（1）如法律要求信息须以其原始形式展现或留存，倘若情况如下，则一项数据电文即满足了该项要求：有办法可靠地保证自信息首次以其最终形式生成，作为一项数据电文或充当其他用途之时起，该信息保持了完整性；如要求将信息展现，可将该信息显示给观看信息的人。

（2）无论本条第（一）款所述要求是否采取一项义务的形式，也无论法律是不是仅仅规定了不以原始形式展现或留存信息的后果，该款均将适用。

（3）为本条第（一）款第（二）项的目的：评定完整性的标准应当是，除加上背书及在通常传递储存和显示中所发生的任何变动之外，有关信息是否保持完整，未经改变；应根据生成信息的目的并参照所有相关情况来评定所要求的可靠性标准。

联合国《电子商业示范法》对原件做出了扩大解释，只要数据电文可以显示而且是完整的，即可构成原件要素，而不管其显示形式如何。

联合国《电子商业示范法》第九条对数据电文作为证据的可接受性和证据力做出了规定：

在任何法律诉讼中，证据规则的适用在任何方面均不得以下述任何理由否定一项数据电文作为证据的可接受性：仅仅以它是一项数据电文为由；如果它是举证人按合理预期所能得到的最佳证据，以它并不是原样为由。

联合国《电子商业示范法》为世界各国电子商务证据规则确立了基本原则，该立法原则已被大多数国家立法者所采纳。

我国《电子签名法》第八条规定了审查数据电文作为证据的真实性应当考虑的因素：①生成、储存或者传递数据电文方法的可靠性。②保持内容完整性方法的可靠性。③用以鉴别发件人方法的可靠性。④其他相关因素。

上述三款及其他相关因素同时成立，可以推论数据电文的真实性。

2. 数据电文证据效力及其保全措施

（1）数据电文作为证据的证明力。证明力是指证据对查明案件事实所具有的效力。根据我国的证据理论，证据的证明力取决于该证据是直接证据还是间接证据。直接证据同案件主要事实是直接的证明关系，它的证明过程比较简单，只要查明直接证据本身真实可靠，就可弄清楚案件的事实真相；而间接证据是与案件主要事实有间接联系的材料，它只能佐证与案件有关的个别情节或片断，而不能直接证明案件的主要事实。现在的问题是，数据电文必须通过新的立法规定才能使之满足证据理论有关直接证据或间接证据的要求。

联合国《电子商业示范法》第九条第二款规定："对于以数据电文为形式的信息，应给予应有的证据力。在评估一项数据电文的证据力时，应考虑到生成、储存或传递该数据电文的办法的可靠性，保持信息完整性的办法的可靠性，用以鉴别发端人的办法，以及任何其他相关因素"。这一规定说明：其一是数据电文可以作为证据，但该数据电文必须完整可靠且能够鉴别发端人；其二是对于数据电文鉴别和认定方法不同于传统的书面文件鉴别和认定的方法，它不是直接鉴别真伪，而是通过证明与之相关联的事实关系加以鉴别的。

我国《电子签名法》第四条、第五条和第六条分别规定了书面文件、原件和保存件的要求，从而为数据电文作为直接证据或间接证据铺平了道路。

（2）数据电文作为证据的保全措施：网络公证和证据保全。网络公证是一种通过现场见证的方法对于某个法律行为真实性、合法性的鉴别和认定，它通过参与或见证电子数据的生成、传输和存储过程，达到两个目的：一是对数据归属或生成主体的认证；二是对电子数据的真实性及合法性的认证，以使电子数据直接可以作为证据或增加其证据效力。网络公证机构本身的职能和在这里扮演的是一个真正与具体交易或商务活动无关的第三人角色，使它能够确保计算机存储数据作为诉讼证据的真实性、确定性和可靠性。

经过公证的数据电文直接作为证据一般应当具备三个条件：一是公证机构介入必须是数据电文生成之时，或者必须是进行网上交易或其他法律行为之时，公证机构参与或见证行为过程或者有相应的技术措施可以达到这样的效果；二是保存和存封数据电文，其保存方法可以是磁盘或其他电子介质，也可以直接打印成书面文件；三是对整个取证过程、当事人资格及其所生成数据电文出具公证书，证明其真实性和合法性。

网络公证在网上操作非常快捷。当事人双方确定对数据电文内容予以公证，只需在自己的计算机中下达一些指令，该数据电文内容就会被加密并传送至网络公证中心。网络公证中心对方的数据核实无误后，加入自己的数字公证，并留存一份，对此数据电文的公证即可完成。数据电文公证后，作为有效证据的证明力就有了保证，避免了双方对证据问题的争执，起到了保证交易、促进交易的目的。

证据保全是在证据可能灭失或以后难以取得的情况下，诉讼参加人申请人民法院对证据进行封存或采取其他保全措施。电子商务纠纷中证据保全是必不可少的，因为它是防止当事人或其他原因而导致电子文档被销毁、被改动的一个有效途径。在网络环境下，让中立的第三方机构，通过信息网络等技术手段介入其中，对电子证据实施保全更为有效，也更符合信息通信技术的发展趋势。当事人可以在法律专家和技术专家的支持下，通过中立的第三方机构，利用下载、拷贝、恢复等手段，有效地固定有关的电子证据。

四、电子商务争议解决的替代方式：在线争议解决方式

在线争议解决方式（Online Dispute Resolution，ODR）是指运用计算机和网络技术，替代性争议解决方式（ADR）的形式来解决争议。目前在线争议解决方式主要有以下四种形式：在线仲裁、在线调解、在线申诉、在线售后服务。

1. 在线仲裁

在线仲裁是ODR模式中最具代表性也是最正式的一种，其本质仍然与仲裁一样，它

是网络技术在仲裁方面不断发展的表现，是以往仲裁在网络空间中的新应用。它也是通过当事人合意来解决纠纷的一种方式。与仲裁程序一样，在线仲裁程序具有着公正性的特点，仲裁裁决一旦做出，就有与法律一样的强制执行力。目前已经有很多提供在线仲裁的网站，这些网站基本上都是由实体仲裁机构设立的。这类在线仲裁网站首先根据网络自身的特点来调整仲裁规则，然后在此基础上形成在线仲裁模式，比如美国仲裁协会的在线仲裁服务。

在线仲裁受理的纠纷主要有域名抢注纠纷、通用网址抢注纠纷、无限网址抢注纠纷等专业方面的纠纷。一般的网络交易纠纷却不再受理范围之内。

2. 在线调解

近几年，网络交易中消费者投诉事件频繁发生。面对这一发展趋势，我国在 2012 年 3 月 15 日启用了"中国消费者协会投诉和解平台"，该平台在 2016 年进行了升级，成为"中国消费者协会投诉和解监督平台"。通过建立该平台，消费者和企业之间形成了一种新的关系，两者之间形成了一种绿色通道，消费者和企业可以通过该通道进行对话以表达自己的诉求进行直接的交流与沟通。

在程序上，在线调解常使用的流程包括六个阶段：申请人提出申请、登记案件相关信息、选择调解员、在线调解、达成调解书和履行调解书。所有程序通过在线方式进行，双方当事人通过随机创设的在线调解室，以网上文字的形式进行事实陈述和证据出示，并由调解员介绍相关的法律，提出调解方案，双方当事人如果接受这一方案，则达成调解协议。

3. 在线申诉

对于消费者与经营者发生纠纷后可以通过哪些途径解决争议，《消费者权益保护法》中规定了可以协商和解，消费者协会进行调解，向有关部门进行申诉，达成仲裁协议提请仲裁机构仲裁以及向人民法院提起诉讼。因此，当消费者与经营者发生纠纷以后，可以根据实际情况选择合适的途径来维护权益，这样既能快速有效地维护自身权益，还能使维权工作顺利高效地进行。

4. 在线售后服务

在线售后服务就是在网络交易中因为交易活动引起的解决售后问题的服务平台，一般主要负责解决因为网络交易活动而产生的一系列维权等与交易相关的问题。售后服务是现代市场经济销售体系中极其重要的一部分，成功的企业大都具备一套良好的完整的售后服务体系。与实体售后不同，在线售后需要消费者登录网络交易平台的客服管理系统表达自己的售后要求。目前在我国的 B2C 销售模式中，因为是自主经营模式，所以与企业有关的纠纷都可以由客服来处理。在 C2C 模式中有两种途径来解决消费者和经营者之间的产生的纠纷，消费者既可以选择与实际销售者沟通，也可以选择与第三方交易平台的客服联系。另外一种特殊的销售模式就是 B2C 与 C2C 竞合的情况下，两者的售后客服是相互独立的。比如在京东商城，一部分是京东自营，而另一部分则是第三方销售，在销售过程中消费者如果与京东自营部分发生纠纷，客服系统会自动选择一种处理方法，这种方法与 B2C 模式下处理纠纷的方法相一致。消费者如果与第三方发生纠纷，此时就需要与第三方的客服进行沟通采用 C2C 模式下处理纠纷的方法。一般情况下，京东会与第三方签订一份关于发生纠纷时如何进行处理的协议，若消费者选择直接投诉京东，京东就需要按照之前签订的协议来处理该纠纷。

思考题

1. 试述电子签名的适用前提和适用范围。
2. 试述电子合同与传统合同的区别。
3. 试分析数据电文作为证据的可采纳性。
4. 简述在线争议解决方式的主要形式。

第十一章

行业电子商务应用与服务

【学习要点及目标】

1. 了解中小企业电子商务应用。
2. 掌握互联网金融的含义、模式。
3. 掌握微商的含义及微商的形态。
4. 了解我国农业电子商务的应用模式及主要特征。
5. 掌握跨境电子商务模式。

引导案例　　　　　　　　　　去哪儿网

去哪儿网（qunar.com）于2005年成立，总部位于北京的苏州街，目前是中国流量最大的在线旅游网站之一。去哪儿网为旅游者提供国内外机票、酒店、度假和签证服务的深度搜索，帮助中国的旅客做出实惠合理的旅行选择。去哪儿网提供国内外特价机票、酒店、旅游度假、景点门票产品一站式预订服务。截止到2014年5月，去哪儿网搜索范围覆盖全球125000条航线、468000家酒店、186000条度假线路，预订可省80%。去哪儿网积累了大量的客户，并建立了SNS社区平台，成为带有深厚社区氛围的电子旅游媒体，是非常典型的旅游电子商务服务商。

去哪儿网是一个垂直搜索引擎的应用，所以其核心产品也是搜索，通过信息采集功能，对各大航空公司、旅行代理网站的接口抓取到互联网以及合作方的信息，并在后台采集数据，形成网页数据库，再对采集的数据进行分析、分类，并建立索引，最后在去哪儿网站上展示。

去哪儿网是一个信息发布平台。去哪儿网明确指出去哪儿网不对任何旅游产品的瑕疵承担任何责任，如客户预订的旅游产品出现任何瑕疵，客户应联系该旅游产品的旅游服务提供商。任何通过去哪儿网搜索而获取的信息均来自第三方网站，去哪儿网不对相关网站信息真实性、准确性承担任何法律责任。去哪儿网尽力帮助获取真实、可靠的信息，同时也需要用户反馈在使用中遇到的问题并对欺诈行为进行举报，以提高去哪儿网的网络信息服务质量。

（资料来源：https://baike.baidu.com/item/去哪儿/3441357？fr＝aladdin，经删减整理。）

第一节　中小企业电子商务应用

一、中小企业发展电子商务概况

互联网的兴起和电子商务的发展打破了时空的界限，使传统的贸易方式和经济活动发生了根本改变，从而为中小型企业同大企业在一个起跑线上竞争创造了有利条件。

截止到 2015 年底，全国各类企业有 152784 万户。其中，小型微型企业有 116987 万户，占企业总数的 76.57％。将 443629 万户个体工商户纳入统计后，小型微型企业所占比重达到 94.15％。"中国的电子商务基础就是庞大的中小企业数量，这是世界上所找不到的最肥沃的土壤。"买麦网副总裁蔡奇志认为，"中小企业的中国特色，注定了中国电子商务的市场将在未来 1~2 年进入井喷式发展阶段。但目前，仍然处于市场培育和拓展阶段。"商务部副部长易小准也认为电子商务服务平台主要为中小企业提供低成本、专业化的电子商务应用服务，有利于中小企业提高效率、扩展市场，现已成为中小企业应用电子商务最主要的动力。

随着时代的发展，应运而生的专业电子商务网站也越来越多。对于我国多达几千万家的中小企业用户而言，电子商务可以迅速减少贸易的中间环节，防止广大中小企业被大企业压榨、盘剥。像一些大型商业卖场，由于它们的采购量极大，而一般的中小企业没有广泛的销售渠道，被迫以低价将商品卖给它们。有了电子商务后，众多的中小买家和卖家能直接接触，避免因为缺少销售渠道而被这些大型超市盘剥。也就是说，中小企业最适合通过电子商务网站借力发挥。

二、中小企业开展电子商务的积极意义

对我国中小企业来说，实施电子商务的需要更为迫切，电子商务可以为企业的经营和管理打开新局面，利用互联网赢得新市场、创造新的行销手段、参与到与大企业的竞争中来，逐渐成为中小企业新的战略发展目标。

1. 电子商务为中小企业提供大量新的市场机会

通过互联网，企业可以发布自己的产品信息，宣传与企业有关的形象资料，并推出满足客户需求的信息网页；通过上网及时了解顾客的消费状况和竞争对手的情况，寻找新的商业合作伙伴和商业机会，开辟新的发展空间。中小企业可以通过网络把自己的产品宣传到世界各地的潜在顾客手中，从而无限地扩大市场，获得新的商机；通过电子商务，可以加强企业同供应商、客户的联系，收集商品供求信息，提高企业的反应能力，利用信息优势来加速企业内部的产品、资金循环。尤其在信息技术广泛普及、行

业管理日臻完善、技术成果转让速度加快的情况下，中小企业能够比大企业更快地将新产品投放市场。

2. 电子商务让中小企业的经济效益得到提高

通过电子商务网络可将市场需求与销售、采购、生产制造、保险、运输、银行结算、货运、报关等贸易环节有机结合起来，自动完成整个商业贸易过程。中小企业采用电子商务，可以改变传统的商务模式，节省大量推销人员和市场开拓力量，其管理费用和业务开支将大大降低。国外企业和我国一些大企业应用表明，采用电子商务手段可以使成本降低到5%～10%。电子商务使中小企业随时掌握市场行情和顾客需求、降低业务处理差错、缩短业务运转时间、降低贸易管理成本、改善顾客服务质量、降低库存成本、加快资金流动，从而提高企业的经济效益。

3. 电子商务促使中小企业更好地适应市场变化

现代计算机网络在企业生产中的应用与制造活动相结合，使之更贴近市场的需求，有助于提高企业生产的敏捷性和适应性，使高质量、低成本的产品与及时供货和周到的服务相结合，把时间和服务同质量和成本并列为企业生产的要求。电子商务还改变了企业竞争态势，使实力较差的中小企业也能在大范围内发挥其灵活机动的竞争优势。一个小企业虽然势小力微，但通过电子商务，可以直观地把自己的商品介绍给千千万万的客户，其影响力和营销力也会大大提高，更容易适应市场的变化。

4. 电子商务有利于中小企业开拓国际市场

通过互联网企业可以开展与国际市场的对话，可以使企业的资本、产品和贸易国际化，开拓国际市场。企业在互联网上发布信息，较容易为企业的发展带来国际机遇。网络虚化特征，可以使小企业突然"变大"和忽然"变小"。互联网作为一种信息技术，它可以从信息管理的各个方面把一个小企业变大，使企业在瞬息万变的商场上不再受到经济规模大小的制约，可以方便地进行信息的交流、管理与利用。

5. 电子商务促使中小企业管理组织变革

电子商务和计算机网络改变了信息传递方式，企业经营和管理模式从原来由上至下的垂直结构，向水平型的开放式结构转变，与信息传递方式紧密相依的管理组织结构也从金字塔型变成矩阵型。原来起上传下达重要作用的中层组织大为减少，高层决策者可以与基层执行者直接联系，可以根据实际情况及时进行决策。分工细化的管理组织已不能适应电子商务发展的需要，把相互关联的管理组织加以整合已是大势所趋，这种组织结构将企业管理的效率得以很大提高，也将进一步促进中小企业的发展。

6. 电子商务可以增强中小企业的抗风险能力

通过电子商务网络，客户可以与生产商直接对话，企业可以及时了解市场需要什么、客户的要求是什么，可以及时地根据客户要求适时调整生产方案，生产的柔性化将使中小企业的抗风险能力得以增强，更好地适应市场而得到发展。

三、中小企业电子商务发展模式选择

企业在实施电子商务时，商务模式的选择是关键问题。从不同角度提出的电子商务模

式分类框架为商务模式的选择提供了参考依据。电子商务模式需要不断创新，模仿照搬会迅速挤干原有商务模式的利润。

1. 电子采购

优秀的产品制造商，必须把产品原材料的采购、产品的生产、销售和售后服务的整个过程看作一条价值链。一个理想的供应平台却能够帮助企业降低物料成本、购买成本、运输成本和生产成本，减少存货成本、产品抵达市场所需时间，提高产品质量、顾客满意度。我国的中小企业在参与国际分工的时候，可靠的产品质量、交货时间和优惠的价格是取胜的关键。但如果想成为准时生产或精益制造的企业则必须有密切的供应商关系作基础。

2. 第三方平台模式

中小企业可通过选择一个交易平台点击进入。申请免费注册，进行简单的查询。一般电子商务类网站都有免费区，初上网站的会员可以搜索商贸供求信息。如果想获得进一步的信息资料，如外商联系方式，或想得到更进一步的增值服务，则需要申请交费注册为正式会员，然后根据联系方式直接和需求方进行接触。

3. 专业化电子商务（ASP）应用模式

应用服务提供商（Application Service Provider，ASP）于1999年起源于美国，主要是适应广大中小企业对技术不熟悉，缺乏人才、资金有限而兴起的一种崭新的商业服务模式。应用服务提供商拥有应用系统（含硬件和软件）所有权，应用系统集中放置在数据中心集中管理，以"一对多"租赁的形式为众多企业提供有品质保证和安全保证的应用服务。众多的企业用户不用担心整个系统的维护与应用软件的维护，并可大大减少资金和人员的投入。以"省钱、省力、省心、赚钱"等优势，备受广大中小企业的青睐。

4. 协作平台

中小制造企业由于物力财力的制约，不能像大企业那样建立自己的网站，它们可以与专门从事电子商务的网站协作，借助它们的购物平台，将产品销售给消费者。与此同时，电子商务网站在其选定的若干个主要的目标城市中各寻找一家或几家传统流通企业（如大型超市、百货商店等）作为合作伙伴。网站根据传统流通企业所拥有的产品种类与库存量进行商品销售。网站与传统流通企业间通过网络进行实时库存管理及信息传递。消费者在网上订货之后，网站从流通企业的库存中取得商品，再根据消费者所在地的不同，采取不同的递送方式：①对于与有合作关系的传统流通企业在同一城市的消费者，将通过"同城快递"这类第三方物流企业将传统流通企业库存中的商品，递送到顾客手中。②对于其他地区的消费者，则根据就近原则，安排距消费者最近的传统流通企业通过邮政体系向顾客寄送商品。在对商品的所有权方面，网站只对配送过程中的商品享有所有权。商品在交由第三方物流进行配送之前的所有权属于流通企业，配送到消费者手中之后所有权属于消费者。

第二节　互联网金融

一、互联网金融的含义

互联网金融是基于互联网进行金融服务的业务总称，它将金融服务与互联网技术相结合，具有方便快捷、成本低廉等特征，可使消费者不受时间、空间的限制，随时随地享受优质、便捷的金融服务。

2015 年 7 月，为鼓励金融创新，促进互联网金融健康发展，中国人民银行、银监会、证监会、保监会等部门共同印发了《关于促进互联网金融健康发展的指导意见》，给出了互联金融的官方定义，即"互联网金融是传统金融机构与互联网企业利用互联网技术和信息通信技术实现资金融通、支付、投资和信息中介服务的新型金融业务模式"。该文件同时指出，鼓励互联网金融创新，并不断完善相关机制，推动互联网金融的监管、信用基础等配套服务体系建设，助力国内互联网金融业务发展。

二、互联网金融的模式

近年来，各种互联网金融模式层出不穷。通过对业内的商业模式和现象深入的分析，将互联网金融发展模式分为五种，分别是第三方支付、P2P 网贷、大数据金融、众筹和信息化金融机构。针对这五种模式的概念定义、发展概况、运行模式以及其对商业银行的启示逐一进行分析。

1. 第三方支付

第三方支付一般是指具备条件的非银行机构，利用现代通信技术，与商业银行签约的方式，在客户与银行支付结算体系间建立连接的电子支付模式。从广义上讲，第三方支付是指非金融机构作为收、付款人的支付中介所提供的网络支付、预付卡、银行卡收单以及中国人民银行确定的其他支付服务。

2003 年，阿里巴巴开始推行支付宝业务，这是中国有史以来第一次开始第三方支付业务。2005 年，腾讯旗下的财付通成立，全球最大的支付公司贝宝高调进入中国，将第三方支付业务推向了全中国网民的面前。随着互联网技术的发展，第三方支付工具从简单的网购走向了更多的领域。

根据支付方式的不同，第三方支付业务分为线上支付、线下支付和移动支付三种方式。

从用户使用途径上看，当前第三方支付的运营模式可以分为独立支付和担保支付两种模式。独立支付以"快钱"为代表，只是为了方便用户而提供支付结算服务，支付平台的一边是联系商户和消费者，另一边是联系各大商业银行。这种支付模式以快钱、银联、拉卡拉、易宝支付为典型代表。担保支付是以"支付宝""财付通"为代表且依托于自身的电子商务网站，凭借公司实力和信用而提供担保功能的支付模式。两种运营模式为不同需求的用户提供了方便。

2. P2P 网贷

P2P 网贷（Peer to Peer Lending），即点对点贷款，又称人人贷，是指个人或者公司通过第三方网络平台相互间进行借款，是由网络金融公司独立搭建的网贷平台作为中介，经由借款人在平台上发放借款标的，投资者在网络上进行竞标向借款人发放贷款的行为。

2007 年 8 月，中国第一家 P2P 网贷平台"拍拍贷"成立，它效仿美国 prosper 模式。即它们帮助客户在网站上发布借贷信息，但不参与线下经营，这是国内 P2P 网贷的雏形。2010～2014 年，这四年之间我国网贷平台进入了爆发增长期，同时发展模式也逐渐引入线下模式。

P2P 网贷服务平台主要针对中小企业以及工薪阶层客户服务，他们大多数是为了临时资金周转，利率和手续费等资金成本相比银行要高，多数在 12%～18%。

P2P 网贷运行模式，大致可以分为两大类：线上模式和线上线下两者结合模式。

线上模式是指 P2P 网贷平台只作为单纯的中介，仅仅负责制定相关规则，提供交易平台，所有的业务流程，比如客户推介、信用审查、合同签订到贷后催收，整个流水线均在网络平台上完成。国内以"拍拍贷"为典型代表。其优势是制度透明，成本低廉；但是缺陷是无法利用大数据，导致坏账率较高。

线上线下结合模式中 P2P 网贷公司线上完成筹资，然后主攻出资人，同时公开相关制度以及服务流程；在线下则是设立实体门店或成立营销公司团队寻找借款人，与此同时强化风险控制与贷后管理。国内主要以"人人贷"和"翼龙贷"作为典型的代表。这种模式已经与传统的商业银行信贷模式十分相近，而且更加自由方便。不同的是借贷额度比较小，借款对象信用不明确，风险预期往往比较高。

3. 大数据金融

大数据金融是指依托于海量的数据，通过互联网、云计算等信息化方式对其数据进行专业化的挖掘和分析，同时与传统金融相结合，创新性开展资金融通性工作的统称。

今天的我们，已进入大数据时代。可以说，全球 90% 的数据信息都产生于过去的三年，它在两个方面体现了重要的价值：一是快速地促进了居民消费；二是更方便地促进了民生。大数据金融亦是未来金融行业发展的必然趋势。运用大数据金融的典型代表还是电子商务界的阿里巴巴。2013 年 5 月，阿里小贷公司成立，数万个淘宝网的小商户在 2 个小时内，得到了 3 亿元阿里小贷的信用贷款，所有的贷款程序均在网络平台上完成，没有任何信贷人员和中介的介入，没有任何人提供抵押、担保，这正是基于阿里巴巴在淘宝网上长期积累的大数据信息。目前，国内各大商业银行都无法达到这种效率。

大数据金融可分为平台融资、供应链融资两种运营模式。

平台融资模式是指企业经过逐年累月的交易信息积累，利用大数据信息技术，向个人或者公司提供方便快捷的融资服务。这个模式以马云的阿里金融为典型代表，利用电子商务网站积累的客户信息，建立了有效的信息流、资金流和物流系统，成为互联网金融小贷业务的龙头。

供应链融资模式是指以行业龙头企业为组织者，以信息提供方或者担保方的身份，与自身金融公司或者银行合作，通过大数据挖掘，对上下游供应链的企业资源进行整合，进行融资的模式。典型代表为京东，它通过对供应商、银行的双向绑定，以供应商在支付、物流上的大数据进行担保。如此一来，供应商一旦通过京东进行了贷款申请服务，就难摆脱京东建立的金融生态圈。

4. 众筹

众筹又被称作群众筹资、大众筹资，是指某些个人、项目、公司以及某些组织为了其创作、创新以及生产经营等活动而向大众筹资的活动。众筹项目通过互联网平台直接面向公众展示，浏览该网站的大众可以依据自身的兴趣、经济实力、人生经历、生活需求等对这些项目进行投资支持。虽然每个个人的投资额很小，但是积少成多，大量小额资金的汇集最终可以帮助急需资金的项目或者个人快速获得成本较低的资金。

众筹模式根据项目发起人向支持者提供的回报类型，可以分为产品众筹、股权众筹、债权众筹以及公益性众筹四种融资模式。产品众筹项目的回报为具体的服务、产品、产品优惠券或者优先购买权；股权众筹模式将企业股权作为回报形式；债权众筹（也就是P2P借贷模式）回报一般为现金；而公益性众筹为无偿捐赠形式，是没有回报的。

5. 信息化金融机构

信息化金融机构是指在互联网时代，通过广泛运用现代信息技术，对传统金融机构的运营流程、服务、产品进行再造、重构，实现经营和管理全面信息化金融机构。

我国金融机构信息化过程可以分为三个阶段：第一个阶段是20世纪70~80年代以电子计算机代替手工操作的阶段，实现了前台和后台业务处理的自动化；第二个阶段是20世纪90年代网络业务作为代表的电子化建设阶段；第三个阶段是21世纪以来延续到今天以集系统、流程整合、大数据为特征的全面信息化阶段。

信息化金融机构，可分为三种运营模式：传统电子化模式、互联网金融服务模式、金融电子商务模式。以银行为例，传统电子化模式应用比较广泛，包含网上银行、手机银行、电话银行等，大家都很熟悉这种模式。互联网金融服务模式扩大了金融服务的范围和影响。以直销银行为代表，它们的业务拓展不再以柜台业务为主，进而在时间和地域方面打破了限制，主要通过电子渠道提供产品和服务的银行经营模式。金融电子商务模式主要体现在金融机构自建电子商务平台的运营模式。以银行界的建行为例，其"善融商务"，实现了面对广大个人和公司的线上商务模式，其运营半年内即实现了30亿元的交易额。

三、互联网金融存在的问题

1. 国内互联网金融模式缺乏创新性

首先，我国的互联网金融企业大多数都是将国外同行的商业模式复制到国内，这种简单复制的方式使国内互联网金融企业缺乏创新性。实际上，我国互联网金融的各类模式基本上在美国都可以找到原型。其次，即使国内的互联网金融企业在模式上有所创新，在国内就会产生很多复制者，直接模仿其经营模式，一家企业成功了，往往成为其他企业模仿跟进的对象。当前我国互联网金融火爆与"跟风热"形成的"羊群效应"密切相关，互联网金融火热有点过头。近年来出现的类余额宝热足以说明问题。因此，进入互联网金融的企业在吸收国内外成功经验的同时，要结合自身特点，因地制宜，不断创新，这才是互联网金融企业的明智之举。

2. 以高收益吸引用户注意，而不是从模式进行创新

一些 P2P 网贷企业、推出余额宝类产品的企业等打着政策监管真空的"擦边球"，为了博眼球，吸引、刺激投资者和消费者，打着高收益的旗号推销金融产品。从众多陷入危机或倒闭的 P2P 网贷平台不难看出，平台给予投资者的回报率超过 20%，如此高的收益与投资理财产品的理性投资完全冲突，高收益意味着高风险，很多投资者因此血本无归，造成这一结果的主要原因就是我国当前互联网金融模式还不成熟，良好的市场环境还有待进一步完善和净化。自阿里巴巴余额宝成功推出不久，各种"宝宝们"层出不穷，推出 7%~8% 或超过 8%，甚至是银行存款利息率数十倍的招牌吸引用户。

在互联网金融产品发展初期，高收益的产品能有效吸引投资者，是短时间内快速聚集人气的有效办法。但从长期来看，这并不适合互联网金融企业的长期发展，互联网金融企业要通过强化平台经营、打造差异化产品吸引用户，为投资者提供符合市场投资价值趋势持续的投资产品才是正确的选择。

3. 存在信息与技术风险

目前存在的众多互联网金融企业技术水平参差不齐，技术投入差异巨大，一些互联网金融企业存在较高的技术风险。由于互联网金融企业置身于开放的网络环境中，这使互联网金融企业很容易被计算机病毒感染，也极易遭到黑客的攻击，增大互联网金融企业客户账户资金被盗的风险。同时，互联网金融伴随网络经济的发展不断成长，它的运行对计算机和网络的依赖程度很高。互联网金融的高度虚拟性特征，以及各互联网金融企业通过互联网广泛互联的特征，使互联网金融企业极易爆发系统性故障或遭受大范围攻击。互联网金融中，技术风险造成的危害可能波及整个网络，风险扩散超越地域和时间的限制，速度极快，损失也更为惨重。

4. 社会信用体系尚不健全

社会信用体系建设是金融经济发展的基础设施，一个完整有效的信用体系的建立有助于降低信息不对称和交易风险，缓释不完全市场中的"道德风险"和"逆向选择"。由于我国还没有建立较为完善的社会信用体系，很难摸清企业及企业主的信用状况，尤其是我国中小企业数量庞大，会使商业银行在向中小企业提供融资服务时，要通过自身力量去调查核实大量中小企业或企业主的信用状况，这不仅增加了商业银行对中小企业融资的风险，也提高了商业银行贷款业务的成本。互联网金融的出现极大地挑战了我国当前的信用体系，这是因为互联网金融恰恰涉及大量中小企业及普通金融消费者的信用征信问题，催生征信系统新的需求。而目前由于我国的征信系统主要依靠中国人民银行，覆盖企业范围有限，查询门槛较高，信息无法做到全社会共享。互联网金融从业企业也无法接入银行的征信系统，无法形成有效的惩戒机制，这使互联网金融平台和投资者承担了较大风险。

四、互联网金融的发展趋势

当前，人类社会正处于金融创新的活跃期，加之互联网向各个行业不断冲击渗透，互联网与金融的巧妙结合渐入人们的视野，且不断地创新更迭也使人们对其长期保持着新鲜感，可以说是热度从未停下。

那么，在不断发展的大背景下，互联网金融在人工智能技术、虚拟现实技术、区块链技术、5G 移动通信技术等新科技、新技术的推动下，还将不断壮大、发展，演化出新的应用、新的产品、新的模式，并将进一步呈现出移动化、平台化、场景化、智能化等趋势。

1. 移动化

2009 年 1 月，我国工业和信息化部为中国移动、电信和联通三家通信运营商发放了 3G 牌照，标志着中国正式进入 3G 时代。3G、4G 移动通信技术的飞速发展，上网速度的指数级提升，使智能手机应运而生，并广泛普及，手机这一移动终端，也超越 PC 机，成为覆盖全民的互联网接入口，移动互联网时代来临。当前，以智能手机为主要载体的移动互联网，由于具备随时随地、不受时空限制等特点，催生了大量的移动应用和新商业模式，全方位地改变了人们的生活习惯。金融服务通过与移动互联网的结合，也产生出手机银行、移动支付、移动理财等各种应用，随时随地既可满足客户的金融需求，也成为客户体验最佳的金融服务渠道。随着 5G 通信技术的临近，可以相信，互联网金融将日益呈现移动化特征，深刻改变金融服务方式。

2. 平台化

大型互联网企业从事互联网金融业务，对银行相关业务已经造成了明显冲击，其根源在于用户庞大的互联网平台。阿里巴巴以电商平台"淘宝"起家，打造出了"支付宝"，又以支付宝为载体，铸就了庞大的互联网货币基金"余额宝"。京东则在复制这一模式，以电商平台"京东商城"为根据地，率先推出互联网消费信贷"京东白条"，进而整合出"京东金融"全面进军互联网金融行业。腾讯以即时通信工具"QQ"发家，进而培育出社交工具"微信"，然后依托庞大的用户基础，一夜之间让"微信红包"红遍全国，关联了上亿个银行账户，并推进"微信连接一切"，使微信支付在移动支付领域压制支付宝一头。可见，互联网可以服务长尾客户的特点，使平台模式在发展互联网金融业务时具备先天的优势。可以说，抢占互联网金融的制高点，平台是关键。

3. 场景化

随着移动互联网的发展，其必将由从满足客户感官认知的阶段，向连接客户生活的阶段演化，而连接客户生活场景，则必然要打通支付环节，实现线上支付、实时支付、随身支付和随处支付，从而大大助推了互联网金融的场景化应用。从支付宝、财付通等第三方支付公司的发展轨迹来看，也是这样的演化路径：首先，实现线上支付和实时支付，解决网络购物中的订单付款问题，并创新推出了担保支付方式，既充当了支付结算通道，又担当了交易的信用中介，解决了买方、卖方互不信任的困局，极大地促进了网络购物和电子商务发展；其次，是由 PC 端向手机端进化，满足客户随身支付的需要，并结合 O2O 应用，与客户身边的应用场景结合，无论你在哪里，只要手机在手即可实时购物消费；最后，第三方支付开始向线下进攻，攻占大中超市、药店、影院、餐馆、酒店、学校、公交等行业，依托二维码支付和互联网 POS，实现随处都可以支付的目标，打造了线上线下完整的金融支付生态闭环。2015 年 8 月 8 日，微信支付率先推动"无现金日"，10 家银行、8000 家商户一同参与，移动支付环境已经成熟，可以预见不远的将来必将出现"无卡日""手机支付日"。

4. 智能化

近两年，IT 行业最热的词汇莫过于"人工智能"，和人工智能有关的概念，不论从工业界还是学术界都热潮涌动。智能语音助理、智能音箱、智能翻译、智能投顾、自动驾驶等，开始频繁出现于我们的身边；智慧银行、无人银行等也逐步走入我们的视线。随着人工智能技术的进一步发展，互联网金融的智能化趋势将进一步显现。未来的互联网金融，不仅在于满足用户提出的特定金融需求，更要引领用户需求。它会通过云计算、大数据、人工智能以及虚拟现实技术，对用户画像，并进行智能分析、研判、预测，为用户提供符合其行为、风险偏好的最佳选择，使用户的金融资产保值、增值，得到最佳体验。可以说，智能化将是互联网金融的终极进化方向。

第三节　微商

一、微商的内涵和外延

1. 微商的产生

其实早在 Web 2.0 时代的微博被广泛应用时微商就已经萌芽，但是一般人了解微商是随着微信的诞生和其广泛运用，所以微商也就诞生于 Web 3.0 时代的微信。微信是与社交软件 QQ 性能相似的另一款新型社交软件，两者同属于腾讯公司，但微信却在各方面性能上都超越了 QQ，所以在 2011 年 10 月经腾讯公司发布上市之后，经过 5 年的发展风靡全球，取代 QQ 成为最受欢迎和使用最广泛的社交软件。拥有高达 93% 的市场渗透力的微信不仅可以使用户之间通过网络尤其是手机实现信息、表情、图片及视频的实时传送，进行在线社交；还同时具备群聊、朋友圈和公众号的功能，可以实现信息的发布和广泛传播；而且这些功能的实现只需要消耗资费非常低的流量，既经济又灵活。基于这些功能和优势，微信平台不仅仅个人用户逐年激增，各大企事业单位、银行、协会、政府甚至联合国都开通了官方微信号，以便顺应时代，

加强与公众的联系。在五年的发展之中，微信拥有了庞大的用户群，实现了即时通信、发送数据、共享咨询、社交应用等功能。2012 年有了朋友圈功能后，2013 年一些有商业头脑的人开始通过朋友圈进行海外代购，微商由此诞生。尤其是在 2014 年开放了支付功能之后，它已经不仅仅是一个简单的即时通信工具，越来越多的个人和企业挖掘和应用了它的商业价值，微商随之不断兴起，逐渐成为移动社交电商的典型代表。

2. "微商"的内涵

所谓内涵，是指一个概念所概括的思维对象本质的、特有的属性的总和。微商最早诞生于微信朋友圈，由微信用户将商品信息发布在其朋友圈内，以个人信用为担保的商品售卖模式，其特点在于以微信朋友圈为平台，针对精准目标客户群，且利用熟人社会的信任感，达到商品销售的目的。因此我们可以看到，微商本质上是一种销售模式，其以个人推销为核心，借助社交软件，在相对封闭或半封闭的移动网络空间内，实现个人和个人之间

的交易。

3. "微商"的外延

所谓外延，外延是指一个概念所概括的思维对象的数量或范围。微商虽诞生于微信，除了微信这个平台，针对不同目标客户群的聊天 APP，如微爱、line、Google Allo、信鸽、超信、大眼等搜索使用率较高的 APP 程序中都有相应的微商群体出现。因此，不能简单地将微商定义为"微信商人"。所有的即时通信 APP 或自媒体 APP，只要该软件未起到交易平台的作用，仅仅是帮助商家和客户进行聚合沉淀，那么该种购物模式都可以称为"微商"。

综合上述论证，我们可以得出微商的概念：微商即以"个人"为单位，以互联网为媒介，以即时通信或自媒体社交软件为渠道，以社交为纽带，无统一平台的可移动小型 C2C 个体交易为核心的销售模式。

二、微商的经营特点

微商这种新型移动社交电商的经营特点主要表现为：

1. 进入门槛低

微商几乎是零门槛，只要会上网，有一个微信账号和一部智能手机，就可以着手开始从事微商。不像传统电子商务一样需要到工商行政主管部门进行登记、注册或审批，也不像实体店铺一样需要装修，也不需要像淘宝那样需要交纳保证金，更不需要缴纳税费，投入特别少。所以不管你学历高低，全职妈妈、大学生甚至残障人士，都可以从事，受众也因此非常广泛，甚至达到了"全民微商"的局面。

2. 大众性、即时性和便捷性

由于微商进入门槛低，大众性非常强，每一个消费者都可能转变为经营者。基于移动终端依托微信平台开展业务的微商没有地域的限制，所以即时性很强，及时高效、沟通快速便捷。而且付款可以直接通过微信，也相当便捷。作为一种熟人经济，信任度更高，传播更快，成交也更加容易。

3. 潜在客户广

微商的低门槛和高普及，使每个人都可能成为经营者，加上现在代理模式的迅速传播，提供了更多的创业机会，亲朋好友都可能成为微商的潜在开发客户。马化腾在 2018 年 3 月表示，全球微信活跃数超过 10 亿，如此广阔的微信用户群提供了更广阔的商业机遇。微信用户的高黏性和互动性也加强了用户的信任度，增加了潜在客户的可能性。

三、微商的类型

随着微商的兴起，微商逐渐形成了三大主要的经营模式，即 B2C、C2C、B2C2C（X2C2C）。B2C 模式，Business to Customer 即商对客模式。在此种交易模式下，是由微商与消费者直接达成合意。C2C 模式，Customer to Customer，即个人对个人。这种模式是指个人与个人之间达成交易，此种模式与 B2C 模式的相似之处在于，两者的交易不存在中间环节，较为简单。自产型微商多为这两种经营模式。B2C2C（C2C2C）模式与以上两种模式最根本的不同体现为交易环节的不同。在上述两种模式中，商户与客户无中间程序直接交涉达成购买协议，而 B2C2C 模式下，最终商户与客户并不是直接交易，存在中间与其他的交易环节。这里的中间环节可分为两类情况：一类是中间人从其上游经营者处购进商品，并由中间人销售商品（代购型微商）；另一类是中间人只负责对商品进行宣传推广，并不从上游经营者处实际购入商品，消费者购买商品是由上游经营者直接向消费者发货，该中间人获得事先约定的收益（团队型微商）。

在这三种经营模式下，微信中的微商多数采用 C2C 与 B2C2C 两种经营模式，为了更清晰地分析微商在微信中的人际网络关系，我们将微商分为三类：自产型微商、代购型微商、团队型微商。由此依次进行分析。

1. 自产型微商

自产型微商是指自己从零开始打造产品，自己将生产出的产品信息发布到微信朋友圈，通过微信好友自助下单完成销售的人。这类微商自己有线下实体，微信作为辅助。此类微商更多的是利用微信来维护好现有老客户，并通过线下交流沟通，达到更强的黏度，同时通过朋友的口碑宣传，吸引更多的客户，包括本地和外地客户。

微信朋友圈中从事手工制作加工的微商多属于自产型微商，最常见的自产型微商是销售鲜花、食品、创意手工等这一系列商品的微商。因为销售鲜花与食品对于产品新鲜程度的独特要求，以及可以体现微商个人特色与创造力的这一特点，这类微商多是制作出样品后拍成照片发布在朋友圈中，根据微信中的下单情况按需购进相应的原材料进行制作相应的产品，并采取送货上门的形式或者发送快递的形式将产品送到客户手中，极大地保证了产品的新鲜程度，也减少了因为产品滞销而引起的产品质量受损或是材料的浪费。拥有线下实体的自产型微商会将制作出的样品放在实体店铺中售卖，并且在自己的实体店中储备少量易保存且易销售的商品，满足日常实体店铺的销售需求。

2. 代购型微商

代购型微商自己本身没有产品，但是借助地理优势与时间优势可以更快捷接触到需求商品或者可以更低廉的价格购买到需求商品，凭借这种优势帮助需求者购买商品从中赚取差价。这类微商在朋友圈中上传商品的图片并介绍商品，但大多不会直接标明价格。朋友圈中的朋友看到这些商品信息后，如果产生了购买的想法，便可与经营者私聊完成交易。

代购型微商是当下朋友圈中存在最多的一种微商的类型，因为自身不需要生产商品，不需要像自产型微商一样要具有一定的制作商品的专业技能，只需要借助现有的优势帮助需求者购买目标商品，因此代购型微商的行业门槛很低，从事代购型微商的人数远多于自产型微商。代购型微商涉及的领域很宽泛，无论是箱包鞋帽、彩妆护肤、日常保健，还是瓜果生鲜、家具装饰，都是代购型微商的目标商品，只要有需求，代购型微商就有生存的土壤。在这些领域中占据比例较多的是针对海外保健品、护肤品及其服饰的代购，因为地域与价格的极大优势，使这类代购型微商的获利空间更大。代购型微商将商品进行拍照以及拍摄用法展示后上传到朋友圈中，以高出进价但又低于目标顾客自己所能买到商品的价格进行标价，从中赚取差价，获得利润。

3. 团队型微商

团队型微商多为现有品牌的代理商，自己本身没有产品，但是通过上级经销商的培训，全面了解代理产品相关知识，并且认可产品，可以在微信朋友圈里准确地描述代理产品，积极推广。这类微商只负责对商品进行宣传推广，并不从上游经营者处实际购入商品，由上游经营者直接向消费者发货，团队型微商获得事先约定的收益。团队型微商与代购型微商一样，自身都不生产产品，与代购型微商不同的是，团队型微商的产品类别是固定，销售所属团队的商品。团队型微商通过自身在团队中对产品性能的学习了解，认同团队中产品的价值后，依据团队的宣传要求将产品宣传发布在朋友圈内进行宣传。团队型微商在宣传产品时不但是针对产品图片与文字的展示与描述，还会附加上自身用过产品后的感受进行分享，从而加强对产品宣传效果的真实性。团队型微商普遍采用分级制度，不同级别的代理所得到产品的价格也有差异，级别越高的代理获得产品的价格越低，而产品的销量多少决定了代理的等级高低。

四、微商案例

考拉珍礼是由浙大、浙工大毕业生共同创办的微信公众号企业，主要依托微信这个平台推广出售原生态、绿色有机农副产品，可以说考拉珍礼是农产品电子商务中比较有代表性的一员。

该品牌创立于2015年，由于刚起步，主营产品并不多，但都为绿色、原生态的农副产品。其核心产品为雨前龙井，雨前龙井是属于西湖龙井中的一个种类。雨前指的是在谷雨这个节气前采摘的茶叶制成的龙井茶，故而称为雨前龙井。还有一种是清明前采摘的茶叶称为明前龙井。谷雨和清明两个节气之前采摘出来的茶叶比较鲜嫩。谷雨前正是采摘雨前龙井的最佳时期，因为此时的茶树正处于一叶一芽的状态，俗称一旗一枪。这是采摘出来的茶叶制作成的龙井茶茶香是最为香醇的。正所谓"玉髓晨烹谷雨前，春茶此品最新鲜"。谷雨前采摘出来的茶叶比较嫩绿，口感也很鲜爽。除了雨前龙井外，考拉珍礼还推出了叶小姐的蜂蜜、蜜橘干等绿色农产品，在未来，考拉珍礼还计划把生鲜产品纳入自己的销售范围。考拉珍礼借助网络强大的传播能力，搭建起一个农产品的电子商务交易平台，将蜂蜜、龙井这些局限在产地销售的特色农产品推向大市场，使生态农业基地生产的优质农产品发挥出更大的价值。

考拉珍礼是搭建在微信上的电子商务平台，客户可以通过考拉珍礼这个平台浏览产品的详细信息，然后下单，通过微信钱包这一支付手段，完成购买，而考拉珍礼的货物通过快递的方式迅速发到客户手中。可以说，通过考拉珍礼这个电子商务平台，实现了农产品的交易与货币支付的迅捷、安全，建立起了农产品生产基地与客户之间的桥梁。

第四节　农村电子商务

一、农村电子商务概述

从2014年开始，我国的农村电子商务发展就成功引起了各界的注目。带有"农村电子商务发展"的字样已经连续四年出现在由中央下发的头号文件中了。2017 年的官方文件中更是为农村电子商务发展特别开辟了版面，从更高层次、更全面的视角分析农村电子商务的发展前景，政策上的扶持也始终不曾间断。2014 年以来，国家的各级政府部门都在重点加强硬件建设、人才培养，全方位地帮助农村电子商务事业的发展。目前，电子商务在农村的发展十分乐观，电子商务进入农村综合示范引导带动供销、邮政等传统渠道，一系列电商企业也加快了在农村电商市场的布局。农村电子商务无疑已经促进城乡共同进步，加快农村地区特别是县域经济的转型和升级，更是通过提供就业岗位，帮助了一大批贫困农民实现了脱贫致富的美好生活。

（1）农村网民规模达 2.1 亿人。近年来，农村网民规模持续增长，截至 2017 年底，在我国农村地区互联网用户占比为 27%，规模为 2.1 亿，农村互联网普及率上升至 35.4%。从区域来看，不同地区的发展是不平衡的。

（2）农村网络零售额达 1.25 万亿元。截至 2018 年 10 月，我国农村网络零售额实现了万亿元的突破，同比增长 39.1%。在发展的总体趋势上，我国农村网络零售规模呈现持续扩大的局面。在市场分类上，实物型网络和服务型网络的零售额位列零售行业的前两位。

（3）农产品网络零售额达 2500 亿元。截至 2017 年，我国农产品网络零售总金额 2500 亿元。处于农产品网络零售额的前三的主要经济作物分别是水果、草药、茶水饮料。

（4）农村网店达到 985.6 万家。截至 2017 年 12 月，我国在农村地区出现经营的网店的数量已经超过 900 万家，占全网市场整体的 1/4，提供的就业机会 2800 万人。农村网络零售单品数（Stock Keeping Unit，SKU）达到 2.93 亿个，约占市场全部份额的 1/5。在区域性发展上，市场整体呈现东部农村网商发展向中西部辐射。

（5）淘宝村达到 2118 个。截至 2017 年 12 月，我国一共出现并且存活着 2118 个依靠淘宝为主要生活收入的村落，按省划分，浙江省、广东省和江苏省拥有这类村落的数量位居前三位。另外，在我国市场上种类繁多的电商园区中，农产品种类的电商园区的市场占有率一直在稳步上涨，截至 2016 年，已经发展到 200 多家的规模，占市场份额总数的 12%。

二、我国农业电子商务的应用模式及主要特征

1. 农村电子商务模式

（1）B2B 模式。B2B 模式是农村电子商务发展中重要的模式之一，从根本上说这种模式是企业之间直接地进行商品交易。通过网络平台，实现相互之间交易。将其分为三种形态：一是在线交易，如淘宝就是买家需要用网银或支付宝进行网上付款，生成网络订单，卖家确认订单后，直接发货给客户。二是提供信息，客户获得价格和供求量等各类信息。三是期货交易，企业之间实现远期产品交易。直接交易，这种模式是当下最常见、运用最广的电商交易模式，如图 11 - 1 所示。

（2）B2C 模式。这种模式是企业和消费者之间的交易，简单说是这类农产品企业都会拥有自己固定的电商平台，它们将自己生产的商品通过平台与客户进行沟通买卖，客户可在平台中咨询、购买，包括购买以后的售后均可通过平台进行服务对接。这种模式有很

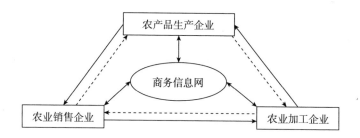

图 11 - 1　农村电子商务 B2B 模式

大的优势，大大降低了企业的实际成本，尤其是实体店面的成本，且交易方式简单快捷，对企业和消费者都是最直接和便利的。这种模式一般适用于企业规模比较小或者是独立经营的个体工商户，如图 11 - 2 所示。

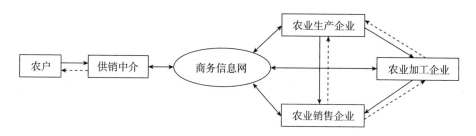

图 11 - 2　农村电子商务 B2C 模式

（3）G2C 模式。这种模式一般是以政府指导为主的涉农网站，政府通过宏观调控作用对现有的农产品资源进行优化整合。政府发挥其服务型职能，以此类涉农网站为商务载体，主要涉及农户可通过网站获得及时的农业推广以及产品促销的信息，农户也可通过涉农网站自己发布产品信息，进而推销自己的商品。这种特殊的模式是基于我国特色的社会主义经济形态下的，充分体现出政府指导作用的效果。

2. 农村电子商务的特点

（1）运营成本低、限制少。由于农村电子商务大多是基于网络平台来进行沟通、买卖，因此相对于传统的商贸模式不但能大大减少人力、宣传成本、货运交接成本，打破了时间、地域、空间上的限制，节约和减少了交易时间，极大地提高了其灵活度，提高了效率，降低了中间开支。

（2）交易过程安全透明。农村电子商务的营运销售等都是通过互联网来完成的，必定会通过网络的安全认证、身份验证等确认身份和交易真实性信息的验证，这为整个交易提供了技术保障。所以整个过程安全系数较高，我国法律也根据现阶段的情况制定了相关的法规制度来净化和保障互联网交易的安全，这使互联网交易的透明度大大提升。

（3）基础薄弱，覆盖面窄。我国农村电商还处于初期阶段。在我国，东部相对好一些，形成规模，发展迅速，西部区域相对差一些，正待发展。因为城市和农村的经济不均衡，对农村来说，坐落地域较偏一些，互联网硬件设施较落后，比城市情况要复杂得多，就电商发展而言，相对薄弱。

三、电子商务给农村带来的变化

电子商务为农民赋能，低门槛提供信息和平台资源，直接对接全球大市场。农村电子商务对于农村经济和社会发展具有多方面的重要意义。

1. 促进创新创业

电子商务促进了农村地区的创新和创业。电子商务创业不仅具有低门槛的特点，电子商务还代表未来的发展方向，具有广阔的市场和发展空间。农民因为电子商务创业改变了身份，从面朝黄土背朝天的农民或一年四季在外奔波的农民工一跃成为在家经营的网商，成为借助互联网进行自主经营的老板。电子商务创业为农民带来了收入，也带来了自信，增强了农民网商对未来的期盼和信心，也同时化身为他们学习的动力，使其积极探索网店的经营技巧，拓展商业发展空间。一些农民网商做大之后，已经开始构建现代化企业，注重管理和知识产权，以睢宁县东风村为例，曾经遭遇知识产权风波之后，全村网商知识产权意识极大提高，新品上架前基本都先注册专利，现在全县的专利加起来有上万个。

农村电子商务也为农村地区带来一系列的创新，包括产业创新、产品创新、品牌创新、理念创新、组织方式的创新。这些创新为农村地区带来了翻天覆地的变化。如江苏睢宁县沙集镇东风村自发创造了简易拼装家具产业，山东省曹县大集镇丁楼村自发创建了演出服产业。光山县在电子商务倒逼下，为了推动光山土特产品走向全国市场，创造高附加值，引领群众脱贫致富，创新了"光山十宝"品牌。

2. 增加农民收入

农村电子商务有效地提高了农民收入：一是农民网上开店，在家中就可以创业致富；二是农村电子商务还带动客户服务、包装、运营、物流等直接就业；三是农村电子商务还促进相关的生产加工、种养殖业发展，从而带动间接就业。随着生意规模的扩大，农民网商除了雇用当地农民作为工人外，还雇用大批外地村民，有的甚至来自周边大城市，求职者不乏刚毕业的大学生。以山东省曹县大集镇丁楼村为例，该村电子商务年销售收入超过100万元的服饰加工户就有30多家，缝纫工人的月工资就达到6000元。

3. 为地方经济发展和转变经济发展方式提供了一条可借鉴的途径

党的十九大报告提出，我国经济正从高速增长阶段转向高质量发展阶段，转变发展方式、优化经济结构、转换增长动力是当前的主要任务。农村电子商务恰恰顺应这种转变，很多农村地区从低水平、重污染行业转向了高附加价值、更环保的产业。农村网商的土特产品及个性化加工产品也更能满足人们日益增长的个性化和多样化的需求。江苏省沭阳县解桥村曾经以种植粮食和苗木为主，年产值只有3000万元，自从村里有人在网上从事干花生意致富以后，全村年销售额达到2.6亿元，极大地提高了农作物的附加价值，实现了产业转型升级。

4. 解决空巢问题，农村社会更加安定幸福

由于网店生意，农村原本无事可做的闲人都成了忙人，村民更加安居乐业，社会治安事件、村民纠纷因此大幅度减少。平时年轻人聚会，讨论的都是如何提升网店流量，如何改善网店业绩。过去，由于年轻人都外出打工，农村出现大规模的"空巢老人""空巢妇

女"和"留守儿童",致使老人生病没人照顾、孩子上学没人接送、妇女独守空房等诸多社会问题频发,严重制约农村社会的健康发展。由于农民工和大学生的返乡创业,这些问题迎刃而解。现在,一家人团圆,也更加幸福美满。

5. 农村电子商务促进社会包容普惠发展

党的十七届五中全会提出包容性增长,包容性增长是促进社会和谐稳定的前提,它意味着缩小贫富差距,增强社会的公平正义,让弱势群体得到机会,让落后地区获得平衡发展。电子商务融合了现代通信技术,赋能弱势群体,让他们能够低门槛地分享高科技发展成果,融入全球大市场。各地农村电子商务的实践表明,只要激发了草根内在的创业和致富积极性,人人都可以包容在电子商务融合发展的过程中。据调查,农村中开网店创业的有70多岁的老大爷,有50多岁的"五保户"大妈,也有残疾人。电子商务为他们架起了腾飞的翅膀,帮助他们实现个人价值,获得自信,顺利融入幸福的社会生活。

6. 农村电子商务助力精准扶贫脱贫

农村电子商务与精准扶贫相融合,取得了显著效果。电子商务赋能贫困户,土特产品直接对接全球大市场,缩短中间环节,增加信息透明,减少成本,提高收入。电子商务成为贫困户增收脱贫的重要方式方法。政府、平台等多方主体整合资源,合力打造电子商务扶贫生态:打造地方特色产品,培育产业链,增加培训力度,构建电子商务配套服务体系,助力电子商务精准扶贫。根据商务部数据,2017年,全国832个国家级贫困县实现网络零售额1207.9亿元人民币,同比增长52.1%,高出农村增速13个百分点。在一些贫困县中,还涌现出淘宝村,其中在省级贫困县中发现400个淘宝村,国家级贫困县中有33个淘宝村。以国家级贫困县河南省光山县为例,电子商务有效地助力精准扶贫。该县创业网店达到1.5万家以上,网店运营吸纳了大量就业,全县的贫困人口就有678人在相应岗位获得了工作,月收入都达到2000元以上。物流企业也吸纳了大量就业,全县49家物流公司吸纳贫困人口就业245人。

四、农村电子商务成功案例

北贾村:"农村淘宝"铺就致富之路

北贾村位于河北省正定县城西北4.75千米处,201省道西侧,正定至行唐、灵寿公路交会处。2014年12月,在第二届中国淘宝村大会上,阿里巴巴集团对新涌现的211家淘宝村、19个首批淘宝镇命名授牌。网络年销售额达3000余万元的北贾村被冠名"中国淘宝村",成为正定县首个淘宝村。

与已经产业化的一些淘宝村有所差异,北贾村的发展形式是从无到有,其发展是从卖鞋柜开始的。而刚刚开始创业发展的时候,所有的货源都是来源于其他村子,北贾村只是相当于一个中间渠道,而淘宝店开得越来越多,规模越来越大,带动了加工厂的建设,最终从无到有。

中国淘宝以下列三点为原则进行认定:①交易场所,即淘宝发展的村落,以行政村为个体单位；②交易规模，年交易额至少要在 1000 万元；③网商规模，网点相对活跃的至少要有 100 家，或者达到村落里面家庭数目的 1/10。

中国这种独特的发展形势特点就在于其是以家庭为单位发展的。而这些，北贾村方方面面都呈现了出来。在村落里，网店都是以家庭为单位，并且刚刚开始创业一般是一家，规模扩大后一个家族一起合作。较为普遍的模式便是网店当中各司其职，分工合作。

现有 1400 多户的北贾村中，淘宝、天猫店铺 200 余个，形成了独具规模的网商群体。在"中国淘宝村"最受人们欢迎的十类商品，家具高居第二位。而北贾村在这方面的发展前景极好，其市场份额占据了很大的比例，特别是鞋柜类，处于龙头地位。而至今为止，在鞋柜、电视柜、茶几、床头柜等方面其不断扩大贸易领域，带动各种相关行业的发展，扩大就业。"中国淘宝村"的称号，不仅成为北贾村的新名片，更让北贾村村民找到了致富源泉。

第五节　跨境电子商务

一、跨境电子商务概述

1. 我国跨境电商发展历程

我国的跨境电子商务是随着我国国内电子商务的发展而发展起来的，主要经历了三个阶段：

（1）第一阶段（萌芽阶段）（1997~2003 年）。跨境电子商务最初主要是以网上展示和网下交易的形式开展。企业通过在跨境电子商务平台上展示自己的产品，扩大企业和产品的知名度与影响力，从而能更好地与客户建立联系，促进企业销售规模的增长。

在萌芽时期，我国有大量的电商平台成立。最具代表性的阿里巴巴国际站成立于 1999 年，现已成为全球最大的跨境 B2B 电子商务平台，并由最初线上 B2B 信息服务平台逐渐转变发展成为跨境 B2B 线上交易平台。除此之外，在这一时期成立的跨境电子商务平台还有中国制造网、中国化工网等。

（2）第二阶段（发展时期）（2004~2012 年）。随着互联网不断发展普及、物流体系和线上交易结算技术的日趋完善，跨境电子商务开始呈现出一些新的特点，越来越多传统线下的交易、支付行为转向了线上。跨境电子商务平台也由原本的信息展示平台转变为在线交易平台，与人们脑海中的跨境电子商务更为接近。现阶段的跨境电子商务平台能帮助企业有效地整合资源，减少产品销售过程中经历的环节，为客户提供更优质、廉价、个性化的产品与服务。随着业务范围的扩大，平台的营收范围也得到了进一步的扩张，不再局限于平台会员缴纳的会费。平台新增的收益来源于两个渠道，一是平台根据企业交易额收取的一定比例的交易佣金；二是推出更多针对销售推广（搜索排名等）、支付物流方面的增值服务，只有平台上高级别会员或支付了专项服务费用的企业能够享受相应的服务。

在这一阶段，跨境 B2C 和 C2C 业务得到迅速的发展，出现大量面向海外消费者的跨境电子商务平台，如兰亭集势、阿里速卖通等。这一变化对我国外贸领域的交易主体和交易方式产生了巨大影响，大量中小企业得以参与国际贸易，企业更多地开始采用直接出口方式出口，不经过贸易中介直接将产品销售给海外客户。

（3）第三阶段（爆发阶段）（2013 年至今）。随着交易规模的不断扩大，跨境电子商务引起了党和国家的高度重视，国务院发布的多项文件反复强调鼓励和支持跨境电子商务的发展，从中央到地方政府出台了一系列的扶持政策，越来越多关于跨境电子商务的法律法规颁布落地。这一时期，跨境电子商务迎来了最迅猛的发展，其全产业链朝着商业化模式转变。这对传统国际贸易产生了深远的影响，贸易的主体、方式、销售环节、产品构成、买卖双方市场分布及其国际分工关系都发生了相应的改变；更多的中小企业开始参与到国际化进程；外贸企业对出口中间商和代理商的依赖程度显著下降；企业出口市场和产品日趋多元化；出口产品的高技术化。国际贸易因为跨境电子商务的出现而得到了更进一步的发展，由跨境电子商务带来的贸易红利惠及贸易各方。这一阶段的突出特征主要反映在三个方面：一是中国跨境零售进口业的迅速发展，天猫国际、京东全球购、网易考拉、聚美优品等平台进入了人们的日常生活，消费者可以轻松地从网上购买到来自世界不同国家的各色商品。二是大型工厂上线。相比在跨境电子商务平台上开设店铺的中小企业，一些大型企业更愿意采用自建网站或销售平台的方式对企业和产品进行宣传。大型工厂的频繁上线使跨境电子商务大额订单数量不断增加，跨境 B2B、M2B 交易规模逐年扩大。三是外贸企业的生产向柔性定制转变，以应对不断增加的客源和日趋复杂的客户个性化需求。

2. 我国跨境电商发展的近况

我国目前活跃的跨境电商企业已超过 5000 家，有近 20 万家企业在这些平台上经营贸易。我国跨境电商贸易总额在 2016 年已达到 6.5 万亿元，已经成为与美国不相上下的跨境电商大国。

中国一直以来就是出口大国，按照此规律，我国的跨境电子商务业务也是以出口为主，美国、欧盟和中国香港是我国跨境电子商务出口的主要目标市场。

从跨境电商模式的占比和发展来看，占主导地位的还是企业对企业的模式，阿里巴巴、环球 E 站、跨境购、敦煌网等是该模式跨境平台的代表，中小企业可以借助这些电商平台走向世界，我国的跨境电商得以进一步发展。但就目前来看，该种模式下企业与企业的交易只是部分实现线上交易。大部分还是走着传统的外贸模式，B2B 订单交易量大，如果能实现线上全流程，将进一步影响传统外贸，使跨境电子商务业务再上一个新台阶。B2C 模式近年发展也非常迅速，以京东国际、天猫国际、兰亭集势等为代表，而且还有其他的如苏宁易购、当当网等都想分"一杯羹"，B2C 模式未来发展前景比 B2B 更大。最后一种 C2C 模式，也表现出了非常强劲的发展势头，主要以淘宝海外、速卖通等为代表。淘宝网在国内无人不知，淘宝海外被称为国际版的淘宝网，影响力也在进一步增加。

商品的流向不同，商品类别差异也很大，日用品、玩具、电子产品、服装鞋帽等是我国跨境电子商务出口的主要产品，而欧美的化妆品、奢侈品、保健品、母婴用品、奶粉、高端日用品以及品牌服装等则是我们跨境电子商务进口的主要产品。

二、跨境电子商务业务模式

当前我国跨境电子商务的主要操作模式是 B2B、B2C 两种模式，其中 B2C 模式又可以依据运营模式的差异而细分为自营模式和第三方平台模式。

1. B2B 模式

B2B 模式简言之就是通过互联网将世界各地的批发商、零售商、经销商通过跨境电子商务平台进行连接和整合，以此建立起高效的合作模式。当前 B2B 主要将线下的交易转到线上来，将买卖双方的订单通过互联网来完成，以此降低线下交易的成本和烦琐的步骤。B2B 模式具有商品种类多样、商品成交量大、成交额度高等一系列特点。由于一方的经营体量大，其自身有仓储设备，能够对产品的供求关系有一个明确的控制能力，对于物流的实效性的限制不强，交易的频率不高。所以，B2B 模式能够通过互联网完成，并利用海运和空运完成线下的产品交付，实现物流成本的有效控制。

2. B2C 第三方平台模式

第三方平台模式的运营主要建立在具备世界影响力的电商平台之上，依靠平台媒介将买方和卖方有效地连接起来。当前著名的第三方平台主要有 eBay、美国的亚马逊、速卖通等境内外平台。第三方平台的作用在于能够凭借其品牌信誉而招徕源源不断的商家客户入驻，而商家客户最为看重的也是第三方平台所积累的海量客户的流量。所以，通过导入第三方平台的流量能够让商家在最短时间和最低成本之下提高自己产品的知名度。第三方平台能够通过为商家提供其所急需的客户而实现双赢目标。并且，第三方平台能够在信用管理方面，利用其成熟完善的体系对卖方和买方两者的交易行为进行规范，预防欺诈或其他违法行为的发生。当然，第三方平台的不足之处在于其不断增加的平台使用成本，不断出现的平台费用也让很多卖方选择第三方平台的意愿大为降低。

3. B2C 自营模式

自营模式主要依靠大型企业的自主电商的平台而组成，主要的目标群体是全球化的消费群体，向其直销产品。直销的产品主要是电子产品和服装等大众消费品。基于跨境电子商务的增长模式角度观察，第三方平台往往最终演进为 B2C 的自营模式，通常卖家会选择规模大、品牌声誉高的第三方电商平台作为自己产品的销售渠道。但是随着品牌的不断增值，知名度不断扩大，商家流量和销售额的不断增大之后，大部分的跨境电子商务企业会出于构建自主品牌和减少运营成本的考虑，而选择成立自己的互联网平台，并完成网络推介和流量的引导。自营模式的优势在于能够自主运营互联网平台，形成自己的控制力，并能够充分有效地完成流量聚焦，进而减少运营所产生的风险。但是自营模式的不足在于其流量无法与第三方平台相比，而且平台的推广还要投入大量的资金成本和时间成本。总而言之，自营模式应当是跨境电子商务发展进入一个新台阶之后的首选之路。

三、跨境电子商务物流

1. 跨境 B2B 的主要国际物流模式

（1）国际物流专线模式。国际物流专线就是国际直达运输，指跨国企业或物流公司通过开通国际货运专线，用自己的运输工具把货物从始发地直接运送到目的地的运输方式。国际物流专线模式是相对于国际中转运模式而言的，国际物流专线的特征主要体现在"专"上，国际物流专线有可供其专门使用的物流起点与终点、物流线路、物流运输工具、物流运输周期及时间等。

我国国际物流专线模式中使用较多的是铁路专线运输，比如中欧班列：湖南的"湘欧班列"、湖北的"汉欧班列"、河南的"郑欧班列"、重庆的"渝新欧"等，这是典型的跨境 B2B 国际物流专线模式。此外，航空运输专列也是另一种常见的国际物流专线模式。阿里巴巴是推进航空国际物流专线发展的积极响应企业，最早阿里巴巴整合了俄罗斯渠道服务商，推出了"中俄通"服务，并且"中俄通"推出初期便开通了 2 条中俄物流专线。随后，阿里巴巴旗下的速卖通与燕文物流达成合作协议，开通针对俄罗斯与南美巴西市场的线上购物航空专线。国际物流专线这种物流模式能够有效规避通关、商检风险，同时具备物流经济性与物流时效性，但也正是由于其具备"专"的本质而产生一定的局限性。

（2）国际多式联运模式。国际多式联运是指由两种及其以上的交通工具相互衔接、转运而共同完成的运输过程统称为复合运输，我国习惯上称为多式联运。《联合国国际货物多式联运公约》对国际多式联运所下的定义是：按照国际多式联运合同，以至少两种不同的运输方式，由多式联运经营人把货物从一国境内接管地点运至另一国境内指定交付地点的货物运输。

国际多式联运模式由于其便捷性、高效性与灵活性，成为大宗货物跨境 B2B 的最佳选择之一。各种不同运输方式的有效组合与无缝衔接，在一定程度上弥补了单一物流模式的各种缺点，将不同的物流模式的优点集于一身，节省了运输时间，提高了运输效率。毋庸置疑，国际多式联运也将是未来跨境电商的主要运输方式，其前景十分广阔。

2. 跨境 B2C 的主要国际物流模式

（1）国际快递。跨境电商物流服务中比较传统同时也比较常见的一种国际物流模式就是国际快递，其主要通过专业的第三方国际物流公司来承担跨境商品的运输与配送问题。在国际上知名度比较高的快递公司包括 USEX、DHL、UPS 等，众所周知国内目前发展势头最为迅猛的要数顺丰快递，该公司拥有自己专门的飞机进行航空货运，其次是"四通一达"（中通、圆通、申通、汇通、韵达）也在国际货运行业扮演着重要角色。国际快递作为传统的一种国际物流模式它在提供优质的服务质量与保持较高的时效性方面优势明显，同时根据物流系统中"效益背反"原则，它也维持着较高的运价水平，这便是它的缺点。

（2）国际邮政小包。国际邮政小包从某种意义上来说跟国际快递十分相似，同样是通过第三方物流公司来解决进出口商品的流通问题，但不同之处在于它们的经营主体不同，国际邮政小包这种物流模式主要依赖于万国邮政联盟来实现，通常以个人邮政小包的形式进行发货。国际邮政小包在检验检疫方面具有优先权，同时其低廉的价格也对消费者极具吸引力，但它的缺点也很突出：时效性低、安全保障低、受包裹重量、形状、体积等因素的制约，如果消费者所要运输的是非贵重、非急用商品，那么国际邮政小包是一种较为合理的国际货物运输选择。

（3）海外仓（边境仓）。海外仓模式是指经营出口贸易的商家在境外目的地（国）

自建或租赁仓库，提前将货物（商品）通过航空运输、陆路运输、海运等方式运抵境外目的地（国）仓库，在供应商接到境外目的地客户发送的网络订单后，直接将客户需要的所有商品从境外目的地（国）的保税仓库中调拨出来配送给客户。同时可以与海外的第三方物流公司建立合作伙伴关系提供海外仓储、订单管理、国际快递、专线运输等一系列物流服务。这种模式的优点是可以使商品前置时间拉长，同时直接把货物放在离消费者最近的地方，加快了市场响应速度。但是建设保税仓不仅受到目的国的政治、经济、文化的制约，前期资金投入量巨大也是一个问题，河南郑州保税仓在发展中国保税仓储这一块是比较早的。

边境仓与海外仓一样最早提出是在 2013 年，都是一种新型的跨境电商国际物流模式，两者同样是将国际物流仓库建立在远离商品供应地所属国境的地方。边境仓与海外仓最本质的区别在于海外仓建立于境外的目的地所属国，而边境仓是建立在境外的目的地所属国的邻国。设立边境仓的主要优点在于可以有效规避商品境外目的地所属国的税收、政治、法律等风险，同时能够有效利用如"自由贸易区"等区域物流性政策，从而降低物流成本、提升物流效率。

（4）聚货后规模化运输。聚货后规模化运输这种独特的国际物流模式其实主要是为了提高国际物流配送的规模经济效益，从种类上可以分为外贸企业集货运输与外贸企业联盟集货运输两种。外贸企业联盟集货运输指的是各企业建成 B2C 战略联盟，成立共同的国际物流配送中心，共享信息与资源来互利共赢。外贸企业集货运输的运作流程是：客户下单—商家发货至专业性仓储管理公司—仓储公司进行货物分类、整理与集成—第三方国际物流公司实施配送。随着现代国际物流行业物流标准化、专业化的进一步推进，将会促进聚货后规模化运输这种国际物流模式的发展。

四、跨境电子商务进出口平台

1. 亚马逊

亚马逊"全球开店"是专门针对中国卖家通过亚马逊在网上面向全球消费者销售商品的项目，目前该项目已扩展至美国、日本、英国等 8 个国家。亚马逊美国网站和英国网站已推出全中文化的操作平台，这也是亚马逊美国首次推出非英文的卖家支持工具。亚马逊在全球共有 10 个站点，拥有跨越全球的 109 个运营中心所组成的物流体系，物流配送覆盖 185 个国家和地区，全球活跃用户超过 2.85 亿。

亚马逊重产品轻店铺：亚马逊一直以来都是重产品轻店铺，亚马逊上的每件商品只有一个详情页面。相对其他平台，亚马逊的搜索结果清晰明了，每个商品只会出现一次。如果多个卖家销售同一款商品，不同卖家的报价会在商品的卖家列表上显示，消费者不需要在大量重复的商品列表里大海捞针。

亚马逊物流是"亚马逊全球开店"的一项重要服务，卖家只需将商品发送到当地的亚马逊运营中心，亚马逊就会提供商品的拣货、包装、配送、客服以及退换货等服务。加入 FBA 的卖家能够提高商品的曝光率，直接接触到亚马逊的 Prime 用户。卖家只需专注于如何提升产品质量和打造品牌，由亚马逊提供快捷方面的物流服务。平台也为使用亚马逊物流的卖家提供用当地国语言回答买家的订单疑问，为卖家提供强大的支持后盾。

亚马逊盈利模式：相对于速卖通、敦煌网等平台，入驻全球亚马逊的卖家资质比较高，其收入来源于自营产品的销售收入和平台的服务费。针对使用亚马逊平台的卖家，亚马逊一般收取 5%～15% 的佣金，如果使用亚马逊物流还需额外收取物流费和仓储费。

2. eBay

eBay 集团于 1995 年 9 月成立于美国加州硅谷，其在全球范围内拥有 3.8 亿海外买家，1.52 亿活跃用户，以及 8 亿多件由个人或商家刊登的商品，其本地站点覆盖了全球 38 个国家和地区。

eBay 信息流运作模式：eBay 提供了"站内信"的功能，使卖家能够轻松管理买家的电子邮件，与买家保持进行沟通。

eBay 物流运作模式：国际 e 邮宝是为 eBay 中国寄件人提供发向美国、澳洲等国家的包裹寄递服务。此外，2014 年 eBay 与万邑通签署战略合作协议，万邑通将以海外仓为基础，依靠大数据，为 eBay 卖家提供海外仓管理和"最后一公里"派送的服务。

eBay 资金流运作模式：PayPal 是 eBay 推荐的收付款工具，PayPal 在全球范围内拥有超过 1.57 亿活跃用户，服务遍及全球 193 个国家及地区，共支持 26 种货币付款交易。PayPal 可以让中国卖家无须在海外设立账户就能进行收付款。

eBay 盈利模式：eBay 的收费项目繁多。当卖家在 eBay 上刊登物品时，eBay 会收取一定比例的刊登费；物品售出以后，需要缴纳小额比例的成交费。因此在 eBay 上交易所产生的基本费用为刊登费加上成交费。此外为物品添加特殊功能和买家工具的使用还需缴纳相应的功能费。开设 eBay 店铺的卖家，每月还需额外支付相应的店铺月租费，根据所选的店铺级别不同，月租费也不尽相同。

3. Wish

2013 年 Wish 成功转型跨境电商，2014 年成为跨境电商的黑马。Wish 不同于其他跨境电商平台，移动端是客户的主要来源。Wish 日均活跃用户超过 100 万，日均新用户超 9 万，超过 90% 的用户来自移动端。这是因为 Wish 擅长用户数据的深度挖掘，采用数据算法进行推荐，紧密结合用户特征进行精准营销。

4. 速卖通

速卖通是阿里巴巴融合支付、订单、发货及物流于一体的在线交易外贸电子商务平台。作为中国最大的跨境 B2C 交易平台，速卖通覆盖了 220 多个国家和地区，44 多个不同的品类，日近 5000 万海外流量。

速卖通信息流运作模式：一个市场能否正常和有效地运作，首先取决于交易双方能够获取的信息量和可靠程度；掌握大量真实可靠的信息也是任何交易进行的第一步和前期准备工作。速卖通为交易提供了便捷的交流工具，开发了"Trade Message"软件，确保买卖家之间信息的高效传递。

速卖通物流运作模式：速卖通支持四大商业快递、速卖通合作物流以及邮政大小包等多种国际快递方式。小卖家作为独立的经营主体，可以自行联系物流并进行发货。除了个体单独发货之外，卖家可以借助速卖通的平台在线发货。此外，速卖通正式开启包括了美国、英国、德国、西班牙、法国、意大利、俄罗斯、澳大利亚、印度尼西亚九个国家的海外仓服务。

速卖通资金流运作模式：速卖通的资金流动方式与淘宝相似，速卖通只充当中介的作用。类似于淘宝的支付宝，速卖通开发了阿里巴巴国际付宝 Escrow。目前国际支付宝 Escrow 支持多种支付方式，包括信用卡、T/T 银行汇款、Moneybookers 和借记卡等，并在继续开拓更多的支付方式。除了 Escrow，速卖通也同时支持电汇和其他跨国在线支付方式。

速卖通盈利模式：全球速卖通就提供的交易服务收取服务费，只在交易完成后对卖家收取，买家不需支付任何费用。全球速卖通对卖家的每笔订单仅收取 5% 的服务费。除此之外，速卖通也会为卖家使用的广告营销服务收取服务费。

5. 敦煌网

敦煌网 2004 是中国创建的第一家 B2B 跨境电子商务交易平台。目前，敦煌网已经实现 120 多万国内供应商在线、3000 多万种商品、遍布全球 224 个国家和地区以及 1000 万买家在线购买的规模。每小时有 10 万买家实时在线采购，每 3 秒产生一张订单。

敦煌网信息流运作模式：敦煌网针对买卖双方分别开设中英文站点，并且提供了相应的翻译工具。敦煌通是为了方便买卖双方即时在线沟通交流的一种聊天工具，更加方便快捷让卖家及时了解客户需求及问题，简单快捷的管理买家信息。

敦煌网物流运作模式：敦煌网携手各大第三方物流和货运代理公司，为卖家推出了"仓库发货"物流服务。卖家只需通过在线填写发货预报，将货物线下发货至合作仓库，并在线支付运费，由平台直接提供国际物流的配送。此外，敦煌网在西班牙、俄罗斯、葡萄牙、意大利、德国、法国六国开启海外仓服务。

敦煌网资金流运作模式：DHpay 是敦煌网旗下独立的第三方支付工具，至今已支持全球 224 个国家和地区 400 万规模的买家实现在线跨境支付。除此之外，敦煌网支持 Visa、MasterCard 信用卡、西联支付、Money Bookers、Bank Transfer 等国际化支付方式。这些支付方式可以很好地覆盖并服务全世界买家。

敦煌网盈利模式：敦煌网采取佣金制，免注册费，只有买卖双方交易成功后才收取费用。平台采用统一佣金率，实行"阶梯佣金"政策，平台的佣金规则为：当订单金额 ≥ US MYM300 时：平台佣金 = 订单金额 × 佣金率（4.5%），当订单金额 < US MYM300 时：平台佣金 = 订单金额 × 佣金率（按类目不同为 8% 或 12%）。

思考题

1. 什么是互联网金融？常见的互联网金融模式有哪些？

2. 简述微商的定义，仔细观察你身边是否有做微商的朋友，请分析它的盈利模式、物流模式以及它属于哪种经营模式。

3. 试述跨境电子商务的发展历程。

4. 试分析天猫国际的物流模式及其所采用物流模式的优缺点。

第十二章

网上创业

┌───┐

🌐 【学习要点及目标】

1. 了解网上创业的含义和形式。

2. 了解创业团队的类型和结构。

3. 掌握网上创业项目的基本特征。

4. 了解项目的核心竞争力包括哪些方面。

5. 掌握创业融资的常见渠道。

6. 掌握如何撰写创业融资计划书。

7. 掌握如何编写商业计划书。

└───┘

引导案例　　　　　　　**马云创业背后的故事**

马云其人，相信很多人都已经了解，这位个子不高，样子不帅的中年男子，创造了太多的令人叹为观止的奇迹。不过，马云创业背后的故事，不知道你了解多少？

学数学不如学英语

正所谓"无心插柳柳成荫"，目标北大，只考上杭州师院；三年高考，一年数学成绩1分，一年成绩19分，最后一年79分。大学毕业后，马云当了6年半的英语老师。其间，他成立了杭州首家外文翻译社，用业余时间接了一些外贸单位的翻译活。马云说："我当年学英语，我没有想到后来英文帮了我的大忙。所以，做任何事情只要你喜欢，只要你认为对的，就可以去做。如果你思考问题功利性很强的话，肯定会遇到麻烦的。"

后来这位"杭州最棒的英语老师"因为英语好的原因，受浙江省交通厅委托到美国催讨一笔债务，结果是债没讨成，却促成了他与互联网的十年姻缘。

互联网本来就是"舶来品"，马云流利的英语赋予他一张"国际通行证"，使他有机会征服《福布斯》记者，早早登上了《福布斯》的封面；使他可以结交杨致远、孙正义甚至比尔·克林顿这样的人物；使他可以穿梭在达沃斯论坛，让大家记住阿里巴巴。

这些都促成了马云的国际化视野，使他能筹集到资金，做自己想做的事情。

目标远大高举高打

虽说马云绝非天生丽质，但后天的"难自弃"让他笑到现在。

1999 年春天，阿里巴巴创办之初，马云向仅有的 18 名员工信誓旦旦："我们要建成世界上最大的电子商务公司，要进入全球网站排名的前十位。"

他为阿里巴巴确定的目标是：要做 80 年持续发展的企业、成为世界十大网站、只要是商人都要用阿里巴巴。

他还表示："我们现在好像在建一个大楼，今天是装一根水管，明天是安一个马桶，所有的事情都是乱七八糟的，而且经常改来改去。现在只有一个大概的轮廓，可以这样说，阿里巴巴造几栋楼，现在的基坑都已经打好了。也许到 2009 年，我们可以看出一个面目基本清晰的阿里巴巴"。

在很多人对阿里巴巴将信将疑的时候，马云的高举高打策略也没有动摇过。例如，西湖论剑、请克林顿当嘉宾等。

选对偶像不怕当粉丝

在 2013 年的第二届阿里巴巴网商大会上，马云当着杨致远的面，称其为"偶像"。的确，没有杨致远，马云的人生轨迹八成是要改写。

1995 年，马云在美国第一次接触互联网，第一次看的网站就是雅虎，并"偶遇"杨致远。随后，杨致远成了偶像，马云则成了"粉丝"。结果是马云有幸在当年全程陪同了杨致远的首次中国之行，带他去了长城、故宫，并由此建立了长期伙伴关系。

此后如引来孙正义的投资、拿下雅虎中国，以及最终在中国香港上市，背后都隐现着杨致远的身影。

口才与"精神控制法"

接触过马云的人都有体会，马云的口才"实在是太好了"，好得让人对他的话总有些将信将疑。据说第一次到央视录节目，某编导就认为他夸夸其谈，"不像好人"。

如果将马云的精彩言论出版一本"马云语录"，相信并不是什么难事。

阿里巴巴能像磁石一样吸引大批人才加盟，除了其本身的吸引力外，马云不断地"洗脑"也是一个重要因素，有媒体称之为"精神控制法"。

1999 年，马云决定回杭州从零开始创办"阿里巴巴"网站。他对北京的伙伴们说："愿意同去的，只有 500 元工资；愿留在北京的，可以介绍去收入不菲的雅虎和新浪。"他说用 3 天时间给他们考虑，但不到 5 分钟，伙伴们一致决定一起回杭州去"芝麻开门"。

据说马云颇以此为豪。

马云的精神控制法让公司员工拧成了一股绳，成为所谓的"蚂蚁雄兵"。直到上市前夕，马云才高薪聘请了一些"虎豹豺狼级"的高级职业经理人加盟。

"让天下没有难做的生意"

"让天下没有难做的生意"是阿里巴巴所有业务的核心指导原则。

"我们要求销售人员出去时不要盯着客户口袋里的 5 元钱，你们是负责帮客户把口袋里的 5 元钱先变成 50 元钱，然后再从中拿走 5 元钱。"马云说。

"如果客户只有 5 元钱，你把钱拿来，他可能就完了，然后你再去找新的客户，那是骗钱。""客户都完了，穷了，阿里巴巴也就完了。"

这其实也是马云生意经的鲜明写照。有人说马云朋友多，其中固然有马云的人格魅力在，但在生意场上，马云的这种价值观也让他得到了不少生意上的伙伴。

倒立

马云说，如果你倒过来看世界，他会变得不一样。

这不仅仅是理论，而是阿里巴巴员工的"必修课"。2005 年，《福布斯》杂志刊登了阿里员工贴墙倒立的照片，还说那是淘宝网员工的"招牌动作"。

的确，"倒立"思维让马云在与竞争对手打拼时，可以充分认识自己与对方的优劣，做到"以己之长，攻其之短"。

倒立思维的结果，就是马云在与竞争对手过招时，从不按规则出牌。

回避办公室政治，办事靠团队

"有的公司文化是尔虞我诈，搞办公室政治，阿里巴巴不是。"马云曾表示。"我告诉新来的同事，谁违背了这个，没别的话好说立即走人。"

为了打击办公室政治，阿里内部人员换岗频繁，马云还曾在公司内部展开"延安整风运动"。

马云相信，只要目标一致，一个平凡团队也能创造出奇迹。其实，阿里巴巴就是一个马云一手打造的"蚂蚁雄兵"兵团。

为了证明，马云甚至将《西游记》的唐僧师徒也看作是一个平凡的团队。马云认为，唐僧目标明确，孙悟空能力出众，猪八戒好吃懒做，沙和尚任劳任怨八小时工作制，"这是一支平凡的团队，却是严格创造的团队，就是这支平凡的团队最终经过九九八十一难，取到真经。"

马云多次说过，在阿里巴巴，客户是上帝，其次是员工，最后才是投资者。

武术

马云是一个狂热的武侠迷，据说年少时就喜欢舞枪弄棒，对武侠小说更是入迷。

马云与金庸最早是 20 世纪 90 年代在中国香港见第一面。两人聊得投机，金庸便给马云题字"多年神交、一见如故"。

因此，后来携金庸先生数次西湖论剑自不必说。阿里巴巴的核心价值观也被马云称为"六脉神剑"——客户第一、团队精神、拥抱变化、诚信、激情、敬业。

"中国企业都有一个从少林小子到太极宗师的过程。少林小子都会打几下，太极宗师有章有法，有阴有阳，中国企业要从第一天就有练太极的想法才行。"

喜欢武术，让马云结识金庸；有了金庸，西湖论剑才有了号召力；而作为东道主，马云俨然成了武林盟主。其实，那时新浪才是老大，盟主应该由王志东来当。

变

马云曾说："我觉得变化是必然的，互联网最大的特征是变化，阿里巴巴就处在不断的变化之中。"

马云无疑是善变的，浙商的精明在他身上一览无余。孙悟空有 72 变，马云深知，在千变万化的市场面前，不变的结果只有死路一条。

"拥抱变化"是阿里巴巴的所谓"六脉神剑"之一。马云对此的解释是，突破自我，迎接变化，把变化当作日常生活。

的确，这些年，阿里巴巴都在经历剧烈变化。成立中国供应商、推出诚信通、成立淘宝、成立支付宝、收购雅虎中国、分拆业务、筹备上市，几乎没有停歇，阿里巴巴员工从几十人发展到几千人。

在阿里巴巴内部，变是不需要理由的。马云要摧毁的，是员工头脑中的一切惯性和惰性；他要榨干的是，员工的全部创造性。

（资料来源：https://www.jianshu.com/p/67e283a42ce7，经删减整理。）

第一节　网上创业概述

21 世纪随着全球经济一体化、网络化时代的到来，我国经济发展的机遇与挑战并存。我们的生活发生了天翻地覆的变化。互联网的广泛应用为创业者提供了更多的机会，创业的方式也更加多样化。

一、网上创业的含义和形式

1. 网上创业的含义

网上创业是指创业者利用互联网技术或者借助互联网平台开展经营活动、创造价值、谋求利润的过程。网上创业一般和现实生活中一样，有独立的公司（即网站站点），有经营项目（即论坛、网店之类），有员工（即站内会员），有特定的工作（论坛发帖，网店进货、销售等）。连接起来就是员工（会员）为公司（网站）所经营的项目（论坛、网店）而工作（发帖、进货、售货）。

2. 网上创业形式

网上创业不同于传统创业，一般它是借助已有的电子商务网站，利用其已有资源进行创业。创业成员选择诚信机制完善、管理制度规范、安全可靠的电子商务网站为"网上创业"的母体（平台）。

网上创业主要有四种形式：

（1）网上开店。即利用已有的电子商务网站，通过网上注册建立一个属于自己的网上商店即可经营。这种形式典型的母体如"淘宝网"等。经营网店是目前大学生中最流行、最普遍的网络创业方式，大学生在网络上往往以销售生活用品、化妆品、海外商品代购等为主。

（2）网上加盟。即加盟已有的电子商务网站母体，成为母体的加盟商或业务员，经过一定的培训，签订有关协议，就可以利用母体网站的资源进行推广。这种形式的母体如"阿里巴巴""远程教育"等。

（3）自建电子商务网站。网站是进入互联网的大口，根据《中国互联网络发展状况统计报告》显示，中国目前拥有各类网站 335 万个，创办网站是很多有 IT 专业背景的大学生的选择，自建网站的类型和盈利模式可以是多种多样的，既可以是实体商品的交易网站，比如架设一个实体物品交易类的网站，也可以是信息服务类网站，比如人才招聘网站；还可以是交流性网站，比如交流论坛等。由于受人才、资金等客观因素的影响，大学生创办的网站往往以论坛和行业平台展示网站为主，比如温州第一阀口网、龙湾论坛。

（4）网络自由职业。互联网的深度发展，催生了一大批自由职业者，以威客最具代表性。所谓威客（Witkey）就是指通过互联网平台，依托自己的智慧、经验等，为他人提供解决问题的办法，从而为自己获得报酬的个人或团体。威客的优势在于足不出户，在家里打开电脑就可赚钱，威客年龄在 21～31 岁的占 64%，拥有大学及以上学历的占96.88%，威客受到了大学生的广泛青睐。

二、网上创业的流程

网上创业一般包括四个步骤：寻找合适的项目、组建团队、筹措资金、企业网站的建设与推广。

1. 寻找合适的项目

（1）寻找网上创业项目需要考虑的因素。个人兴趣与特长。每个人都有自己的兴趣爱好，如果能将自己所钟爱的事情做大、做广，用来赚钱，那再好不过了。个人兴趣与特长是影响创业者项目选择的最重要的个体因素，正在艰难选择项目的创业者，最好选择自己感兴趣的行业和项目进行创业活动。一个人在做自己喜欢做的事情时能够更投入、更专心，即便工作很艰苦，他也能从中获得乐趣。网上创业是一项艰苦的活动。如果一个人的创业项目正是他的爱好所在，那么他就更容易获得成功。市场机会及利用能力。调查分析拟选项目是否有市场机会以及创业者本人是否有能力利用这个市场机会。这是影响创业者项目选择的决定性因素。常言道："隔行如隔山。"在不熟悉的行业中创业要有一个从头学习的过程，这中间免不了要交"学费"，这对白手起家的创业者来说是致命的。从事熟悉的行业可以快速进入状态，使创业者少受一些波折，多一些生机。能够承受的风险。选择创业项目时，无论你对该项目多有把握，一定要考虑"未来最坏的情况可能是什么，最坏的情况发生时，我能不能承受"。如果回答是肯定的，就可以选定并实施。国家相关政策与法律。创业者选择项目时，一定要清楚国家政策鼓励和支持的是哪些行业，禁止和限制的是哪些行业。选择国家政策鼓励和支持并有发展前景的行业或项目。

（2）网上创业项目选择的原则。知己知彼原则。所谓知己就是创业者在选择项目之前，首先对自己有一个清楚的认识和判断。知己越深入，越详尽，就越容易找到扬长避短并适合自己的项目，就越能提高创业成功率。所谓知彼就是对社会未来发展趋势的认识，了解创业的社会经济环境，项目的可行性等。深入考察创业环境能够帮助创业者开阔眼界，敏锐捕捉到市场机会，增强项目选择的合理性。自有资源优先原则。创业者在审视了创业环境之后，应该从中甄选出重点利用和开发的资源。甄选应贯彻自有资源优先原则。所谓自有资源，就是创业者本人拥有的或自己可以直接控制的资源，自有资源的使用成本往往很低；同时，这些资源在利用过程中容易使项目获得主动优势，使创业者在今后的市场竞争中占据主动地位。量入为出、从小开始的原则。创业行动之前，创业者对未来充满激情，财务问题往往被忽略，导致项目因资金周转困难而夭折。所以量入为出是创业者必须切实遵循的原则。从小的项目起步更加符合创业的规律。对于创业者来说，拿自己的血汗钱去创业，应该将资金投到风险较小、规模也小的事业中去，先赚小钱，再赚大钱，最终实现滚动发展。

2. 组建团队

创业团队的组建是一项非确定性的活动，充满了随机性。创业团队的形成和发展也各不相同，团队成员走到一起的方式多种多样。如果一个创业团队成员间能够互补和协调，这样的团队将会更具竞争力。

（1）网上创业团队组建原则。目标一致原则。只有创业团队成员的目标一致，团队成员才能认清共同的努力方向，才能激发每一位成员的创业热情，为实现这一目标而奋斗。互补性原则。只有团队成员互相在知识、技能、经验等方面实现互补时，才有可能通过相互协作发挥"1+1>2"的协同效应。因此组建团队应坚持互补性原则。精简原则。为了减少创业期的运作成本，最大限度地分享创业成果，创业团队人员构成应保证企业高效运作的前提下尽量精简。动态开放原则。创业过程是一个充分不确定性的过程，团队中可能因为能力、观念等多种原因不断有人离开，同时也有志趣相投、能力匹配的人员能被吸纳到创业团队中来。

（2）建立团队应注意的问题。规模要适度。团队成员如果太多，就易造成意见分散，沟通困难，讨论问题时很难达成一致。优化组合效率。成功的团队需要不同类型的成员：具有技术专长的成员；有效决策的成员；善于沟通协调的成员。分工协作。团队成员之间相互分工协作，对于不适合团队发展的成员，要不定期清退，使团队成为精英组合。

3. 筹措资金

创业资金主要有以下五种来源：

（1）个人储蓄。这是个人创业资金来源最有效，也是最便捷的方式。这种方式需要处理的问题最少，创业者创业成功后也不会引起权益的纠纷。

（2）亲戚朋友的借款。有时，向亲戚朋友们借款是创业获得资金的唯一来源。创业者通过这一渠道能迅速筹得所必需的投入资金。创业者最好制订一个完善的还款计划，以加强对亲戚朋友们的心理安慰。

（3）银行贷款。近年来国家对创业者越来越重视，各大商业银行都陆续推出了创业贷款计划。凡是具有一定生产经营能力或已经从事生产经营活动的个人，因创业或再创业需要，均可以向开办此项业务的银行申请专项创业贷款。

（4）与他人合伙。与他人合伙也是一种创业融资渠道。选择合伙创业最应注意的问题就是，合伙人之间是否具有诚实与相互信任的基础，如果仅仅是因为资金的缺乏而选择合伙，最有效的措施是在合伙前将所有可能发生纠纷的地方，用法律合同的形式固定下来，以免将来产生不必要的麻烦。

（5）国家政策性扶持。这是指政府部门为了支持某一群体创业出台的小额贷款政策（比如下岗失业人员小额贷款政策），同时也包括支持中小企业的发展建立了许多基金，比如中小企业发展基金、创新基金等。这些政策性贷款的特点是利息低，微利行业政策贴息，甚至免利息，偿还的期限长，甚至不用偿还。但是要获得这些基金必须符合一定的政策条件。

4. 企业网站的建设与推广

（1）企业网站的建设。在确定好网站所要达到的目的和网站应发挥的作用后，企业可以开始企业网站的设计和建设。申请域名：企业在选择域名时，域名要简单易记，并且要符合企业形象，与企业名称、商标或核心业务相关，避免文化冲突。可以采取英文字母或数字的形式。建立主机：主机就是一台功能相当于服务器级的计算机，而且要 24 小时与网络连接。

（2）网站页面设计。对于中小企业或个人的网站，除了文字和图画之外，还要运用一些多媒体技术，可以选择动画、音乐和视频等方式。要让客户产生一种亲切感，采取比较有亲和力的语气来介绍企业品牌或产品。

（3）网站建立后的测试。网站页面设计完成后，需要对网站进行测试。通过测试，找出网站设计的不足，尽量进行改正，以便客户更好地浏览企业网站。

（4）网站推广。企业网站推广有很多方式，这里介绍企业常用的五种方式。搜索引擎推广。企业可以通过网站 SEO 来提高企业网站的点击率，也可以通过市场调查和分析来设计更准确的关键词，使用关键词通过搜索引擎进行更广泛的推广。广告联盟推广。企业可以与同类或相关类型的企业共同组成网络联盟，利用大家共同的力量进行网站的推广。促销活动推广。企业在进行网站推广时可以采取一定的促销活动，在短期内促进销售，提升业绩，增加收益。免费策略的网站推广。在促销策略中，企业可以通过免费试用的申请推广网站，除此以外，还可以根据自身特点和产品特点采取不同的免费策略，如可以采取赠送免费礼物的方式来扩大企业网站的注册率等。企业网站其他的推广方式。采取软文网站推广法，即企业可以通过撰写或引用好文章，并在里面巧妙地加入企业网址的方法将企业网站进行推广，进而达到推广企业网站的目的；手机网站推广法，即企业通过WAP 网站、群发短信、彩铃提示等推广企业网站。

企业应该根据自身的状况和经营特点来决定所要选择的推广方式，企业还可以通过委托专业的公共公司或网络营销公司来进行企业网站的推广。

第二节　创业者与创业团队

一、创业者的基本素质

创业不是一件手到擒来的事情，更不可能一帆风顺，在创业的过程当中肯定会有困难的出现，所以创业者的素质就变得格外重要，只有具备了创业者应具备的素质，才能在面临困苦时，有勇气和自信去面对。

1. 懂得做人

品德高尚的人是成功之本。会做人，人家喜欢你，愿意为你合作，愿意为你效力，才容易成事。对人坦诚，为人正直，处事公正。要习惯真诚地欣赏他人的优点，善于发现他人的闪光点，及时地予以引导和褒奖。要和善、宽容地对他人的生活与工作，表示深切地关怀与兴趣。

2. 善于决策

一个成功的管理者的价值在于：做正确的事情，并帮助和带领下属将事情做正确。面对不断变化的商品竞争，创业者在运筹帷幄战略方针的过程中，会将系列的方案做比对，将最可行、最实际、最有效的方案随时拿出来执行。这就要时刻考验我们的管理者的应变能力和管理执行能力。

3. 相信自己

爱美的女性喜欢说的一句话就是：美丽源自自信。但是成功人士所表现出的自信，往往是咄咄逼人的气势。他们不仅仅是在内心坚信自己，在众人面前也会表现出强者的形象，将这种自信传达给其他的人。研究表明：成功的欲望是创造和拥有财富的源泉。英特尔前总裁葛诺夫认为：只有偏执狂才可以生存下来。坚持与自信，成就了英特尔公司今天的伟业。

4. 明确目标

比较完美的成功者，习惯为他们的企业建立目标，并使全体员工为之奋斗，为之奉献。什么是目标？世界级别的企业管理大师班尼斯的定义是：创造一个令下属追求的前景与目标，将它转化为大家的行为，并完成或达到所追求的前景与目标。热忱往往比领导才能更重要，若两者兼具，则天下无敌。完成一个初级阶段目标，再制定完成更高阶段的目标，这样可以源源不断地提供激情与挑战，帮助领导者维持热忱不受挫。

5. 顽强的精神

如果说有一种特质是所有成功的管理者都具备的话，那就是顽强精神。所谓顽强，就是下定决心，取得成果的精神。顽强精神说起来容易，做起来很难，持久地坚持下来更难，这就是为什么成功者往往不多的缘故。

6. 重视人才

企业最好的资产就是人才。选择合适的人才为我所用，要有明确的标准和意图所向。除专业以外还必须具备：①精力充沛，敬业精神。具有行业特有的精神和气质。②为人正直，全局意识强，在个人利益与公司利益发生冲突时，能优先考虑公司的利益。服从分配与调动，能长期稳定在公司服务。③具有胆识与智慧，能独立思考和独当一面的魄力。

7. 激励团队

优秀的管理人必须是一个能激发起员工激情和动力的人。组织起一个优秀的团队，是一件非常艰难的事情。挖掘出每位团队成员的聪明与潜力，激发起他们的热情，将全部的力量调动起来，是成功的管理者必须具备的一种能力。

8. 终生学习，持续创新

在商业竞争日趋激烈的今天，管理人员面临着更新观念、提高技能的挑战。因此，需要不断地学习来提高认识。创新来源于不断地学习，不学习就没有新思想，不学习就没有新策略和正确的决策。创新是人类发展的主要源泉，具有创新精神的人，是不怕时代和社会变革的。孔子说：朝闻道，夕可死矣。正是终生学习的最佳写照。

9. 架构关系

一个优秀的管理者，习惯构架各种关系。我们知道关系已成为人际社会中个人成长、企业成功的重要条件与资源。关系就如同网络，构架起人与人、群体与群体、企业与客户和企业与企业之间的互动。为了公司的发展，任何一个领导者都缺少不了这种管理关系。

西方国家的大企业，常常邀请其他的大企业的管理者，加入自己的董事会，不仅开拓了眼界，而且在经营管理中，得到了意想不到的助力。

10. 有效沟通

在管理活动中，沟通的技能显得非常重要，可以说：领导者和被领导者之间的有效沟通，是管理艺术的精髓。一个优秀的管理者，习惯用 70% 的时间来与他人沟通。剩下的30% 左右的时间，用于分析问题和处理相关事务。我们通过沟通，使员工广泛参与到企业的经营中来。

11. 抓住机会，经营未来

小机会往往是伟大事业的开始。当你做好迎接机会的心理准备，而机会没有来，总比有机会来了，你却没有做好准备要好。每个人都被机会包围着，关键要看你怎么来抓住机会。未来是不确定的，成功会在某一天、某一刻到来。成功的管理者知道，未来是属于那些已经做好准备的人。

12. 勇于自制，赢得拥戴

具有高度自制力是一种最难得的美德。热忱是促使你采取行动的原动力，而自制则是指引你行动方向的平衡轮。这种平衡能帮助与配合你的行动，实践中，一个有能力管理好别人的人，是一个好的管理者，只有那些可以管理好自己的人，才是成功者。不管你的梦想是多么的伟大，没有拥戴者，梦想依然是梦想，认同我们的拥戴者，找出他们的共同渴望是什么？最成功的管理者会告诉你：他有感知他人目的的能力。

13. 培养领导

所有杰出的领导人都有一个典型的特质，那就是愿意在他们的任职期限内，愿意毫不保留地培养更好、更多的领导者，而不是下属，将那些工作授权给他们来处理。

二、创业团队的类型和组织结构

1. 创业团队的类型

我们知道，团队有多种类型，而且不同的团队有各自不同的优缺点。我们不能说哪种类型的团队就一定比另外一种类型的团队好，但是可以通过对比让我们了解各种类型团队的特点，参照这些内容创业者可以根据自己的实际情况，组建适合自己的团队，从而最大限度地提高企业效益。

创业团队有三种类型：星状创业团队（Star Team）、网状创业团队（Nesh Team）和从网状创业团队中演化来的虚拟星状创业团队（Virtual Star Team）。

（1）星状创业团队。一般在团队中有一个核心主导人物（Core Leader），充当了领军的角色。这种团队在形成之前，一般是 Core Leader 有了创业的想法，然后根据自己的设想进行创业团队的组织。因此，在团队形成之前，Core Leader 已经就团队组成进行过仔细思考，根据自己的想法选择相应人物加入团队，这些加入创业团队的成员也许是 Core Leader 以前熟悉的人，也有可能是不熟悉的人，但其他的团队成员在企业中更多时候是支持者角色（Supporter）。

这种创业团队有四个明显的特点：①组织结构紧密，向心力强，主导人物在组织中的行为对其他个体影响巨大。②决策程序相对简单，组织效率较高。③容易形成权力过分集中的局面，从而使决策失误的风险加大。④当其他团队成员和主导人物发生冲突时，因为核心主导人物的特殊权威，使其他团队成员在冲突发生时往往处于被动地位，在冲突较严重时，一般都会选择离开团队，因而对组织的影响较大。

这种组织的典型例子有：太阳微系统公司（Sun Microsystem）创业当初就是由维诺德·科尔斯勒（Vinod Khosla）确立了多用途开放工作站的概念，接着他找了 Joy 和 Bechtolsheim 两位分别是软件和硬件方面的专家和一位具有实际制造经验和人际技巧的麦克尼里（Mc Neary），于是，组成了 SUN 的创业团队。

（2）网状创业团队。这种创业团队的成员一般在创业之前都有密切的关系，比如同学、亲友、同事、朋友等。一般都是在交往过程中，共同认可某一创业想法，并就创业达成了共识以后，开始共同进行创业。在创业团队组成时，没有明确的核心人物，大家根据各自的特点进行自发的组织角色定位。因此，在企业初创时期，各位成员基本上扮演的协作者或者伙伴角色（Partner）。

这种创业团队有四个明显的特点：①团队没有明显的核心，整体结构较为松散。②组织决策时，一般采取集体决策的方式，通过大量的沟通和讨论达成一致意见。因此组织的决策效率相对较低。③由于团队成员在团队中的地位相似，因此容易在组织中形成多头领导的局面。④当团队成员之间发生冲突时，一般都采取平等协商、积极解决的态度消除冲突。团队成员不会轻易离开。但是一旦团队成员间的冲突升级，导致某些团队成员撤出团队，就容易导致整个团队的涣散。

这种创业团队的典型例子有：微软的比尔·盖茨童年玩伴保罗·艾伦，HP 的戴维·帕卡德和他在斯坦福大学的同学比尔·休利特等多家知名企业的创建多是先由于关系而结识，基于一些互动激发出创业点子，然后合伙创业。这种的例子比比皆是。

（3）虚拟星状创业团队。这种创业团队是由网状创业团队演化而来，基本上是前两种的中间形态。在团队中，有一个核心成员，但是该核心成员地位的确立是团队成员协商的结果，因此核心人物某种意义上说是整个团队的代言人，而不是主导型人物，其在团队中的行为必须充分考虑其他团队成员的意见，不像星状创业团队中的核心主导人物那样有权威。

该种创业团队的特点是：①核心成员由于是团队成员协商的结果，因此，有一定的威信，能够作为团队的领导。②团队的领导是在创业过程中形成的，这就既不像星状创业团队那么集中，又不像网状创业团队那么分散。③核心成员没有充分的自主权，他的行为必须考虑其他成员的意见。

2. 创业团队的组织结构

简单地说，组织结构就是组织内部各组成部分或各部门之间关系的一种模式，它反映和规定了组织成员之间的分工合作关系。组织结构随着社会的发展变化和生产力的发展而不断发展的，每一种类型的组织结构都有其优缺点，都有自己的适用范围。下面介绍几种常见的类型。

（1）直线式组织结构。直线式组织结构是指上下级职权关系贯彻组织内部的最高层和最底层，形成指挥链的组织结构形式。直线式组织结构按照一定的职能分工，各级各部门都建立了职能机构来担负计划、生产、销售、人事及财务等方面的管理工作。各级领导都有自己的职能机构作为助手，从而发挥职能机构的专业管理作用。这种结构分工细密，工作效率高，稳定性强，有利于发挥组织的协作效率。不足之处就是各部门之间缺乏信息交流，内部人员之间矛盾多，领导的协调工作量大。它主要适用于劳动密集、规模较小、机化程度较高的企业。

（2）职能式组织结构。职能式组织结构是按职能来组织部门分工，即从企业高层到基层，均把承担相同职能的管理业务及其人员组合在一起，设置相应的管理部门和管理职务。随着生产品种的增多，市场多样化的发展应根据不同的产品种类和市场形态，分别建立各种集生产、销售为一体，自负盈亏的事业部制。职能式结构的最大特点是专业化分工。在这种组织里，纵向控制大于横向控制，企业管理权力高度集中。组织内部缺乏创新意识，每个职员对组织目标认识有限。

（3）事业部式组织结构。事业部式组织结构，就是按产品或地区设立事业部（或大的子公司），每个事业部都有自己较完整的职能机构。事业部在最高决策层的授权下享有一定的投资权限，是具有较大经营自主权的利润中心，其下级单位则是成本中心。事业部制适用于规模庞大，品种繁多，技术复杂的大型企业，是国外较大的联合公司所采用的一种组织形式，近几年我国一些大型企业集团或公司也引进了这种组织结构形式。

事业部制的优点是：总公司领导可以摆脱日常事务，集中精力考虑全局问题；事业部实行独立核算，更能发挥经营管理的积极性，更利于组织专业化生产和实现企业的内部协作；各事业部之间有比较有竞争，这种比较和竞争有利于企业的发展；事业部经理要从事业部整体来考虑问题，这有利于培养和训练管理人才。事业部的缺点是：公司与事业部的职能机构重叠，构成管理人员浪费；事业部实行独立核算，各事业部只考虑自身的利益，影响事业部之间的协作等。

（4）矩阵式组织结构。矩阵式组织结构就是在一个机构之机能式组织形态下，为某种特别任务，另外成立专案小组负责，此专案小组与原组织配合，在形态上有行列交叉之式，即为矩阵式组织。在组织结构上矩阵式组织可以将企业中各个办事处更有效地结为一体，矩阵组织结构可以解放各个职能部门经理间的限制，以达到职能部门经理间更好地就资源进行全面的沟通的目的。其次矩阵式组织可以帮助企业暂时减少员工招聘的成本，特别是对一些刚刚建立的部门。各个部门中关键的人可以同时被企业中各个项目所使用，因此，矩阵式组织可以在项目管理过程中，帮助企业在时间成本和绩效上平衡。

在组织结构上，它是把职能划分的部门和按产品（项目）划分的小组结合起来组成一个矩阵，一名管理人员既同原职能部门保持组织与业务上的联系，又参加项目小组的工作。职能部门是固定的组织，项目小组是临时性组织，完成任务以后就自动解散，其成员回原部门工作。

矩阵式管理模式就是以产品线为纵轴，区域机构为横轴的交叉组织管理模式，是多产品线、跨区域或跨国企业经营的基本模式。矩阵式结构具有灵活、高效、便于资源共享和组织内部沟通等优势，可以适应多元化产品、分散市场以及分权管理等复杂条件。在矩阵组织中，强调区域本地化及产品业务垂直化，各地分公司和产品线经理都可以更好地了解客户需求，提供差异化的产品及服务，赢得更多订单和市场。矩阵结构的缺点是：项目负责人的责任大于权力，因为参加项目的人员都来自不同部门，只是为"会战"而来，所以项目负责人对他们管理困难，没有足够的激励手段与惩治手段，这种人员上的双重管理是矩阵结构的先天缺陷。

三、创业团队的组建

任何创业团队的组建都是一个相对复杂的过程,不同类型的创业项目所需的团队不一样,创建步骤也不完全相同。概括来讲,创业团队的一般组建程序如图 12 – 1 所示。

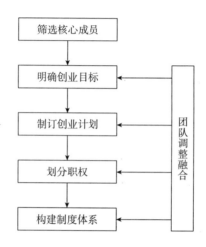

图 12 – 1 创业团队组建程序

具体而言,创业团队组建的主要工作分六大步骤:

第一步,筛选核心成员。在企业成立之初,必须要有一些志同道合,有创业意愿的人才作为核心成员发起创业,创建初步团队模式,在自己熟悉的圈子、共同擅长的领域进行筛选,挑选优势互补、志向相同的人参与到创业团队中来。

第二步,明确创业目标。创业者为了吸引合适的创业伙伴,组建创业团队,一方面应当使自己的创业思路明晰,另一方面必须将自己掌握的创业机会形成一定的创意,进而形成一个创业目标。创业者形成的创业目标也就是为组建创业团队而设立的目标。这样,更能够吸引创业伙伴,使想要加入创业团队的成员对未来发展有充分的了解,更易于合作。

第三步,制订创业计划。有目标固然是好事,但是如果没计划,那么成功的概率将大大降低,这对于刚成立的创业团队无疑是极大的打击。围绕创业目标,应该根据市场调查数据及各核心成员掌握的资源情况制订相应的总体创业计划,再分阶段细化,责任到人,奖惩到位,对照目标,动态管理,最终达到落实总体计划的目的,培养团队协作能力。

第四步,划分职权。各司其职、权责相当是创业团队保持高效运作的关键。企业整体运作、生产管理、行政人事等各个部门实现条块管理,既有分工又有合作,有条不紊地管理是创业团队有效工作的基础,有利于团队携手共进,实现创业目标。

第五步,构建制度体系。完善的体系制度是保持创业团队有效实施管理的关键。虽然不同类型的创业团队在管理上有其特殊性,但其重点在于团队人力资源的整合、激励和调整等方面。有效管理创业团队成员,应该构建起创业团队的制度体系,主要体现在团队的约束制度和激励制度上,并采用规范的书面形式确定下来。约束制度可以有纪律规定、行政制度、人事制度、生产管理制度、财务条例、保密条例等,但应考虑创业团队的管理特点，约束制度不可过于严格、死板，实行人性化管理。激励制度可有利益分配制度、股权激励制度、绩效考核制度、奖惩制度、荣誉制度等。激励制度可谓更加重要，在凝聚人心、打造团队和调动成员主动性、积极性与创造性方面都具有不可替代的重大作用。创业团队的制度都是服务于创业目标的，制定时要有灵活性，需要时可增可改。

第六步，团队调整融合。在前五步有效实施的基础之上，团队就进入了调整阶段。随着创业的发展和团队的运作，原先组建时考虑不周之处、不合理的安排也会暴露出来，因此团队的调整融合势在必行，而且需要一个过程。通过团队文化的建设，大力提倡团队意识、团队精神，造就和谐的团队氛围，能够大大促进团队调整融合的顺利进行并取得好效果。

此外，随着创业的发展和团队的运作，原先组建时的考虑不周之处、不合理的安排也会逐渐暴露出来，因此团队的调整融合势在必行，而且需要一个过程。通过团队文化的建设，大力提倡团队意识、团队精神，造就和谐的团队氛围，能够大大促进团队调整融合的顺利进行并取得更好的效果。

第三节 网上创业项目

一、网上创业项目的基本特征

1. 门槛低

网上创业以网络和物流为依托，利用网络来进行营销推广。而最近几年的网络技术的普及，物流业的飞速发展，给网上创业项目创造了良好的条件，从而使网上创业项目的门槛大大降低，为更多的创业者进行网上创业提供了基本保障。网上创业大多以商业性的买卖为主，对技术知识方面的要求并不是很高，创业者只需要懂得基本的计算机和网络知识，在资金方面具有项目启动和运营的资金，就能起步进行网上创业了。

2. 启动资金少

传统模式的创业，都需要花费大量的人力、物力、财力来注册登记公司。同时传统的商业创业需要有实体的门店或者仓库厂房来进行生产或者储存货物，在过去没有网络的环境下，还需要投入大量资金在报纸、杂志、电视等传统媒体上做广告宣传等。

网上创业和传统创业相比，则有诸多无法比拟的优势。首先，网络创业如果是以网上商店为主体，不需要进行注册登记，省去了注册资金。其次，网络创业不需要实体的门店，省去了大额的门面租金，对成本的降低起到了很好的作用。最后，可以充分利用互联网这个平台，进行网络营销，或者利用 BBS、博客、微博等工具进行宣传。

3. 成长快

前面我们讲了网上创业的低门槛和低启动资金，这两点就解决了现在人们进行网上创业起步难度的问题，使网上创业的项目如雨后春笋般涌现出来。除此以外，在目前我国鼓励发展电子商务的政策环境下，同时又有网上创业几乎零税收这个极大的优势，这些因素都对网上创业项目的成长速度起到了极大的推动作用，也使网上创业项目的盈利比传统创业更容易，盈利快的项目就意味着这样的项目能够更快地获得回报。创业者越快得到回报，对网上创业项目较快地加大投资的可能性就越大。

4. 风险因素多

网上的创业项目与传统的创业项目一样，都受到很多不确定因素的影响。这些不确定因素可能会对网上创业项目带来不同的影响。有正面影响因素，它们能够促进网上创业项目的成长；也有负面的影响因素，它们能阻碍创业项目的发展甚至是对网上创业项目带来毁灭性的影响，导致网上创业项目失败。而这些对网上创业项目可能带来负面影响的因素，我们称为网上创业项目的风险，主要有市场风险、技术风险、资金风险、竞争风险等。

5. 网络营销需求较大

网上创业项目的推广和开拓市场基本上都是通过网络营销来实现的。这就使网上创业项目有较大的网络营销需求，同时也从侧面反映了网络营销对一个网上创业项目的重要性。

首先，项目建立初期，产品知名度的提高需要通过网络推广来达到，网络营销成了首选的营销方式；其次，产品的销售在网上进行发布或者推广，也是大趋势；最后，网上创业项目能否盈利的关键因素是网络营销，好的网络营销能促进项目的快速成长。从开始建立到盈利，再到发展壮大，需要对目标市场进行大量的宣传和网络营销投入。

6. 对项目或产品的创新性要求高

首先，一个网上创业项目要想一炮打响，那么这个项目的创意必须独到，并且符合其目标客户的需求。如果创新性不高，那么这个项目可能很难引起客户的兴趣。其次，网上创业项目的推广需要强有力的网络营销，而一个网上创业项目必须要有卖点来进行网络营销或推广。那么这个网上创业项目的创新性或者其产品的创新性就成了其网络营销的核心点。如果没有创意，可能也影响产品的营销。

7. 中后期融资需求大

从前面我们可以知道网上创业项目前期和中期的投入较小，同时，它的收益速度较快，也就是成长速度快。在项目成长变大后，资金需求变大，这也就使网上创业项目在中后期有较大的融资需求。这也是网上创业项目一个非常重要的特点。

二、创业项目的来源

1. 原创项目

原创项目是指创业者按照自己的想法或者创意来进行创业，或者根据创业者自身的优势和特长，利用自己的资源进行自主创业的项目。原创项目是创业项目重要来源之一。

原创项目最大特点是创意来自创业者本身。首先，创业者拥有该项目的知识产权或者所有权，创业者可以不用支付昂贵的项目购买费用或者加盟费。其次，原创项目的创新性高。再次，原创项目的可行性和获取收益的概率因项目而异。最后，原创项目所有权归属创业者本人，不存在收益分配的问题。

2. 引进项目

引进项目是网上创业项目的一个重要来源。引进项目有两种情况：一是创业者利用自身的商业资源，引进他人或组织的技术，也可以是引进创业项目，独立进行创业的项目。二是创业者引进创业创意或者创业项目，并与项目的所有人一起进行创业的项目。

引进项目的主要特点是项目的创意或核心技术是引进他人的成果。首先，引进技术或创业项目需要付出一定的代价。其次，引进项目的创新性和原创项目相比，都具有自主的知识产权，因为引进了核心技术或者原创项目之后，就拥有了该项目的技术和产权。再次，引进项目的可行性和收益率一般会比较高。最后，在技术或者项目引进之后，项目都归属于创业者，不存在收益分配问题。

3. 合作项目

合作项目是指合作的双方或者多方，按照其中一方的项目创意或者创业项目，一起相互利用各自拥有的资源来进行创业。合作项目也是网上创业项目的来源之一。

首先，合作项目的项目创意来源于创业者内部，项目的知识产权和所有权归属于创业项目的合作双方，这是合作项目的重要特点之一。其次，合作项目的创新性要弱一些，这是由于项目从诞生到寻求合作，再到合作成功，需要一定的时间，项目的创意或创新性受到一定的影响。再次，该类项目需要合作完成，说明其可行性较强，相应收益率也较高。最后，网上创业合作项目的创意、项目的知识产权和所有权归属于创业双方共同拥有，因此项目需要合作双方或者多方进行利益的合理分析。这是合作项目的一个弱点。

4. 购买项目

购买项目是指创业者根据自身的需要，购买他人或组织的创业创意或者创业项目，进行独立创业的项目。购买项目是网上创业项目来源的一个不可或缺的部分。

购买项目最大特点是可行性较好、盈利概率较高。首先，因为购买项目能够出售，说明其可行性和可推广性能经受市场的考验。其次，购买项目的经济性不如其他来源的项目。购买一个网上创业项目需要花费一笔高昂的购买费，这是购买项目的一个致命弱点。最后，项目的购买人拥有项目的所有权和知识产权，同时也意味着不存在利益分配的问题。

三、项目的可行性论证

项目的可行性分析是根据计划的项目，通过分析项目需要的技术、所处的市场环境、可能发生的投资和费用、产生的效益，从而确定该项目成功的可能性。

（1）产品/服务可行性分析。产品/服务可行性分析是指对拟推出的产品或服务的总体吸引力进行评估。在预期产品或服务投入开发之前，企业应该确定产品或服务是消费者所需要的，并且拥有足够大的市场。

产品/服务可行性分析由概念测试和可用性测试两个基本测试组成。概念测试是指向预期客户展示产品或服务，以评估消费者的兴趣、意向和购买意向。可用性测试要求产品使用者执行某些任务，以便测量产品的易用性与用户的体验。

（2）行业/市场可行性分析。行业/市场可行性分析是对要提供的产品或服务的整体市场吸引进行评估的过程。拟实施项目在进行这部分可行性分析时，需要考虑以下三个方面：①行业吸引力。行业之间的增长率千差万别。一般情况，正在持续增长的行业更具有吸引力，因为这种行业对新进入者和新产品引入的接受程度高。②市场进入时机。对项目创意进行行业/市场可行性分析，还要考虑特定产品或服务引入的时机。拟建项目既可以引进突破性新产品或服务，也可以引进当前可行的产品或服务。③利基市场识别。利基市场是指在较大的细分市场中具有相似兴趣的一小群顾客所占有的市场空白。利基市场战略不仅有利于项目创造一个行业，从而避免了与主要竞争对手进行正面竞争，而且也有益于集中精力把某个特定市场做成功。具有吸引力的利基市场的关键在于，每个市场必须足够"大"，以支持新创项目；同时还要足够"小"，以避免与行业领导者进行正面竞争。

（3）组织可行性分析。组织可行性分析是用来确定新计划的项目是否具有足够的管理专业知识、组织能力和资源来成功创办新企业，主要体现在管理才能和资源丰富程度上。

管理才能就是一个项目能否顺利实施，要充分评估项目管理团队的才能或能力，这就意味着创业者必须进行自我评估。

资源丰富程度。新创项目要确定是否拥有充足资源来成功推进产品或服务创意开发。其中主要包括财务可行性分析和非财务可行性分析。为测试资源丰富程度，建议拟建项目列出 6 ~ 12 种有助于推进项目创意开发的非财务关键资源，并评估企业获取这些资源的可行性。如果核心领域内的关键资源难以获得，那么继续推进项目创意也毫无意义了。

（4）财务可行性分析。财务可行性分析是以项目创意是否可行的初步财务分析。该环节需要考虑的主要问题有资本需求、财务收益和投资总体吸引力。①资本需求。评估企业筹集足够资金以满足资本需求的可行性十分必要。在可行性分析阶段，财务数据不必强求精确，但这些数字应当相当准确，以使创业者认识到网上创业项目到底需要多少钱。②财务收益。资产回报率、权益收益率和投资回报率是新网上项目诸多预期收益中的一部分。在可行性分析阶段，重要的是确定预期收益是否足以保证项目的创建。③投资总体吸引力。其他财务要素也与有前途的商业机会密切相关。在可行性分析阶段，商业机会与每个财务要素呈现正相关的关系，依赖于估计或预期值而非时机绩效。

四、项目的核心竞争力保护

网上创业项目的核心竞争力是指在网上创业项目的创意从规划到分析再到实施整个过程，对项目的创意或者项目的计划、项目的核心技术等重要信息或者数据等进行保护的行为。

创意是一种无形资产。一个好的创意，可能给权利人带来巨大的财富。然而，我国并没有专门保护创意方面的法律法规。那么，我们可以通过哪些途径来保护自己的创意呢？

1. 商标注册

如果创意属于某种商品或服务的商标设计，则权利人可以通过申请商标注册来保护自己的创意。我国《商标法》规定，权利人对依法申请并获得注册的商标享有注册商标的专有权，未经商标注册人许可，任何要在同一种商品或者类似商品上使用与其注册的商标相同或者近似的商标的，或者销售侵犯注册商标专用权的商品的，或者伪造、擅自制造他人注册商标标识或者销售伪造、擅自制造注册商标标识的，或者未经商标注册人同意，更换其注册标并将该更换商标的商品又投入市场的，都属于侵权行为。商标权人可以依据《商标法》向人民法院起诉，或者请求工商行政管理部门处理。

2. 专利申请

如果一个创意是基于一项技术发明，并且符合我国《专利法》关于申请专利的各项规定，则权利人可以通过申请专利获得保护。根据创意的内容，可以申请发明专利、实用新型专利或外观设计专利。

我国《专利法》规定，发明和实用新型专利权被授予后，除本法另有规定的以外，任何单位或者个人未经专利权人许可，都不得实施其专利，即不得为生产经营目的制造、使用、许诺销售、销售、进口其专利产品，或者使用其专利方法以及使用、许诺销售、销售、进口依照该专利方法直接获得的产品。外观设计专利权被授予后，任何单位或者个人未经专利权人许可，都不得实施其专利，即不得为生产经营目的制造、许诺销售、销售、进口其外观设计专利产品。

一旦将创意申请专利，不论权利人最后是否获得专利授权，该创意都已被公众所知。此外，专利保护有一定期限，不是无限期保护。发明专利权的期限为二十年，实用新型专利权和外观设计专利权的期限为十年，均自申请日起计算。

3. 品牌战略

品牌战略是公司将品牌作为核心竞争力，以获取差别利润与价值的企业经营战略。品牌战略是市场经济中竞争的产物。战略的本质是塑造出企业的核心专长。品牌战略包括品牌化决策、品牌模式选择、品牌识别界定、品牌延伸规划、品牌管理规划和品牌远景六个方面内容。

（1）品牌化决策。它解决的是品牌的属性问题。是选择制造商品牌还是经销商品牌、是自创品牌还是加盟品牌，在品牌创立之前就要解决好这个问题。不同的品牌经营策略，预示着企业不同的道路与命运，如选择"宜家"式产供销一体化，还是"麦当劳"的特许加盟之旅。总之，不同类别的品牌，在不同行业与企业所处的不同阶段有其特定的适应性。

（2）品牌模式选择。它解决的则是品牌的结构问题。是选择综合性的单一品牌还是多元化的多品牌，是联合品牌还是主副品牌，品牌模式虽无好与坏之分，但却有一定的行业适用性与时间性。如日本丰田汽车在进入美国的高档轿车市场时，没有继续使用"TOYOTA"，而是另立一个完全崭新的独立品牌"凌志"，这样做的目的是避免"TOYOTA"会给"凌志"带来低档次印象，而使其成为可以与"宝马""奔驰"相媲美的高档轿车品牌。

（3）品牌识别界定。它确立的是品牌的内涵，也就是企业希望消费者认同的品牌形象，它是品牌战略的重心。它从品牌的理念识别、行为识别与符号识别三个方面规范了品牌的思想、行为、外表等内外含义，其中包括以品牌的核心价值为中心的核心识别和以品牌承诺、品牌个性等元素组成的基本识别。如 2000 年海信的品牌战略规划，不但明确了海信"创新科技，立信百年"的品牌核心价值，还提出了"创新就是生活"的品牌理念，立志塑造"新世纪挑战科技巅峰，致力于改善人们生活水平的科技先锋"的品牌形象，同时导入了全新的视觉识别（VI）系统。通过一系列以品牌的核心价值为统帅的营销传播，一改以往模糊混乱的品牌形象，以清晰的品牌识别一举成为家电行业首屈一指的"技术流"品牌。

（4）品牌延伸规划。它是对品牌未来发展领域的清晰界定。明确了未来品牌适合在哪些领域、行业发展与延伸，在降低延伸风险、规避品牌稀释的前提下，以谋求品牌价值的最大化。如海尔家电统一用"海尔"牌，就是品牌延伸的成功典范。

（5）品牌管理规划。从组织机构与管理机制上为品牌建设保驾护航，为品牌的发展设立远景，并明确品牌发展各阶段的目标与衡量指标。企业做大做强靠战略，"人无远虑，必有近忧"，解决好战略问题是品牌发展的基本条件。

（6）品牌远景。它是对品牌的现存价值、未来前景和信念准则的界定。品牌远景应该明确告诉包括顾客、股东和员工在内的利益关系者"三个代表"：品牌今天代表什么？明天代表什么？什么代表从今天到明天的努力？

第四节　网上创业项目融资

资金是企业的血脉，是企业经济活动的第一推动力和持续推动力，企业的创立、生存和发展，必然以一次次融资、投资、再投资为前提。日本创业家中田修说："有钱谁都会创业，关键是没有钱怎么创业。"创业面临的难题之一就是缺乏"启动资金"。

一、融资及其必要性

1. 融资的定义

从狭义上讲，融资是一个企业的资金筹集的行为与过程，也就是说公司根据自身的生产经营状况、资金拥有的状况，以及公司未来经营发展的需要，通过科学的预测和决策，采用一定的方式，从一定的渠道向公司的投资者和债权人去筹集资金，组织资金的供应，以保证公司正常生产需要、经营管理活动需要的理财行为。公司筹集资金的动机应该遵循一定的原则，通过一定的渠道和一定的方式去进行。我们通常讲，企业筹集资金无非有三大目的：企业要扩张、企业要还债以及混合动机（扩张与还债混合在一起的动机）。

从广义上讲，融资也叫金融，就是货币资金的融通，当事人通过各种方式到金融市场上筹措或贷放资金的行为。从现代经济发展的状况看，作为企业需要比以往任何时候都更加深刻全面地了解金融知识、了解金融机构、了解金融市场，因为企业的发展离不开金融的支持，企业必须与之打交道。

2. 融资的必要性

资金是企业经济活动的第一推动力、持续推动力。企业能否获得稳定的资金来源、及时足额筹集到生产要素组合所需要的资金，对经营和发展都是至关重要的。目前国内企业在发展中遇到的最大障碍就是融资困境。企业融资是指以企业为主体融通资金，使企业及其内部各环节之间资金供求由不平衡到平衡的运动过程。当资金短缺时，以最小的代价筹措到适当期限、适当额度的资金；当资金盈余时，以最低的风险、适当的期限投放出去，以取得最大的收益，从而实现资金供求的平衡，融资对于企业是百利而无一害的。

（1）融资能够帮助中小企业获得稳定的资金来源。中小企业进行融资，不但能够满足资金可得性的需要，实际上还能够拥有较为稳定的资金来源。投资机构或者投资者在对中小企业进行投资时，期望得到更加长远和更大规模的回报，因此在进行仔细分析与评估之后才选择中小企业进行投资，这时投资机构与中小企业就形成了一个利益共同体，为了让自己的投入发挥作用赚取回报，他们不仅不会轻易撤资，往往还会尽自己所能帮助企业渡过难关。

（2）融资能够帮助中小企业弥补日常经营资金的缺口。大部分中小企业在运营过程中都会面临资金匮乏的问题，已有资金已经投入企业成立初期的运作当中，接下来的运行、计划以及出现的一系列问题却正在或者即将面临因资金短缺而不能启动的窘境，或者企业出现了资金周转困难的情况，进行融资就能够帮助企业获得资金支持，不仅能维持企业正常生产经营，帮助企业平稳度过资金匮乏期，也能保证企业迈出扩张性的一步，利用融资激活整个产业链，实现产业布局的调整和发展。

（3）融资能够帮助中小企业发展壮大，提升综合竞争力。在市场经济中，适者生存、优胜劣汰是企业成长的基本规律，对于刚刚起步、实力尚弱的中小企业就更要面对这个残酷的法则，不断发展壮大才是他们赖以生存的不二法门。企业要发展壮大，需要扩大经营、开拓市场、获取资源、创新尝试，虽然现在人们口中的"烧钱"二字略带嘲讽意味，但这些努力无一不需要大量资金的支持，融资能够为中小企业提供资金支撑，帮助中小企业从各方面进行实力提升，以此在与同行的竞争中占据优势，获得成功。

（4）融资能够帮助中小企业降低在多层次资本市场中间的转换成本。如果中小企业在获得融资之后能够持续快速发展自身，在不断扩张的规模之中就有可能获得投资机构的第二轮甚至更多轮投资，这样就能够有效提高企业的融资效率，降低在资本市场转换的成本，在整个企业成长过程中全程得到稳定资金支持，一直到中小企业羽翼渐丰。

二、创业融资的常见渠道

任何创业都是有成本的，就算是最少的启动资金，也要包含一些最基本的开始，如产品定金、店面租金等。我国创业企业的主要资金来源有向机构贷款和私人资本融资。

1. 向机构贷款

向机构融资主要有以下几种操作途径：

（1）向商业银行贷款。银行贷款被誉为创业中小企业融资的"蓄水池"，由于银行财力雄厚，而且大多具有政府背景，因此在创业者中很有"群众基础"。从目前的情况看，银行贷款有以下四种：①抵押贷款，是指借款人向银行提供一定的财产作为信贷抵押的贷款方式。②信用贷款，是指银行仅凭对借款人资信的信任而发放的贷款，借款人无须向银行提供抵押物。③担保贷款，是指以担保人的信用为担保而发放的贷款。④贴现贷款，是指借款人在急需资金时，以未到期的票据向银行申请贴现而融通资金的贷款方式。

（2）风险投资。风险投资又称创业投资，是一种高风险、高潜在收益的投资，投资资本属于权益资本。风险投资虽然是一种股权投资，但投资的目的并不是获得企业的所有权，不是控股，更不是经营企业，而是通过投资和提供增值服务把投资企业做大，然后通过公开上市、兼并收购或其他方式退出，在产权流动中实现投资回报。风险投资可以是风险投资公司投资也可以是个人投资。

（3）融资租赁。融资租赁是指出租人根据承租人对租赁物件的特定要求和对供货人的选择，出资向供货人购买租赁物件，并给承租人使用，承租人则分期向出租人支付租金，在租赁期内租赁物件的所有权属于出租人所有，承租人拥有租赁物件的使用权。租期届满，租金支付完毕并且承租人根据融资租赁合同的规定履行完全部义务后，对租赁物的归属没有约定或者约定不明的，可以协议补充；不能达成补充协议的，按照合同有关条款或者交易习惯确定，仍然不能确定的，租赁物件所有权归出租人所有。

融资租赁是集融资与融物、贸易与技术更新于一体的新型金融产业。由于其融资与融物相结合的特点，出现问题时租赁公司可以回收、处理租赁物，因此在办理融资时对企业资信和担保的要求不高，非常适合中小企业融资。

（4）政府融资支持。各地政府给大学生、女性、下岗工人和农民创业提供融资支持。另外，政府也在政策上给绿色节能、民生工程的项目提供优惠政策。政府通过一些方式给扶植的企业以资金支持。主要有以下方式：

第一，贷款贴息。贴息贷款是指用于指定用途并由国家或银行补贴其利息支出的一种银行专项贷款。它是一种优惠贷款，以鼓励某种事业或项目的建设。创新项目要求具有一定水平、规模和效益，原则上采取贴息方式支持其使用银行贷款，以扩大生产规模。一般按贷款额利息的 50%～100%给予补贴，贴息总额一般不超过 700 万元，个别重大项目最高不超过 200 万元。

第二，无偿资助。主要用于中小企业技术创新中产品研究开发及中期阶段的必要补助、科研人员携带科技成果创办企业进行成果转化的补助。资助额一般不超过 100 万元，个别重大项目最高不超过 200 万元，且企业必须具有大额以上的自有匹配资金；资本金投入，对于少数起点高且有较广创新内涵，较高创新水平并有后续创新潜力，预计投产后有较大市场需求的企业，可以采取成本投入方式。

（5）其他融资渠道。除了以上传统的融资渠道外，创业者还可以采用其他融资方式，如孵化器融资、集群融资等。创业者也可以自行创造新的融资渠道。在寻找外部融资时，创业者应考虑融资种类、数量和时机等因素。

2. 私人资本融资

（1）自我融资。自我融资就是创业者将自己的积蓄投入企业中。在创业团队中，创业者各自投入个人资金意味着原始股本结构的确立。一方面，创业者尽可能多地投资个人资金，持有更多的股份，虽然会带来较大的风险，但是创业一旦成功，回报将非常丰厚。另一方面，创业者投入更多的资金意味着创业者对创业有决心和信心。这样投资家对创业者更为信任，投资的可能性就更大。

（2）向亲朋好友融资。创业初期，企业实力不够，很难得到银行贷款和风险投资。另外，亲朋好友对创业者比较了解，并且中国有齐心创家的传统，亲朋好友往往愿意提供资本给创业者。所以向亲朋好友融资是创业融资十分有效、常见的融资方式。

（3）天使投资。天使投资是权益资本投资的一种形式。此词源于纽约百老汇，1978年在美国首次使用。天使投资是指具有一定净财富的人士，对具有巨大发展潜力的高风险的初创企业进行早期的直接投资。属于自发而又分散的民间投资方式。这些进行投资的人士被称为"投资天使"，用于投资的资本称为"天使资本"。

天使投资的投资原则：第一看人，第二看项目。天使投资人愿意把钱投给有道德、有创业才能的人，所以创业者必须建立优秀的团队，做到诚信经商，加强自己的创业能力。天使投资人跟其他投资人一样看重项目的可行性和市场前景，创业者无疑要选择优秀的项目。

三、创业融资的运作过程

成立一个企业需要有注册资本、缴纳注册费用、购买设备、招聘员工等，所有一切都离不开资金的支持；而一个企业的运营更是需要源源不断的资金支持。资金是企业的"血液"，是企业最基本的要素之一。

创业融资有三个核心原则：一是现金多比现金少好；二是早得现金比晚得现金好；三是风险较小的现金比风险较大的现金好。融资过程一般有包括五个阶段：投资决策阶段、融资决策阶段、融资结构设计阶段、融资谈判阶段、融资执行阶段。不同阶段有不同的工作内容，如表 12-1 所示。

表 12-1　创业融资的阶段与工作内容

阶段名称	工作内容
一、投资决策阶段	1. 项目的行业、技术、市场分析 2. 项目可行性研究 3. 投资决策——初步确定项目合作伙伴及投资结构
二、融资决策阶段	1. 选择项目融资方式 2. 明确融资的具体任务与目标
三、融资结构设计阶段	1. 评价项目的各种风险因素 2. 设计融资结构及选择融资渠道
四、融资谈判阶段	1. 项目商务合同谈判 2. 起草融资法律文件及融资计划书等
五、融资执行阶段	1. 签署项目融资文件 2. 执行项目投资计划 3. 投资方相关人员监督并参与有关决策 4. 项目的风险控制与管理

四、创业融资计划书

1. 如何撰写创业融资计划书

创业融资计划书是一份说服投资者的证明书。投资者通过创业计划书认识了创业项目,除了创业计划书外,投资者往往需要融资者出具融资计划书,说明资金数量、资金用途、利润分配、退出方式等。在融资过程中,融资计划书非常重要。编制融资计划书的主要包括的内容有:

(1) 企业介绍。企业介绍包括企业简介、企业现状、现有股东实力、资信程度、董事会决议。

(2) 项目分析。包括项目的基本情况、项目来历、项目价值、项目可行性。

(3) 市场分析。市场分析包括市场容量、目标客户、竞争定位、市场预测。

(4) 管理团队。管理团队主要有管理人介绍、组织结构、管理优势。

(5) 财务计划。财务计划包括资金需求量、资金用途、财务报表。

(6) 融资方案的设计。融资方案包括融资方式、融资期限和价格、风险分析、退出机制。

(7) 摘要,即计划书摘要,写在计划书前面。

融资计划书的内容很多与创业计划书雷同,但是侧重点不同,融资计划书要侧重项目可行性分析、团队实力、股本结构、资金数量、资本用途、利润分配和退出方式。特别要强调的是需要预测资本的需求量,创业者需要明确资金用途,然后估算资本需求量,相对准备预计固定资本和运营资本的数量。创业融资计划是一个规划未来资金运作的计划,在计划中需要考虑长期利益和短期利益。

首先,需要估算启动资金,启动资金包括企业最基本的采购资金、运作资金等,是企业前期最基本的投资。

其次,预测营业收入、营业成本和利润。对于新创企业来说,预估营业收入是定制财务计划和财务报表的第一步。在市场调研的基础上,估计每年的营业收入。然后估算营业成本、营业费用、管理费用等。收入和成本都估算出来,就可以估算出税前利润、税后利润、净利润。

最后,编制预计的财务报表。预计利润表可以预计企业内部融资的数额,另外可以让投资者看到企业利润情况。预计资产负债表反映了企业需要外部融资的数额。预计现金流量表反映了流动资金运转情况,新创企业往往会遇到资金短缺或资金链断裂的问题。预计现金流量表就显得十分重要,但是影响预计现金流量的不确定因素太多,很难准确预计现金流,创业者可以采用各种假设预计最乐观和最悲观的情况。撰写融资计划书的五个步骤:

(1) 融资项目的认证。主要是指项目的可行性和项目的收益率。

(2) 融资途径的选择。作为融资人,应该选择成本低,融资快的融资方式。比如说发行股票、证券、向银行贷款、接受入伙者的投资。如果你的项目和现行的产业政策相符,可以请求政府财政支持。

(3) 融资的分配。所融资金应该专款专用,并保证项目实施的连续性。

（4）融资的归还。项目的实施总有个期限的控制，一旦项目开始回收本金，就应该开始把所融资金进行合理的偿还。

（5）融资利润的分配。

2. 创业融资计划书模板

一、项目企业摘要

创业计划书摘要，是全部计划书的核心之所在。

◇投资安排

◇拟建企业基本情况

◇其他需要着重要说明的情况或数据

二、业务描述

◇企业的宗旨（200字左右）

◇主要发展战略目标和阶段目标

◇项目技术独特性（请与同类技术比较说明）

介绍投入研究开发人员和资金计划及所要实现的目标，主要包括：研究资金投入；研发人员情况；研发设备；研究产品的技术先进性及发展趋势。

三、产品与服务

创业者必须将自己的产品或服务创意进行说明。主要有以下内容：

1. 产品的名称、特征及性能用途（介绍企业的产品或服务及对客户的价值）；

2. 产品的开发过程（同样的产品是否还没有在市场上出现？为什么）；

3. 产品处于生命周期的哪一阶段；

4. 产品的市场前景和竞争力如何；

5. 产品的技术改进和更新换代计划及成本（利润的来源及持续营利的商业模式）。

生产经营计划。主要包括以下内容：

1. 新产品的生产经营计划，包括生产产品的原料如何采购、供应商的有关情况、劳动力和雇员的情况、生产资金的安排以及厂房、土地等。

2. 公司的生产技术能力。

3. 品质控制和质量改进能力。

4. 将要购置的生产设备。

5. 生产工艺流程。

6. 生产产品的经济分析及生产过程。

四、市场营销

介绍企业所针对的市场、营销战略、竞争环境、竞争优势与不足、主要产品的销售金额、增长率和产品或服务所拥有的核心技术、拟投资的核心产品的总需求等，目标市场应解决以下问题：

1. 你的细分市场是什么？

2. 你的目标顾客群是什么？

3. 你的 5 年生产计划、收入和利润是多少？

4. 你拥有多大的市场？你的目标市场份额为多大？

5. 你的营销策略是什么？

行业分析，应该回答以下问题：

1. 该行业发展程度如何？

2. 现在发展动态如何？

3. 该行业的总销售额是多少？总收入是多少？发展趋势怎样？

4. 经济发展对该行业的影响程度如何？

5. 政府是如何影响该行业的？

6. 是什么因素决定它的发展？

7. 竞争的本质是什么？你采取什么样的战略？

8. 进入该行业的障碍是什么？你将如何克服？

竞争分析，要回答如下问题：

1. 你的主要竞争对手是谁？

2. 你的竞争对手所占的市场份额和市场策略分别是什么？

3. 可能出现什么样的新发展？

4. 你的核心技术（包括专利拥有情况，相关技术使用情况）和产品研发的进展情况和现实物质基础是什么？

5. 你的策略是什么？

6. 在竞争中你的发展、市场和地理位置的优势所在有哪些？

7. 你能否承受竞争所带来的压力？

8. 产品的价格、性能、质量在市场竞争中所具备的优势有哪些？

市场营销，你的市场影响策略应该说明以下问题：

1. 市场机构和营销队伍。

2. 营销渠道的选择和营销网络的建设。

3. 广告策略和促销策略。

4. 价格策略。

5. 市场渗透与开拓计划。

6. 市场营销中意外情况的应急对策。

五、管理团队

全面介绍公司管理团队情况，主要包括：

1. 公司的管理机构，主要股东、董事、关键雇员、薪金、股票期权、劳工协议、奖惩制度及各部门的构成等情况都要用明晰的形式表示出来。

2. 要展示你公司管理团队的战斗力和独特性及与众不同的凝聚力和团结战斗精神。

（1）列出企业的关键人物（含创建者、董事、经理和主要雇员等）。

（2）企业共有多少全职员工（填数字）。

（3）企业共有多少兼职员工（填数字）。

（4）尚未有合适人选的关键职位。

（5）管理团队优势与不足之处。

（6）人才战略与激励制度。

（7）外部支持：公司聘请的法律顾问、投资顾问、投发顾问、会计师事务所等中介机构名称。

六、财务预测

财务分析包括以下三方面的内容：

1. 过去三年的历史数据，今后三年发展预测，主要提供过去三年现金流量表、资金负债表、损益表以及年度的财务总结书。

2. 投资计划：

（1）预计的风险投资数额。

（2）风险企业未来的筹资资本结构安排。

（3）获取风险投资的抵押、担保条件。

（4）投资收益和再投资的安排。

（5）风险投资者投资后双方股权的比例安排。

（6）投资资金的收支安排及财务报告编制。

（7）投资者介入公司经营管理的程度。

3. 融资需求：

创业所需要的资金额、团队出资情况、资金需求计划、为实现公司发展计划所需要的资金额、资金需求的时间性、资金用途（详细说明资金用途，并列表说明）。

融资方案：公司所希望的投资人及所占股份说明，资金其他来源，如银行贷款等（包括完成研发所需投入，达到盈亏平衡所需投入，达到盈亏平衡的时间）。

项目实施的计划进度及相应的资金配置、进度表（包括投资与收益）。

简述本期风险投资的数额、退出策略、预计回报数额和时间表。

七、资本结构

1. 目前资本结构表。

2. 本期资金到位后的资本结构表。

3. 请说明你们希望寻求什么样的投资者（包括投资者对行业的了解、资金、管理的支持程度等）？

八、投资者退出方式

1. 股票上市：依照本企业创业计划的分析，对公司上市的可能性做出分析，对上市的前提条件做出说明。

2. 股权转让：投资商可以通过股权转让的方式收回投资。

3. 股权回购：依照本创业计划的分析，公司对实施股权回购计划应向投资者说明。

4. 利润分红：投资商可以通过公司利润分红达到收回投资的目的，按照本创业计划的分析，公司对实施股权利润分红计划应向投资者说明。

九、风险分析

企业面临的风险及对策：详细说明项目实施过程中可能遇到的风险，提出有效的风险控制和防范手段，包括技术风险、市场风险、管理风险、财务风险以及其他不可预见的风险。

十、其他说明

1. 您认为企业成功的关键因素是什么？

2. 请说明为什么投资人应该投贵企业而不是别的企业？

3. 关于项目承担团队的主要负责人或公司总经理详细的个人简历及证明人。

4. 媒体关于产品的报道、公司产品的样品、图片及说明；有关公司及产品的其他资料。

5. 创业计划书内容真实性承诺。

第五节　网上创业风险管理

风险是一种不以人的意志为转移、独立于人的意识之外的客观存在。由于人在一定时期受所处条件的限制，主观与客观的差异性会导致人们在实践中的认识出现偏差，从而产生风险。

一、风险的种类与特征

创业风险来自与创业活动有关因素的不确定性。在创业过程中，创业者要投入大量的人力、物力和财力，要引入和采用各种新的生产要素与市场资源，要建立或者对现有的组织结构、管理体制、业务流程、工作方法进行变革。这一过程中必然会遇到各种意想不到的情况和各种困难，从而有可能使结果偏离创业的预期目标。

1. 风险的种类

依据风险产生的原因不同，风险分为自然风险、社会风险、政治风险、经济风险和技术风险。

（1）自然风险。由于自然现象、物理现象和其他物质现象所形成的风险。例如，地震、水灾、火灾、风灾、雹灾、冻灾、旱灾、虫灾以及各种瘟疫等。在各类风险中，自然风险是保险人承保最多的风险。自然风险的成因不可控，但有一定的规律和周期，发生后的影响范围较广。

（2）社会风险。社会风险是指由于个人或团体的行为（包括过失行为、不当行为及故意行为）或不行为使社会生产及人们生活遭受损失的风险。例如，盗窃、抢劫、玩忽职守及故意破坏等行为将可能对他人财产造成损失或人身造成伤害。

（3）政治风险。政治风险（又称"国家风险"）是指在对外投资和贸易过程中，因政治原因或订约双方所不能控制的原因，使债权人可能遭受损失的风险。例如，因进口国发生战争、内乱而中止货物进口；因进口国实施进口或外汇管制，对输入货物加以限制或禁止输入；因本国变更外贸法令，使出口货物无法送达进口国，造成合同无法履行等。

（4）经济风险。经济风险是指在生产和销售等经营活动中由于受各种市场供求关系、经济贸易条件等因素变化的影响或经营者决策失误，对前景预期出现偏差等导致经营失败的风险。例如，企业生产规模的增减、价格的涨落和经营的盈亏等。

（5）技术风险。技术风险是指随着科学技术的发展、生产方式的改变而产生的威胁人们生产与生活的风险。例如，核辐射、空气污染和噪声等。

2. 风险的特征

（1）风险的不确定性。风险是否发生的不确定性。风险发生地点的不确定性。风险发生时间的不确定性。风险产生结果的不确定，即损失程度的不确定性。

（2）风险的客观性。无论是自然界的物质运动，还是社会发展的规律都是由事物的内部因素所决定，由超过人们主观意识所存在的客观规律所决定。人们只能在一定的时间和空间内改变风险存在和发生的条件，降低风险发生的频率和损失程度，但是，从总体上说，风险是不可能彻底消除的。正是风险的客观存在，决定了保险活动或保险制度存在的必要条件。

（3）风险的普遍性。人类历史就是与各种风险相伴的历史。自从人类出现后，就面临着各种各样的风险，如自然灾害、疾病、伤残、死亡、战争等。随着科学技术的发展、生产力的提高、社会的进步、人类的进化，又产生了新的风险，且风险事故造成的损失也越来越大。在当今社会，个人面临着生、老、病、残、死、意外伤害等风险；企业面临着自然风险、市场风险、技术风险、政治风险等；甚至国家和政府机关也面临着各种风险。风险无处不在、无时不有。正是由于这些普遍存在的对人类社会生产和人们的生活构成威胁的风险，才有了保险存在的必要和发展可能。

（4）风险的可测定性。个别风险的发生是偶然的，不可预知的，但通过对大量风险的观察会发现，风险往往呈现出明显的规律性。根据以往大量资料，利用概率论和数理统计的方法可测算风险事故发生的概率及其损失程度，并且可构造出损失分布的模型，成为风险估测的基础。例如，在人寿保险中，根据精算原理，利用对各年龄段人群的长期观察得到的大量死亡记录，就可以测算各个年龄段的人的死亡率，进而死亡率计算人寿保险的保险费率。

（5）风险的发展性。人类社会自身进步和发展的同时，也创造和发展了风险。尤其是当代高新科学技术的发展和应用，使风险的发展性更为突出。风险会因时间、空间因素的不断变化而不断发展变化。

二、网上创业中的风险

俗话说"十个创业九个失败"，这是我们创业中常见的现象，那为什么创业失败率这么高呢？究其原因主要是因为创业风险大、风险多。那创业过程中都有哪些风险呢，怎么规避这些风险呢？

1. 管理风险

管理风险是指管理运作过程中因信息不对称、管理不善、判断失误等影响管理的水平而产生的风险。具体体现在四个方面：管理者的素质、组织结构、企业文化、管理过程。所以创业老板要想避免管理风险就要在选人用人方面小心谨慎，遵循任人唯贤，切忌任人唯亲的原则。

选择一个好的管理人才可以从三个方面的能力来考察：一是知识、技能及运用能力；二是个人特质及运用能力；三是日常言行举止，在平时工作中，对他人，对自己的态度。拥有一个好的管理者，企业就具备了一定的管理能力，风险就会大大降低。

2. 投资风险

投资风险是指对未来投资收益的不确定性，在投资中可能会遭受收益损失甚至本金损失的风险。为获得不确定的预期效益，而承担的风险。任何投资都有一定的风险，只有在充分了解自己、了解市场的基础上做出的投资决策才是对企业负责任的表现。仅凭一时的热情和冲动、盲目地听从他人的意见或"随大溜"，势必会带来很大的损失。

为了避免投资风险，企业要对每一项投资，事先都做好风险评估。通过分析，预测一下投资的风险会给企业带来多大的负面影响。假若投资失误，可能造成多大的损失。投资款万一到期无法收回，可能造成多大的经济损失。同时对投资方案进行评估，对市场进行调查，制定合理的管理制度，确保流动资本的良性循环、掌握科学的决策程序和方法。一旦哪个环节有变，事先要准备好补救的措施，阻止负面影响加大。

3. 人才流失风险

人才流失风险，是由于企业自身的原因，或者竞争对手原因，使企业人才大量外流的风险。企业的生存和发展，说到底还是人才在起作用。商战其实就是人才战，谁拥有了人才，谁就能立于不败之地；相反，谁就失去了竞争的先决条件。

企业管理者应懂得"得人心者得天下"这一亘古不变的规律。因此，首先，企业既要关心人才的物质需求，也要关心人才的精神需求；其次，管理者要严格要求自己，把自己放在跟大家平等的地位上，办事公道，廉洁高效，才能让人心悦诚服；最后，把人才与企业的利益紧密联系起来，企业发展了，人才能得到可观的收益，这样，大家就会为了一个共同的目标奋斗，人才流失的风险也就大大降低了。

4. 财务风险

财务风险是企业在经营过程中，由于种种原因，导致企业经营管理不善，造成资金短缺，周转困难，而造成一定损失，或者出现破产倒闭情况的风险。因此要防范财务风险，应该从建立健全财务管理制度、提高创业者的自身素质以及选拔合格财会人员等方面入手。首先，企业要有一整套管理制度，并严格遵照制度执行；其次，创业者的财务素质要提高，必须能看懂财务报表，并依据报表总体把握企业的财务状况和经营实绩，发现存在的主要问题，并及时加以调整；最后，选拔的会计人员要业务能力强，道德品质好，这也是非常重要的一个因素。做好了这些，财务风险自然会降低。

5. 法律风险

法律风险是因为企业由于违反法律法规，侵犯第三方合法权益，未履行或不当履行合同义务，未采取措施以获得保护或行使其合法权益。企业要及时妥善解决好法律风险问题，否则会造成一定的经济损失。一旦企业违反合同被起诉，就要赔偿对方的直接损失和利润损失。一旦企业违反了经营法规，会受到行政罚款。不良事项对企业的声誉和信誉有极大的损害，失去信誉将导致企业失去商业伙伴，殃及企业的生存和发展的根本。

为了防范风险，企业可以构建合同模范版本，用以往成功的合同为范例，在此基础上加以归纳整理，形成不同种类的合同模范版本。同时，根据劳动法的规定，为员工办理五险一金和其他相关福利。

6. 诈骗风险

诈骗风险是指社会上形形色色的骗子，运用各种各样的手段对企业进行诈骗的风险。创业前期，企业的业务开发是相当艰难的，所以就很容易对送上门来的业务失去警惕性，招致上当受骗。

创业公司为了避免诈骗风险，其管理者要时刻保持清醒的头脑，拥有防骗意识，做到防骗有术：一是对先前没有接洽过的企业，一手交钱一手交货；二是通过银行核实现金支票的真假；三是对不正常的大额订单要格外留心；四是防范合同诈骗，一旦发现对方有破绽，坚决放弃这单生意。

7. 市场风险

市场风险是指企业要么所开发的产品不能适应市场需要，在技术方面相对落后，在产品质量上不过关，要么售后服务没能跟上去，要么销售渠道不畅通，各种综合因素加在一起，没有市场竞争力的风险。

为了规避市场风险，创业要提早做好应对策略：一是以质取胜，把产品质量看作企业的生命；二是以变制胜，企业要随时根据市场的变化作出相应调整；三是出奇制胜，用奇特的经营方式、奇特的产品和奇特的服务占领市场；四是以廉制胜，靠薄利多销赢得市场；五是以服务制胜，搞好售后服务，赢得良好的企业信誉。

风险很多，创业不易，大浪淘沙，千帆过尽，只有经历过风雨洗礼的企业才能得到更好更稳的发展！

三、网上创业风险管理

21世纪以来，互联网应用的兴起与发展给网络创业带来了与传统创业不一样的风险：一是互联网环境下，并没有形成稳定的网络创业盈利市场，创业者很难选择核心竞争力作为创业的资本，使创业面临着很大的风险。二是网络创业过程会面临一些技术风险，比如我们熟悉的柯达，由于技术上呈现弱势，影响了整个公司的发展，甚至导致了灭亡。因此，对网络创业进行风险管理尤为重要。

1. 网上创业中常见的风险因素

网络创业中常见的风险因素主要包括项目风险、市场风险、资金风险和技术风险。项目风险是指在进行网络创业之前，并没有明确的创业方向，对要踏入的领域没有深刻的分析与认识。市场风险是指进行网络创业之前对互联网市场的了解程度比较少，或者并没有对市场进行准确性的评估。资金风险是指进行网络创业时可能缺少足够的资金支持，项目开展后期存在资金链断裂的情况。技术风险是指很多选择创业的人对网络创业技术了解不够深入，并没有扎实的技术支持。

2. 网上创业风险管理

网络创业风险管理应当包括网络创业风险识别、网络创业风险评估、网络创业风险应对和网络创业风险跟踪四个步骤,这四个步骤包含在网络创业整个项目周期中,是一个循环的过程,如图 12-2 所示。

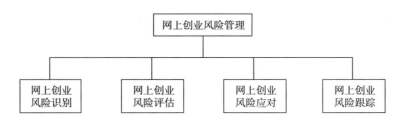

图 12-2 网上创业风险管理

(1)网上创业风险识别。它是风险管理的前提,主要是指在收集资料和调查研究的基础上,运用科学的方法对网络创业风险进行认识和分辨的过程,网上创业中的风险可能是直接看出来的,也可能是潜在的。

(2)网上创业风险评估。它是一个量化的过程,是指在风险识别的基础上,对风险发生的频率和导致的结果进行量化,明确不同因素之间的相互关系,得出整体风险水平和风险等级。

(3)网上创业风险应对。它是指在对风险进行识别和评估后,对单个风险或整体风险采取处理措施的过程。

(4)网上创业风险跟踪。它是指为了达到目标对风险管理全过程进行监控和控制的过程。

第六节 商业计划书

一、商业计划书概述

商业计划书,英文名称为 Business Plan,是公司、企业或项目单位为了达到招商融资和其他发展目标,在经过前期对项目科学地调研、分析、收集与整理有关资料的基础上,根据一定的格式和内容的具体要求而编辑整理的一个向投资者全面展示公司和项目目前状况、未来发展潜力的书面材料。商业计划书是以书面的形式全面描述企业所从事的业务。它详尽地介绍了一个公司的产品服务、生产工艺、市场和客户、营销策略、人力资源、组织架构、对基础设施和供给的需求、融资需求,以及资源和资金的利用。

编写商业计划书的直接目的是寻找战略合作伙伴或者风险投资资金,其内容应真实、科学地反映项目的投资价值。一般而言,项目规模越庞大,商业计划书的篇幅也就越长;如果企业的业务单一,则可简洁一些。一份好的商业计划书的特点是:关注产品,敢于竞争,充分市场调研,有资料说明、表明行动的方针,展示优秀团队,良好的财务预计,出色的计划概要等几点。在申请融资时,商业计划书是至关重要的一环,无论申请对象是风险投资机构或其他任何投资或信贷来源。因此，商业计划书应该做到内容完整、意愿真诚、基于事实、结构清晰、通俗易懂。

二、商业计划书的内容

商业计划书应能反映经营者对项目的认识及取得成功的把握，它应突出经营者的核心竞争力。最大限度反映经营者如何创造自己的竞争优势，如何在市场中脱颖而出，如何争取较大的市场份额，如何发展和扩张。种种"如何"是构成商业计划书的说服力。若只有远景目标、期望而忽略"如何"，则商业计划书便成为"宣传口号"而已。

商业计划书包含的范围很广，但一般离不开以下题目：经营者的理念、市场、客户、比较优势、管理团队、财务预测、风险因素等。对市场的分析应由大入小、从宏观到微观，以数据为基础，深刻地描述公司/项目在市场中将争取的定位。对比较优势，应在非常清楚本身强弱情况及竞争对手的战略而作分析。至于管理团队，应从各人的背景及经验分析其对公司/项目中不同岗位的作用。财务预测是最关键的，应将绝大部分的假设及其所导致的财务影响彻底地进行描述及分析。当然，假设是不确定的，但有理有据的假设加上严谨的逻辑思维及系统的演示方法，将可大大地增强可信性。虽知道绝大部分人都有倾向成功的心态，只要道理明白，不浮夸，自然会让人相信的。风险因素最能显示经营者是否真的明白自己的生意，风险因素多不等于该生意不该做，关键是如何控制或回避风险，能将控制或回避风险的手段交代清楚，是代表成功的重要一步。

通过编写商业计划书，经营者会更了解生意的整体情况及业务模型，亦能让投资者判断该生意的可营利性，它是市场融资的一种关键工具。

三、商业计划书的主要编写格式

一、商业计划书摘要

商业计划书摘要是风险投资者首先要看到的内容，它浓缩商业计划书之精华，反映商业之全貌，是全部计划书的核心之所在。它必须让风险投资者有兴趣，并渴望得到更多的信息。篇幅一般控制在2000字左右。主要包括以下十项内容：

1. 公司概述。
2. 研究与开发。
3. 产品或服务。
4. 管理团队和管理组织情况。
5. 行业及市场。
6. 营销策略。
7. 融资说明。
8. 财务计划与分析。
9. 风险因素。
10. 退出机制。

二、公司概述

介绍公司过去的发展历史、现在的情况以及未来的规划。具体而言，主要有：公司概述，包括公司名称、地址、联系方法等；公司的自然业务情况；公司的发展历史；对公司未来发展的预测；本公司与众不同的竞争优势或者独特性；公司的纳税情况。

三、公司的研究与开发

介绍投入研究开发的人员和资金计划及所要实现的目标，主要包括：

1. 研究资金投入。

2. 研发人员情况。

3. 研发设备。

4. 研发的产品的技术先进性及发展趋势。

四、产品或者服务

创业者必须将自己的产品或服务创意向风险投资者作一介绍。主要有下列内容：

1. 产品的名称、特征及性能用途。

2. 产品的开发过程。

3. 产品处于生命周期的哪一段。

4. 产品的市场前景和竞争力如何。

5. 产品的技术改进和更新换代计划及成本。

五、管理团队

在风险投资商考察企业时："人"是非常重要的因素。在某种意义上讲，风险创业者的创业能否成功，最终要取决于该企业是否拥有一个强有力的管理团队，这一点特别重要。全面介绍公司管理团队情况，主要包括：公司的管理机构，主要股东、董事、关键的雇员、薪金、股票期权、劳工协议、奖惩制度及各部门的构成等情况都要以明晰的形式展示出来；要展示你公司管理团队的战斗力和独特性及与众不同的凝聚力和团结战斗精神。

六、市场与竞争分析

目标市场：主要对产品的销售金额、增长率和产品或服务的总需求等，做出有充分依据的判断。目标市场是企业的"经营之箭"将产品送达的目的地，而市场细分是对企业的定位，你应该细分你的各个目标市场，并且讨论你到底想从他们那里取得多少销售总量收入、市场份额和利润。同时估计你的产品，真正具有的潜力。

风险投资家是不会因一个简单的数字就相信你们计划的，你必须对可能影响需求、市场和策略的因素进一步分析，以使潜在的投资者们能够判断你公司目标的合理性，以及他们将相应承担的风险，一定要说你是如何得出你的结论的。

目标市场的阐述，应解决以下问题：

1. 你的细分市场是什么？

2. 你的目标顾客群是什么？

3. 你的 5 年生产计划、收入和利润多少？

4. 你拥有多大的市场？你的目标市场份额为多大？

5. 你的营销策略是什么？

行业分析，应该回答以下问题：

1. 该行业发展程度如何？

2. 现在发展动态如何？

3. 该行业的总销售额有多少？总收入多少？发展趋势怎样？

4. 经济发展对该行业的影响程度如何？

5. 政府是如何影响该行业的？

6. 是什么因素决定它的发展？

7. 竞争的本质是什么？你采取什么样的战略？

8. 进入该行业的障碍是什么？你将如何克服？

竞争分析，要回答如下问题：

1. 你的主要竞争对手是谁？

2. 你的竞争对手所占的市场份额和市场策略如何？

3. 可能出现什么样的新发展？

4. 我们的策略是什么？

5. 在竞争中你的发展、市场和地理位置的优势所在如何？

6. 你能否承受、竞争所带来的压力？

7. 产品的价格、性能、质量在市场竞争中所具备哪些优势？

市场营销，这是风险投资家十分关心的问题，你的市场影响策略应该说明以下问题：

1. 营销机构和营销队伍。

2. 营销渠道的选择和营销网络的建设。

3. 广告策略和促销策略。

4. 价格策略。

5. 市场渗透于开拓计划。

6. 市场营销中意外情况的应急对策。

七、生产经营计划

生产经营计划主要阐述创业者的新产品的生产制造及经营过程。这一部分非常重要，风险投资者从这一部分要了解生产产品的原料如何采购、供应商的有关情况，劳动力和雇员的情况，生产资金的安排以及厂房、土地等。内容要详细，细节要明确。这一部分是以后投资谈判中对投资项目进行估值时的重要依据，也是风险创业者所占股权的一个重要组成部分。

生产经营计划主要包括以下内容：

1. 新产品的生产经营计划。

2. 公司现有的生产技术能力。

3. 品质控制和质量改进能力。

4. 现有的生产设备或者将要购置的生产设备。

5. 现有的生产工艺流程。

6. 生产产品的经济分析及生产过程。

八、财务分析和融资需求

财务分析资料是一个需求花费你相当多时间和精力来编写的部分。风险投资者将会期望从你的财务分析部分来判断你的未来经营的财务损益状况，进而从中判断能否确保自己的投资获得预期的理想回报。财务分析包括以下三方面的内容：

1. 过去三年的历史数据，今后三年的发展预测：

主要提供过去三年现金流量表、资产负债表、损益表以及年度的财务总结报告书。

2. 投资计划：

（1）预计的风险投资数额。

（2）风险企业未来的筹资资本结构如何安排。

（3）获取风险投资的抵押、担保条件。

（4）投资收益和再投资的安排。

（5）风险投资者投资后双方股权的比例安排。

（6）投资资金的收支安排及财务报告编制。

（7）投资者介入公司经营管理的程度。

3. 融资需求：

资金需求计划：为实现公司发展计划所需要的资金额，资金需求的时间性，资金用途（详细说明资金用途，并列表说明）。

融资方案：公司所希望的投资人及所占股份的说明，资金其他来源，如银行贷款等。

九、风险因素

详细说明项目实施过程中可能遇到的风险，如技术风险、市场风险、管理风险、财务风险和其他不可预见的风险，提出有效的风险控制和防范手段。

十、投资者退出方式

1. 股票上市：依照商业计划的分析，公司上市的可能性做出分析，对上市的前提条件做出说明。

2. 股权转让：投资商可以通过股权转让的方式收回投资。

3. 股权回购：依照事业商业计划的分析，公司对实施股权回购计划应向投资者说明。

4. 利润分红：投资商可以通过公司利润分红达到收回投资的目的，按照本商业计划的分析，公司对实施股权利润分红计划应向投资者说明。

资料来源：百度文库，https：//wenku.baidu.com/view/918f1dfbf56527d3240c844769eae009581ba2a3.html

四、商业计划书范本

东盛步行街招商计划书

第一部分　招商策划

一、项目总定位

（一）统一宣传口径

1. 宣传总精神：盛泽城市商业新财富中心。

2. 顺应盛泽城市和东方丝绸市场新一轮开发趋势，应运而生。盛氏集团鼎力巨献，政府首推，十大重点工程的重中之重。

3. 抢占中国东方丝绸市场的核心区位，与盛泽广场共同构筑盛泽城市新商业配套中心及标志性建筑群落，打破盛泽传统商业模式，引领盛泽城市商业全面升级。

4. 融合现代地产和商业运作理念之精华，借鉴吸收国内外商业名街的成功经验，整合国际商业模式和盛泽本地文化，为盛泽人民和国内外客商打造一个与上海、苏州比肩同步，全新全能的商业舞台，打造成国际化、本地化、专业化融汇互动的盛泽商业第一街！

5. 近十万平方米的建筑面积，四百余米的商业长街，集国际一流大型超市、著名家电卖场、数码广场、专业百货、娱乐休闲、餐饮、商务办公、酒店公寓多功能为一体的中高档 shopping mall，汇聚万千人流、物流、资金流、信息流，将成为新盛泽的真正核心商业区。

（二）招商定位

作为盛泽及周边唯一的中档偏上的 shopping mall，我们重点吸纳具有品牌知名度、经营正规、运营良好的品牌商家，以满足大众全方位消费需求。

（三）业态定位

吸纳中国名街的业态规划精髓并结合盛泽消费文化，以各类品牌店、大卖场、大餐饮、大娱乐为核心，规划了丰富而合理的业态，包括各类品牌店、特色店、主题百货、电器卖场、超市、书城等。采用多元化经营模式，一站式商业步行街（开放式 shopping mall），满足各界人士的消费需求。

二、招商策略

（一）业态设计先行，准确、差异化的业态定位

准确、差异化的业态定位乃是步行街竞争胜出的原因。

东盛步行街的开发与运营要始终坚持"全新的建筑形态、全新的消费环境、全新的业态组合"先进理念。

在业态组合方面，我们要紧紧抓住本地消费需求倾向和消费特点，重点突出，业态丰富，有机结合。坚决摒弃不适合本地消费文化的业态！

由此，我们确定了以各类品牌店、大卖场、大餐饮、大娱乐为核心，主力店、次主力店（大店）占 50% 左右，餐饮娱乐休闲（小店）占 30% 左右，品牌专卖店占 20% 左右。

（二）先确定主力店，再全面招商

考虑到主力店、次主力店、国际名牌店及其他品牌招商的不同特点，制定了"先确定主力店，再全面招商"的基本策略。在执行过程中，主力店、国际名店和餐饮、娱乐要提前招商，其他随后进行。

（三）为客户度身订做开店全面解决方案

在这一策略的指导下，经过专业培训师培训的招商团队，根据实际情况灵活调整和实施租赁政策。例如，根据不同类型的租户提出的不同需求，为他们提出量身定做的解决方案；妥善安排好各租户的楼层位置、相互位置，使之相对成行成市、互惠共赢，而不是互相干扰、削弱；根据整体市场定位和业态组合，对进驻租户提出要求，并协助他们调整、提升和完善他们在东盛步行街新店的定位、档次和其他品质。

（四）人员、媒体、大型主题活动立体化"整合宣传推广策略"

在市场宣传推广方面，实行"整合推广策略"，为招商工作提供有力支持。

一为媒体宣传，二为招商活动。

关键性招商活动如下：

招商发布会暨主力店签约仪式、招商成果发布会、项目推介会、建筑节点庆典会等。

（五）招商进度、质量、费用统一控制

为把招商计划落实到实处，达到多快好省的目标。我们在招商进度、质量、费用上严格把关，统一控制。采取用时间推动表控制进度；根据业态布局和市场定位对商家精挑细选，重点吸收品牌商、实力商和特色商来控制质量；对招商费用进行精打细算，并采取以下措施对招商费用进行统一安排、科学分配。

1. 招商任务指标分解到人，成本分解到人。

2. 关键性招商费集中使用，避免零打碎敲。

3. 重点保障优秀招商人才的工资待遇和奖励管理。

4. 重视大客户招商和关系招商，费用安排上予以倾斜。

5. 经过精心策划的媒体宣传计划，实现精确、有效的传播，价值最大化。坚决避免宣传费用的乱用和浪费。

第二部分 招商计划
一、统筹计划内容

统筹计划内容指的是以我们要做的事情为线索，按先后次序排序、合理安排。时间跨度为招商全面启动至开业。

（一）招商阶段划分、招商目标和时间安排

阶段划分：招商筹备阶段、主力店招商阶段、全面招商阶段、运营调整阶段四个阶段。

招商目标：由于步行街的商家是需要不断调整、优化的，原则上讲，招商工作不是招满了就结束了。但为了明确方向，特定目标如下：

（1）截止到 2006 年 12 月，基本完成步行街主力店、次主力店（大商铺）的招商，完成小商铺 70%。

（2）截止到 2007 年 5 月，基本完成招商任务。

（3）截止到 2007 年 5 月底，商家开始入场装修，为开街做准备。力争 8 月底，确保 9 月一定开街。

为具体化可执行，在时间安排上，此计划涉及的时间段为：2006 年 5 月开始执行，截止到 2007 年开业。具体工作安排见下面的《计划执行时间表》。

（二）招商人员的招聘和培训，打造一支精悍的招商团队

再大的项目也是人做的，人的因素在项目招商中起着最根本的决定性因素，因此招聘、选拔、培养一大批招商精英，打造一支强悍的招商团队，是招商筹备阶段的最核心任务。

目前，新聘 3 人，其中招商主管和招商专员各一名，策划一名，从商业公司调来一名设计，组建了一个招商二部，但这远远不够。通过网络等多种渠道正在物色更多的从业经验丰富、拥有大量客户资源的专业化高素质招商人员，目标是组建一个 10 人左右（不含招商中心人员）的专业化团队。

一个团队不仅需要专业化，更需要一体化。因此，对团队的培训尤其重要。

目标是使整个团队具备完整的项目的知识架构、卓越的团队执行力和共同的价值取向，培训内容如下：

（1）五个核心理念的培训。

（2）团队执行力的培训。

（3）项目知识的培训，以使团队成员对项目有一个清楚的认识。

（4）招商技巧的培训，包括接听电话、接待语言、谈判策略和谈判技巧等，以培养和提高团队成员的招商能力。

（5）招商礼仪和招商制度的培训（语言艺术、招商制度说明和合同解读等）。

（三）招商架构、招商机制的建立

在人员招聘的建立上，我们都遵循精英、精简、垂直化原则，目的是实现人员最少化、指挥执行系统最简化、效率成果最大化。以节省招商费用，提高工作效率。招商人员主要工作职责如下：

（1）招商一部主要负责主力店的招商工作：1 人。

（2）招商二部主要负责餐饮、娱乐的招商工作：3 人。

（3）招商三部主要负责百货、服饰类别的招商工作：2 人。

（4）招商四部主要负责综合类招商工作：2 人。

（5）策划部暂定员两名，主要负责招商的策划、媒体计划的制定执行、招商文案的策划撰写和设计。一名策划，一名设计。根据发展需要，在步行街开业时，需要再增加策划一名。

（6）此架构为开业前期的组织，开业准备期和开业运营期的架构，届时提前 3 个月报人力资源部。

招商机制的建立，是为了在招商团队中形成一种人性化的制度管理氛围，做到有章可依、奖罚分明，既讲究个人贡献、更注重团队精神。建立一系列的管理制度。

（1）招商人员奖励政策的建立。

（2）招商人员处罚政策的建立。

（3）招商人员日常管理规范制度的建立等。

附：人员薪酬及奖励方案

1. 人员薪酬（建议）：

（1）一般人员：1500～2500 元/月（月薪）。

（2）主管：3000 元/月（月薪）。

（3）经理（暂不设，今后可从现有人员中提拔）：4000 元/月（月薪）。

2. 人员奖励方案（建议）

（1）整个招商中心按年租金收入的 4% 提取奖金。

（2）其中招商人员按年租金收入的 2.5% 提取奖金。

（3）其中其他团队服务人员按年租金收入的 1.5% 视表现与贡献由地产集团分管领导分配。

（4）此项奖励方案不含高层领导。

（四）相关招商资料的准备

1. 招商手册（已有）和招商说明书。

2. 租赁合同。

3. 委托经营合同。

4. 定租确认书。

5. 招商委托书。

6. 招商流程表。

7. 招商文案。

8. 退房申请表等。

9. 授权委托书等。

以上文本见附录，其他文本资料根据不同阶段、具体需求再行撰写！

（五）招商方式、目标客户的确定

1. 招商方式：

（1）项目招商发布会。

（2）项目推介洽谈会。

（3）大型零售连锁会议。

（4）登门拜访。

（5）网络招商。

（6）电话联系。

（7）面对面沟通。

（8）行业协会、政府机构。

（9）各地商会。

2. 目标客户——主力店

（1）超市：家乐福、乐购、大润发、好又多、物美、世纪联华等。

（2）家电卖场：国美、苏宁、永乐。

（3）百货：人民商场、石路国际商城、深圳天虹百货、银泰百货及长三角地区有名的百货。

3. 目标客户——次主力店

（1）聚人气店：肯德基、麦当劳、星巴克、哈根达斯，大型中餐、量贩式 KTV 等。

（2）数码广场、书店、运动天地、名品折扣店。

（3）电影厅及成人电玩。

（六）第三方招商网络平台的建立

"他山之石，可以攻玉"，由此，建立第三方招商网络平台可以得到巨大的资金支持，更能节省大量的人力、宣传推广成本，加快招商速度。构建第三方招商网络平台可以从这些渠道去争取：

1. 专业的招商网站。

2. 专业的地产交易平台。

3. 行业协会及政府招商机构，行业协会和政府招商机构从某种意义上讲，很具有权威性和号召力，他们既拥有本行的丰富的品牌资源和众多企业家朋友圈，更具有说服他们入驻的话语权。更能省却一大笔宣传费用，在短期内带动一大批商家考察、开店的热情。例如，东方丝绸市场管委会、镇政府、闽商会馆、苏州上海各地行业协会、步行街会员单位等。

4. 与定位不同的商业项目招商部门建立战略性合作伙伴关系，达成资源共享的互赢格局。特别是可以通过私下互动，把对方的招商人员转化为我们的兼职招商人员，在高奖励的吸引下，引进我们所需的商家品牌。

（七）招商政策的制定

在项目的定位、宣传推广基本到位的基础上，一个优化组合的优惠招商政策可以成为吸引商家入驻的推动剂，正如足球场上那关键性的临门一脚。

为了吸引和推动极具影响力的主力店的进驻，我们将在租金、建筑结构等方面给予一定的优惠。

（八）媒体宣传推广计划的制定执行

商业项目，特别是大型商业项目，招商造势至关重要！

孙子兵法曰：不战而屈人之兵。造势要依托自身优势，重视宣传的协同效应。

造势就是运用各种媒体，以新闻性的软文宣传炒作为主，配合硬广告，形成密集的市场宣传攻势。在短时间内，在吴江、苏州、嘉兴，乃至上海形成热门话题，有力地提升了我们的项目知名度。这样做的好处是：

1. 节省大笔广告费，因为好的选题和好的文章，一些报纸的收费要比广告收费少很多。

2. 能够使目标商家比较详细地了解我们的项目情况。通过对原来的媒体宣传分析发现，原来的媒体宣传形式比较单一，主要以硬广告为主，缺少详细的分析介绍。这样的广告只能流于形式，一掠而过，不能引起商家的注意和研究。

而新闻性的软文或专题性的软文比较具有新闻性、专业性、权威性，而且，广告性不强，不会引起读者的警惕和反感，会仔细地阅读下去。这样能很快地达到我们的目的。

3. 由于是专业性的宣传，可以提升商业地产项目档次，塑造良好品牌形象，为后续开业经营奠定良好基础。

在吸引大商家入驻宣传方面，我们宜采用多种宣传手段：报纸、专业杂志、网络媒体。电视媒体主要针对中小散户。目前，根据调查分析，确定主打区域为苏州、吴江，其次为上海。主要报纸为《苏州日报》《现代快报》《扬子晚报》，其次为《吴江日报》《新闻晨报》。时间和密度安排上按高、低、高的方式延续。具体媒体宣传方案见媒体计划表。

（九）大型主题招商活动的策划执行

大型主题性招商活动，配合全方位立体化媒体平台（电视、报纸、网络、广播）宣传炒作，是步行街招商推广的"核武器"。

1. 招商发布会。

2. 项目推介会（指区域性的、针对一定数量的意向商家的集中性项目说明、洽谈会）。

3. 主力店、次主力店等具有一定品牌知名度和影响力的签约仪式，如肯德基、家乐福、国美、永乐、天虹百货。

4. 阶段性的招商成果发布会。

5. 以项目命名的大型零售连锁会议。

6. 工程重要节点（封顶、竣工等）完成及开业庆典会。

根据目前的项目招商情况，在 6～8 月，计划举行招商发布会、项目推介会、签约仪式，其他活动视具体发展情况而定。活动具体策划执行方案在确定后撰写。

（十）招商费用预算

招商费用包括：人员差旅费用、商家招待费用、宣传费用（广告及招商活动费用、招商人员提成）。

招商总费用为年租金的 10%，为 230 万元左右。其中，招商人员提成 4%，差旅、招待费用 2%，广告公关礼品费 4%。

（十一）租金建议方案

根据盛泽本地租金情况、目前项目周边商业状况并结合我们的市场定位，确定我们租金水平为中上水平左右。

东盛步行街业态楼层平均租金

项目	面积（平方米）	日租金（元/平方米/天）	年租金（万元）
超市	13391.79	0.7	342
地上一层	4362.656	3.5	557.33
地上二层	6143	1.5	336.33
地上三层	7700	1.0	281
地上四层	8044	0.6	176.16
地上五层	2369.4	0.4	34.6
百货	8023	0.8	234
家电	2293	1.2	100.4
数码广场	3292	1.0	120.15

总计：2181.97 万元

（十二）招商政策建议方案

1. 付款方式：分小商铺和大商家两种情况。

（1）小商铺：首付定金（三个月租金），租赁合同签订支付其余全部租金。

大商家：根据谈判情况，由集团领导确定。

（2）小商铺半年一付，押一个月，下次付款须提前1个月支付。

2. "房租高开低收"。

房租的高低直接影响到商家和我们双方的利益，同时也体现特色街地段的价值和商铺的档次及品质，在启动市场阶段确定租金价位时，建议租金应高开低收即前三年租金订到一个较高的水平，然后通过免租、免物业管理费等优惠政策，来调整与周边租金的价格水平，满三年后租金根据市场情况在确定三年后的市场租金价格。

3. "放水养鱼"，装修免租期政策。

根据入驻商家规模、品牌的大小建议给予商家相应的装修免租期。小商家为一个月免租期，大品牌主力店、聚人气店为三个月免租期。

4. 协助办证：提供工商、税务、卫生、公安、环保等一条龙办证服务。

5. 提供税收上面的政策支持，具体政策与财务部协商后确定。

6. 允许一定范围内的改变房屋布局。

经营者根据经营的实际需要，在符合规划技术规范的条件下，在不改变建筑主体结构的情况下，可根据自己经营项目的需要进行改动或与其他商铺打通统一装修，以最大限度满足经营户的需要。

二、招商计划执行时间表（2006~2007年开业前后）

招商计划执行时间

项目明细 阶段划分	时间	事项明细	责任部门
筹备阶段（5~6月）	5月	1. 人员招聘	人事部
		2. 人员培训	副总裁、人事部、招商中心
		3. 架构和机制建立	副总裁、招商总监
		4. 招商资料准备	策划部、招商中心
		5. 招商计划制定	策划部、招商中心
		6. 主力店联系洽谈	招商中心
	6月初	1. 人员招聘和培训	副总裁、人事部、招商中心
		2. 招商政策的制定	招商中心、策划部
		3. 主力店联系洽谈	招商中心
		家电卖场目标客户深度洽谈，选择一家	招商中心
		4. 各媒体联系洽谈	策划部
		5. 具体媒体计划出台	策划部
		6. 招商方式的确定	招商中心
		7. 目标客户资料的收集	招商中心

项目明细 阶段划分	时间	事项明细	责任部门
主力店招商 （6~9月）	6~7月	1. 各种业态全面开始招商	招商中心
		2. 宣传文案、广告设计完成	策划部
		3. 媒体宣传集中攻势展开	策划部
		4. 超市目标客户深度洽谈，选择一家	招商中心
		5. 构建第三方招商网络平台	招商中心、策划部
		6. 家电卖场签约	招商中心
		7. 主题百货目标客户洽谈	招商中心
		8. 肯德基正式签约前谈判	招商中心
		9. 大型中餐开始招商	招商中心
		10. 招商新闻发布会举行	策划部、招商中心
		11. 办公室搬迁到国际大厦八楼	全体
	8~9月	1. 肯德基正式签约入驻	招商中心
		2. 超市正式签约	招商中心
		3. 家电卖场正式签约	招商中心
		4. 按计划进行媒体宣传	策划部
		5. 举行各种签约仪式	策划部、招商中心
		6. 大型娱乐深入洽谈	招商中心
全面招商阶段 （9月至开业）	9~11月	1. 各种业态招商取得一定成果	招商中心
		2. 各种品牌特色店开始招商	招商中心
		3. 主题百货深度洽谈	招商中心
		4. 大型中餐确定意向	招商中心
		5. 数码广场深入洽谈	招商中心
		6. 建筑封顶庆典活动筹备开始	全体
	2006年11~ 2007年2月	1. 大型中餐完成签约	招商中心
		2. 数码广场、书店、运动天地、名品折扣店确定意向（12月）	招商中心
		3. 电影厅、成人电玩确定意向，力争成人电玩提前完成签约	招商中心
		4. 完成招商小商铺50%以上	招商中心
		5. 招商成果展示会	招商中心、策划部
		6. 媒体宣传	策划部
		7. 主题百货签约	招商中心
		8. 建筑封顶庆典活动举行	全体

续表

项目明细 阶段划分	时间	事项明细	责任部门
全面招商阶段 （9月至开业）	3月至开业	1. 小商铺招商完成90%，力争完成100%	招商中心
		2. 完成项目商业面积招商的90%，力争总完成100%	招商中心
		3. 开业庆典的策划筹备举行	全体
		4. 媒体宣传	策划部
运营调整阶段 （开业后）	开业后	1. 继续跟踪较好商家	招商中心
		2. 密切关注已进商家的经营理念和经营业绩	招商中心
		3. 对业态不好、经营业绩较差、不受欢迎的业态、商家进行调整	招商中心
		4. 引进新的商家	招商中心
		5. 继续进行宣传，打造品牌步行街，促进整体运营和后续招商	策划部

三、各媒体宣传计划表

各媒体投放计划（2006年6月至2007年开业）

媒体名称	媒体具体名称	投放金额	投放方式	投放时间
报纸	《现代快报》（金楼市）	待定	软文、硬广告、专题	2006年6月至开业
	《扬子晚报》	待定	硬广告、专访	2006年6月至开业
	《新闻晨报》（上海）	待定	软文、硬广告	2006年6月至开业
	《吴江日报》	待定	软文、硬广告、专访、专题	2006年6月至开业
电视	苏州电视台	待定	5秒、10秒广告专访	2006年7月、8月、12月 2007年2月、3月
网络	阿里巴巴	待定	诚信通会员、广告	2006年6月至2007年6月
	长三角地产网等	待定	软文、广告	2006年6月至开业
户外	工地广告、横幅	待定	喷绘广告墙	7月制作发布
其他	待定	待定	待定	待定

四、附录文件（略）

🔬 思考题

1. 什么是网上创业？它所面临的挑战是什么？

2. 如何组建创业团队？

3. 常见的创业融资的常见渠道有哪些？

4. 如何撰写商业计划书？

参考文献

1. 阿里学院. 网络整合营销（阿里巴巴网络营销指南）［M］. 北京：电子工业出版社，2013.

2. 蔡剑. 电子商务案例分析［M］. 北京：北京大学出版社，2011.

3. 陈德人. 网络零售［M］. 北京：清华大学出版社，2011.

4. 陈进，綦林海. 电子商务经济发展战略［M］. 北京：化学工业出版社，2014.

5. 陈益材. 赢在电子商务 网络营销创意与实战［M］. 北京：机械工业出版社，2014.

6. 崔立标. 电子商务运营实务［M］. 北京：人民邮电出版社，2013.

7. 高富平. C2C 电子商务法律基础［M］. 北京：北京师范大学出版社，2011.

8. 桂阳. 农业背景下电商精准扶贫路径解析［J］. 商场现代化，2018（4）.

9. 黄若. 我看电商［M］. 北京：电子工业出版社，2013.

10. 刘琚. A 商业银行国际贸易融资创新研究［D］. 大连海事大学，2014.

11. 刘权. 电子商务安全［M］. 北京：化学工业出版社，2017.

12. 潘洪刚，吴吉义. 我国网络创业的兴起及发展现状研究［J］. 华东经济管理，2011（11）.

13. 权金娟. 移动电子商务［M］. 北京：清华大学出版社，2016.

14. 施志君. 电子商务案例分析［M］. 北京：化学工业出版社，2014.

15. 帅青红，苗苗. 网上支付与电子银行［M］. 北京：机械工业出版社，2015.

16. 司月峰. 电商企业的税收流失及征管问题研究［D］. 山东大学，2016.

17. 宋文官. 电子商务实用教程［M］. 4 版. 北京：高等教育出版社，2011.

18. 苏朝晖. 客户关系管理［M］. 北京：机械工业出版社，2015.

19. 王丹. C2C 电子商务法律实务［M］. 上海：上海交通大学出版社，2012.

20. 王世良，马姗. 电子商务初创企业创业风险因素——基于大学生电子商务创业实践的多案例研究［J］. 现代管理科学，2014（1）.

21. 王小丽. 物流信息管理［M］. 北京：电子工业出版社，2017.

22. 薛春，蔡艳. 目前我国移动电子商务安全问题及解决途径［J］. 河南教育学院学报，2012.

23. 颜珂晴. "互联网＋农业"构建我国农村电子商务发展新模式初探［J］. 科技经济市场，2017（10）.

24. 杨坚争. 电子商务企业模式创新典型案例分析［M］. 北京：中国商务出版

社，2018.

25. 杨君. "一带一路"战略下商业银行的发展策略［J］. 重庆三峡学院学报，2015
（6）.

26. 杨立军. 网络营销实务全案［M］. 北京：电子工业出版社，2011.

27. 张楚，李晓惠. 电子商务法教程［M］.2 版. 北京：首都经济贸易大学出版
社，2017.

28. 张恺悌. 基于 SET 协议的网络电子支付系统的研究［D］. 西安工业大学，2013.

29. 张雪，马光思，毛宏燕. 基于 SSL 提高网上安全交易性能的研究［J］. 微电子学
与计算机，2011.

30. 赵冬梅. 电子商务案例分析［M］. 北京：机械工业出版社，2016.

31. 钟军，吴雪阳，江一民，段光明. 一种安全协议的安全性分析及攻击研究［J］.
计算机工程与科学，2014，36（6）.

32. 朱小良，王德利，李正波，邱琼. 电子商务与新零售研究［M］. 北京：中国人
民大学出版社，2017.